光华管理经典
Guanghua Classic Management

物流管理实战全案

徐震宇　何树东　温卫娟　王崇鲁
韩　岗　梁　晨　连桂兰　编著

海峡出版发行集团
THE STRAITS PUBLISHING & DISTRIBUTING GROUP
鹭江出版社

图书在版编目(CIP)数据

物流管理实战全案 / 徐震宇等编著. —厦门：鹭江出版社，2011. 11
(光华管理经典 · 职业经理人管理实战全案)

ISBN 978 - 7 - 5459 - 0366 - 9

Ⅰ. ①物… Ⅱ. ①徐… Ⅲ. ①企业管理 - 物流 - 物资管理 Ⅳ. ①F273. 4

中国版本图书馆 CIP 数据核字(2011)第 179661 号

物流管理实战全案

徐震宇等 编著

责任编辑 / 苏 昉

特约编辑 / 彭梁洁 王业云

出 版 / 鹭江出版社

地 址 / 厦门市湖明路 22 号

邮 编 / 361004

电 话 / 0592 - 5046666 0591 - 87539330
010 - 62376499(编辑部) 010 - 65921349(发行部)

印 刷 / 北京力扬印刷有限公司

规 格 / 787 毫米×1092 毫米 1/16

印 张 / 51

字 数 / 708 千字

印 次 / 2011 年 11 月第 1 版第 1 次印刷

书 号 / ISBN 978 - 7 - 5459 - 0366 - 9/G · 191

定 价 / 158. 00 元

序

中国企业面临的难题之一是管理问题。管理之所以成为一门学问，因为它是科学与艺术的统一。科学的内容就带有一定程度的规律性，总体上比较清晰和明了，是可以由管理学类的书刊来梳理、记载和表现的。而艺术的东西则更多来自于实践，只有在实践中才能体味、才能得到培养和检验。所以，理解和掌握企业管理的精髓，就不能仅仅停留在书本上，必须与实践相结合方有可能。也正是在这个前提下，我们才能正确理解和看待管理学类书籍的作用。

那些记载在书中的道理，应该说有很多内容是经过实践检验、在实践基础上总结和提炼出来的。这样的管理学书，读者读了应该有所启发，也仅仅是启发，假如直接拿它来指导处理具体事情，则未必能行得通。只有真正办过企业、做过实际管理工作的人，才能真正体会管理理论的精当与奥妙，并用这些理论来指导自己的企业管理实践。

其实，就我个人的体会，做企业的管理有些像做中餐。两者相似之处在于，对艺术性有相当高的要求。名厨与庸厨的区别，就在“分寸”二字上。若想找准火候的关键点，主要凭经验的积累来获得，而非菜谱上所标明的“几分钟到几成熟”那么简单。仅一个“酌量加盐少许”就能从根本上改变-道菜的口感与滋味，但是若想将这个“酌量少许”的程度拿捏准确，非得相当的灶前实践不能养成。企业管理的规律与这其中的道理有相似之处。其实，MBA 教育中对管理理论的学习也是如此，只有那些做过企业、有过企业管理实践的学员，才能从 MBA 的管理教育中汲取到直接的营养，那些没有企业运作经验的人学习管理理论多少觉得隔着一层，不可能马上弄得很明白。

此外，即便是拥有企业管理实践经验的人，在阅读管理类书籍的时候也要善于汲取。好的管理类书刊能够对管理实践经验进行精炼的、全面而系统的提升，能够表现和捕捉到管理理论中带有一般性的、精髓性的东西。在阅读条目式的问答手册的时候，有两点要注意：一方面，不同类型的企业面临的管理问题会有很大差异，这种差异在具体业务模式方面体现得尤为明显；另外一方面，任何一个企业都是一个组织系统，企业的管理问题也必须依靠整体的系统设计来解决。因此，对于企业管理实践一线的经理人，只有勤于实践，善于学习，才能准确把握企业管理的精髓，进而实现自身职业化素质的提升。

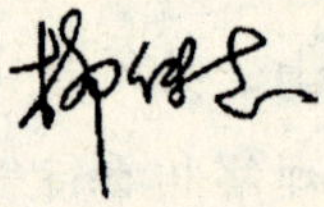

致读者

在世界经济舞台上，中国企业如此接近中心，同时，我们也看到了越来越多的中国高级经理人的身影。国力的角逐在于企业，而企业的较量在于企业管理者的综合素质与能力，正是共同选择了提升自己和企业素质的战略性路径——不断学习，全面借鉴并吸收先进的管理经验，全方位实现管理规范化与科学化，提高驾驭市场的能力，中国企业和高级经理人正受到社会越来越多的关注和尊重。

但中国企业走向国际化仍任重而道远。真正具备国际竞争力的中国企业是凤毛麟角，而大多数国内企业与通用电气、摩托罗拉、惠普等著名跨国公司相比，在管理理念、经营方式、企业文化等方面都存在较大差距。企业管理的合理化与经理人队伍的职业化、专业化都迫切要求有一套全面、系统、实用的工具丛书，在帮助企业解决管理实际问题的同时，又能促进经理人职业素养的不断提升，继而打造出一支能够适应激烈竞争、职业化与专业化高度融合的高层管理团队，在引领企业追求卓越发展的道路上越走越远。

《光华管理经典·职业经理人管理实战全案》丛书是深受企业界欢迎的《职业经理人十万个怎么办》丛书的最新修订精华版，专门为企业家、高级经理人量身定制，系统收集了世界500强企业及部分中国优秀企业最新管理理念与管理方法，针对经理人在企业管理实务中最常见的问题和难点进行深入分析，提供兼具系统化、标准化与国际化的操作指南，同时也为高级经理人提升职业化素质提供了简便易行的解决方案。

这套丛书具有以下特色：

1. 实用性与有效性。本丛书力求实用，从书目选择到具体的培训内容，紧扣中国企业管理工作实际，强调针对性、实用性和操作性；同时十分注重培训效果，为管理者提供“知行合一”的实践方案，快速把知识转化为生产力和企业竞争力。

2. 系统性与工具性。本丛书紧扣经理人日常管理工作的九大方面，内容广泛，体系全面，同时集知识、技能、案例、工具于一体，可作为企业各项管理工作标准化、规范化的参考手册，更是职业经理人自我提升的实用培训教材。

3. 资深实战专家编写。本丛书编委和作者不仅有实战经验丰富的跨国公司高级管理人员，还有理论水平卓著的国内管理学界知名专家教授。本丛书是一套拥有专业性、可操作性的管理经典。

本丛书涵盖领导力、通用管理技能、人力资源、市场营销、客户服务、生产、财务、物流、行政等九大类别，分别从管理知识、技能、经典案例与实用工具等角度，为企业管理者提供兼具规范性、职业化、实用性与操作性的管理解决方案，是一套经理人案头必备的实用管理全书。

我们期望本套丛书能够成为经理人日常管理工作中随查随用的实用工具，成为中国企业管理者自我提升与发展的学习培训教材，从而推动更多中国企业走向成功，推动中国经济获得更大发展。

由于时间仓促，难免有纰漏与不妥之处，欢迎管理界行家和广大读者朋友批评指正。

目 录

第一篇 供应链管理

第二篇 采购与供应商管理

第三篇 运输与配送管理

第四篇　仓储物料管理

第五篇 物流服务管理

第一篇

供应链管理

第一章　供应链管理战略

供应链围绕核心企业，通过对信息、资源、资金的控制，从采购开始，到制成中间产品或者最终产品，最终通过销售网络向客户提供产品服务。这一过程将供应商、制造商、分销商、零售商和最终客户连接成一个整体。供应链管理战略就是要从企业发展战略的高度考虑供应链管理中的事关全局的核心问题。

关键词　供应链管理战略　企业组织　分层管理　业务流程再造　组织融合　风险管理　供应链重构

第一节　变革企业组织以适应供应链管理模式

现代供应链管理理论强调核心企业与相关企业的协作关系，通过信息共享、技术扩散（交流与合作）、资源优化配置和价值链激励机制等方法实现经营一体化。为此，需要变革企业组织以满足供应链管理的要求。

1. 认识供应链中物流组织的发展历程

知识链接

在国外，一些著名物流企业都有各自擅长的领域，如TNT的物流业务集中在电子、快速消费品和汽车物流这三大领域，三井物产以钢铁物流而闻名，Ryder是世界著名的汽车物流服务商，宅急送则以小件快运以及城际配送为龙头业务。

物流组织的出现和发展是人们对物流的认识不断深化的结果。物流组织的发展大体可分为以下几个阶段：

（1）功能集成化发展阶段。20世纪60年代初期出现的集成往往局限在同一职能部门和组织的直线管理层。20世纪70年代以后，随着企业集成运作物流成本的降低和物流水平的提高，专业物资配送和生产组织下的物料管理各成一套体系，发展很快。在制造业中，这种各自一体化的物流组织结构目前仍然很普遍。

（2）功能一体化组织阶段。20世纪80年代初出现了功能一体化的物流组织，即在一个高层物流经理的领导下，将物流中采购、储运、配送、物料管理等所有环节统一起来，在企业内部形成一体化物流框架。

（3）过程一体化组织阶段。20世纪90年代以来，物流管理由重视功能转变为重视过程，通过管理过程而非功能提高物流效率成为整合物流的核心。在这一趋势下产生了矩阵型、团队型、联盟型等物流组织形式。

> **●重点提示**
>
> 传统的科层组织之所以机械、僵化、失灵，很重要的原因在于拥有庞大的中层，扁平化的主要目标是精简中间管理层，压缩组织结构，尽量缩短指挥链，改善沟通，消除机构臃肿和人浮于事的现象。

（4）虚拟与网络化组织阶段。20世纪90年代中期以后，信息和网络技术的飞速发展为虚拟与网络化物流组织的兴起提供了外部环境保障。

（5）物流组织的新发展。在21世纪全球化的背景下，物流业呈现出信息化、网络化、智能化、柔性化、标准化和社会化等特征，企业物流组织也呈现出新的特点：

① 由职能垂直化向过程扁平化转变；

② 由固定刚性化向临时柔性化转变；

③ 由内部一体化向虚拟化、网络化转变。

2．建立市场快速反应机制

市场快速反应机制是企业面对不确定的市场竞争环境时进行的快速、高效的条件反射机制，是企业进行自我适应和调整的内在反应机制和生存竞争机制。市场快速反应机制能够使企业始终保持高效发展，在行业中始终处于领先地位。市场快速反应机制主要表现在以下几个方面：一是企业对外部市场环境的快速反应；二是企业对竞争对手的行为做出的快速反应；三是企业对自身组织机体发展变化所采取的快速反应；四是企业对市场变化的快速适应能力；五是企业对市场变化和市场发展趋势的快速跟进能力。

为此，企业应该具有以下几个方面的能力：对市场信息的敏锐感知能力，对市场商机的及时把握能力，果断决策能力。此外，企业是否具备快速反应机制的基本资源和基本条件，如资本、技术、人才和市场等基础条件也是非常重要的。

3．技术创新机制变革

技术快速创新机制是适应企业战略发展要求的技术系统，包括组织技术快速发展机制和组织快速运用技术机制。组织技术快速发展机制是企业为适应组织环境变化、更好地发挥组织功能而采取的一种推动组织快速发展的组织技术；组织快速运用技术机制是企业对各种新技术和适宜技术的快速引进、快速运用和快速推广的机制。

技术快速创新机制在企业发展中主要体现为三个方面：

（1）组织技术创新机制。为适应企业转型战略发展需要以及组织环境的变化，更好地发挥组织功能，企业需要采取一些推动组织快速发展的组织技术，如组织结构从职能制发展为事业部制、再进一步发展为矩阵结构和网络结构，又如不同组织之间技术的组合。

（2）技术快速创新机制。由于电子商务和现代信息技术发展迅速，产品与技术的生命周期大大缩短，因此，企业必须建立和完善快速技术创新机制，不断进行技术创新，用新技术来推动企业转型与发展。

（3）技术创新快速运用机制。为跟上技术发展步伐，企业要对组织内部和外部的各种新技术和适宜技术进行快速引进、快速运用和快速推广，为实现战略目标提供技术支持。

4. 管理创新机制变革

企业组织的创新不仅受企业规模、企业生命周期、人员素质等内部因素的影响，还受到产业特征、竞争状况、环境变动等外部因素的影响。管理创新机制是企业发展战略、发展目标顺利实现的有力保证，具体包括：

（1）战略管理创新。战略管理创新是在对外部环境分析和判断的基础上及时进行准确的战略定位和目标调整。以流通产业为例，战略管理创新就是从传统业态逐步转向以供应链管理为基础的第三方物流，对传统业态进行及时调整与收缩。

（2）内部管理和流程创新。这种创新是根据产业发展要求，及时、果断地进行企业业务流程和组织职能的调整。如某些企业可从以传统贸易业务为主逐步转向以新型物流为主，在组织结构上突出第三方物流，增加物流技术部等。

（3）激励机制创新。这种创新是根据市场竞争的需要和组织进一步发展的要求，不断调整和完善人力资源激励制度。

5. 决策机制变革

实现企业产业转型和长远发展的关键是有一个高效、科学的决策机制。通过科学的方法与程序，快速、高效地做出决定并执行。它的基本要求是：权力结构设计要高效、科学，管理层次设计要高效、科学，执行设计要高效、科学。高效、科学的决策机制不同于一般决策过程的特点如下：

（1）决策的层次较少。

（2）决策进行了合理、科学的权力分解，即根据需要决策事项的类别、重要性程度、项目金额大小等因素进行决策重新组合。

（3）通过专家或者智力系统进行决策预审和决策分流，而不是将所有问题都集中在决策部门解决。

6. 建立平衡协调机制

平衡协调机制是企业为实现战略发展目标而采取的自我调节和自我平衡方法，这种机制使企业更加顺利地实现战略目标。平衡协调机制具体包括以下内容：一是组织协调与平衡机制；二是目标协调与平衡机制；三是机制协调与平衡机制；四是文化协调与平衡机制。

7. 建立客户差异化服务机制

供应链中的任何企业都不可能具备所有的资源要素，穷尽所有的服务项目，因此，企业要根据自身的资源、组织、能力、技术等条件对自身进行定位，确定企业发展战略，发掘自己的核心竞争力，把核心业务做深、做透、做大、做强，构建一个比较竞争优势与核心竞争能力融为一体的竞争性赢利模式，确保企业的可持续发展。企业要对不同客户需求进行划分，提供差异化服务，最大限度地保障企业利润。

变革企业组织以适应供应链管理的需要，可以参考同类企业的经验，但不能简单照搬，还要在企业稳定发展过程中进行创新。

操作要点

变革企业组织以满足供应链管理的要求，企业需要：

- 认识供应链中物流组织的发展历程
- 建立市场快速反应机制
- 进行技术创新机制变革
- 进行管理创新机制变革
- 进行决策机制变革
- 建立平衡协调机制
- 建立客户差异化服务机制

实用范例

怎样的组织模式能够促进企业的可持续发展是每个经理人都在思索的问题，也是支撑企业战略目标的关键问题。通常来说，组织的类型有两种：一种是机构精简、人员精干、流程高效的扁平化组织；另一种是机构臃肿、人员冗余、流程低效的肥胖型组织。

众所周知，扁平化组织可以帮助企业减少不必要的程序，快速响应市场需求。面对变化迅速的市场、日益缩短的产品生命周期和成本不断上涨的压力，作为全国乳品行业的龙头企业之一，A公司营销部门于2000年开始实行组织扁平化管理，取消了所有大区经理，35个区域经理由销售总监直接管理。

A公司改革的初衷是希望建立一个机构精简、人员精干的强健型组织。然而，在组织扁平化的同时，A公司发现企业运作并不像原来想象的那样顺利：信息流不通畅，费用开始失控，员工抱怨人手不够，人员流动也更加频繁。过度的扁平化增加了管理宽度，每位经理人管辖的员工超过其控制能力范围，造成了顾此失彼。

反思A公司的组织变革，可以得到以下经验教训：

1. 组织扁平化不成功的原因

（1）扁平化的组织没有围绕流程来建立。

（2）扁平化的组织没有科学的管理制度。

（3）企业等级文化依然存在。

2. 如何成功实行组织扁平化

（1）围绕工作流程调整组织结构。

（2）利用信息管理系统的辅助。

（3）完善薪酬分配制度。

（4）充分授权，调动员工工作积极性。

（5）组织结构的设计应该与企业目标相一致。

第二节　供应链企业的分层管理

供应链企业为了实现管理创新、品质提升和市场拓展，需要完善组织管理职能，理顺企业组织管理系统和企业战略层、管理层与执行层之间的关系，提高员工工作积极性和工作效率，促进企业规范运作。为此，需要把握好以下几点：

1. 形成有行为能力的股东大会

股东大会的行为能力是整个企业治理结构形成的基础。如果股东大会不能有效行使权力，所谓股东大会的决策权、授予权和监督权（如对监事会的监督权）的行权能力就难以真正发挥。使股东大会有行为能力，是保证股东利益的重要前提。

2. 形成企业的组织治理结构

供应链企业可以通过建立相互制约的组织体系，并进行各主体之间的权责划分、权责制衡，充分实现股东大会的有效授权。产生这一问题的原因在于股东或股东大会能力的局限性，如果股东或股东大会拥有各种行为能力，就可以自己经营，也就不必聘请经营者。正是由于股东或股东大会的行为能力的局限，就有必要设立经营权主体，在建立经营权主体后，必须设立另一主体来监督经营权主体的行为是否符合所有权要求。原本属于所有者的权力、责任、利益，必须在设立的各主体之间进行分割，并使之相互制约，最终实现经营者的行为与所有者的目标达成一致。

企业的组织治理结构是分权的结构，不仅产生了不同功能的主体，而且相互制衡，最终保证董事会和总经理及其集体的行为与所有者的目标达成一致。从这个意义上讲，企业的组织治理结构的根本任务是要完成对经营者集体的监督制约，使经营者集体不发生违法行为。

3. 形成企业的决策治理结构

在企业组织治理结构的分权体系中，经营者集体享有了经营决策权和经营执行权。企业的根本任务不仅是要保护股东投入资本的价值，更为重要的是要经营投入的资本，以使资本增值。达到此目标，经营者必须进行科学、有效的经营决策。为此必须实现两个基本条件：一是经营者能够站在客观公正的立场进行决策，也就是决策必须反映决策事项本身的性质，不能以各自的好恶进行决策。或者说要为所有者或股东的利益而决策，不能以经营者的利益为出发点进行决策。二是经营者能够做出正确的决策，这当然要求决策主体具有专业水平。两个条件中，第一个条件是第二个条件的前提，它的根本目的，一是要实现决策维权，就是维护股东投资的安全。为此，要建立决策制衡机制，防止侵权决策。二是要实现决策维利，就是维护股东投资的收益。因此，要建立决策优化机制，防止错误决策。

知识链接

组织治理结构以“防守”为主，而决策治理结构以“进攻”为主。

4. 建立健全企业的内部控制制度

内部控制制度是为了保护企业财产的安全、防止会计信息失真、保证企业的经营决策得以实行而在企业内部建立的一整套制度体系。之所以必须建立这套制度体系，是基于企业内部存在分层委托代理关系：首先是董事会与经理层之间的分层委托代理关系，其次是基于企业内部实行分层管理，在每一个上层与下层之间发生的委托代理关系。在这一委托代理关系体系中，所有者的财产被分层委托代理经营、管理，经营者或其集体的决策也在分层授权执行，企业各层次的信息也被逐层上报或逐层下传。要保证所有者或股东的利益全面实现，不能仅仅依靠高层的组织治理和决策治理结构，还必须建立一个有效的控制体系，使企业的每个层次都能保证所管财产的安全，所提供信息的真实，对决策的执行有力。在企业内部分层管理的情况下，所有者过去自己出钱自己经营的状况必须改变，变为所有者出资、企业内部多层次经营管理。所以，所有者或股东的财产不仅由经营者或其集体代理经营和管理，而且，也要由各个较低层次的员工代理经营和管理。这是对所有者与经营者委托代理关系的一种延伸。在这样一种延伸体系下，如果不能建立健全有效的内部控制制度，就很难保证在企业的各个层次实现股东的利益，保证经营者或其集体决策得以全面贯彻。

供应链企业内部治理结构的四个方面是一个完整的体系，股东或股东大会的行权能力是治理结构的基础；组织治理结构是在两权分离条件下，保证经营者或其集体的行为与所有者或股东的目标达成一致；决策治理结构是为了保证经营者或其集体的决策科学、有效。组织治理结构和决策治理结构正好能够实现两权分离下所有者资本保值、增值这两个目标，且其针对主体是经营者或其集体；内部控制制度则是将所有者资本保值、增值的目标以及为实现这一

●**重点提示**

经理人的主要任务是监控和判断企业的现状，从而帮助企业的决策者决定企业的管理战略，及时调整企业的管理战术。

目标经营者或其集体做出的经营决策在企业各个层次得以落实的一个体系。四者缺一不可。

操作要点

进行供应链的分层管理，需要：

⇨ 形成有行为能力的股东大会

⇨ 形成企业的组织治理结构

⇨ 形成企业的决策治理结构

⇨ 建立健全企业的内部控制制度

第三节　企业业务流程再造

业务流程再造（Business Process Reen－gineering，BPR）较为权威的定义是：以业务流程为改造对象和中心，以客户需求和满意度为目标，对现有业务流程进行根本的再思考和彻底的再设计，利用先进的制造技术、信息技术以及现代化管理手段，最大限度地实现技术上的功能集成和管理上的职能集成，打破传统的职能型组织结构，建立全新的过程型组织结构，从而实现企业在经营成本、质量、服务和速度等方面的巨大改善。

传统组织结构所造就的业务流程，已无法适应当今市场的变化和要求。为此，对业务流程进行再造，提高企业经济活动的运作效率，已成为当前很多企业迫切需要解决的问题。

1. 遵守企业业务流程再造的原则

BPR 思想是一种着眼于未来和全局、突出发展与合作的变革理念。归纳起来有如下原则：

(1) 组织结构应该以产出为中心，而不是以任务为中心。这条原则是说应该由一个人或一个小组来完成流程中的所有步骤，围绕目标而不是某个任务来设计人员的工作内容。

(2) 让那些需要得到流程产出的人自己执行流程。过去由于专业化精密分工，企业的各个专业化部门只做一项工作，同时又是其他部门的顾客。如果与流程关系最密切的人自己可以完成流程，就能够大大消除原有各工作组之间的摩擦，减少管理费用。但是这并不意味着要取消所有专业部门的专业职能，例如企业主要设备和原材料的采购，还是需要由采购部门来完成的。具体如何安排，要以全局最优为标准。

(3) 将信息处理工作纳入产生这些信息的实际工作中去。过去大部分企业都建立了这样一些部门：部门的工作仅仅是收集和处理其他部门产生的信息。这种安排反映了一种旧思想，即认为低层组织的员工没有能力处理自己产生的信息。伴随着网络技术的发展和员工素质的提高，信息处理工作已经完全可以由低层组织的员工自己完成。

(4) 将各地分散的资源聚为一体。集权和分权的矛盾是长期困扰企业的问题。集权的优势在于规模效益，而缺点是缺乏灵活性。分权，即将人、设备、资金等资源分散开来，它能够满足更大范围的服务要求，却随之带来冗员、官僚主义和丧失规模效益的后果。为解决集权与分权的矛盾，企业可以采用信息系统使供应链企业各地分散的资源以“信息”形式存于集中式数据库中。

(5) 将并行工作联系起来，而不仅仅是联系他们的产出。实际工作中存在着两种形式的并行：一种是各独立单位从事相同的工作；另一种是各独立单位从事不同的工作，这些工作最终被组合到一起。在企业推出新产品的周期中，两种形式的并行往往同时存在。如新产品研发过程把开发工作分割成一个个任务同时进行，以缩短开发周期，但在组装和测试阶段则采用后一种形式的并行。

(6) 使决策点位于工作执行的地方，在业务流程中建立控制程序。在大多数企业中，执行者、监控者和决策者是严格分开的。这是基于一种传统的假设，即认为一线工人既没有时间也没有意愿去监控流程，同时他们也没有足够的知识和眼界去做出决策。这种假设就构成了整个金字塔式管理结构的基础。而今，信息技术能够捕捉和处理信息，专家系统又拓展了人们的知识，于是一线工作者可以自行决策，在流程中建立控制程序。而一旦员工成为自我管理和自我决策者的时候，金字塔式的组织结构以及这种结构导致的效率低下和官僚主义也都会随之消失。

（7）从信息来源地一次性地获取信息。在信息难以传递的时代，人们往往会重复采集信息，从而不可避免地造成企业业务延迟和额外费用增加。今天，我们采集一条信息之后，将它存储于在线数据库中，就能与所有需要的人实现共享。

知识链接

20世纪80～90年代，美国通用电气公司在当时的董事长兼CEO韦尔奇的带领下，对公司的业务流程进行了彻底的改造，重新构建了企业的组织结构，改善了公司的企业文化，使通用电气成为世界上最有价值的公司。

2. 认识企业业务流程再造的意义

BPR以追求顾客满足度最大化为目标，以信息技术为手段，以“订单”为凭据，最终实现信息流、资金流、物流三流合一，以此提高企业的竞争能力。

BPR是关系到企业发展的系统工程，涉及企业管理的方方面面，关乎企业所有人员的利益、责任与义务，是企业的一次彻底革命。

（1）就企业股东方面来说，流程再造减掉了传统职能管理70%以上不必要的工作，大大节省了成本，提高了交货速度或服务质量，使利润得到大幅度提高。

（2）就企业经理人方面来说，流程再造使企业80%以上的日常管理工作流程化，从而使经理人真正能够免去日常琐事的烦扰，能够有充分的时间和精力思考研究企业的重大发展战略方针以及人才的培育和开发等等。

（3）就企业员工方面来说，流程再造一方面使工作所需的信息公开化，明显地减轻了员工工作的压力；另一方面，价值决策的前置，又大大增强了员工工作的挑战性和丰富性，从而增加员工工作的价值感和精神满足感。

（4）就消费者方面来说，流程再造使企业组织系统更加具有弹性，能够满足顾客随时改变的服务要求。尤其是再造使企业的价值决策前置，使顾客更容易和直接找到企业里“能够拍板的人”，确保了问题解决的速度，从而提高顾客的满意度。

●重点提示

BPR 可以提高企业的市场能力，生产运作能力，技术创新能力，支撑企业提供顾客满意的产品或服务。

（5）就供应商方面来说，流程再造使企业把供应商纳入自己的业务流程之中，使企业与供应商的接洽界面化、流程化，大大地减少了“断炊”的可能性，也提高了供应商的管理水平和管理效率。

3. 了解企业流程再造的基本方法

BPR 的真正目的并不是流程本身，而是它形成的核心竞争力，包括企业组织独特的并与其他企业相比略胜一筹的技术、组织管理、市场响应等方面的能力。企业的核心竞争力使企业在同质市场上享有特别的优势。重新设计流程有两大类方法：一是系统化改造法，即辨析理解现有流程，系统地改造现有流程；二是全新设计法，即从根本上重新考虑产品或服务的提供方式，零起点设计新流程。

20 世纪 90 年代，使用全新设计法进行流程再造的美国企业失败率高达 70% 以上。选择何种方法进行企业流程再造，应结合企业的实际，其中很关键的一点在于流程再造是否有利于企业核心竞争力的培育和提升。只有当公司绩效严重低下或面临危机时，全新的业务流程设计方案才应该成为首选。从流程再造所付出的成本看，全新的业务流程设计需要一次性支付较大费用，而系统性再造则更多地表现为一种连续性支付，每次金额比较少。因此在实施全新设计法时，企业应注意防范风险。

4. 按价值流构建企业业务流程

价值流是指企业内相互衔接的、一组能为顾客或最终使用者提供结果的一系列活动。如企业内的订单履行价值流，就包括接收订单、完成订单、收款等活动。价值流观点依据的事实是，在每一个企业中都有一连串工作活动将特定结果送给特定类型的顾客或最终使用者，为此创造一定价值。企业依据价值流重新设计生产经营过程包括：

（1）了解企业所有价值流，明确每一价值流的顾客，分清每一价值流从哪儿开始、到哪儿结束。经过分类，大多数大公司可以将价值流保持在 20 个左右。

（2）每一个价值流活动由一个授权小组承担。因为小组的工作重点完全集中在价值流顾客的需要上，所以可以尽可能简单、直接地完成工作。每一个价值流都有一个“所有者”和一个“支持者”。“所有者”的工作重点是价值流的日常运行；“支持者”则保证价值流与企业整体战略目标相互协调。“支持者”往往由某些职能部门的最高管理者担当。

（3）价值流之间通过市场链形成有效衔接。所谓市场链是指把企业内部的上下流程、上下工序和岗位之间的业务关系由原来的行政机制转变成平等的买卖关系、服务关系和契约关系，形成上下工序和岗位之间相互配合、自行调节运行的业务链。这样，价值流以价值流的运行（上下工序服务配合）为基础进行预算，并以顾客对价值流工作的评价为标准进行奖励，通过市场链形成有效衔接。

（4）寻找、确定并重建企业战略价值流。在企业所有价值流中，某一个或几个价值流对企业竞争力特别重要，这就是企业的战略价值流。企业的战略价值流是其竞争对手无法模仿的。

5. 采用具体方法进行企业业务流程再造

企业对业务流程进行再造应该是在充分认识原有流程的基础上，设定高目标，然后收集信息、集思广益，设计切实可行的新流程，并在适当的时机着手实施。再造实施中可采取以下具体方法：

（1）流程或工作按其自然形态组装回去。将完成几道工序的人员组成小组或团队来共同工作，重新构造新流程，通过减少交接手续、共享信息来大幅度提高效率。

（2）废除不创造价值的流程或流程中的环节。丰田汽车公司在对其传统的生产流程进行分析之后发现，居然有约85%的工人在做和产品"增值"无关的工作：5%的工人怠工；25%的工人因流程不科学在等待上一环节完成工作；30%的工人与成品和半成品库存工作有关，而这部分工作并不能增值；25%的工人工作不规范。这些流程的共同特点是运转速度慢、流程周期长。实行同步工程，即是将多道工序在互动的情况下同时进行，各工序之间随时可以交流，从而大幅度提高流程运行效率，缩短运行周期。CE是BPR实施中的典型方法。

现代企业的运作依赖各种各样的流程。流程在每个工作步骤和工作环节都要有完成标准任务的时间。节约时间的流程可以给顾客带来更多的价值，提高企业的市场响应能力，从而强化企业的核心竞争力。

操作要点

进行企业业务流程再造，需要做到：

⇨ 遵守企业业务流程再造的原则

⇨ 认识企业业务流程再造的意义

⇨ 了解企业流程再造的基本方法

⇨ 按价值流构建企业业务流程

⇨ 采用具体方法进行企业业务流程再造

实用范例

美国沃尔玛公司的成功建立在快捷的业务流程上。它的配送系统由三部分组成：一是高效率的配送中心，二是迅捷的运输系统，三是先进的卫星通讯网络。如卫星网络系统的运用，使配送中心、供应商及每一分店的每一销售点都能形成在线作业，短短几个小时内便可完成“填妥订单→各分店订单汇总→送出订单”的整个流程，大大提高了营业的效率和准确性。沃尔玛公司独特的配送体系极大地降低了成本，加速了存货周转，提高了资金利用率，形成了公司的核心竞争力。

第四节　实现企业间的组织融合

在供应链的价值链中，制造商、供应商和分销商都愿意相互开放，并且认为相互开放会带来新的机会。在供应链环境下实现企业组织间的融合，需要做好以下几方面的工作：

1. 建立企业间战略合作伙伴关系

供应链企业要实现预期的战略目标，客观上要求进行企业合作，形成共享利润、共担风险的双赢局面。因此，与供应链中的其他企业建立紧密的合作伙伴关系，成为供应链成功运作、防范风险的先决条件。建立长期的战略合作伙伴关系，一是要求供应链的成员加强信任，二是加强成员间信息的交流与共享，三是建立正式的合作机制，在供应链成员间实现利益分享和风险共担。

知识链接

供应链企业间战略合作关系的基点是采用诸如业务外包等手段提高本企业的核心竞争力。

2. 促进企业间业务流程的全面结合

根据流程范围和重组特征，组织间的 BPR 是指发生在两个以上企业之间的业务重组，如通用汽车公司（GM）与 SATURN 轿车配件供应商之间的购销协作关系。GM 公司采用共享数据库、EDI（电子数据交换系统）等信息技术，将公司的经营活动与配件供应商的经营活动连接起来。配件供应商通过 GM 的数据库了解 GM 的生产进度，拟订自己的生产计划、采购计划和发货计划，同时通过计算机将发货信息传给 GM 公司。GM 的收货员在扫描条形码确认收到货物的同时，通过 EDI 自动向供应商付款。这样，GM 就实现了对整个供应链的有效管理，缩短了生产周期、销售周期和订货周期，减少了非生产性成本，简化了工作流程。这类 BPR 是目前业务流程重组的最高层次，也是重组的最终目标。

3. 争取高层领导的参与和支持

企业间的组织融合需要高层领导持续性的参与和明确的支持。组织融合是一项跨功能的工程，是对企业模式和人员思维方式的变革，必然对员工和他们的工作产生较大影响。特别是组织融合常常伴随着权力和利益的转移，有时会引起一些人尤其是中层领导的抵制，如果没有高层管理者的明确支持，工作很难开展。

4. 选择适当的流程进行重组

一般情况下，企业有许多不同的业务部门和组织间的业务联系，一次性重组所有业务会超出企业的承受能力。所以，企业间的组织融合应该选择那些可能获得阶段性收益或者是对实现企业战略目标有重要影响的关键流程作为重组对象，使企业尽早地看到成果，在企业中营造乐观、积极参与变革的气氛。

5. 以目标为导向调整关键流程

在传统管理模式下，劳动分工使各部门具有特定的职能，同一时间只能由一个部门完成某项业务的一部分。现代管理模式打破了职能部门的界限，由一个人或一个工作组来完成业务的所有步骤。在供应链中，上下游企业需要以目标为导向，对关键流程进行融合，从而为顾客提供更好的服务，并以此作为发展业务和拓展市场的机会。

●重点提示

不同行业、不同性质的企业，流程重组的形式不可能完全相同。

6. 建立通畅的交流渠道与信息共享渠道

从企业决定加强合作开始，就应建立通畅的交流渠道与信息共享渠道。通过共享竞争信息，供应链上的企业能够及时调整生产策略，以便在市场上占据主动。建立通畅的流通渠道不仅体现在两个企业间的交流与信息交换，企业管理层与职工之间也要不断进行交流。管理层要向职工宣传合作带来的机会，如实说明这种合作对本企业组织机构和工作方式带来的影响，特别是对职工自身岗位的影响及企业所采取的相应解决措施，尽量取得职工的理解与支持。隐瞒可能存在的威胁可能引起企业内部动荡，从而使可能的威胁成为现实。

新的市场环境下企业不仅要理顺内部管理关系，而且要理顺外部管理之间的关系，保持企业内外良好的互动能力，亦即内部管理、内部流程通过网络与外部环境之间的一种互动的能力。

操作要点

实现企业组织间的融合，需要：

⇨ 建立企业间战略合作伙伴关系

⇨ 促进企业间业务流程的全面结合

⇨ 争取高层领导的参与和支持

⇨ 选择适当的流程进行重组

⇨ 以目标为导向调整关键流程

⇨ 建立通畅的交流渠道与信息共享渠道

第五节　供应链风险管理

供应链上的各环节是环环相扣、彼此依赖、相互影响的，任何一个环节出现问题，都可能波及其他环节，影响整个供应链的正常运作。因此，供应链风险应该引起企业管理者的充分重视。进行供应链风险管理需要注意以下方面。

1. 认识供应链风险的来源

供应链的风险来自多方面，既有自然灾害这种不可抗力的因素，如地震、火灾、暴风雨雪等，也有人为因素。人为因素主要有以下几个方面：

（1）独家供应商问题。采取独家供应商政策存在巨大风险，因为一个环节出现问题，整个链条就会崩溃。

（2）IT 技术的缺陷会制约供应链作用的发挥。如网络传输速度、服务器的稳定性和运行速度、软件设计中的缺陷、病毒等。

（3）信息传递方面的问题。当供应链规模日益扩大、结构日趋复杂时，供应链上发生信息错误的机会也随之增多。此外，信息传递延迟会增加供应链的风险。

（4）企业文化方面的问题。不同的企业具有不同的企业文化，这就会导致对相同问题的不同看法，使组织间存在分歧，影响供应链的稳定。

（5）经济波动的风险。经济高速增长容易导致企业原材料供应出现短缺，影响企业的正常生产；而经济萧条会使产品库存的成本上升。

（6）其他不可预见的因素。小的如交通事故、海关堵塞、停水停电等，大的如政治因素、战争等都会影响供应链的正常运作。

知识链接

供应链风险的影响因素很多，其中有些信息已知，有些信息未知，是一种“灰色信息”。在风险评估的实践中，供应链风险系统中有许多事件的风险程度是不可能精确描述的，比如无法简单地用高低或数字来界定供应链企业配送中断的可能性到底有多大。

2. 对供应链风险因素进行评估

供应链风险的评估可以综合以下几个方面：

（1）根据经济波动和产业政策来评估。经济波动大、产业转型对某些供应链的影响很大，甚至使某些供应链发生中断。但经济波动、产业政策一般是长期的，风险一般较容易控制。

（2）不可预见的因素可以通过以往的数据进行预测评估。比如，企业在正常情况下，由于交通事故导致的供应链问题的概率是一个比较稳定的数据，可以根据这些数据评估交通事故导致的供应链的风险。

（3）供应商评估可以根据供应商的财务状况、主营业务的变化、技术创新的能力、企业在行业中的竞争力等项目进行综合考察。供应商的变化对供应链影响最大，由此对供应商尤其是与供应材料有关的任何变化都要给予充分重视，建立一套完善的评估机制。

（4）信息风险可以从供应链管理中的信息手段、信息反馈机制、信息处理能力多方面进行评估。一般来说，如果企业上下游间有先进的通讯方式、及时的反馈机制和规范化的处理流程，供应链风险就小；反之就大。

3. 设计柔性的多头供应链以防范供应风险

传统的企业供应链往往是单一的供应商机制，整个供应链缺乏柔性。为确保产品供应稳定，重要产品应该由两个以上的供应商提供，不能单单依靠某一个供应商，否则一旦该供应商出现问题，势必影响整个供应链的正常运行，使整条供应链变成一条危机链。设计柔性的多头供应链是预防供应链风险的重要措施。在合同设计中互相提供柔性，可以部分消除外界环境不确定性的影响。多头的供应商机制不仅使供应链具有足够的柔性，而且能在供应商之间形成竞争态势，保证产品的稳定供应。同时，在对某些供应材料或产品有依赖性时，还要考虑地域风险。比如，战争会使某些地区原材料供应中断，如果没有其他地区的供应，势必造成危机。

●重点提示

供应链合作中存在需求和供应方面的不确定性，这是客观存在的。柔性设计是消除外界环境因素不确定性的一种重要手段。

4. 对供应商进行跟踪评估以防范供应风险

为确保产品供应稳定，除建立多地域、多个供应商外，还须对每个供应商的情况进行跟踪。如果欲与供应商建立信任、合作、开放式交流的长期合作的供应链关系，必须首先分析市场竞争环境，目的在于找到针对哪些产品市场开发的供应链合作关系是有效的，必须知道现在的产品需求是什么，产品的类型和特征是什么，以确认用户的需求，确认是否有建立供应链合作关系的必要。如果已建立供应链合作关系，则根据需求的变化确认供应链合作关系是否有必要延续下去。同时分析现有供应商的现状，分析、总结企业中存在的问题，并对供应商的业绩、设备管理、人力资源开发、质量控制、成本控制、技术开发、用户满意度、交货协议等方面也要做充分的调查，因为它们很可能成为影响供应链安全的因素。一旦发现某个供应商出现问题，应及时通知对方进行预防和改进，必要时要对有关的供应商进行调整。

5. 建立多种信息传递渠道，防范信息风险

厂家—消费者—供应商在供应链中起着多重作用，他们之间的互动日益加快，关系也变得越来越复杂，这就要求给予支持的网络基础设施必须确保供应链所要求的数据完整、可靠和安全。

利用现代化的通讯和信息手段管理并优化整个供应链体系，通过EDI对供应链企业进行互连，实现信息共享，使企业之间实现无缝连接，分享业务计划、预测信息、POS数据、库存信息、进货情况以及有关协调货流的信息，从而使供应链上的客户、零售商、分销商、生产厂、各级原材料供应商、物流运输公司和各个相关业务合作伙伴在信息共享的基础上能够进行协同工作。一般来说，若企业上下游之间有先进的通讯方式、及时的反馈机制、规范的处理流程，供应链风险就小；反之就大。

6. 加强对合作伙伴的激励以防范道德风险

对供应链企业间道德风险的防范，主要是通过尽可能消除信息不对称性，消除出现败德行为的土壤来实现的。同时，要积极采用一定的激励手段和机制，使合作伙伴能得到比败德行为更多的利益，消除合作伙伴的道德风险。

7. 企业应制定处理突发事件的应急措施

供应链是多环节、多通道的一种复杂的系统，很容易发生一些突发事件。供应链管理中，对突发事件的发生要有充分的准备。尤其对于一些偶发但破坏性大的事件，需要建立应急处理机制，预先制定应变措施，建立应变事件小组，制定应对突发事件的工作流程。

8. 对风险进行日常管理

竞争中的企业时刻面临着风险，因此对于风险的管理必须持之以恒。

要建立一整套预警评价指标体系，当其中一项以上的指标偏离正常水平并超过某一“临界值”时，要及时发出预警信号。其中“临界值”的确定是一个难点。临界值偏离正常值太大，会使预警系统发出的预警信号反应迟钝；而临界值偏离正常值太小则会使预警系统反应过度。必须根据各种指标的具体分布情况，选择能使该指标错误信号比率最小的临界值。

经验告诉我们，建立和控制一个包括广泛供销渠道在内的供应链是不容易的，而长期地维护整个供应链的安全运行更难。企业为了保证供应链的安全运行，应针对供应链存在的各种风险及其特征，采取不同的防范对策。

操作要点

企业进行供应链风险管理，需要：

- 认识供应链风险的来源
- 对供应链风险因素进行评估
- 设计柔性的多头供应链以防范供应风险
- 对供应商进行跟踪评估以防范供应风险
- 建立多种信息传递渠道，防范信息风险
- 加强对合作伙伴的激励以防范道德风险
- 企业应制定处理突发事件的应急措施
- 对风险进行日常管理

实用范例

某企业经过数年多轮的竞标、筛选，在众多承运商中选中一家物流公司作为它唯一的合作伙伴，组建了联营公司，有章程、有协议。物流公司对设施进行了大投入，对管理信息系统进行了大建设。但“一朝天子一朝臣”，当该企业“改朝换代”后，联营公司也名存实亡，原有的章程、协议，都成了一张废纸。一夜之间，物流公司“一统天下（货源）”的格局结束，又回到原来的年年招标。反思中，我们想起了伟人丘吉尔的名言：没有永远的朋友，只有永远的利益。国家之间尚且如此，更何况企业之间的真实利益关系！在市场开发过程中，我们应该深刻领悟这个道理——感性隐藏着危机，理性蕴含着永远。

第六节　制定供应链管理实施战略

供应链管理的实施战略，就是一个企业在具体实施供应链管理方式时所依据的方法和策略，避免走弯路或出现失误。制定供应链管理实施战略，需要注意以下内容。

1. 广泛应用计算机技术，充分发挥信息的作用

供应链管理与计算机技术紧密相关。计算机辅助设计、辅助制造、计算机仿真与建模分析技术，都应在供应链企业中加以应用。企业还需根据自己的行业特点和实际状况，设计和实施企业内部互联网方案，提供市场营销功能、项目管理功能、客户服务和支持功能，完成企业内外的信息沟通和管理，帮助客户服务与支持部门共享客户的反馈信息。

知识链接

一项研究报告披露：接受调查的管理人员中有80%反映说，信息技术的应用是推进供应链系统中信息共享的关键；在当前希望减少与销售有关的间接费用的企业中，87%的企业计划增加他们在信息技术上的投资。

2. 积极推行管理体系认证

供应链企业要不断改进和提高物流服务质量，可以实施ISO质量标

准认证过程。这样一方面有利于提高管理水平，增强企业竞争能力，另一方面也能够凭借它获得一体化市场的通行证，使企业尽快融入世界经济市场，并在日趋激烈的市场竞争中取得领先地位。供应链企业的认证过程应贯彻“持续改进”思想，不能为认证而认证。

3. 开展供应链企业的合作关系

从竞争走向合作，从互相保密走向信息交流，实际上会给企业带来更大利益。供应链企业合作的概念已经发展到了同以前竞争对手之间的合作。企业间的合作要解决利益分配的问题，使供应商、合作伙伴以及顾客都能共享信息，互相受惠。

4. 研讨供应链的方法论

所谓方法论，就是在实现某一目标、完成某一项大工程时，所需要使用的一整套方法的集合。方法论能帮助人们少走弯路，避免损失。

有两种不同的供应链运作方式。一种称为推动式，一种称为牵引式。推动式的供应链运作方式以制造商为核心，产品生产出来后从分销商逐级推向用户，分销商和零售商处于被动接受的地位，各个企业之间的集成度较低，通常采取提高安全库存量的办法应付需求变动，因此整个供应链上的库存量较大，对需求变动的响应能力较差。牵引式供应链的驱动力产生于最终用户，整个供应链的集成度较高，信息交换迅速，可以根据用户的需求实现定制化服务。采取这种运作方式的供应链系统库存量较小。

作为供应链管理战略的内容之一，供应链管理实施战略就是要选择适合于自己实际情况的运作方式。牵引式供应链虽然整体绩效表现出色，但对供应链上企业的要求较高，对供应链运作的技术基础要求也较高。而推动式供应链方式相对较为容易实施。企业采取什么样的供应链运行方式，与企业的基础管理水平有很大关系，切不可盲目模仿其他企业的成功做法，因为不同企业有不同的管理文化，盲目跟从反而会得不偿失。

5. 充分发挥标准和法规的作用

目前产品和生产过程的各种标准还不统一，而未来的制造业的产品差异又非常突出，如果没有标准，对国家、对企业、对企业间的合作、对用户都非常不利，因此供应链企业必须实施标准化运作。当然，现行法规包括政府贷款规定，技术政策，反垄断法规、税法、进出口法，国际贸易协定等等，对于它们，供应链企业也应积极跟踪。

重点提示

国有物流企业在组建主干网时，应充分利用国家对物流产业的优惠政策，发挥自身的优势。

以上是在供应链管理实施战略中需要注意的几个方面，另外还需要进一步考虑的是实行规模经营，提高效益的问题以及人才引进和内部企业文化设计问题。通过这些方法论和策略，使企业在与国际、国内同行竞争的争夺战中保持优势。

操作要点

制定供应链管理实施战略，需要：

- 广泛应用计算机技术，充分发挥信息的作用
- 积极推行管理体系认证
- 开展供应链企业的合作关系
- 研讨供应链的方法论
- 充分发挥标准和法规的作用

实用范例

在20世纪70年代，美国三大汽车巨头——通用、福特、克莱斯勒，都投资了几亿美元开发处理汽车尾气的装置。那个时候，他们不愿意联

合起来开发，而实际上各自做出了类似的结果，白花了很多钱。现在，他们都参加了一个多功能的集团USCAR，共同开发各种技术、材料和部件，从结构塑料到电池到电机车控制系统等。

日立与IBM在计算机主机市场上，一直是两大竞争对手，但现在也成了合作伙伴。日立买进IBM的主机CMOS处理机芯片，并制造IBM结构的主机（IBM给予许可证），打上日立牌子销售。

第七节 供应链重构

供应链环境下的企业必须不断地适应环境，并依企业内外环境的变化调整内外政策，也需要相应地改变业务流程。

1. 系统收集供应链基础信息

我们必须识别出与企业供应链环节相关的各种部门或群体，也就是选取那些能够为供应链提供相关资源的部门或群体，然后明确它们所能提供的信息类型，并采取恰当的方式来获取。信息必须用数据库进行存储和管理。除此以外，我们还应记录以下辅助信息：

（1）数据具体来源，从何人、何处获此信息。

（2）日期，这些信息是何时获得的。

（3）从这些信息中可以得出什么结论以及我们是如何得出这些结论的。

2. 分析和评价现行作业流程

分析现行作业流程是为了找出存在的问题，以免在将来的流程中重复出现；评价现行作业流程是为了对将来的改进找到一个比较的基准。例如，如果目标是缩短生产周期和降低成本，就要测出现行作业流程下生产周期和成本的准确值，作为将来供应链管理模式实施后在这两个目标上取得绩效的评价基准。

3. 评价战略目标达成程度

评价战略目标的达成程度，首先需要一份战略目标的列表，并由战略目标要求推演出达成该战略目标所对应的评价参数，如客户服务水平。客户服务水平对应的子参数有：客户得到所订购产品的速度和客户得到所订购产品的可靠程度。

依据收集来的原始信息对各战略目标的子参数进行分值评价。例如评价惠普公司在欧洲建立配送中心的战略目标达成程度。配送中心建立后，惠普只需从总部将模块化的核心部件运往欧洲，然后在欧洲的配送中心根据顾客的需要装配成成品。这样对客户订货的反应速度提高了，缺货的可能性也降低了，所以“速度”和“可靠程度”的得分均为“3”；同时降低了库存与运输成本，所以“变动成本”得分为“3”；由于在欧洲建立配送中心需要巨大的资本投资，所以“资本投资”得分为“1”。

4. 制定重构战略蓝图

制定重构战略蓝图需要从整体上把握工作流程的重新设计。过去企业在进行组织变革的过程中，往往把注意力放在提高某个瓶颈环节的效率上，很少从整体上考虑整个流程是否合理。以 BPR 为指导的企业组织变革设计策略强调首先在人们头脑中树立起对整体流程重新设计的概念。供应链管理理念的核心是将资源配置从一个企业扩展到多个企业，因此，在这种环境下的工作流程设计不仅要考虑企业内部的部门重组，而且要把流程的工作特征扩展到相关企业中去。

这一步的目的是整合企业的各战略目标，并为它们的具体实现制定一个战略蓝图，也就是确定各战略目标执行的先后顺序以及在多长时间内实现它们。制定战略蓝图时，需按照以下步骤进行：

（1）通过矩阵分析评价各战略目标；

（2）估计实现各目标可能花费的时间；

（3）与各战略目标相关的风险特性；

（4）制订资源计划（人力、财力、物力）。

5. 确定首要的企业流程重构项目

企业中有各种各样的作业流程，结构十分复杂。全面铺开势必分散力量，难以取得成功。应该首先选择一些关键性的作业流程作为实施 BPR 的项目，以关键流程带动一般流程的重构。福特汽车公司北美财会部就是一个例子。它抓住付款流程的重构，带动采购和接收部门的工作流程的变革。实施供应链管理后，企业与合作企业的信息沟通与共享方式发生了变化，因此，原来需要多个人、多个部门处理的业务，现在只由一个人就能胜任。在部门的选择上，可以考虑以销售部门（接受订单）或供应采购部门（发出要货订单）为核心展开 BPR。

6. 选择合适的信息技术手段

现行的作业流程都是在传统管理模式下设计出来的，因而企业在工作流程上并没有与供应链管理及其信息支持体系有多大的关系。现在，在引入信息技术时，首先要明确定义企业职能部门和作业流程的实体，明确企业在供应链管理模式下运作的要求，然后再选择计算机系统和管理软件的开发环境。BPR 强调在作业流程设计的初始阶段就考虑信息技术的作用，根据信息技术的能力确定新的作业流程。因此信息技术不仅是供应链管理的支持系统，而且影响着新流程的构成。当前许多人都认为电子商务是 21 世纪企业经营的一个理想信息平台，因此在企业流程的重新设计时要认真考虑这一问题。

知识链接

企业要根据实际情况发展信息技术，同时要根据信息技术与供应链管理集成的特点进行流程重构。

7. 设计和建立作业流程的原型系统

在对作业流程进行分析的基础上，用现代计算机辅助软件工具建立原型系统。这里所说的原型系统既包括软件系统，也包括组织系统。软件原型系统是指为支持新作业流程而开发的软件；组织原型系统是指为了使新作业流程正常运作而重新组织起来的人员和岗位。经过一段时间的运作，会发现新流程中存在的问题，会获得对新流程应有技术的认识，企业便可以此为基础，建立更好、更完善的作业流程，为实施供应链管理模式打下基础。

8. 取得合作伙伴的支持和配合

供应链管理下的企业业务重构不同于单个企业内部的流程重构。企业除了要进行内部流程改造外，还必须改造与合作伙伴共同进行的业务，如与供应商企业的业务联系、与分销商企业的业务联系等。因此，在理想的情况下，供应链管理业务流程重构应该从整个系统出发，对所有节点企业同步进行重构。退一步说，由于各个企业的情况千差万别，允许有个先后顺序，但是应该着重做好有接口关系企业的协调工作，首先得到它们的配合，否则供应链的整体协调性就难以保证。

在企业着手实施变革之前，首先要以企业的流程为中心，重组管理部门，然后再以现代计算机技术作为 BPR 的技术手段和物质基础。这样，就可以使先进的信息技术与先进的管理流程相匹配，最大限度地发挥企业的竞争潜力。

●重点提示

采用有效的变化管理方法以调整供应链企业的人力资源和文化，从而适应新的工作流程。

操作要点

供应链环境下的企业重构，需要做到：

⇨ 系统收集供应链基础信息

⇨ 分析和评价现行作业流程

⇨ 评价战略目标达成程度

⇨ 制定重构战略蓝图

⇨ 确定首要的企业流程重构项目

⇨ 选择合适的信息技术手段

⇨ 设计和建立作业流程的原型系统

⇨ 取得合作伙伴的支持和配合

第二章　供应链设计

供应链的设计围绕着企业的核心内容，要求理论联系实际。首先需要更新观念，把企业生产经营观念扩张到整个产业价值链上，通过了解现有供应链企业状态，分析自身企业在供应链环节中所处的位置，通过友好合作、服务创新、科技创新、把握人才等手段建立企业的竞争优势。

关键词　供应链设计　企业边界　形态结构　供应链分析　合作关系　系统设计

第一节　界定供应链企业边界

当前供应链企业资源的整合和一体化已不仅仅局限在企业层面上，而且已经转移到相互联系、分工协作的整个产业链条上，这使得供应链环境下的企业明确自身的对外接口显得更为重要。界定供应链企业的边界，需要做到以下几点。

1. 认识信息技术下供应链企业的特征表现

以现代信息技术为核心的供应链企业，其运行方式与传统物流企业有着根本的区别。这主要表现在以下几个方面：

（1）企业运行的全程化、系统化。随着现代信息技术的发展和广泛应用，形成了以供应链管理为核心的，覆盖从供应、生产到最终客户全过程的运行方式。在供应链上，每一个企业、每一个环节都不是独立存在的，它们互为供应商和客户。在 EDI、互联网等信息通讯技术的支持下，各种物流信息资源实现共享，促进了各种物流活动之间的相互协调和紧密配合，从而提高了企业对市场变化的快速响应能力，减少了物流周转时间，也大大减少了企业对库存的依赖。

（2）企业运行的透明化。传统物流活动产生的相关信息分散在不同企业或企业内不同职能部门，物流管理者最多只能了解到自己管辖范围内的信息，对物流运行过程中存在的瓶颈与存货过多的环节很难把握，因此，物流活动无法实现在商品种类、数量、时间及地点方面的准确性，物流活动的质量也难以得到保证。现代供应链管理使企业运行透明化，有助于解决和防止企业运行中的难题，减少企业在预测、管理和操作上的失误，从而提高运行效率。

●重点提示

事实上，第四方物流企业和第五方物流企业是专门对物流信息资源进行管理的物流企业。

（3）企业运行的自动化和智能化。日趋成熟的各类信息技术是供应链企业实现自动化和智能化的技术保障。

2. 了解信息技术下物流产业的组织形式

现代信息技术的发展及其在经济活动中的广泛应用，直接推动了供应链组织的发展和创新，并使物流产业组织呈现出劳动密集度下降、信息密集度不断提升的特征。

以信息技术应用为导向的物流产业组织发展大致经历了三个阶段：一是以企业物流信息管理系统为基础的一体化物流组织；二是以 EDI 为基础的专业化物流组织；三是以网络通讯技术为基础的物流流程一体化组织。

3. 明确不同类型的企业组织创新的重点

供应链企业组织创新要与企业制度、技术、管理、市场等方面的创新相结合。企业制度如企业产权、人事和分配等制度直接影响企业组织的变革，这方面在国有企业特别是铁路货运、邮政快递等国有垄断型物流企业中表现更为突出，是供应链企业中物流组织创新的主要制约因素。对于生产企业特别是制造型企业，供应链企业组织创新与企业的生产及管理技术有很大的关系，没有 MIS、MRP、JIT、ERP 等技术的应用，企业就很难建立一体化、扁平化、柔性化、网络化的组织结构。对于流通型企业特别是第三方物流企业，其组织创新必须紧紧围绕着市场和客户，不可能脱离企业服务、营销方式等方面的变化与创新。

4. 进行科学论证，系统设计企业边界

企业进行科学论证，系统设计企业边界，要善于利用企业“外部人”的作用，聘请经济、管理、物流等有关专家进行调查研究和论证设计是必要的。如海尔的组织创新专门聘请了国外 SAP 公司的著名专家。应正确认识分工、职权、统一指挥、管理跨度、部门化等经典组织设计原则的各自优点和局限性，对于贯穿整个生产经营过程甚至跨地区、跨企业的物流活动，其组织设计要更多地强调以人为本和以物流过程为中心的思想，注重实物流和信息流的融合，并按照分析组织存在问题、设计物流及信息流流程、组织结构设计、试运转、反馈、改进等既定的程序进行。

知识链接

供应链企业组织边界的确定不仅受企业规模、企业生命周期、人员素质等内部因素的影响，还受产业特征、竞争状况、环境变动性等外部因素的影响。

在界定供应链企业边界时，还需要注意不能简单地模仿或照搬。企业的边界因时、因地、因企业而异，类同的企业边界结构，在不同企业中的

运行效率可能相差很大，企业在借鉴先进的组织模式时，要考虑适用性。

操作要点

界定供应链企业的边界，需要做到：

- 认识信息技术下供应链企业的特征表现
- 了解信息技术下物流产业的组织形式
- 明确不同类型的企业组织创新的重点
- 进行科学论证，系统设计企业边界

第二节　组建合适的供应链形态结构

供应链系统中，不同类型的企业如生产商、批发商、零售商对供应链有不同的要求，必须组建不同的供应链形态结构与之相对。为此，需要做到下面几个方面。

1. 确定企业的运作流程

一般来说，供应链管理系统的建立有两条路径：一是量身定制的开发；二是集成系统的导入。众所周知，IT系统量身定制开发的前提是企业运作流程的分析设计；集成系统的导入也往往要求企业改变现有的运作流程。所以，无论走哪条路，企业建立IT系统的前提都是要确定其运作流程。

2. 以客户的需求为依据进行供应链设计

IT系统的投资属于企业的长期战略投资，所以在设计和导入信息系统之前，往往要求企业制定发展战略规划。企业的发展战略由市场即客户需求决定，归根到底，企业IT系统的设计必须以客户服务需求为基本依据。要与客户一起商定企业服务目标、确定企业管理模式以及信息分享的机制。这一点，在第三方物流服务供应商中显得特别重要。没有互动的机制，就没有信息的分享，没有高水平的物流服务，也没有第三方物流。

3．确定企业的管理模式

在客户需求确定以后，企业的物流管理模式将对流程设计起决定性的作用。这时，物流运作流程的设计问题实际上已经转化为客户需求服务和企业服务能力的匹配问题。

在实践中，人们往往只注意企业的管理模式而忽视了客户具体的物流服务需求，使得IT系统的设计失去了最根本的依据，因此，往往不能建立相关信息与客户服务之间直接的知识关系。就此建立的信息系统要么是过于理想化而不适用，要么是企业现有物流运作管理模式和台账的桌面化。

●重点提示

对许多处于转型中的中小传统物流企业来说，选择专门化攻略可能是明智的。

企业的管理模式究竟该如何选择呢？答案是：建立以满足客户需求为目标的企业竞争战略；或总成本领先，或差别化服务，或专门化攻略（集中一点）。企业的管理模式如存货水平的控制、存货的布局和结构配置、存货可得性的优先度排序、不同运输方式的选择等等是服务手段，是企业为满足客户需求而配置物流服务资源的方法。显然，同一个企业当它采用分销、直销或分销与直销相结合的营销渠道结构的时候，当它采用集中或分散、分级或外包的不同的物流管理模式的时候，其物流运作的流程以及相应的物流IT系统是不一样的。

知识链接

竞争战略解决的是在既定市场企业生存和发展的问题，而发展战略解决的是企业市场进退和发展方向的问题。

4. 供应链设计需有明确的市场定位

供应链的设计要有明确的市场定位如行业定位、产品定位或客户定位，要有明确的服务定位如仓储服务、货运服务、货代服务、供应服务、分销服务或供应链整合等。在进行市场定位的时候，不仅要考察客户企业，而且要考察客户企业所属的行业发展趋势，要考虑客户的客户及其供应商的供应商。

5. 供应链系统需具备开放性和扩张性

设计的供应链系统的结构要具有开放性和扩张性。如要把现在的仓库改造为增值服务中心，则在 IT 系统的配置方面，至少要有仓库管理系统和商务管理系统，还要配置条码印制系统和无线终端识别系统等。但一定要以企业的发展战略为依据，同时还要考虑有关信息技术的经济寿命。要防止为预留功能接口而购进冗余的设备或造成资金沉淀。

在供应链的形态结构设计中，不仅要充分考虑上述问题，还要考察同行业经验，尽量减少在设计过程中所犯的错误。

操作要点

组建不同的供应链形态结构，需要做到：

⇨ 确定企业的运作流程

⇨ 以客户的需求为依据进行供应链设计

⇨ 确定企业的管理模式

⇨ 供应链设计需有明确的市场定位

⇨ 供应链系统需具备开放性和扩张性

第三节 供应链分析

随着市场竞争的加剧以及对效率的追求，组织之间的社会劳动分工日趋细化。面对外来企业的挑战，国内供应链企业要发掘自身的优势服务内容，了解不同的服务形态，对核心价值链作精心的分析。为此，需要做到以下几个方面。

1. 了解第三方物流服务的内容

第三方物流（Third Party Logistics，3PL）是指由物资流动的提供方和需求方之外的第三方去完成物流服务的运作方式。第三方就是指提供物流交易双方的部分或全部物流功能的外部服务提供者。第三方物流随着物流业的发展而兴起，是物流专业化分工的产物。一些条件较好的，原来从事与物流相关行业的运输企业、仓储企业、货代企业开始拓展自己的传统业务，进入物流系统，逐步成长为能够提供部分或全部物流服务的企业。

按照物流企业完成的物流业务范围的大小和所承担的物流功能，可将物流企业分为综合性物流企业和功能性物流企业。功能性物流企业，也叫做单一物流企业，即它仅仅承担和完成某一项或几项物流功能，可将其进一步分为运输企业、仓储企业、流通加工企业等。综合性物流企业则能够完成和承担多项甚至所有的物流功能，一般规模较大、资金雄厚，并且有着良好的物流服务信誉。

2. 了解第四方物流服务的内容

随着信息技术和计算机网络技术的发展，在物流行业中出现了凭借对物流信息和知识的拥有从事物流服务的业务，这就是所谓的第四方物流（Forth Party Logistics，4PL）。现在人们所说的第四方物流，是指从事物流服务业务的社会组织不需要自己直接具备承担物资物理移动的能力，而是借助于自己所拥有的信息技术和实现物流的充分的需求和供给信息，并加上对于物流运作胜人一筹的理解所开展的物流服务。这种业务与现有的货运代理业务十分相像，故也可以称为物流代理业务。

物流代理企业根据其业务范围，分成综合性物流代理企业和功能性物流代理企业。功能性物流代理企业包括运输代理企业（货代公司）、仓储代理企业（仓代公司）和流通加工代理企业等。

知识链接

第一方物流（the First Party Logistics，1PL）是指由物资提供者自己向物资需求者送货，以实现物资的空间位移的过程。

第二方物流（the Second Party Logistics，2PL）是指由物资需求者自己解决所需物资的物流问题，以实现物资的空间位移。

3. 了解管理信息系统在物流供应链中的发展趋势

IT 技术作为新经济发展的重要组成部分，是企业提高竞争力的重要手段。谁掌握了 IT 技术，谁就获得了市场竞争的优势。掌握 IT 技术，降低营运成本，提高管理效率，为客户提供尽可能多的增值服务，是供应链企业的当务之急。

以网络、通讯、计算机等为载体的新经济，在上世纪末本世纪初发展了一批新兴的 IT 技术手段，如 GPS、GIS、WAP、INTERNET 等。依据这些技术手段搭建的电子商务平台和各种数据交换，实现了信息在不同时间、空间上的结合，缩短了企业与客户的距离，提高了运作效率。管理信息系统在物流供应链中的发展趋势有：

（1）车辆跟踪系统，实现适时性的运力资源调度最优化。

（2）仓储配送系统，能够满足多地点仓储统一管理，并向多功能方向发展。

（3）运输管理系统，实现装车、配载、资源调度的最优化。

（4）港口码头信息系统，满足新兴的综合业务发展趋势。

（5）其他系统，如交通运政管理系统、监理与服务系统、客车卫星跟踪系统、联网订票系统以及货运网络管理系统等。

4. 对物流运作流程和价值链做精心的分析

在供应链管理环境下，应该重新考虑企业的业务流程。如果一个企业成为供应链中的一个节点企业，但还沿用传统的业务流程，那么采用供应链管理模式带来的优势有可能被落后的工作方式所抵消，以至于无法体现出供应链管理的先进性，使企业失去对建立新的管理理念的信心。对企业本身现有物流运作流程和价值链要做精心的分析，找出最需要改进的地方。IT系统的建立要从投资回报最有潜力的环节切入，没有战略和重点的全面IT系统化并不能够带来服务水平和服务利润的全面提高，甚至可能在投资和实施方面产生负面影响。面对供应链管理这一新生事物，企业的决策者不仅要深刻理解它的实质内涵，而且要研究实施供应链管理的正确运作模式，这样才能把供应链管理的潜在效益发挥出来，企业才能真正获得收益。只有这样，整个供应链才有可能获得较大的竞争力。

●重点提示

IBM公司将供应链管理定义为："借助信息技术和电子商务，将供应链上业务伙伴的业务流程相互集成，从而有效地管理从原材料采购、产品制造、分销，到支付给最终用户的全过程。在提高客户满意度的同时，降低成本、提高企业的效益。"从IBM公司的这一定义中可以看出，借助电子商务实现企业间的物流和信息流的集成是一种很好的选择。

5. 转变思想观念

企业要认清当前的形势。随着中国加入WTO和经济全球化进程的加快，进入中国的外国企业越来越多，国内企业不出国门就已参与了国际竞争。如何应对外来企业的挑战已是每个企业必须认真面对的现实。企业要进一步认识到，市场经济体制，从某种意义上说，就是市场决定一切，它要求企业的生产经营思想活动要始终围绕市场去进行。那种在计划经济体制下养成的思维方式必须彻底改变。对于企业来说，要想提高自身竞争力，应该吸取供应链管理和企业流程重构等理论的精华，深化企业内部改革，尽可能不要犯以下观念错误：

（1）企业面对飞速变化的外部世界，不去主动迎战，不积极参与市场竞争，思想观念落后。

（2）企业缺乏活力，机构臃肿，资源浪费严重。

（3）企业忽视科技进步（包括技术和管理两方面）对提高经济效益的作用，习惯于老一套，对新的东西产生一种自然的恐惧和抵制。许多行之有效的生产技术和管理方法因为要改变某些人的工作习惯，或触动其既得利益而受到抵制，反过来还被指责不符合国情和厂情。

6. 系统分析企业现行管理模式

为了有效实施供应链管理和依据 BPR 进行企业流程重构，首要的任务就是分析企业现行管理模式存在的问题。BPR 的原则之一是“需求牵引”，具体用于供应链管理模式时，就是找出当前的管理模式与业务流程存在的问题，这样才能做到有的放矢。

供应链管理模式与传统管理模式的区别之一，就是前者可以实现主动进入需求方的工作进程，在需求方没有提出要货请求之前，供应方就可以安排自己的生产（销售）活动。而传统的管理模式，都是在接受需求方的订货合同之后才安排生产（销售）。因此，供应链管理是一种主动进取模式，而传统的管理是一种被动接收模式。相比之下，前者的响应速度要比后者快得多。了解了供应链管理的这一特性，新的业务流程设计就有了出发点。

任何一种业务流程都是为实现一定企业职能而设计的，要想设计出适合供应链管理要求的业务流程，必须真正理解供应链管理的实质，才能使供应链对企业产生效益。

操作要点

企业进行供应链分析，需要注意以下几个方面：

⇨ 了解第三方物流服务的内容

⇨ 了解第四方物流服务的内容

⇨ 了解管理信息系统在物流供应链中的发展趋势

⇨ 对物流运作流程和价值链做精心的分析

⇨ 转变思想观念

⇨ 系统分析企业现行管理模式

实用范例

面对加入 WTO 后中国逐步放开物流市场的大趋势，国内企业加快了抢占物流市场的步伐。尤其是上市公司纷纷进军物流业，其业务内容涵盖了仓储、运输、配送、订货履行、自动补库、分拨集拼、整理分拣、包装与贴标签、加工、代理、进出口代理、营销策略、EDI 信息交换、物流全程信息服务等物流全过程，囊括了物料管理、辅助性管理和增值服务的全方位物流服务。在企业规模和技术水平上，国内企业都有了一定突破。例如，中石化和长江航运集团成立了石油物流的巨型合资企业，共同拥有和营运石油产品物流业务。

第四节　选择供应链合作关系

供应链合作关系（Supply Chain Partnership，SCP），也就是供应商—制造商（Supplier - Manufacturer）关系，或者称为卖主/供应商—买主

(Vendor/Supplier－Buyer) 关系、供应商关系 (Supplier Partnership)。供应链合作关系可以定义为供应商与制造商之间在一定时期内的共享信息、共担风险、共同获利的协议关系。

供应链的实质就是合作。而随着合作的进一步加深，合作形式也从简单收集信息到共同制定决策的深度迈进。随着合作程度与信息共享程度的加深，所产生的经济价值也将以非线性的方式快速增加。建立与选择供应链合作关系，需要注意以下几个方面。

知识链接

供应链中合作产生的影响：合作对供应链进步的贡献率为40%；合作性计划可以使库存减少15%；合作使预测准确度提高15%；合作减少开支20%～30%；合作节约运输成本3%～5%。

1. 考虑选择合作伙伴的主要因素

根据企业调查研究，影响合作伙伴选择的主要因素可以归纳为四类：企业业绩、业务结构与生产能力、质量系统和企业环境。

我国企业评价选择合作伙伴时存在较多问题：企业在选择合作伙伴时，主观的成分过多，有时往往根据企业的印象来确定合作伙伴，选择时往往还存在一些个人的因素；选择的标准不全面，多集中在企业的产品质量、价格、柔性、交货准时性、提前期和批量等方面，没有形成一个全面的综合评价指标体系，不能对企业做出全面、具体、客观的评价。

2. 采用合适的合作伙伴选择方法

选择合作伙伴的方法较多，一般要根据合作单位的多少、对合作单位的了解程度以及对物资需要的时间是否紧迫等要求来确定。目前国内外较常用的方法有：

(1) 直观判断法。直观判断法是根据征询和调查所得的资料并结合人的分析判断，对合作伙伴进行分析、评价的一种方法。这种方法主要是倾听和采纳有经验的采购人员意见，或者直接由采购人员凭经验做出判断，常用于选择企业非主要原材料的合作伙伴。

（2）招标法。当订购数量大、合作伙伴竞争激烈时，可采用招标法来选择适当的合作伙伴。招标方法竞争性强，企业能在更广泛的范围内选择适当的合作伙伴，以获得供应条件有利的、便宜而适用的物资。但招标法手续较繁杂，耗时长，不能适应紧急订购的需要；订购机动性差，有时订购者对投标者了解不够，双方未能充分协商，造成货不对路或不能按时到货。

（3）协商选择法。在供货方较多、企业难以抉择时，也可以采用协商选择的方法，即由企业先选出供应条件较为有利的几个合作伙伴，同他们分别进行协商，再确定适当的合作伙伴。与招标法相比，协商方法由于供需双方能充分协商，在物资质量、交货日期和售后服务等方面较有保证。但由于选择范围有限，不一定能得到价格最合理、供应条件最有利的供应来源。当采购时间紧迫，投标单位少，竞争程度小，订购物资规格和技术条件复杂时，协商选择方法比招标法更为合适。

（4）采购成本比较法。对质量和交货期都能满足要求的合作伙伴，则需要通过计算采购成本来进行比较分析。采购成本一般是售价、采购费用、运输费用等各项支出的总和。采购成本比较法是通过计算分析针对各个不同合作伙伴的采购成本，选择采购成本较低的合作伙伴的一种方法。

（5）ABC 成本法。鲁德霍夫（Roodhooft）和柯林斯（Jozef Konings）在 1996 年提出基于活动的成本（Activity Based Costing Approach）分析法，通过分析企业因采购活动而产生的直接和间接的成本，选择成本值最低的合作伙伴。

（6）层次分析法选择合作伙伴。该方法是 20 世纪 70 年代由著名运筹学家萨蒂（T. L. Satty）提出的，韦伯（Weber）等提出将层次分析法用于合作伙伴的选择。它的基本原理是根据具有递阶结构的目标、子目标（准则）、约束条件、部门等来制定评价方案，采用两两比较的方法确定判断矩阵，然后把判断矩阵的最大特征相对应的特征向量的分量作为相应的系数，最后综合给出各方案的权重（优先程度）。由于该方法让评价者对照相对重要性函数表，给出因素两两比较的重要性等级，因而可靠性高、误差小；不足之处是遇到因素众多、规模较大的问题时，该方法容易出现问题，如判断矩阵难以满足一致性要求，往往难于进一步对其分组。

3. 确立合作伙伴综合选择的步骤

合作伙伴的综合评价选择可以归纳为以下几个步骤：

（1）分析市场竞争环境（需求、必要性）。市场需求是企业一切活动的驱动源。建立基于信任、合作、开放式交流的供应链长期合作关系，必须首先分析市场竞争环境，目的在于找到针对哪些产品的市场开发供应链合作关系才有效，知道现在的产品需求是什么，产品的类型和特征是什么，以确认用户的需求，确认是否有建立供应链合作关系的必要。如果已建立供应链合作关系，则根据需求的变化确认供应链合作关系变化的必要性，同时分析现有合作伙伴的情况，分析、总结企业存在的问题。

（2）确立合作伙伴选择目标。企业必须确定合作伙伴评价程序如何实施、信息流程如何运作、谁负责，而且必须建立实质性的目标，其中降低成本是主要目标之一。合作伙伴评价、选择不仅仅是一个简单的评价、选择过程，也是企业自身和企业之间的一次业务流程重构过程，实施得好，它本身就可带来一系列的利益。

（3）制定合作伙伴评价标准。合作伙伴综合评价的指标体系是企业对合作伙伴进行综合评价的依据和标准。需要根据系统全面性、简明科学性、稳定可比性、灵活可操作性的原则，建立集成化供应链管理环境下合作伙伴的综合评价指标体系。不同行业、企业、产品需求，不同环境下的合作伙伴评价应是不一样的，但不外乎都涉及合作伙伴的业绩、设备管理、人力资源开发、质量控制、成本控制、技术开发、用户满意度、交货协议等可能影响供应链合作关系的主要方面。

（4）成立评价小组。企业必须建立一个小组以控制和实施合作伙伴评价。组员以来自采购、质量、生产、工程等与供应链合作关系密切的部门为主，组员必须有团队合作精神和一定的专业技能。评价小组必须同时得到自身企业和合作伙伴企业最高领导层的支持。

（5）合作伙伴参与。一旦企业决定进行合作伙伴评价，评价小组必须与初步选定的合作伙伴取得联系，以确认他们是否愿意与企业建立供应链合作关系，是否有获得更高业绩水平的愿望。企业应尽早让合作伙伴参与到评价的设计过程中来。然而因为企业的力量和资源是有限的，企业只能与少数的、关键的合作伙伴保持紧密合作，所以参与的合作伙伴不能太多。

（6）评价合作伙伴。评价合作伙伴的一个主要工作是调查、收集有关合作伙伴的生产运作等全面的信息。在收集合作伙伴信息的基础上，就可以利用一定的工具和技术方法对合作伙伴进行评价。

在评价的过程中，有一个决策点，即根据一定的技术方法选择合作伙伴。如果选择成功，则可开始实施供应链合作关系，如果没有合适的合作伙伴可选，则重新定义合作伙伴选择目标，重新开始评价选择。

4. 选择联盟形式

联盟有多种形式，需要企业仔细甄别选用。

（1）纵向联盟，即垂直一体化。这种联盟方式是基于供应链一体化管理的基础形成的，即从原材料到产品生产、销售、服务，形成一条龙的合作关系。垂直一体化在按照最终客户的要求提供最大价值的同时，也使联盟总利润最大化。但这种联盟一般不太稳固，主要是在整个供应链上，不可能每个环节都能同时达到利益最大化，因此打击了一些企业的积极性，使它们有随时退出联盟的可能。

（2）横向联盟，即水平一体化。由处于平行位置的几个物流企业结成联盟，包括 TPL。这种联盟能使分散物流获得规模效益和集约化运作，降低了成本，并且能够减少社会重复劳动。但也有不足的地方：必须有大量的商业企业加盟，并有大量的商品存在，才可发挥它的整合作用和集约化的处理优势；此外，这些商品的配送方式的集成化和标准化也不是一个可以简单解决的问题。

（3）混合模式的联盟，既有处于上、下游位置的物流企业，也有处于平行位置的物流企业的加盟。

（4）动态联盟，是处于激烈竞争的市场经济条件下的联盟。为了占据市场的领导地位，供应链应成为一个动态的网络结构，以适应市场变化、柔性、速度、革新、知识的需要。不能适应供应链需求的企业将被淘汰，并由外部选择优秀的企业充实供应链，从而使供应链成为一个能快速重构的动态组织，实现供应链的动态联盟。

5. 建立供应链战略合作关系

企业为了适应新的竞争环境，如何处理内部资源与外部资源整合是企业实现竞争力的关键之一，也是企业与业务伙伴形成战略外包关系的根源。供应链战略合作关系的形成，是为了降低供应链总成本、降低供应链上的库存水平、增强信息共享水平、改善相互之间的交流、保持战略伙伴相互之间操作的一贯性，产生更大的竞争优势，以实现供应链节点企业的财务状况、质量、交货、用户满意度以及业绩的改善和产量的提高。显然，供应链企业间的战略合作关系的建立是为了保证供应链的整体竞争力。

> **●重点提示**
> 战略合作关系必然要求强调合作和信任。

建立战略性合作伙伴关系是集成化供应链管理的核心。供应链管理的关键就在于供应链各节点企业之间的连接和合作以及相互之间在设计、生产、竞争策略等方面良好的协调。在一个企业能从实施供应链战略合作关系获益之前，首先必须认识到这是一个复杂的过程，供应链合作关系的建立不仅是企业结构上的变化，而且在观念上也必须有相应的改变。所以，必须谨慎选择合作伙伴，以确保真正实现供应链合作所产生的利益。建立供应链合作关系的步骤可以分为以下几个方面：

（1）建立供应链战略合作关系的需求分析；

（2）确定标准，选择供应商，选择合作伙伴；

（3）正式建立合作关系；

（4）实施和加强战略合作关系。

建立供应链合作关系还必须清楚供应链上的信息透明和合作是管理好供应链的重要保证。而提高供应链整体透明度，可以加强贸易伙伴合作的联盟关系，加强对流入流出物流的监控力度，更好地履行订货承诺，提高整个渠道的管理水平。

操作要点

建立与选择供应链合作关系，需要做到：

- 考虑选择合作伙伴的主要因素
- 采用合适的合作伙伴选择方法
- 确立合作伙伴综合选择的步骤
- 选择联盟形式
- 建立供应链战略合作关系

实用范例

北美金属行业的企业之间正在形成一种高度集成化的合作联盟，包括制造商、分销商和最终用户，实际上构成一条供应链。他们之间逐渐增强的信任关系对金属行业产生巨大影响。金属制造商可以直接与最终用户对话，从而在他们之间形成一种新的解决问题和满足用户需求的途径。制造商与分销商之间的联盟或紧密的合作关系也因供应链关系而成为可能。他们之间的这样一种紧密的合作关系是为了更好地了解掌握用户的需求，并共同合作满足这些需求。显然，用户对于特殊金属材料（特殊工艺）的需求是制造商与分销商之间合作关系的驱动力之一。分销商也为最终用户提供诸如库存管理、成本分析、采购、长期计划协助等服务。整个供应链上的企业都为了给最终用户带来最大化的价值而紧密地连接在一起。

第五节　供应链系统设计

在供应链的设计过程中，为保证供应链的设计和重建能满足实施和贯彻供应链管理思想的要求，需要考虑以下原则和方法。

1. 供应链设计需考虑自顶向下和自底向上相结合的设计原则

在系统建模设计方法中，存在两种设计方法，即自顶向下和自底向上的方法。自顶向下的方法是从全局走向局部的方法，自底向上的方法是从局部走向全局的方法；自上而下是系统分解的过程，而自下而上则是一种集成的过程。在设计一个供应链系统时，往往是先有主管高层做出战略规划与决策，规划与决策的依据来自市场需求和企业发展规划，然后由下层部门实施决策，因此供应链的设计是自顶向下和自底向上的综合。

2. 供应链设计需考虑简洁性原则

简洁性是供应链的一个重要原则。为了能使供应链具有灵活快速响应市场需求的能力，供应链的每个节点都应是简洁的、具有活力的、能实现业务流程的快速组合的。比如供应商的选择就应坚持少而精的原则，通过和少数的供应商建立战略伙伴关系，减少采购成本，推动实施 JIT 采购和生产。生产系统的设计更是应以精细思想（Lean Thinking）为指导，努力实现从精细的制造模式到精细的供应链这一目标。

3. 供应链设计需考虑集优原则（互补性原则）

供应链的各个节点的选择应遵循强强联合的原则，达到实现资源外用的目的。每个企业只致力于各自核心的业务过程，就像一个独立的制造单元（独立制造岛）。这些所谓单元化企业具有自我组织、自我优化、面向目标、动态运行和充满活力的特点，能够实现供应链业务的快速重组。

4．供应链设计需考虑协调性原则

供应链业绩好坏取决于供应链合作伙伴的关系是否和谐，因此建立战略伙伴关系的合作企业关系模型是实现供应链最佳效能的保证。和谐是系统是否形成了充分发挥系统成员和子系统的能动性、创造性及系统与环境的总体协调性的标志。只有和谐而协调的系统才能发挥最佳的效能。

5．供应链设计需考虑动态性（不确定性）原则

不确定性在供应链中随处可见。不确定性的存在，导致需求信息的扭曲。因此要预见各种不确定因素对供应链运作的影响，减少信息传递过程中的信息延迟和失真。降低安全库存总是和服务水平的提高相矛盾的程度。增加透明性，减少不必要的中间环节，提高预测的精确度和时效性。

6．供应链设计需考虑创新性原则

没有创新性思维，就不可能有创新的管理模式，因此在供应链的设计过程中，创新性是很重要的一个原则。要产生一个创新的系统，就要敢于打破各种陈旧的思维框框，用新的角度、新的视野审视原有的管理模式和体系，进行大胆的创新设计。进行创新设计，要注意几点：一是创新必须在企业总体目标和战略的指导下进行，并与战略目标保持一致；二是要从市场需求的角度出发，综合运用企业的能力和优势；三是发挥企业各类人员的创造性，集思广益，并与其他企业共同协作，发挥供应链整体优势；四是建立科学的供应链和项目评价体系及组织管理系统，进行技术经济分析和可行性论证。

7. 供应链设计需考虑战略性原则

供应链的建模应有战略性观点，通过战略的考虑减少不确定影响。从供应链战略管理的角度考虑，供应链建模的战略性原则还体现在供应链发展的长远规划和预见性上。供应链的系统结构发展应和企业的战略规划保持一致，并在企业战略指导下进行。

8. 供应链设计需充分考虑信息系统

现代管理最重要的是通过信息管理来实现的。应用现代信息技术不但改变了传统的企业物流管理，实现了物流管理信息化，而且成就了供应链企业。企业通过电子商务最新现代技术实现管理信息化，通过条码技术（用扫描方法对信息实现自动控制的技术）、EDI 技术（电子数据的交换和自动处理）、GIS 技术（通过地理信息系统实现物流配送的最佳模型）、GPS 技术（通过全球卫星定位系统实现物流配置国际化）在供应链上建立一个高效的集成系统，以达到服务客户、降低成本的目的。

知识链接

电子商务的发展提高了全球商务信息交换能力，促进了全球经济一体化进程。企业要实现经营资源的全球化配置，需以供应链为基础建立国际企业运营新观念。

9. 供应链设计需与环境因素相结合

一个设计精良的供应链在实际运行中并不一定完全能按照设想的那样，甚至无法达到设想的要求，这是主观设想与实际效果的差距。原因并不一定是设计或构想得不完美，而是环境因素在起作用。因此构建和设计一个供应链，一方面要考虑供应链的运行环境（地区、政治、文化、经济等因素），同时还应考虑未来环境的变化对实施供应链的影响。因此，我们要用发展的眼光来设计供应链，无论是信息系统的构建还是物流通道设计都应具有柔性，以提高供应链对环境的适应能力。

10. 供应链设计需以客户服务为中心

供应链管理是一种集成的管理思想和方法，是通过社会信息流和反馈的物流信息流，将供应商、制造商、分销商、零售商直到用户连接成一个完整过程的管理模式。必须将供应链管理和为客户服务为中心的思想贯穿于整个企业的管理和经营过程中，注重商品和产品流通过程中每个环节的运作，建立整体优化的供应链。

在供应链的设计过程中，企业要做好变革的准备，尤其是服务理念和企业文化的变革，并且在组织创新、流程创新中做好协调工作，培养好相关人才。

操作要点

供应链设计，需要考虑以下方法和原则：

⇨ 自顶向下和自底向上相结合的设计原则

⇨ 简洁性原则

⇨ 集优原则（互补性原则）

⇨ 协调性原则

⇨ 动态性（不确定性）原则

⇨ 创新性原则

⇨ 战略性原则

⇨ 信息系统

⇨ 设计需与环境因素相结合

⇨ 设计需以客户服务为中心

第三章　供应链信息系统与支撑技术

供应链企业中信息技术的推广与应用，意味着这是一场由工具引发出来的一次革命，即由技术进步和工具的改善诱发的权利重新分配、财富重新归集的革命。从管理进步而言，信息技术改变着企业的经营管理方式、思维方式、组织方式，这一切最终影响着企业内部责、权、利再分配的问题。从企业实体而言，无论是业务流程，还是组织架构、人力资源乃至岗位、职责都将随着管理的不断演变而发生变化。由此可见供应链企业中信息系统及其支撑技术的重要性。

关键词　供应链技术　信息系统开发　决策支持系统　需求分析　数据库设计　电子商务　系统评估

第一节　开发供应链信息系统

信息系统应用的事实表明，成功地使用计算机辅助工具将会极大地加快产品形成的速度。在供应链企业中，要想成功运用信息系统及其支撑技术，首先必须成功地进行供应链信息开发。为此，需要做好下述各项工作。

1. 了解信息系统的软硬件

供应链企业的信息系统可以划分为信息系统模式（硬件）和信息系统管理模式（软件）两部分。信息系统模式包括计算机系统、网络系统、数据库系统、管理软件、用户工作站等等；信息系统管理模式包括业务方案、流程、组织、信息介质等等。

2. 构架信息系统的体系结构

集成的信息管理模式需要建立灵活的业务流程结构，使得业务流程不但贯穿企业的各个管理层面，而且可以随着企业的经营目标反复地进行重组，使企业资源实现动态管理与控制。

为此，需要在信息系统的体系结构中确立多视图的管理模式，通过操作平台使整个企业建立多部门、多任务的多视图管理环境，即通过终端、用户系统窗口透视生产线、交易流、物流、资金流。同时，在企业基础管理、信息技术、管理技术三个方面分解它们与信息技术之间的内涵。

> ●**重点提示**
> 信息系统的体系结构与企业组织架构有紧密的关系。

（1）基础管理。基础管理包括基础数据和管理要素。基础数据包括产品的主零件、物料清单、加工路线、管理因素以及产品技术档案和管理档案的数据等等，这些基础数据相对不断变化的物流、资金流、事务流数据而言是静态的。管理要素包括组织架构、人力资源、职责职位。管理要素是信息系统中的主要设施，需要通过信息系统基础设置来实现。

（2）信息技术。信息技术的基础设施包括计算机系统、网络系统、数据库系统、软件产品等支撑系统。

（3）管理技术。从企业制造经营管理的整体运作过程出发，管理技术包括经营规划管理、计划管理、制造管理、成本管理和财务管理五项内容，它们用企业的主营业务流程连接起来。

知识链接

企业的业务流程因为信息管理技术的引入而需要变革。

3. 认知信息管理模式的管理内容

每个企业的业务流程都是从规划管理开始，经计划管理、制造管理、成本管理，至财务管理结束。换个角度思考也就是每个企业的运作都涵盖着这五方面的管理工作，并覆盖了一个企业信息管理模式下的管理要素，主要有：

（1）规划管理层。经营规划对应着企业的年度经营规划工作。包括制定新的一年的生产计划、资金规划、销售规划等等。

（2）计划管理层。生产计划是根据经营规划平衡产能，依据用户的需求指挥车间按时完成作业计划。

（3）制造管理层。产品的制造过程，是生产计划的执行部分，也是物流的实体。它包含了采购、加工、销售活动过程。

（4）成本管理层。物流活动的同时就已经与资源发生了联系，也就是说在物流活动的时候就已经消耗了资源。因此需要在物流移动的同时计算系统自动采集、存储、处理的成本数据。

（5）财务管理层。在企业管理中不可避免地要使用账务凭证，在采购订单中入库单、发票的关系与应付账款的关系，销售订单中提货单、发票与应收账款关系，库存、产品制造成本与总账之间的关系，都可在信息系统由财务会计人员采用人机互动方式来完成。

4. 充分认识信息系统开发过程及其存在的问题

在信息系统软件开发所必经的需求分析、软件设计、软件编程、系统测试等开发过程中，每个阶段都不可避免地因人为或非人为因素产生一些错误并带到下一阶段中，这些错漏又往往因未及时处理而造成无穷的后患。为此，需要对开发中的各个阶段的差错有清醒的认识，通过完善的业务建模避免差错，防止错误逐步放大与扩散，使企业信息化的建设步伐不因这些因素的影响而放缓。常见错误在不同阶段有不同的表现。

（1）需求分析阶段：由于用户可能对自己的业务叙述以及对系统软件需求等背景内容的了解不够系统和完善，加之信息系统开发理解上的偏差，就可能形成包含了错误需求的需求分析报告。这种错误包括误解与遗漏。

（2）软件设计阶段：对需求理解的偏差，加上设计本身考虑不周，导致含有错误的“设计报告”出台。

（3）软件编程阶段：对设计思路、意图、方案、规划等基本思路的理解偏差，加上编程本身的疏忽，“程序代码”中往往会出现错误。

（4）系统测试阶段：总会有一些“潜伏的错误”没能及时发现，而能够发现的错误在交付期迫近的压力下又不能及时修改。

5. 建立健全信息系统开发的组织机构

要想保证信息系统开发工作的顺利启动，首先要建立项目的组织机构——项目组。项目组可以由负责项目管理和开发的不同方面的人员组成，由项目组长或项目经理来领导。一般来说可以根据项目经费的多少和系统的大小来确定相应规模的项目组。项目组根据工作需要可设若干小组，小组的数目和每个小组的任务可以根据项目规模、复杂程度和周期长短来确定。可以设立的小组有：过程管理小组、项目支持小组、质量保证小组、系统工程小组、系统开发与测试小组、系统集成与测试小组等等。一个好的项目组不一定能保证项目的成功，但一个差的项目组肯定会导致项目的失败。因此，在建立项目组时要充分利用项目组每个成员的特长，坚持将正确的开发方法贯穿始终。

目前在我国开发、推广信息技术的风险还是很大的，尽管如此，仍需要普及企业信息管理模式构建知识，使企业的信息化建设从盲目走向科学，从抽象走向形象，从理论走向实际，为我国的供应链企业的信息建设铺垫一条成功之路。

操作要点

进行供应链信息系统开发，需要做到：

⇨ 了解信息系统的软硬件

⇨ 构架信息系统的体系结构

⇨ 认知信息管理模式的管理内容

⇨ 充分认识信息系统开发过程及其存在的问题

⇨ 建立健全信息系统开发的组织机构

第二节 构建供应链决策支持系统

决策支持系统（DSS）是计算机硬件技术迅速发展并应用于管理决策领域的必然结果，它能综合利用各种数据、信息、知识与模型技术，辅助管理者解决半结构化和非结构化的决策问题。供应链企业构建决策支持系统，需要把握以下各个方面。

知识链接

决策支持系统模型需要反映的问题是系统的决策制定原则和机理、系统的组织机构和人员配置。通过对决策系统的建模，企业的领导可以对企业有一个细致的了解，从而发现其中问题，如组织结构臃肿、职权划分不清、权力范围不合理等，据此进行相应的改革。

1. 了解决策支持系统的目标

DSS的目标是支持决策而非取代决策，是为了提高决策效能而非提高效率，因而它与电子数据处理系统（EDP）和管理信息系统（MIS）有明显差别。DSS 旨在建立一种决策环境，使决策者可以充分利用自己的经验、知识，在系统的帮助下详细了解和分析决策过程中的各种主要因素及其影响，激发其思维和创造力，从而在系统的帮助下最终做出决策。由于大多数决策者不熟悉计算机技术，为了使他们能与计算机协同工作，DSS 系统必须拥有非常友好的人机界面。另外，由于该系统主要解决的是半结构化决策问题，决策过程和方法都有很多不确定因素。因而，DSS 设计的关键在于模型库的设计，模型库不仅能提供丰富的模型，还可以根据实际情况作动态调整。

2. 建设决策支持系统所需要的数据

科学的决策必须以大量可靠的数据为基础，否则，决策就没有根据，就会成为主观的猜想。由于条码技术的推广以及数据采集工具的发展，供应链企业可以采集到大量的数据。企业在日常商务活动中也可以收集包括订货单、存货单、应付账、交易条款、客户情况等在内的大量数据资料。同时，企业也常常从外部资源中获得统计数据和邮件列表之类的数据。这些超大型数据库是一个巨大资源，这些资源数据都必须存储在专用数据库中，以供决策支持系统使用。

3. 建立决策分析专题

为了协助管理人员在复杂的作业决策上，迅速而有效地做出正确的决定，企业要建立决策分析专题。例如，确立物流作业中货物短缺时的预警。供应链企业有必要对计算机辅助决策的项目列成专题，如需求计划决策专题，库存决策专题，生产计划决策专题等。在每一项专题中列出一些相互关联的子项，以满足辅助决策的需要。

●重点提示

在信息系统中，特别是面向高层管理的决策支持系统中，由于对比分析的需要，除了存储当前信息之外，还必须存储足够的历史信息。

4. 建立决策分析的辅助功能

决策支持系统的辅助功能模块包括了数据抽取功能、静态分析功能、动态分析功能、图形分析功能等内容。这些功能性模块构成决策专题的技术基础。

（1）数据抽取功能主要是完成数据的收集、传输处理等功能，并可依据其所要考虑的主题构筑相应的数据仓库。

（2）静态分析功能主要是用各种统计学方法，通过对数据的切片、切块、旋转、钻取等操作来实现从不同的角度对数据进行分析，以得出各种结论，对内提供资料，对外发布信息。

（3）动态分析功能则基于人工神经网络、学习理论、决策树等人工智能方法和线性回归分析、非线性回归分析、时间序列分析等统计学方法，并应用关联分析、序列模式分析、分类分析及聚类分析等分析方法，按照既定业务目标，对大量的数据进行高速、自动化的处理和分析，做出归纳性的推理，揭示隐藏的或验证已知的规律，并将其模型化。

（4）图形分析功能则完成可视化工作，将数据通过各种分析而得到的结果以图形化的方式呈现给用户。

5. 使用决策分析工具与技术

有了数据就如同有了矿藏，而要从大量数据中获得决策所需的数据就如同挖掘矿藏一样，必须要有工具。这些工具包含了查询、统计分析、数据挖掘、计算器、模拟器、数学模型和运算法则等内容。其中，最主要的数据处理技术有：

（1）数据仓库技术。数据仓库能把整个企业的数据（不管其地理位置、格式和通信要求）统统集成在一起，并能把当前使用的业务信息分离出来，保证关键任务的联机事务处理（OLTP）应用的安全性和完整性，同时可以访问各种各样的数据库。它把各种数据库（源数据库）集成为一个统一的数据仓库（目标数据库），并且把各种数据转换成面向主题（subject－oriented）的格式。它可以从异构的数据源中定期抽取、转换和集成所需要的数据，便于最终用户访问并能从历史的角度进行分析，最后做出战略决策。

（2）联机分析处理技术（OLAP）。联机分析处理将决策支持系统带入更高的层次。该分析处理技术从企业的数据集合中收集信息，并运用数学运算和数据处理技术。一般地，它以数据仓库为基础对数据进行多维化和预综合分析，构建面向分析的多维数据模型，再使用多维分析方法从多个不同角度对多维数据进行分析、比较，找出它们之间的内在联系。联机分析处理使分析活动从方法驱动转向了数据驱动，实现了分析方法和数据结构的分离。

（3）数据挖掘技术。数据挖掘是从大型数据库或数据仓库中发现并提取隐藏在其中的信息的一种新技术，目的是帮助决策者寻找数据间潜在的关联，发现被忽略的要素。而这些信息对预测趋势和决策行为也许是十分有用的。数据挖掘技术涉及数据库、AI（人工智能）、机器学习和统计分析等多种技术。

6. 使用多种形式的输出工具

决策支持系统要有良好的输出形式，需采用报表、一般图形、特殊图形、电子数据表格、动画、地理信息系统等输出工具，提供亲切、友好、直观化的操作界面，降低管理者操作计算机时的疲劳程度，提高系统的易用性。

决策支持系统运用日趋成熟的各类信息技术，解决业务流程中涉及的大量运筹和决策问题，如库存水平的确定、合理运输线路的选择等，从而降低成本，提高企业决策水平和运作效率。

操作要点

供应链企业构建决策支持系统，需要：

⇨ 了解决策支持系统的目标

⇨ 建设决策支持系统所需要的数据

⇨ 建立决策分析专题

⇨ 建立决策分析的辅助功能

⇨ 使用决策分析工具与技术

⇨ 使用多种形式的输出工具

第三节　供应链信息系统需求分析

建设任何信息系统都有一个需求分析的过程。需求分析是指开发人员准确地理解用户的要求，进行细致的调查分析，将用户非形式化的需求陈述转化为完整的需求定义，再由需求定义转换到相应的需求规格说明的过程。对应于供应链企业的信息系统建设中的需求分析，需要注意以下各点。

1. 认识需求分析的基本任务

需求分析的任务就是解决“做什么”的问题，就是要全面地理解用户的各项要求，并准确地表达所接受的用户需求。供应链信息系统的需求分析阶段的工作，可以分为以下四个方面：

（1）问题识别。就是从系统角度来理解软件，确定对所开发系统的综合要求，并提出这些需求的实现条件以及需求应该达到的标准。供应链信息系统的这些需求包括：功能需求（做什么），性能需求（要达到什么指标），环境需求（如机型、操作系统等），可靠性需求（不发生故障的概率），安全保密需求，用户界面需求，资源使用需求（软件运行是所需的内存等），软件成本消耗与开发进度需求。

（2）分析与综合。逐步细化所有的软件功能，找出系统各元素间的联系、接口特性和设计上的限制，分析他们是否满足需求，剔除不合理部分，增加需要部分。最后，综合成系统的解决方案，给出要开发的系统的详细逻辑模型（做什么的模型）。

（3）制订规格说明书。即编制文档，描述需求的文档称为软件需求规格说明书。请注意，需求分析阶段的成果是需求规格说明书，向下一阶段提交。

（4）评审。对功能的正确性、完整性和清晰性以及其他需求给予评价。评审通过才可进行下一阶段的工作，否则重新进行需求分析。

2. 采用原型法进行需求分析

原型是软件的一个早期可运行的版本，它实现了目标系统的某些或全部功能。原型化方法就是尽可能快地建造一个粗糙的系统，这一系统可以实现目标系统的某些或全部功能，但是这个系统可能在可靠性、界面的友好性或其他方面上存在缺陷。建造这样一个系统的目的是考察某一方面的可行性，如算法的可行性、技术的可行性，或考察是否满足用户的需求等。采用原型法进行需求分析供应链信息系统可以分为三个阶段：

（1）确定用户的基本需求。了解客户的需求，并确定哪些是可以做到，哪些是做不到的，同时估算模型开发的成本费用。

（2）利用原型来认清客户的需求，明确尚不能满足的需求，一方面记录系统的不足，另一方面借势诱导，彻底搞清用户的真正需求。

（3）修正和改进系统。

3. 采用结构化方法进行需求分析

结构化分析方法简称 SA 法，是面向数据流进行数据分析的方法。分析的策略是自顶向下、逐层加细、由抽象到具体。顶层抽象地描述整个系统，底层具体地画出系统工程的每个细节，中间层则是从抽象到具体的过渡。使用数据流图、数据字典作为描述工具，使用结构化语言、判定表、判定树描述加工逻辑。采用结构化进行需求分析的供应链信息系统有四个步骤：

（1）了解当前系统的工作流程，获得当前系统的物理模型；

（2）抽象出当前系统的逻辑模型；

（3）建立目标系统逻辑模型；

（4）进一步补充和优化。

4. 考虑信息的采集、加工、存贮和发布

多数情况把数据理解为原始数据、事实的记录，而把信息理解为数据经过整理加工后所得到的有用的数据。供应链信息系统需求分析涉及以下信息加工处理过程：

知识链接

数据不应仅仅理解为数值。数据（DATA）除含数值化的数据，如试验数据、统计数据等外，还包括文字数据、图像数据、声音数据，以至在过程控制中采样后经过模—数转换得到的数据等。

（1）信息的采集过程。供应链信息的采集过程要特别重视收集数据手段的完善性、准确性、及时性。需求分析中要确认采集录入手段是否方便有用，有哪些检验功能，对数据收集人员和录入人员的技术有何要求，整个数据收集与录入的组织是否严密完善。

（2）信息的加工处理。信息加工范围很大，通常从简单的查询、分类排序、归并一直到复杂的模型调试及预测等。现代信息系统在这方面的功能越来越强，尤其面向高层管理者的信息系统，如供应链决策支持系统，更多地运用数学及运筹学等工具和方法，大大增强了信息加工能力。

（3）信息的存贮。通过整理或加工，得到有用的信息，并将这些信息存贮起来。要考虑信息的冗余以及安全性、易用性、一致性等内容。

（4）信息的输出和发布。系统的最终目的是为管理人员提供科学信息，因而输出信息的形式或格式让用户是否方便使用是十分重要的。系统输出手段、输出结果是否醒目直观和简单易用都应作为需求分析考虑的内容。在供应链信息系统中，要考虑以声音、图表等多种形式输出。

5. 考虑系统安全策略

现代企业信息系统要求具有很强的安全监控能力，既能抵御外部的侵扰，又能根据信息保密程度，对内部用户进行权限控制。供应链管理系统应采用系统整体安全策略，从用户意识、网络系统、应用系统等各个方面来保证信息系统安全运行。在需求分析阶段，要着重分析各级领导、系统管理人员和所有用户的安全意识，构建系统安全策略。

供应链信息系统的需求分析，还要分析事务处理能力需求的合理性，分析决策功能需求的合理性，找出关键需求，做出解决问题的初步计划。

操作要点

进行供应链信息系统需求分析，需要掌握：

- 认识需求分析的基本任务
- 采用原型法进行需求分析
- 采用结构化方法进行需求分析
- 考虑信息的采集、加工、存贮和发布
- 考虑系统安全策略

实用范例

良好的开端是成功的一半。用户需求调研涉及用户和系统分析人员双方。为了使用户需求调研工作顺利进行，必须事先制订一个调研计划，以便双方有关人员，特别是用户方面的人员，安排好工作时间。下例是ABC燃器具制造有限公司库存管理信息系统调研计划表。

ABC燃器具制造有限公司库存管理信息系统调研计划表

项目经理：贾星明

调研方式：座谈、调查表/卷、资料收集、现场观察

项目参加人员：王小安，陈音

时间安排	调研内容	接待部门和人员	调研成果
8日 下午	了解公司概况和发展目标和组织结构	公司总经理、人力资源部负责人	①公司概况 ②组织结构图 ③人员分工表
9日 全天	了解公司信息技术应用现状	信息中心负责人	①硬件现状报告 ②软件应用现状报告 ③网络应用现状报告
10日 上午	了解公司库存管理现状	计划部门负责人	公司库存管理现状报告
10日 下午	了解零部件库存管理业务	零部件仓库管理员、计划部门负责人	①零部件仓库业务流程图 ②入库单 ③出库单 ④零部件台账 ⑤库存报表 ⑥其他单据资料
11日 上午	了解成品库存管理业务	成品仓库管理员、计划部门负责人	①成品仓库业务流程图 ②出库单 ③入库单 ④零部件台账 ⑤库存报表 ⑥其他单据资料
11日 下午	到各相关业务部门调研	生产、采购、销售、财务等部门负责人	①生产与库存 ②采购与库存 ③销售与库存 ④财务与库存等相关业务流程图

（续表）

时间安排	调研内容	接待部门和人员	调研成果
12 日 全天	对所收集到的资料进行分析	计划部门负责人	相应报告的编写
13 日 全天	细化零部件库业务图 细化成品库业务图	零部件、成品库管理员	相应报告的完善
14 日 上午	调研报告的鉴定评审	总经理、总经济师、专家、部门负责人、库管员	提交调研报告并经公司确认

第四节　供应链数据库设计

计算机信息系统以数据库为核心，在数据库管理系统（DBMS）的支持下，进行信息的收集、整理、存储、检索、更新、加工、统计和传播等操作。进行供应链企业的数据库设计，需要做好下述工作。

1. 了解数据库设计的内容

数据库设计是指对于一个给定的应用环境，提供一个确定最优模型与处理模式的逻辑设计以及一个确定数据库存储结构与存取方法的物理设计，建立起既能反映现实世界信息和信息联系、满足用户数据要求和加工要求，又能被某个数据库管理系统所接受、能实现系统目标并有效存取数据的数据库。供应链信息系统的数据库设计内容包括：

（1）数据存储、检索、更新设计；

（2）用户可访问的目录设计；

（3）事务设计；

（4）并发控制设计；

（5）恢复服务设计；

（6）授权服务设计；

（7）对数据通信的支持设计；

（8）完整性设计；

（9）数据独立性服务（视图、表空间）设计。

2. 遵循数据库系统的设计与开发指导方针

数据库应用系统的开发是一项系统工程。系统工程是为了合理进行开发、设计和运用系统而采用的思想、步骤、组织和方法的总称。按照系统工程的观点，供应链企业数据库应用系统的设计与开发需要遵循以下指导方针：

（1）系统的目的性。系统开发的成功与否取决于是否符合用户的需要，因此满足用户的要求是设计与开发工作的出发点和归宿。

（2）系统的整体性。对各个环节的信息进行综合和抽象，得出实际业务环节的整体逻辑模型和整体物理模型，而不是各个供应链环节信息的简单组合和拼凑。

（3）系统的相关性。供应链系统的各个子系统（模块）各有独立功能，同时又相互依赖，相互作用，需通过信息流把它们的功能联系起来。

（4）系统的扩展性和易维护性。要能适应外界环境的变化，对数据库的设计要充分考虑留有余地，以便于扩充；供应链系统要能跟外界进行信息交换，有行业规范或国家标准的要尽量采用，对没有标准的可以考虑建立企业标准；系统要有前瞻性，对可能提出的信息需求和功能需求，系统应留有接口；对可能发生的失误操作或故意破坏，要尽可能把损失降到最小。

●**重点提示**

数据库应用系统设计中的主要障碍是懂计算机、数据库原理和熟悉 DBMS，同时又具备企业业务知识和实际经验的人才欠缺。

（5）工作成果文档化和图表规范化。软件是程序和文档资料的集合，文档资料是系统的组成部分。系统的扩充、修改、交流是建立在文档资料基础之上，而不应该拿程序进行交流。在文档资料的标准规范化方面可以参照软件工程规范。

3. 遵循数据库设计步骤

数据库系统设计是在现成的 DBMS 上建立数据库应用系统的过程。其特点是：数据量大、保存时间长、数据关联复杂、用户要求多样化。供应链信息系统的数据库设计可以划分为以下步骤：

(1) 规划。描述数据库设计的必要性以及进行数据库设计的可行性分析。供应链信息系统的规划阶段需要确定系统的范围，进行任务陈述，定义数据库应用程序的主要目标和每个数据库必须支持的特定任务，确定开发工作所需的资源，估计开发成本，确定项目进度。

(2) 需求分析。需求分析是数据库设计成败的关键，没有对系统充分的需求分析，数据库设计很难取得成功。供应链信息系统的需求分析阶段应该对系统的整个应用情况做全面、详细的调查，收集支持系统总的设计目标的基础数据和对这些数据的要求，确定用户的需求，并把这些要求写成用户和数据库设计者都能够接受的文档。

(3) 概念设计。使用实体联系模型（Entity Relationship Model，ER 模型）对需求分析所得到的数据进行更高层次的抽象描述。

知识链接

通常将现实世界中的客观对象首先抽象为不依赖任何机器的信息结构，这种信息结构不是具体的 DBMS 的数据模型，而是基于现实世界和机器世界的中间层次，称为概念模型。逻辑设计再把概念模型转换成具体 DBMS 支持的数据模型。

(4) 逻辑设计。逻辑设计的目的是把概念模式设计阶段的全局 ER 模型转换成与选用的具体机器上的 DBMS 所支持的数据模型相符合的逻辑结构。

(5) 物理设计。对已经确定的逻辑结构选择适当的物理结构，包括存储结构、存取路径、存储分配等，如在 Oracle 数据库中设置供应链数据库的磁盘分配方式等。

（6）应用程序开发。包括数据库应用程序的设计、编码、调试、运行。

（7）数据库实施与维护。包含了供应链数据库的装入、数据库的试运行、数据库的运行维护。

4. 由易到难、由点到面进行数据库演进

供应链企业信息系统涉及的功能多，要采集的数据量十分庞大，为了尽早地把系统运转起来，不可能等待把数据库建完善了再运行，因此需要采用数据库演进策略。首先解决核心业务流程，并随着应用范围的扩大和深入，不断修改和增加新的功能，从而使整个系统由点到面、由易到难地推进。

数据库设计过程是一个有起点和几乎无止境的逐步求精的反复过程。尽管前面我们把数据库设计过程表述为一个程序化的过程，但供应链数据库设计过程并不一定非要以这种程序化方式进行，各个阶段之间的区分也并不是非常严格。在供应链数据库的设计过程中，还要充分利用数据库管理系统提供的安全策略，包括用户验证、对数据库的访问权限设置等。

操作要点

进行供应链企业的数据库设计，需要做到：

⇨ 了解数据库设计的内容

⇨ 遵循数据库系统的设计与开发指导方针

⇨ 遵循数据库设计步骤

⇨ 由易到难、由点到面进行数据库演进

第五节　在供应链系统中实现电子商务

电子商务（Electronic Commerce，EC）是20世纪90年代初随着国际互联网和电子数据交换技术的发展而产生和发展起来的。它的主要应用领域是商务活动。电子商务是未来商业发展的必然趋势，在供应链环境下实现电子商务，应该做到以下几个方面。

1. 认识电子商务所蕴含的价值

电子商务是指商务活动的各方（包括生产厂家、商家、顾客、银行、政府等）利用计算机网络技术全面实现在线交易电子化的过程。它可以使商家与供应商之间的联系更加紧密，更快地满足用户的需求，也可以让商家在全球范围内选择最佳供货商，在全球市场上销售产品，同时它也给消费者提供了更多的消费选择。

电子商务代表未来的贸易方式，或者说是网上营销和网上消费方式。电子商务涉及产品（商品）、渠道、促销、定价，同时也涉及营销环境、市场分析和目标销售、购买行为、产品策略、渠道策略、促销策略、定价策略和营销组合等企业经营活动。电子商务把网上订购、导购、锁定客户、追踪服务、为客户提供咨询服务等各个环节更好地衔接起来，以实现供应链成本最小化。

2. 正视供应链企业开展电子商务面临的问题

我国企业电子商务的应用环境正在不断地改善，国内电子商务呈现出快速增长的势头。但是，供应链企业开展电子商务依旧面临下列问题：

（1）开展电子商务，一定规模的参与量无疑是基础因素。但据统计，我国大部分企业既没有充分利用网络资源，更没有借助网络开展商务活动。

（2）企业开展电子商务的成本较高，在一定程度上制约了它的发展。

（3）我国市场经济还不成熟，企业电子商务的相关机制尚未建立。

（4）相关人才在我国企业中紧缺。

知识链接

电子商务对传统批发商、零售商、代理商的地位将产生重大影响，并有可能引发从百货商店、超级市场、连锁商店演进而来的以网上商店为标志的第四次零售革命。

3. 建立电子商务下的配送体系

目前，我国的电子商务发展迅速，面向某一行业的专业性垂直网站模式发展势头强劲。而作为电子商务诸环节中的最为薄弱的一个环节，物流配送的落后已经成为制约电子商务发展的瓶颈。电子商务时代的物流配送，必须具有信息化、自动化、网络化、智能化和柔性化的特征。电子商务时代的物流配送应做好以下工作：

（1）提高信息化程度。物流配送信息化表现为物流信息收集的数据库化和代码化、物流信息处理的电子化和计算机化、物流信息传递的标准化和实时化、物流信息存储的数字化等。

（2）降低配送服务价格。电子商务公司不能只考虑网站的点击率和订单的数量，还应同时考虑配送成本，尽量将网上销售的商品控制在配送范围之内，并尽量使之相对集中和形成规模。

（3）建立以配送为中心的物流服务体系。配送是商品市场发展的产物，随着大批量、少批次的物流配送活动逐步被小批量、多批次所取代，个性化、多样化的市场需求越来越占有更多的市场份额，配送已成为电子商务时代物流活动的中心环节和最终目的。因此，需要建立面向配送、面向市场、面向客户的服务体系。

（4）重新整合物流资源。电子商务对商品配送需求的迫切性和多样性为整合系统内物流资源提供了内在的动力和外在的需要。对现有仓储和运输等物流资源重新进行整合，可以提供快速反应的供货能力和强大而灵活的运输能力。

在我国电子商务的实践中，从事电子商务的公司为解决物流配送的问题，主要采取了以下三种方式：一是建立自己的配送渠道和设施，依靠自己的能力搞配送；二是委托专业物流配送机构完成商品配送；三是与百货商店、连锁店、邮政快递等原有配送网络联合协作，共同完成物流配送。第一种方式适合实力雄厚的大型企业；第二种方式比较适合我国国情，可进一步向独立第三方物流发展，但应解决好目前矛盾比较集中的商品配送价格等问题；第三种方式将电子商务配送与传统物流配送一体化，有利于集中使用物流资源，优化物流配送网络。

重点提示

千万不要看别人做电子商务你也做电子商务，要搞清楚别人为何做电子商务。

4. 健全电子商务数据库

由于电子商务应用不同于以往的传统应用，对作为其关键基础的数据库也就提出了很多新要求。表现在：

（1）可扩展性和高可用性。访问电子商务网站的用户数量是无法精确预测的，这就要求数据库拥有能处理更大量的数据以及为更多的用户提供服务的能力，也就是要拥有良好的可伸缩性及并行处理的能力。电子商务系统需要全天候运作，这种高可用性需要硬件、软件产品的紧密配合。

（2）安全性。电子商务数据库的访问者身份是不确定的，不同角色的访问者访问到的内容也应该不同，这就要求数据库拥有更好的安全性。

（3）对多种 Internet 标准的支持。在电子商务应用之中，Java 和 XML 已经成了开发应用和不同应用之间进行沟通的标准，如何更好地支持它们是电子商务数据库要考虑的重点。

（4）良好的集成性。电子商务应用可能会涉及应用服务器、Web 服务器、其他数据库、老式应用系统（单机系统）以及第三方电子商务软件，这些软件是否具有良好集成性往往关系到电子商务系统的性能。

5. 发展协同商务，推动电子商务的发展

随着电子商务的出现，人们有能力从单纯关注交易这一节点向关注商务全过程转移，这将涉及整个供应链上各方业务之间的协作。在企业内部，有各部门之间的业务协同、不同的业务指标和目标之间的协同以及各种资源约束的协同。这主要体现在不同部门计划之间、各层次计划之间以及不同周期计划之间的协同，如库存、生产、销售、财务部门计划间的协同，公司战略、战术、运作层次计划间的协同，长短期计划间的协同等。只有做好不同层次、不同业务间的协同，才能帮助企业提高其产品和服务的创新能力，优化企业内部的工作流程，合理调配企业及供应链上的资源，更好地实现企业的并行运作，提高企业和供应链整体的快速响应能力。

电子商务是一个发展方向，作为一种全新的商务交易活动，它的应用将打破时空界限，改变交易形态，加速整个社会的商品流通，有效降低企业的生产经营成本，提高企业的竞争能力。电子商务是一项跨世纪、跨部门的复杂社会系统工程，它还涉及网上安全支付、网络安全、IP 隧道、网关等金融认证体系、安全体系等方面的内容。

操作要点

在供应链环境下实现电子商务，需要注意：

⇨ 认识电子商务所蕴含的价值

⇨ 正视供应链企业开展电子商务面临的问题

⇨ 建立电子商务下的配送体系

⇨ 健全电子商务数据库

⇨ 发展协同商务，推动电子商务的发展

第六节　运用电子收款机系统（POS）

知识链接

在零售业中广泛地使用电子货币是一个大趋势，它除了具有安全性外，还可以大大减少收银时间。同时，与 POS 系统相结合大大提高了收银的准确性。

供应链信息系统中的 POS（Point Of Sales，POS）系统主要在供应链环节中的零售企业运用。利用 POS 系统可以为零售企业提供更迅速、更准确、更适用的信息资料，为决策提供可靠的依据，使零售企业或连锁企业的经营管理从凭感觉管理转向定量单品管理，从而使零售企业经营管理出现质的变化。企业运用 POS 有以下方式。

1. 运用 POS，开展票务和收款业务

在一定条件下，营业额的高低取决于收银的速度。POS 系统建立后，由于运用了条码扫描技术，大大加快了收银速度，而收银速度的提高又减少了顾客等待结款的时间。在收银速度快的情况下，顾客更愿意进入卖场购物，或有了更多的时间去选择商品，而不必因担心去排长队而压缩挑选商品的时间。POS 系统在为顾客节约时间的同时，也为商家提高营业额创造了条件。

连锁企业在联网的条件下以 POS 系统为终端，结成信息网络，可开展票务工作，如机票、球票等的销售，还可开展各项收缴业务，不仅用于零售业，也可用于公用事业的费用收缴。对于连锁企业来讲，连锁店的店铺网络越大，越有利于共享资源，POS 系统上的投资回报率也就越高。

2. 运用 POS，为企业提供信息依据

建立了 POS 系统后，零售企业或连锁企业的内部经营活动，如销售资金收入、商品库存、营业员业绩、卡清算、优惠卡持卡者记录、应收应付及资金流动等，可以通过 POS 系统准确地采集。企业对 POS 系统的要求是：可靠地进行销售活动，准确地收集基础数据。这种广泛而全面的数据采集构成了分析和决策的基础。

●重点提示
光有 POS 数据，而不知如何运用，等于是浪费。

3. 运用 POS，跟踪顾客消费行为

在当前激烈的市场竞争条件下，零售业需建立起自己的顾客管理制度，寻找和确立自己的重点顾客，稳定自己的顾客队伍并进行长期和深入的服务。POS 系统的建立，为零售企业特别是连锁企业创造了建立顾客管理制度的有利条件。从另一个角度讲，POS 系统是跟踪顾客消费行为的最有效技术。在 POS 系统中，商家在建立顾客档案的时候都会给顾客分配一个顾客号，顾客到收款台结账时，收款员就会把顾客信息通过 POS 输入到计算机系统中，这样每个顾客采购商品的时间、种类、数量都会在计算机里有详细的记载。商家就会根据这些信息，对顾客的购买行为进行分析，从而为顾客提供更有价值的服务。

4. 运用 POS，加强企业管理

运用 POS，对企业管理的意义在于：

（1）为连锁企业开展品类管理提供了可靠的信息依据。建立了 POS 系统后，零售企业或连锁企业就可以进行单品管理。在单品管理的基础上进一步运用品类管理技术时，POS 系统的作用就会突出表现出来。

（2）加强进货和无缺货管理。POS 系统可以使企业确定好量与时间，依据与上游企业确定的供货方式与配送协议，准确、准时订货，保证不会发生门市缺货的情况。POS 系统可以在调整商品结构的基础上，实行

进销分离，逐步形成规模经营。

（3）加强营销管理。零售企业或连锁业可以利用POS系统对企业进行经营分析，树立新型的经营观念，包括在购、销上要主动出击，抢占货源和销售覆盖面这两个制高点，形成自己独特的优势；积极拓展营销领域，大型零售企业要积极向多角度、多功能、多领域拓展。

POS系统是零售企业收集基础数据、提高企业效益的手段。虽然POS系统可以作为销售资料的处理、收集、存档、整理、分析的管理工具，但如何利用POS提供的信息整合内部资源，改善整体经营提升竞争力，仍是企业下一步要面临和考虑的问题。

操作要点

零售企业或连锁企业可以有以下方式运用POS：

- 开展票务和收款业务
- 为企业提供信息依据
- 跟踪顾客消费行为
- 加强企业管理

实用范例

1982年，日本7－ELEVEN连锁超市就引进了POS系统，针对产品、门市及一般市场的销售动向加以分析判断。尤其在1999年后，引进了新型POS收款机，店员只要根据顾客的外表，键入顾客的性别、大约年龄，符合该消费阶层的情报便会打印在收据上。到1999年止，日本7－ELEVEN的POS系统已发展到第五代。这套耗资600亿日元的第五代情报系统，为日本7－ELEVEN建立起全球仅次于美国太空总署（NASA）的数据库。人类智能与信息科技合作无间的结果，帮7－ELEVEN将消费者深层的心理需求一一挖掘出来，也帮助7－ELEVEN走向成功。

第七节 电子自动订货系统（EOS）规划

电子订货系统（Electronic Ordering System，EOS）是指将批发、零售商场产生的订货数据输入计算机，即通过计算机通信网络连接的方式将资料传送至总公司、批发商、商品供货商或制造商处。在当前零售业场地寸土寸金的情况下，零售业已没有许多空间用于存放货物，采用EOS成为众多商家的选择。而规划EOS，需要做到以下几个方面。

1. 认识电子订货系统的组成

EOS采用电子手段完成供应链上从零售商到供应商的产品交易过程，因此，一个EOS系统必须包含：

（1）供应商——商品的制造者或供应者（生产商、批发商）。

（2）零售商——商品的销售者或需求者。

（3）网络——用于传输订货信息。

（4）计算机系统——用于产生和处理订货信息。

2. 考虑建立电子自动订货系统的目标

建立EOS的基本目的是及时产生订货信息并使信息在零售商和供应商之间及时、准确传递。EOS的建立在零售商和供应商之间建起了一条高速通道，使双方的信息及时得到沟通，使订货过程的周期大大缩短，既保障了商品的及时供应，又可以加速资金的周转，有助于实现零库存战略。

3. 选择并确定电子自动订货系统的类型

就整个社会而言，标准的电子订货系统是“多对多”的整体运作，即许多零售店和许多供货商组成的大系统的整体运作方式。根据EOS的整体运作程序来划分，大致可以分为以下三种类型：

（1）连锁体系内部的网络型。即连锁门市有电子订货配置，连锁总部有接单电脑系统，并用即时、批次或电子信箱等方式传输订货信息。

（2）供应商对连锁门市的网络型。其具体形式有两种：一种是直接的“多对多”，即众多的不同连锁体系下属的门店对供应商，由供应商直接接单发货至门店；另一种是以各连锁体系内部的配送中心为中介的间接的“多对多”，即连锁门店直接向供应商订货，并告知配送中心有关订货信息，供货商按商品类别向配送中心发货，并由配送中心按门店组配向门店送货，是中级形式的电子订货系统。

知识链接

中国商品订货交易系统（China Goods Order System，简称 CGOS），是原国家计委立项、原国内贸易部协助建设并归口管理的国家级项目。作为社会化的电子订货系统，CGOS 以供应商和采购商为服务对象，最大限度地减少了流通的中间环节。它运用计算机和网络技术，开辟了一种与传统交易方式完全不同的现代化交易方式。

（3）众多零售系统共同利用的标准网络型。其特征是利用标准化的传票和社会配套的信息管理系统完成订货作业。其具体形式有两种：一是地区性社会配套的信息管理系统网络，即成立由众多的中小型零售商、批发商构成的区域性社会配套的信息管理系统营运公司和地区性的咨询处理公司，为本地区的零售业服务，支持本地区 EOS 的运行；二是专业性社会配套信息管理系统网络，即按商品的性质划分专业，从而形成各个不同专业的信息网络。后者是高级形式的电子订货系统，必须以统一的商品代码、统一的企业代码、统一的传票和订货的规范标准的建立为前提条件。

4. 确定电子自动订货系统所需硬件配置

EOS 所需硬件设备一般由三个部分组成：

（1）电子订货终端机。电子订货终端机具有存储和运算等电脑基本功能，其作用是将所需订购的商品和条码及数量，以扫描和键入的方式，暂时存储在记忆体中。当订货作业完毕时，再将终端机与后台电脑连接，取出存储在记忆体中的订货资料，存入电脑主机。

（2）数据机。它是零售商与供应商联系的主要通讯装置，其作用是将订货信息从门店传递给商品供方的数据机，供方以此为依据来发送商品。

（3）其他设备。如个人电脑、价格标签及店内码的印制设备等。

5. 确立电子订货方式

EOS 的运作除硬件设备外，还必须确立电子订货方式。一般由订货者通过现场巡视缺货状况，确定订货商品与数量，再通过以下方式进行信息传递：

（1）Client（客户端）登录。远程拨入供应商系统，作为远程用户登录，启用客户端系统，按系统所提供的单据格式输入单据，形成电子单据。

●重点提示

EOS 中订单格式必须符合 EDI 标准或相关协议。

（2）格式文件转入。按供应商系统所要求的单据数据格式，生成相应的单据数据文件，传入供应商系统，并下载供应商系统中形成的正式单据。

（3）E－mail。按电子单据格式，自动生成 E－mail，按供应商信息中所提供的 E－mail 地址，发送电子单据。

（4）Internet 网上登录。在供应商所提供的网页上，直接登录输入生成电了订单等单据，并提交供应商。

EOS 能处理从新商品资料的说明直到会计结算等全部商品交易过程中的作业，涵盖了整个物流过程。作为提升整体竞争能力的手段，EOS 包容了许多先进的管理内容，并得到了商业界的青睐。

操作要点

供应链环境下规划电子自动订货系统，需要：

⇨ 认识电子订货系统的组成

⇨ 考虑建立电子自动订货系统的目标

⇨ 选择并确定电子自动订货系统的类型

⇨ 确定电子自动订货系统所需硬件配置

⇨ 确立电子订货方式

第八节　运用条码（Barcode）

商品与货物的条码化是建立整合供应链的最基本条件。它是实现仓储自动化的第一步，也是 POS 快速准确收集销售数据的手段。运用条码及条码技术，需要注意以下几点。

1. 了解条码知识

所谓条码，简单说就是由一组粗细不同的条与空相间组成的图形。条码可有各种颜色，不过我们常看到的是黑色。条码是可利用光电扫描阅读设备识读并实现数据输入计算机的特殊代码。条码的分类多种多样，有商业通用条码和工业通用条码，有一维码和二维码。现在常用的一维码有 39 码、128 码、93 码、JAN 码、UPC 码等，二维码有 PDF417、Code49、MaxiCode 等。条码技术是自动识别技术发展的一种方法。

知识链接

二维条码具有信息容量大、译码可靠性高、修正错误能力强、容易制作且成本很低、条码符号的形状可变、编码范围广、保密、防伪性能好等特点，可以表述数据文件（特别是汉字文件）、图片等。而一维条码虽然制作和使用很简便，但有许多局限性，比如信息密度较低，信息容量较小；没有错误纠正能力，只能通过校验字符进行错误校验；保密防伪性较差；使用可靠性差，受外界损伤后会毁损信息；表示汉字信息十分困难等。

2．使用商品上已有的条码

一般来说，从国外进口的商品上的条码都比较符合规范，可以直接使用。国内商品上的条码由于种种原因，不符合规范、重码等现象时有发生，由于印刷的误差或条码颜色搭配不当使条码阅读器无法阅读的现象经常出现，因此，在使用条码扫描销售商品前，必须对商品的条码进行仔细的检查。最简便的方法就是用条码阅读器对每一种商品进行扫描，剔除重码或无法读出的条码。

3．使用店内码

对于商品的重码或无法读出的条码，比较简便的做法是对该类商品重新贴上由用户自己制作的“店内码”。看起来这是一个很简单的问题，但如果工作没有做好，就会影响到数据的准确性，甚至会造成某些商品无法使用条码扫描销售。

在条码管理中，店内码有两种做法：一种做法是无论商品上原来有无条码，一律使用用户自己制作的店内码；另一种做法是充分利用商品上原有的条码，对没有条码的商品才标上用户自己制作的店内码。店内码的编制应按照中国物品编码中心的规定来进行。制作店内码必须配置专用条码打印机，可以通过预先编制好的程序来制作所需的店内码，从而减少人工输入的差错，并可大大提高工作效率。

4．将条码运用于商品销售

条码技术在商品扫描销售中的应用还促进了销售管理模式的改变。

如上海的美美百货、时代广场等中外合资的商厦，摒弃了由顾客到收款台付款的传统管理模式，改由营业员代顾客到收款台付款，营业员凭商品或条码标签到收款台去扫描条码，收款员同时扫描营业员的工号条码。这样就废除了营业员开小票、收款员需输入营业员工号等烦琐做法。

5. 将条码运用于仓库管理

将条码技术运用到仓库管理，可以方便产品的出入库管理，最主要的是使仓库的管理正规化，降低仓库的损耗。在仓库管理中利用便携式数据采集器，通过条码阅读器扫描，可快速、准确地进行库存和柜存盘点，然后送入POS系统，与POS系统中的数据进行对比后产生盘盈、盘亏表。如果采用手工方法进行库存和柜存的盘点，不仅费工、费时，而且不易盘准，容易产生差错。

事实证明，如果能够正确地将条码用在企业的仓库管理的有关环节，一定会极大地改进企业的仓储管理，降低仓库管理人员的劳动强度，减少出错机会，提高劳动效率，同时便于企业对产品进行售后质量跟踪，使企业在激烈的市场竞争中把握主动。

●重点提示

使用条码进行柜存和库存管理是实现仓库现代化管理的重要手段。

6. 选择条码设备

条码设备包含三类：条码打印设备、条码扫描器和数据采集器。对于条码扫描器的选择，大、中型百货商场，零售店，专卖店等以手持式条码扫描器为宜，而超市则以激光平台式条码扫描器为宜。对于条码扫描器和数据采集器在性能上有防撞击、扫描分辨率、扫描速度、扫描距离等要求。

条码技术是最基本的物流管理手段，再先进的物流系统也离不开条码技术的应用。条码技术极大地提高了数据采集和信息处理的速度，提高了物流效率，同时也提高了经营管理水平。

操作要点

供应链企业运用条码及条码技术，需要注意以下几点：

- 了解条码知识
- 使用商品上已有的条码
- 使用店内码
- 将条码运用于商品销售
- 将条码运用于仓库管理
- 选择条码设备

实用范例

日本夏普电子公司采用条码化的仓库管理系统后，仓库作业量呈两位数增加，人员却没有增加，且库存精确度达到百分之百，发货和进货作业的差异率降为零，而且一些劳动量大的工作也压缩了。过去在以纸为载体的作业方式中，在发货和入库方面，每月约有200个错误发生，错误发生后，往往需要几个月来跟踪这些差异，以免扩大影响。现在每一件货物出入库时，操作员只要把货物上的条码用一支手持式CCD式激光枪识读，通过数据采集器把数据及时送入计算机便可；而有些条码阅读器则直接装在升降机上，避免了错误发生。

第九节 电子数据交换（EDI）规划

知识链接

1994年，联合国在日内瓦举行的第四十届会议上通过的电子数据交换的权威性定义是：EDI是使用一种商定的标准来处理所涉及交易或电文数据的结构、商业或行政交易事项、从计算机到计算机的电子传递。

电子数据交换具有快速、精确等传统信息传递方式无法比拟的优点，能够降低成本，高效、快速、准确地传递物流信息。供应链企业信息系统建设涉及EDI时，需要进行相应的规划，主要有以下几种。

1. 认识电子数据交换的意义

EDI对于组织供应链的意义表现在三个方面：

（1）在不必连续接触的情况下，EDI能加强组织间的协调。供应链问题最根本的解决方法是将供应链变成一个管道，设计更新供应链所有层次的系统，或者将供应链中各个层次连接起来形成具有快速反应的系统，使它对当前的要求具有接受、处理和传递到供应链的下一层的能力。

（2）EDI为数据提供了自动化控制，为信息到达所有作业层次提供了通道，并鼓励基层做出决策。有了EDI，网络可以用来支持生产、营销、技术或管理等在空间上的分散。

（3）EDI促使组织内部发生变化。EDI可以减少组织上的沟通障碍，并在没有人为干预的情况下更新计算机文件，为传送信息和管理协商提供平台。

2. 规划电子数据交换的组成部分

EDI由数据标准、EDI软硬件、通信网络组成。

在软件方面，除了保证安全通信的软件之外，在Internet上实现EDI还需另一种软件，称为EDI映像软件。这些软件主要用来将数据转换为EDI标准格式，在传送文件时，将EDI格式化的数据通过Internet发送出去。接收方接收通过Internet传来的EDI文件，经解码后送到EDI映像软件，EDI映像软件将其进行变换，送达事务处理应用程序。

目前，美国国家标准局制定了一个称为X12的标准，在美国国内使用。联合国主持制定了一个行政、商业、交通用EDI格式，缩写为EDI-

FAgr，用于美国之外的其他国家。目前，已有软件可对这两种标准进行互相转换。

3. 加强信息编码和标准化工作

为了做到信息共享和便于计算机处理，必须有大家共同认可的标准，因此需要做一系列前期准备工作。其中最主要的是编码和标准化工作。

（1）编码标准的制定原则。在制定分类编码体系时，设计、制造、管理各部门要从各自的应用目的出发提出使用需求，便于在制定编码时全面考虑。制定的编码标准应具备标志的唯一性、分类功能、排序功能和特定含义。

制定编码时应尽量采用国家标准和行业标准。在这些标准满足不了需求而制定企业标准时也应尽量考虑与相应的国家标准、行业标准兼容。

（2）实施 EDI 的基本代码有下面三类。

① 物料类代码。包括产品物料码，刀具、夹具、量具编码和设备编码等。这是最主要的编码。

② 工艺类代码。包括毛坯类别码和标准工序代码。在编制标准工序代码时可按加工方法逐层细化，而加工进程单就是这些标准工序的组合。

③ 管理类代码。包括分配任务或成本核算用的部门码，库房库位码，供采购或销售管理用的合同码、用户码、供应商码，为提高管理水平的各类控制码、分类码。这些代码与软件编制有密切关系。

4. 达成电子数据交换的基本要求

> **●重点提示**
> EDI 是其他电子商务环节如 EOS、POS 系统得以顺利进行的基础。

EDI 是借助各行业信息标准的开发而实现的。很多基础信息标准已经作为平台被企业用户应用。管理问题涉及增值网络的选择、数据安全、法律问题和数据流的政府限制。要有效地运用增值网络，我们必须深刻地理解为传送者提供的服务。它要求贸易伙伴间就信息传送的标准和方法问题达成协议。EDI 将结构化的数据从一个组织的计算机传输到另一个组织的计算机中，有三个基本要求：

（1）特定的计算机之间数据传送的通讯标准；

（2）某一特定业务的统一交易信息标准；

（3）将内部使用的信息数据转换的翻译软件。

5. 重点在电子数据交换强化竞争优势的部分

EDI已成为B2B（企业对企业）电子商务的主流技术，对采购业务有着很重要的影响：它不仅是一种通讯用的业务交易工具，更是一种联合设计、计划、交换、预测数据并与其他组织协调的方式。EDI的竞争优势不但在于作为通讯工具的运用，而且在于它迫使组织内部和组织之间的关系发生改变。EDI的交互效用可以分成与供应商有关的、内部的和与客户有关的三个方面。在买方市场上，EDI迫使它们整合成较少的客户；而在卖方市场上，EDI可以为市场设计一些附加超值服务，例如，通过监控客户存货而自动地追加订货、收集即时市场信息为生产计划增强灵活性和反应能力等。

使用EDI的好处日益明显。通俗地讲，EDI就是将符合一定标准的商业信息数据通过计算机和网络在不同企业的应用系统之间进行传递。这种在商家、银行、用户之间的相互传送和有效交流，可以提高企业的运营效率。

操作要点

供应链企业进行电子数据交换的规划，需要：

⇨ 认识电子数据交换的意义

⇨ 规划电子数据交换的组成部分

⇨ 加强信息编码和标准化工作

⇨ 达成电子数据交换的基本要求

⇨ 重点在电子数据交换强化竞争优势的部分

实用范例

目前，EDI在西方已用得十分普遍。据统计，美国有90%以上的商品出厂通过EDI，一些大型企业已普遍应用EDI与供应商和销售商联网。最近几年内，美国每年有20亿美元的销售额通过EDI实现。此外，约有一半以上的EDI用于企业，教学单位与政府机关之间传送订单、合同、发票、保险单、海关申报单、账单、库存报表等文件。其中85%的EDI业务属于企业与企业之间，15%属于企业与政府机关之间的商务交往。欧共体也成立了专门机构来加快EDI进程。

第十节　在供应链管理中实施ERP

在供应链企业的生产厂商中引入企业资源计划（Enterprise Resource Plan，ERP）系统，是一个很复杂的过程，其中实施是一个极其关键也是最容易被忽视的环节。ERP实施情况不理想已经成为制约ERP效益发挥的一大瓶颈。供应链企业中的生产厂商实施ERP，需要做好以下几点。

1. 进行有效的项目组织

ERP的实施是一个大型的系统工程，需要组织上的保证，如果项目的实施人员安排不当、协调配合不好，将会直接影响项目的实施周期和成败。项目组织应该由三层组成，而每一层的组长都是上一层的成员。

> **●重点提示**
>
> 只有企业的各级管理者及员工才是真正的使用者，真正了解企业的需求。只有他们理解了ERP，才能判断企业需要什么样的ERP软件，才能更有效率地运用ERP。

（1）领导小组由企业的一把手牵头，并由与系统相关的副总一起组成。领导小组任免项目经理，发掘优秀人才。

（2）项目实施小组。一般是由项目经理来领导组织工作，其他的成员应当由企业主要业务部门的领导或业务骨干组成。项目实施小组负责实施工作。

（3）业务组。这部分工作的好坏是 ERP 实施能不能贯彻到基层的关键。每个业务组必须有固定的人员，带着业务处理中的问题，通过对 ERP 系统的掌握，寻求一种新的解决方案和运作方法，并用新的业务流程来验证，最后协同实施小组一起制定新的工作规程和准则。业务组还负责基层单位的培训工作。

2. 进行企业诊断与需求分析

企业诊断由企业的高层领导和项目组人员用 ERP 的思想对企业现行管理的业务流程和存在的问题进行评议和诊断，找出问题，寻求解决方案，用书面形式明确预期目标，并规定评价目标实现的标准，然后将分析的结果写成需求分析报告。

3. 进行项目的前期准备工作

项目开始阶段主要针对 ERP 项目的需求、范围和可行性进行分析，制订项目的总体安排计划。对于多数中小企业来说，往往缺乏信息管理人才，所以前期的工作建议委托咨询顾问公司协助完成。这个阶段需要进行领导层培训及 ERP 原理的培训，主要的培训对象是企业高层领导及今后 ERP 项目组人员，使他们掌握 ERP 的基本原理和管理思想。这是 ERP 系统应用成功的思想基础。

4. 进行项目选型

在明确了项目的期望和需求后，需要进行项目选型工作，包括：

（1）选择合适的软件系统和硬件平台；

（2）选择合适的软件；

（3）选择合适的软件供应商。

5. 确定项目计划

项目计划阶段是 ERP 项目进入系统实施的启动阶段，主要进行的工作包括：确定详细的项目实施范围，定义递交的工作成果，评估实施过程中主要的风险，制订项目实施的时间计划、成本和预算计划、人力资源计划等。

6. 项目执行

项目执行阶段是实施过程中历时最长的一个阶段，实施的成败与该阶段项目管理进行的好坏紧密相关。在项目执行阶段进行的项目管理的主要内容包括实施计划的执行、时间、成本的控制、文档管理、项目进度汇报、项目例会和纪要等内容。包含以下阶段：

（1）实施准备阶段，包括数据和各种参数的准备和设置；

（2）系统安装调试与测试；

（3）模拟运行及用户化；

（4）验收及系统运行。

7. 进行项目评估与总结

对于系统的评价，应从需求满足程度出发，侧重阶段性评估、项目里程碑的鉴定和验收、实施质量的检验等。在项目完成阶段，仍有重要的项目管理工作需要开展，主要有行政验收、项目总结、经验交流、正式移交等。事实上，这相当于再做一次新的诊断，看一下经业务流程重整和 ERP 后，企业的战略流程是否比以前更快更好，对顾客服务是否更加及时周到，对各种资源的配置是否更加有成效。

供应链企业实施 ERP 只有在科学方法的指导下，才能够成功实现企业预定的日标。

知识链接

据不完全统计，我国企业在实施 ERP 系统的过程中，按期按预算成功实施实现系统集成的只占 10% ~20%，没有实现系统集成或实现部分集成的有 30% ~40%，而失败的占 50%。

操作要点

供应链企业中的生产厂商实施ERP，需要做到：

- 进行有效的项目组织
- 进行企业诊断与需求分析
- 进行项目的前期准备工作
- 进行项目选型
- 项目执行
- 进行项目评估与总结

实用范例

1998年3月，北京市三露厂引进国外某ERP软件，并和其代理厂商签约购买软硬件和实施服务。在随后的ERP实施阶段，出现了一些无法解决的问题，项目一再被拖延。首先是系统汉化不彻底，系统操作界面和使用手册翻译晦涩；其次，系统提供的后台报表和采集数据的方式不符合国内的财务制度和需求习惯，系统提供的数据不是业务需要的，以致具体业务人员拒绝使用这套系统。在延迟了两年的实施中，实施商一直无法就实施中出现的技术问题提出满意的解决方案。2000年12月，面对一直被拖延的项目和实施商无法克服的技术缺陷，北京市三露厂对其软件实施商提出诉讼。2002年春节前，北京市三露厂和其实施厂商达成庭内和解，对方向北京市三露厂赔偿了200万元人民币的经济损失。

第十一节 在供应链中集成相关技术

信息技术集成可以使企业充分利用原有的信息系统，并在技术集成的基础上发挥旧系统的最大效力。而如何规划 IT 应用，如何选择集成的模式，供应链企业必须结合自身的实际环境和未来发展来考虑。对于集成产品和服务平台，考虑其功能点，主要包括 BPM 功能、业务流程管理功能、工作流功能、索引功能、基于 GUI（图形用户界面）的数据转换映射以及校验功能、LDAP（一种目录服务协议）支持等。总体上说，在供应链企业中集中相关技术，需要做好以下各项工作。

1. 认识集成服务平台

集成服务平台的基本概念包括 EAI、B2Bi 等。EAI（Enterprise Application Integration，企业应用集成）主要是基于企业内部业务的应用集成，如 CRM 和 ERP，ERP 和 SCM 等，是将企业内部的多个不同数据源和分离应用系统进行协同自动化处理的解决方案。B2Bi（Business to Business integration，企业对企业的集成）侧重不同企业之间的业务应用集成，企业通过防火墙将企业的业务延伸到企业以外的合作伙伴，如分销商、零售商、供应商、物流运输商等。

2. 规划表示层的集成

表示层是系统的形象，是系统提供服务的窗口。在信息技术的表示层，需要采用统一风格界面和统一用户入口，提高系统的易用性，重点解决多应用系统的单点登录问题和用户安全权限管理问题。表示层的集成，以 Portal（门户）技术为主流。

3. 规划面向信息的集成

面向信息的集成，简称为数据集成，重点解决不同应用系统之间接口级的转换以及数据交换，特点是低成本和点到点固定应用集成。这是目前企业集成的常用方法。该方法重点解决数据流程和数据的一致性问题，分为三个层次。第一个层次：数据复制，特点是简单低成本、易于实施，但是需要对系统业务内部有深入了解，固定应用。第二个层次：

数据捆绑，将多数据库捆绑集成为一个统一视图虚拟的数据库，特点是通过单一的预定的接口访问各类应用 DB，仍然使用方便的操作语言，而无须改变源数据和应用。第三个层次：面向接口级，主要用来集成企业通用套件，如 PDM、CRM、SCM 等，缺点是缺少一个集成框架，只能提供有限服务。

●重点提示

面向信息的集成重点在多个系统之间的信息交换，这样可以解决具体的技术问题和节省业务操作时间。

4. 规划面向过程的集成

面向过程的集成，通过元应用或业务过程和其他应用进行绑定，是信息集成的一种抽象，重点面向供应链网络企业解决业务流程。面向过程的集成重点在于实现企业业务集成的策略，目标是利用业务规则决定如何进行交互和业务的处理，使企业业务过程可视化，如企业分类、客户信用的审核、实时监控关键业务过程的状态和性能等。

5. 规划面向服务的集成

面向服务的集成，主要是通过框架、事务、分布式对象以及其他机制（目前主要方向是通过 Web services 机制）来提供企业内外应用集成业务，是基于服务的集成，允许动态的应用集成，具有公共业务逻辑的大规模伸缩性，可以通过 Internet 或者分布式服务器、中心服务器提供访问的方法。

知识链接

Web services 依照 UDDI 标准通过名字和目录来定位服务。服务描述使用 WSDL 语言规范，它们的消息对象采用 SOAP 标准协议。基于 Web services 提供集成服务是目前各集成服务供应商研究的主要方向。

6. 规划面向技术的集成

供应链信息系统会用到多种技术，如 GIS、GPS、工作流技术、消息驱动等，这些技术涉及集成信息系统的应用集成部分。使用这些技术时，需要通盘考虑每一项技术的应用范围和给其他应用带来的变动，并适当对元应用进行调整。

集成业务的需求，不仅需要在不同的 IT 供应商之间搭建桥梁，还需要在各种应用之间搭建无缝的接口，需要在企业的管理应用、基本运营操作业务应用以及在企业供应链之间进行动态集成服务。企业需要的不仅是一个集成产品，更需要一个集成服务平台。

操作要点

在供应链企业中集成相关技术，需要做到：

- 认识集成服务平台
- 规划表示层的集成
- 规划面向信息的集成
- 规划面向过程的集成
- 规划面向服务的集成
- 规划面向技术的集成

第十二节　评估供应链信息系统

现代供应链连接着产、供、运、销等企业，地域空间范围很广，时间跨度也很大，对现代信息系统要求较高，相应的投入也大。为明了投入与产出的关系，需要对企业的供应链信息系统进行评估，主要内容包括以下几个方面。

1. 从管理角度进行评估

（1）是否体现了先进管理思想。任何软件都是管理思想的体现。供应链管理作为一种新的管理思想，其信息系统本身也会因不同管理流派对供应链管理理解的不同而不同。

（2）是否体现了集成。供应链管理实际上应该包括供应链组织内部各功能部门之间的集成和在供应链上下游组织之间的集成，集成的内容包括商流、物流、信息流等，集成的对象有资源、组织、业务、流程等。信息系统在这些方面均应有体现。

2. 从系统功能上进行评估

带有供应链规划功能的一类软件称为广义的供应链管理软件，它按照管理过程进行供应链组织间的计划、安排进度表和供应链计划的执行与控制，着重于整个供应链和供应网络的优化以及贯穿于整个供应链计划的实现过程。好的供应链信息系统所含的套件，包括从订单输入到产品交付等并行于制造业务流程的全部业务过程，其中包括预测、供应链和生产计划、需求和分销管理、运输计划以及各种形式的业务职能。

3. 从系统的使用效果进行评估

（1）是否使各供应链环节协调运作。整个供应链伙伴间的业务流程将实现数据化、电子化，再通过有效的方式连接起来，实现各环节信息的互动。整个信息系统将变成一个综合的立体全方位网络，其中物流将转化为灵活控制的信息流。

（2）是否提高服务质量。服务质量是服务效果的集中反映，可以用时间、费用、效率来衡量。突出表现在减少供应时间、降低物流成本、提高效率等方面。

（3）是否提高信息管理和利用能力。企业是否通过供应链信息系统使得在信息加工、处理、利用上更上一层台阶，在信息传递上更有效率。

知识链接

评估信息系统的价值并非简单地回答“要不要做”这样较为概括的问题，而是明确地回答“值不值”的问题。事实上，评估的意义更在于，通过量化信息系统对企业变革的作用，使这个变革过程从某种意义上说成为“可见的”，对于凝聚组织、共享愿景，本身就是一种价值。

4. 建立企业信息化评估指标体系进行评估

企业信息系统效益评估是企业信息化评估的核心。在设计企业信息化评估指标体系时，主要考虑企业信息化的效益问题。企业信息化效益包括经济效益和社会效益，经济效益又包括有形效益和无形效益。

（1）企业信息化的社会效益包括：信息化给人类社会带来的转变；信息化对促进社会文明、提高全民素质的影响；信息化对促进国家科技进步、提高国民生产力的影响；信息化对产业结构的调整和优化的影响；信息化对促进管理方法现代化的影响；信息化对企业就业结构和就业机会改善的影响；信息化对企业内部管理体制改革的影响；信息化对改善企业人力资源的开发利用的影响；信息化对改善工作环境、企业竞争环境、企业经营环境所做出的贡献；信息化对改善环境保护的影响；信息化为节约资源、节约能源所做出的贡献。

（2）企业信息化的无形经济效益包括：管理信息支持程度；战略目标匹配程度；竞争优势支持程度；竞争反应；组织机构风险；战略信息系统构造；技术不确定性；所需环境投资风险。

5. 使用信息化评估指标体系进行评估

企业信息化评估指标构成如下：

（1）企业信息系统评估指标，包括平台利用指标、信息利用指标、管理效率指标。

（2）企业管理系统评估指标，包括组织结构指标、管理方式指标、管理流程指标、人员素质指标、企业文化指标、决策水平指标、战略目标指标。

（3）企业业务系统评估指标，包括业务流程指标、响应速度指标、满意程度指标、市场份额指标、质量保证指标、成本水平指标。

信息技术给人们带来了好处，给企业带来了深刻的变革，这都是毋庸置疑的。IT投资的复杂性，使得估计当前投资对未来的收益贡献的确十分困难。评估企业信息系统，既要体现管理与应用水平，又要体现效益和效率，既要体现直接效益，更要体现发展潜力和价值。

●重点提示

寻找一种信息系统价值评估的方法也许并不难，难的是找到这种评估的"感觉"。

操作要点

对供应链信息系统进行评估，主要抓好：

⇨ 从管理角度进行评估

⇨ 从系统功能上进行评估

⇨ 从系统的使用效果进行评估

⇨ 建立企业信息化评估指标体系进行评估

⇨ 使用信息化评估指标体系进行评估

第四章 供应链管理与控制

供应链管理与控制是对供应链中的物流，信息流，资金流，增值流，业务流以及贸易伙伴关系等进行的计划、组织、协调和控制工作，包括计划（Plan）、采购（Source）、制造（Make）和交货（Deliver）四个不同的过程。

供应链管理与控制是从一个全新的高度对物流和信息流进行有效管理，其侧重点在于公司之间或公司内部各部门之间的链接，是一种对原材料供应商、生产制造商、批发商、零售商以及最终消费者等组成的系统进行的管理与控制。其目标是通过贸易伙伴间的密切合作，以最小的成本和费用提供最大的价值和最好的服务，从而持续可靠地满足客户的需求。

关键词 提高响应速度 协调企业关系 协调部门关系 激励机制 供给管理 采购作业 供应商管理 供应链生产管理 库存管理 配送管理 分销渠道 顾客服务管理 跨国管理

第一节　在供应链中提高响应速度

知识链接

快速反应（Quick Response）是美国零售商、服装制造商以及纺织品供应商提出的整体业务概念，目的是减少原材料到达销售点的时间和整个供应链上的库存，最大限度地提高供应链的运作效率。QR 的着重点是对消费者需求做出快速反应。

供应链中企业为了降低成本，提高收益，需要对消费者的需求做出快速反应。快速响应（QR）是提高供应链管理效率和市场反应能力的方法。它可以缩短交货周期，减少库存，提高客户服务水平和企业竞争力。为了在供应链中提高响应速度，需要做到以下几个方面。

1. 了解快速反应产生的背景

1985 年，美国 Kurt Salmon 协会对纺织与服装行业进行了供应链分析。结果发现，尽管系统的各个部分运作效率很高，但整个系统的效率却十分低，而供应链的长度是影响其高效运作的主要因素。进一步的调查发现，消费者离开商店而不购买的主要原因是找不到合适尺寸和颜色的商品。

这项研究导致了快速反应策略的应用和发展。快速反应是零售商及其供应商密切合作的策略，应用这种策略，零售商和供应商通过共享 POS 系统信息、联合预测未来需求、发现新产品营销机会等对消费者的需求做出快速的反应。从业务操作的角度来讲，贸易伙伴需要用 EDI 来加快信息的流动，并共同重组他们的业务活动以将订货前导时间缩短和成本极小化。在补货中应用 QR 可以将交货前导时间缩短 75%。

2. 从技术与设备入手提高响应速度

所谓 QR 是从商品的原材料阶段直到零售阶段，具有交易关系的企业作为伙伴建立互相信赖和协作关系，并进行充分的信息交流，使畅销商品能及时供应而快速生产、供给的体系。为了实现这一目标，各阶段的企业有必要开发能提高物流效率的技术和设备，而且要充分发挥这些技术、设备在交货期和成本方面的优势，使企业之间的信息能快速准确传递以及实现信息交换的标准化。

3. 推进企业信息化，加强内部管理，提高响应速度

积极推进企业内部信息化管理，提高企业内部的快速响应能力，将目前产销关系中不利于企业的方面转化为有利于企业的因素，即对大多数品牌经营企业来说，与零售商基本上是联营关系，一线销售人员与业务基本上是企业自己委派。这虽然增加了销售费用，但便于企业控制产品，为建立产品的终端信息管理系统提供了便利。

在供应链整体上难以实现 QR 的条件下，企业更应致力于内部管理的强化，注重专业人才的培养，建立符合市场需求的产品研发企划体制，通过深入的市场调研，提高销售预测的准确性和产品开发的成功率，最大程度上降低滞销品的比例，从而降低库存风险。

4. 建立战略联盟提高响应速度

QR 离不开信息的网络化，但信息化本身不是目的，而只是一种手段。通过信息网络化，建立与流通业和制造业的战略联盟，这才是 QR 哲学的根本思想。换句话说，QR 是通过建立能协调具有利害关系的流通业和制造业及产销间直接的信息网络，以结成战略联盟。它需要达成以下目标：

（1）从原材料到最终制品实现供货周期的缩短和库存的减少。传统的缩短订货周期和减少库存的努力仅限于企业内部，并没有注意到从原

料到最终制品这一很长的产销通路中存在的大量时间和库存浪费。QR 作为一种经营战略则致力于缩短整个流程的周期和库存成本，提高产销同盟整体的核心竞争力。

（2）通过 QR 可以实现原材料和制成品开发的统一企划。从降低成本到企划开发，或者说从后勤到创造性的业务，流通业和制造业通过战略联盟共同发展是 QR 战略的基本目标。

（3）QR 战略的基础是产销同盟间密切协作，信息和利益的共享，而且最终要使消费者从中获得利益。利维斯公司总裁指出“必须将处于利害冲突关系中的制造业、零售业和消费者的关系转变为信息共享的合作伙伴、同盟关系”。这种关系意味着利益共享、共同发展和持续的成功。

5. 通过陈列货物提高响应速度

商店的所有存货应该陈列出来，而不是放在顾客看不见的库房里。货架设计要使顾客容易看到丰富的商品。现货可获得性的标准定得相当高，希望达到 95% 的现有率。95% 的现有率意味着“最大库存量的设计要求是至少 40% 是在货架上”。利用这个标准，传统的缺货百分比实际上为零。为支持此标准，依靠快速反应方法，要提高补充送货的“合适度”。补充供应体系的目标是使每个品类可能 100% 地接近货架设计容量，而不产生多余的存货。否则，需要额外的存储场地。后备库存由于没有陈列，所以不直接创造效益，且由于频繁搬运货物进出存储场所，既增加费用，又极易丢失、损坏或被盗。

6. 了解 QR 的新发展

目前在欧美，QR 的发展已跨入第三个阶段，即联合计划、预测与补货（简称为 CPFR，即 Co11aborative P1anning，Forecasting and Replenishment）阶段。CPFR 是一种建立在贸易伙伴之间密切合作和标准业务流程基础上的经营理念。它应用一系列技术模型，这些模型具有如下特点：

（1）开放但安全的通信系统；

（2）适应于各个行业；

（3）在整个供应链上是可扩展的；

（4）能支持多种需求（如新数据类型，各种数据库系统之间的连接等）。

●重点提示

表面看，QR 是信息技术发展的产物，但深入理解，QR 可以说是一种哲学、一种经营战略。

QR 的基本出发点是通过战略联盟共享利益。QR 的价值体现在生产、物流和信息流三个方面：生产期中降低成本；物流改进给顾客带来更大的利益；标准 EDI 和信息共享则是 QR 生产、物流的基础。

操作要点

为了在供应链中提高响应速度，需要：

⇨ 了解快速反应产生的背景

⇨ 从技术与设备入手提高响应速度

⇨ 推进企业信息化，加强内部管理，提高响应速度

⇨ 建立战略联盟提高响应速度

⇨ 通过陈列货物提高响应速度

⇨ 了解 QR 的新发展

实用范例

美国塔捷特（TargetStores）十分热心于在零售业推行快速反应。塔捷特经营的全部商品都有条码，并且所有交易中的 POS 数据都被采集。每日数据于当晚经由卫星通讯系统传输到总部，某种商品的每日销售与库存数据都和参与快速反应的重要供应商共享。塔捷特不允许完全地自动补货，但向供应商保证每周订货。因为供应商了解整个企业的库存目

标、现有存货和实际销售数据，所以很容易把握订货数量，并利用这些信息制定自己的生产与分销计划。

每周一次的订货确定后，供应商在一周内将产品送至塔捷特的6个配送中心。一旦货到配送中心，塔捷特的管理部门在考虑到下一周的销售情况后，向每个商店配送。所以，商店每周接受每个品类的补充送货，对于供应商而言，是两周为一个周期。

在这个系统中，塔捷特首要的目的不是减少商店总的库存，相反，塔捷特的营销理念是消费者喜欢也希望商店是“丰富”的，即顾客想要的每个品类均能在商店找到且随手可得。因此，商店的所有存货应该陈列出来，而不是放在顾客看不见的库房里。

塔捷特致力于其快速反应系统，并积极扩展系统至更多更重要的供应商，在所有大销量的品类上实现100%的快速反应目标。经过一系列的措施，塔捷特发现其快速反应系统取得了显著成效，成为企业取得成功的一个重要因素。

第二节　在供应链中协调企业间关系

企业在生产过程中生产某种产品都要经过客户订货、制订生产计划、原料采购、加工生产、产品检验、产品出厂等过程，因此在供应商、生产企业和顾客之间形成了供应链关系。供应链管理则需要协调企业之间（从供应商到顾客）在整个链上或网络中的信息流、资金流及物流等。

> ●**重点提示**
>
> 虽然北美企业界基本统一了对物流管理与供应链管理的定义（物流管理是供应链管理的一部分），但是欧洲却坚持使用物流管理来表达供应链管理的理念。

1. 调整组织形式，适应快速反应要求

供应链管理的最终目的是协调企业内外部资源来共同满足消费者需求，是一种基于协作的策略。它把跨企业的业务运作联合在一起，以期实现市场机会的共同愿景。为

此，需要重新定义各项业务及其相互关系，在管理和组织上采取更灵活的方式，对供应链上供需关系的变动，同步、敏捷、及时地做出响应，在掌握准确、及时、完整信息的基础上，做出正确决策，能动地采取措施。

知识链接

有观点认为，供应链管理是协调企业间的一种跨职能的决策，它是一种战略而不是战术。

2. 构建电子商务网络促进信息共享

要与包括供应商等在内的上下游企业紧密配合，实现企业的供应链管理。而B2B电子商务正好面向整个供应链，运用供应链管理的思想，利用互联网，整合企业的上下游产业，构成一个电子商务供应链网络，使得企业供应链上的所有参与者之间可以通过网络，实现资料互换、信息共享，整合合作共同体的资源，消除整个供应链网络上不必要的动作和消耗，促进供应链向动态的、虚拟的、全球网络化的方向发展。

3. 构建企业间的战略合作关系

企业同其销售代理、客户和供应商的关系，不再是简单的业务往来对象，而是利益共享的合作伙伴关系，这是现代管理观念的重大转变。这种合作伙伴关系组成了一个企业的供应链。当前企业之间的竞争不再是一个企业对一个企业的竞争，而发展成为一个企业的供应链同竞争对手的供应链之间的竞争。从跨国公司的实践来看，现代物流与供应链的发展方向都会从追求降低成本发展到协调企业之间的合作、提升供应链竞争力。虽然我国发展市场经济的时间不长，现代物流更是刚刚开始，但是企业之间建立战略合作伙伴关系、发展供应链的观念已经受到重视，特别是一些行业的领袖企业已经开始了一些值得关注的探索。

4. 通过业务外包充分利用联盟企业的资源

企业间最核心的是利益关系，故供应链管理的一个重要的方面，就是利用业务外包，整合相互之间的利益。这样可以把资源集中在企业的核心竞争力上，以便获取最大的投资回报，那些不属于核心能力的功能应该被弱化或者外包。业务外包可以充分利用联盟企业的资源，获得更大的竞争优势。

业务外包可以利用的资源还有时间和资金。传统的企业，往往拥有全过程自我投资和建设的部门，从基建部门到制造车间，到装配、验收部门，再到包装车间都是自己的。这通常导致项目完工的时候，就是经营面临困难的时候，企业负债累累，产品延期交货，一系列问题相继出现。而业务外包可以获得多个联盟企业的协作，缩短产品周期，在最短的时间内推出最新的产品，而且还可以利用联盟企业的资金，降低自身的风险，从而更轻松地获得竞争优势。

5. 以满足市场需求为目的协调企业关系

在发达国家企业中，关系管理已受到广泛关注，企业纷纷从 CI 战略管理转向了 CS 战略管理。CS 即英文“顾客满意”的缩写。企业关系管理的内涵突出了市场需求为企业最高目标，顾客是企业经营的主要驱动力，企业管理组织的中心职能是协调各方面的关系。同时企业采用市场关系信息管理系统，对市场需求、企业与消费者、上游企业、配套协作伙伴及内部员工等不断变化的情况随时进行监测，指导企业提高关系管理水平。现代企业家应从强化企业关系管理与协调中，适应日趋成熟的市场，培养更多的忠诚客户，营造企业员工满意的工作环境。

6. 推进协调发展

供应链企业需推进协调发展，如积极承担社会责任，进一步拓宽管理创新的领域，改变生产方式，整合资源，减少对土地等资源的占用和浪费；加强环境保护，发展循环经济；协调企业内外部利益相关者（包括员工、客户、供应商、社区、公众和学校等）的关系；讲诚信，树立企业的公信力，使之成为核心竞争力的重要组成部分等。

协调企业之间的关系是企业关系管理的重要内容。企业关系管理是指获得、建立和维系企业在市场经营中诸方关系的行为，是巩固和发展企业与消费者、供应商、合作伙伴、金融与政府部门以及企业内部员工关系的活动。企业关系管理在供应链企业中应该引起充分重视。

操作要点

协调好企业之间的关系，需要做到：

⇨ 调整组织形式，适应快速反应要求

⇨ 构建电子商务网络促进信息共享

⇨ 构建企业间的战略合作关系

⇨ 通过业务外包充分利用联盟企业的资源

⇨ 以满足市场需求为目的协调企业关系

⇨ 推进协调发展

实用范例

协同商务（Collaboration Business）

世界经济全球化的结构使得资源通过全球市场进行配置，也将商业、贸易推向了全球化，其中最为突出的形式则是信息网络全球化。在网络世界中，商务、交易都将趋向无国界化。在这种环境下，企业间的交往日趋频繁，社会化分工越来越细，业务往来也越来越紧密复杂。如何协调企业间众多复杂的业务往来关系，是每一个企业管理者所面临的新问题。随着电子商务的出现，人们有能力从单纯关注交易这一节点向关注商务全过程转移，这将涉及整个供应链上各方业务之间的协作。在企业内部，有各部门之间的业务协同、不同的业务指标和目标之间的协同以及各种资源约束的协同。这主要体现在不同部门计划之间、各层次计划之间以及不同周期计划之间的协同，如多股东间的协同，库存、生产、销售、财务部门计划间的协同，公司战略、战术、运作层次计划间的协同，长短期计划间的协同等。这些都需要一些工具来进行协调和统一。例如，协同的后勤管理能确定对不同客户、不同路线配货、调度、运输的最佳方案；协同的生产管理能根据现有可调配的人力、物力和设备能力等资源进行优化排程，以便实现按期交货等。这些协同需要一系列的计划调配工具，如排程工具、设计优化工具、转换计划工具、调配计划工具、运输计划工具等。而在企业之间，业务间的协同将变得更为重要，也更难实现。

第三节　在供应链中协调部门间关系

供应链中企业需要协调好与环境相关的关系。在企业内部，最主要的表现是在部门之间的关系，即部门间的工作职责划分以及工作接口的相互关系。协调企业内部门间的关系，需要做好下列各项工作。

1. 借助信息系统与计算机网络协调部门间关系

企业要开展优质服务，需协调企业各职能部门间的关系。对经营信息实现全方位的动态管理，达到科学化、准确化、标准化、敏捷化和智能化的管理要求，必须借助现代计算机通信网络技术和先进的商业经营管理信息系统。

2. 围绕市场需求协调部门间关系

协调各部门各环节的关系，使企业各个管理部门以市场为导向，更加灵活地开展业务活动，适时地响应市场需求，进一步提高企业的竞争力，使企业在激烈的市场竞争中全方位地发挥足够的能力，从而取得最好的经济效益。它要求企业以市场为导向，在物资供应、生产和销售等环节的各项作业形成连续、同步的“作业流程”，消除作业链中一切不能增加价值的作业，使企业处于持续改善状态，促进企业整体价值链的优化，增强企业竞争优势。

3．以提高快速响应为目标协调部门间关系

提高快速响应能力要求从计划入手，全面协调企业内部各部门的业务。如在生产组织方面，能根据销售计划及库存情况制订生产计划，同时生成相关的物料采购计划和质量检验计划；在销售、采购业务中分别与库存、应收应付相结合；重新定义企业各项业务及其相互关系，在管理和组织上采取更科学、更灵活的方式，对供应链上供需关系的变动同步、敏捷、适时地做出响应。提高快速响应能力建立在全面掌握准确、及时、完整的信息的基础上，因而可以帮助企业做出正确的决策，使企业在变化的市场中保持主动。

4．以企业文化为导向协调部门间关系

传统的企业组织一般按客户、产品种类或管理职能把部门划分为相对独立的利润中心、成本中心、责任中心和绩效中心。网络化生产打破了传统的企业内部生产关系。在网络化的层级结构下，当管理中枢无须直接利用权力去分配和协调下属单位的活动后，其重要的工作内容就不仅是组织信息的收集、处理与传播，还要通过基本政策的制定，借助各种沟通渠道，去倡导某种适合企业特点的文化，并大力宣传这种文化，总结和介绍在这种文化影响下成功工作单元的事例，以促进这种文化所包含的价值观和行为方式被各工作单元迅速普遍地接受，成为影响他们行为选择的基本规范。

●重点提示

协调企业内部利益相关者的关系，别忘了考虑与员工的关系。

操作要点

协调企业内部部门间的关系，需要做到：

⇨ 借助信息系统与计算机网络协调部门间关系

⇨ 围绕市场需求协调部门间关系

⇨ 以提高快速响应为目标协调部门间关系

⇨ 以企业文化为导向协调部门间关系

实用范例

三菱在实施 ERP 时，选择了 SAP 公司的产品。它在信息化推进时，存在一个资源协调的问题。为此，三菱的实施团队充分考虑了一把手的协调能力。其项目管理的最高层是由总裁亲自挂帅的领导小组，接下来是由主管信息化的副总裁领导的核心小组，也就是信息管理部。下面的模块小组随时组建，模块实施完成后即行解散。每个模块小组都是由该模块所涉及的业务部门一把手担任小组组长，负责模块实施的人做副组长，还有一个熟悉业务的专职实施组员负责与业务部门沟通。

第四节　建立供应链激励机制

建立激励机制需要了解被激励对象的需要和动机的规律性，这样才能预测、引导和控制其行为，这就是“需要—动机—行为—目标”激励模式。供应链企业建立激励机制，需要注意以下几个方面。

1. 认识基本的激励方式

激励实际上是对需求的满足。需求是多种多样的，所以激励的途径也是多种多样的。我们可以根据激励的性质不同，把激励分为物质激励和精神激励两类。

物质激励对员工而言包括工资奖金和各种公共福利。它是一种最基本的激励手段，因为获得更多的物质利益是普通员工的共同愿望，决定了员工基本需要的满足程度。同时，员工收入及居住条件的改善，也影响着其社会地位、社会交往，甚至学习、文化娱乐等精神需要的满足程度。典型的激励方法有奖金激励、股权激励等。

精神激励主要是为了使被激励对象的精神世界得到满足。精神激励多种多样，典型的激励方式有榜样激励、荣誉激励、目标激励、理想激励等。

2. 建立供应链企业内员工激励机制

因为企业中每位员工的需求不同，并且每个人都同时存在着物质和精神两种需求，所以物质需求与精神需求同等重要，不可偏废。另外，企业中的激励形式越多种多样，越能满足不同员工的需求。供应链企业内员工激励机制一般有：

（1）物质激励机制。物质激励机制需要通过绩效考核保证其客观性和公平性。企业内物质激励机制一般是与项目挂钩的。为了体现奖金的公平性原则，供应链企业可以考虑项目奖金的基数与员工岗位工资相联系，项目奖金的系数与绩效考核成绩相联系。也就是说，在绩效考核成绩相同的情况下，岗位工资基数越高（专业技术能力越强），项目奖金越高；在岗位工资基数相同的情况下（专业技术能力相同），绩效考核成绩越高，项目奖金越高。

（2）技术培训激励机制。企业之间的竞争归根结底是人才的竞争，培训是公司获得高质量人才的重要手段。供应链企业技术培训系统是由五个环节所组成的：通过需求分析，确定培训内容；设置培训目标；拟订培训计划；实施培训活动；总结考核及反馈。

（3）精神激励机制。包含榜样激励和荣誉激励两种方式。企业可以将优秀的员工树立成榜样，让其他员工向他们学习。比如供应链企业可以每季度评选一次“季度优秀员工”或“工作标兵”，让其他员工向这些标兵学习。

3. 采用合适的供应链企业间激励模式

供应链企业间有以下几种激励模式可供参考：

（1）价格激励。在供应链环境下，各个企业在战略上是相互合作关系，但是各个企业的利益不能被忽视。供应链的各个企业间的利益分配主要体现在价格上。而价格的变动则可以起到正向、负向的激励作用。

（2）订单激励。一般来说，一个制造商拥有多个供应商，多个供应商竞争来自于制造商的订单，多的订单对供应商是一种激励。

（3）商誉激励。商誉是一个企业的无形资产，对企业极其重要。商誉来自于供应链内其他企业的评价和在公众中的声誉，反映了企业的社会地位（包括经济地位、政治地位和文化地位）。正面的商誉口碑可以对企业起激励作用。

（4）信息激励。企业获得更多的信息意味着企业拥有更多的机会、更多的资源，从而起到激励作用。

（5）淘汰激励。淘汰激励是负激励的一种。对于优秀企业或供应链来讲，淘汰弱者使其获得更优秀的业绩。业绩较差者为避免被淘汰，则会更要求上进。

（6）组织激励。一个组织良好的供应链对供应链及供应链内的企业都是一种激励。在一个较好的供应链环境下，企业之间的合作愉快，供应链的运作也通畅，少有争执。减少供应商的数量，并与主要的供应商和经销商保持长期稳定的合作关系是制造商采取的组织激励中的主要措施。

需要提醒的是激励机制在每一个方面都可考虑物质激励和精神激励的手段，同时，激励也存在风险。在风险防范方面，尤其要注意合作者激励方面的风险，如在信息不完全的情况下决策的风险、代理人的道德风险等。

操作要点

要建立供应链企业的激励机制就要：

⇨ 认识基本的激励方式

⇨ 建立供应链企业内员工激励机制

⇨ 采用合适的供应链企业间激励模式

实用范例

根据组织行为学的基本观点，一个人的工作成绩可以用公式表示：工作成绩 = f（能力 × 动机），即一个人工作成绩的好坏，既取决于人的能力，也取决于人的动机。如果一个人的积极性被调动起来，即动机被激发，那么他取得的成绩就大。美国哈佛大学心理学家威廉·詹姆士（William James）在对职工的激励研究中发现，按时计酬的职工仅能发挥其能力的20% ~30%，如果受到充分激励则可以达到80% ~90%。也就是说，同样一个人在通过充分激励后所发挥的作用相当于激励前的3 ~4倍。它反映的是这样一个问题：在现代企业中，人们往往不是不会做，而是不积极地去做。因此企业管理的重要问题之一是调动职工的工作积极性，而职工积极性是与个人需要和动机相联系，是由动机推动的。可以说，影响积极性的基本因素是人的需要和动机。我们应该明确这样一个观点：人人有待激励，人人可以激励。

第五节 供应链供给管理

供应链中各种物料的移动，是一个不断增加其市场价值或附加值的增值过程。企业作为供应链中的一个环节，应对自身提供产品的能力进行管理。

1. 选择正确的供应链以提升供给能力

选择正确的同步供应链和制定企业业务单位的供应链策略可以使企业获得市场的主导地位。选择正确的供应链应充分考虑企业供应链相对独立结构的效益和企业销售渠道与消费者利益等方面。

（1）供应链策略。首要问题是产品的主导地位和品牌的建立，通过品牌和较大的市场占有率获得高利润空间。

（2）运行的灵活性。根据不同商品种类和地域差异进行投资和运作以适应消费趋势。

（3）市场更新与定位。为消费者提供新颖的产品与物流服务。

（4）与消费者关系。通过直销建立和保持与顾客的联系。

（5）业务焦点。以价廉物美为宗旨，追求优质服务。

（6）资源优化。注重供应链效率的均衡。

2. 适当执行紧缩策略以提升供给能力

在选择实施供应链通道紧缩的过程中，虽然有许多变量、挑战与风险，但带来的效益是巨大的，并具有强大的市场竞争力。具体实施方法可以归纳为：

（1）内部延伸。将最终产品从生产厂运到分销中心。

（2）公司间的延伸。将最终产品从装配厂家运到下一级贸易伙伴。

（3）销售代理模式。设定由生产厂家与销售商共同负责库存平衡过程，使零售商着眼于销售和订单。

（4）直接模式。由装配厂家负责订货与实施销售，免去零售商这一中间环节。应当指出的是，为了避免生产商和分销商的收益损失，公司既要及时调整供应链结构，又要避免调整不当或一次调整过多等现象。

3. 实施联合计划提升供给能力

企业的技术改革、产品生产周期的缩短和供应链复杂性的增加是各个行业及其企业满足顾客需求所面临的挑战。实施供应链联合计划需要需求计划、订单执行、生产能力计划和先进信息技术等方面的鼎力合作与支持。订单和市场信息不断地从销售点传向生产方、产品和库存信息从生产传向销售的过程构成了联合需求计划。

联合需求计划减少了因各组织局限于自己的供求数据所造成的混乱，使供应链各环节紧密结合，提高了网络活动的价值。而实施同步订单计划则是以协商、管理和从消费者到供方的库存权转移为特点的，目的是减少市场需求的混乱，使最有效的同步订单执行方法将市场的需求数据直接转化成订货。其中，同步化程度越高，运行供应链获得的收益越大。同步供应链的产出能力计划包括：

（1）众多企业的长期原材料供给环节的合作；

（2）综合生产能力等方面的规划等。

4. 适度运用网络提升供应能力

供应链处于一个动态的环境。企业为了对瞬息万变的信息及时做出响应，必须建立企业供应链信息集成系统。通过供应链网络信息管理实现整个物流体系的即时协作，包括通过分销资源计划（Distribute Resource Planning）实现协同销售，畅通销售渠道；供应商把物料需求状况适时传递给供应商，实现零库存。将企业的传统业务和管理网络化，连接前后端，使系统成为整个交易链的中枢。通过网络，客户的要求或订单理论上可以瞬时传递至整个供应链，交易和供给几乎同时发生；通过网络，企业内外之间的界限将逐渐模糊直至消失。这样一种模式真正体现了网络经济“以客户为中心”的思想和电子商务“端到端”的实质。

●重点提示

在供应链上除了物料的流动外还有信息的流动。信息有两种类型：一种是需求信息；另一种是由需求信息引发的供给信息。

5. 加快资金周转提升供给能力

企业需加快资金的周转以提升企业的供给能力。企业的竞争力在于，其经营战略能使企业各项业务活动的结果同其竞争对手相比，能给客户提供更多的市场价值，同时获取较多的利润。正因为有市场需求，才产生企业的各项业务活动；而任何业务活动都会消耗一定的资源。消耗资源会导致资金流出。只有当消耗资源生产出的产品或服务出售给客户后，资金才会重新流回企业，并产生利润。因此，供应链上还有资金的流动。为了合理使用资金，加快资金周转，必须通过企业的成本系统来控制供应链上的各项经营生产活动，或者说，通过控制资金的流动来控制物料的流动。

总的来说，供应链中各环节企业提升供给能力，是为了理顺整个链条的供应关系，确保自身在市场机会中获得最大的利益，在市场萧条时减少损失。

操作要点

在供应链环境下进行供给管理，需要做到：

- ⇨ 选择正确的供应链提升供给能力
- ⇨ 适当执行紧缩策略以提升供给能力
- ⇨ 实施联合计划提升供给能力
- ⇨ 适度运用网络提升供给能力
- ⇨ 加快资金周转提升供给能力

第六节 在供应链中进行采购作业

随着市场全球化和经济全面开放，我国传统的大而全、小而全的企业模式也正逐步向虚拟企业、动态联盟和协作方向发展，采购管理在企业中的重要性日益突出。因此，供应链企业在进行采购作业时，应该注意以下几个方面。

知识链接

传统采购管理往往倾向于一种物料有多个供应商，感觉上比较保险。而现代管理的趋势是减少供应商，并建立互信、互利、互助的长期稳定合作的伙伴关系，在伙伴关系中进行采购作业。

1. 认识采购管理的重心

采购管理的重点包含以下方面内容：

（1）认识采购在提高客户满意度中的战略作用；

（2）选择有效的战术战略以支持采购在供应链中不断变换的职能；

（3）明确采购中的成本管理策略；

（4）明确主要的采购目标与活动。

2. 遵循采购作业中的基本原则

采购作业在运行操作过程中应当遵循一些基本原则：企业采购应以最低的成本和费用从供应链的上游供应商处获得自己所需的原材料；应从一个全新的高度和角度加以诠释，来对采购阶段的相关物流和信息流进行有效管理；采购的侧重点在于公司之间或公司内部之间的链接。因此，应使供应链上的每个贸易伙伴联结起来组成一个完整的网络系统，密切合作、共享信息、共担风险，同时切实加强运用最新科学技术作为行之有效的管理手段。

3. 执行采购作业中的相关方法

（1）周密计划。信息的分析可以使采购计划延续到未来某个任意日期，这样不但可以按需采购，而且可以保证足够的采购提前期和采购预算，防止因突发性采购而增加额外的采购费用。

（2）设置目标成本（标准成本）。每一个会计年度，企业都必须通过模拟成本确定标准成本。也就是说，必须严格控制成本限额，在保证一定利润的前提下，确定标准产品成本。

●重点提示

产品的成本中外购的材料及配套件费用往往要占到60%以上，多者可达90%。

（3）控制采购权限。要严格控制成本，首先要控制资金流出。要设置每一个采购员的采购物料范围和支付权限，同时规定超过限额的审批层次和权限，以规范采购管理。

（4）控制库存量。要对每一种物料规定最大存储量和最长存储期限。超过最大值时，要发出警示信号，以便管理人员采取纠正措施。

（5）要求供应商认证。根据 ISO 9000 的要求，为了保证产品质量，首先要保证进厂材料的质量。各种物料的供应商都必须经过认证，建立供应商主文件。如果向没有建立主文件的供应商采购，系统将拒绝执行。

（6）跟踪采购订单。系统可以提供多种查询途径，如通过采购单编码、物料号、供应商号、采购员代码、交货日期等进行查询，跟踪采购合同执行情况。

（7）严格控制付款程序。付款前，系统将自动进行一系列的对比，如物料规格性能、合格数量、交货日期是否与采购单一致，报价单与发票金额是否一致。必须几方面都相符才能执行付款程序，严格控制额外资金流出。

4. 协调好采购与供应商的关系

采购与供应商可以说是紧密联系的。但是在整个供应环节中，供应商常常是怨声载道、满腹牢骚，因为他们经常会遇到这样那样的问题和困扰。如客户需求数量变化无常，预测不准；随着产业竞争越来越激烈，客户对供货时间的要求也越来越苛刻。在这些情况下，需要协调好采购与供应商的关系，如提供多种渠道与供应商进行沟通协调。

5. 激励、监控采购者

每个企业经过多年的摸索，都会总结出一套采购管理办法。使采购管理者普遍大伤脑筋的问题在于：如何“以人为本”去管理采购人员，激励他们自觉主动地去搞好与供应商的关系，始终把降低成本放在第一位。要达此目的，就要不断健全采购管理制度，提供一套高效的监控体系和时效性强的管理方法，加强激励管理，最大限度地避免“灰色”现象。另外，要加强对采购人员的培训，包括专业采购技能、沟通能力等；也要适时对供应商进行培训，将采购方的企业文化、采购运作方式渗透到供应商当中。

企业采购供应这一环节也是供应链系统上的一个组成部分。采购的速度、效率，订单的执行情况将直接影响到企业能否快速灵活地满足下游客户的需求；采购成本的高低也直接影响到企业最终产品的定价和整个供应链的最终获利。

操作要点

供应链企业进行采购作业时要做到：

- ⇨ 认识采购管理的重心
- ⇨ 遵循采购作业中的基本原则
- ⇨ 执行采购作业的相关方法
- ⇨ 协调好采购与供应商的关系
- ⇨ 激励、监控采购者

实用范例

有一家企业，通过 MRP 系统的物料分类查询，发现某单位有 2.0mm、2.5mm、3.0mm 三种规格十分相近的花纹钢板。该企业对每种钢板需求量都很小，如果订货，无疑将增加采购、运输、仓库保管的费用。为了降低采购成本，采购人员必须同设计人员和工艺人员一起，按照价值工程的原理和同步工程的方法，在保证产品功能的前提下，找到成本最低的方案。

第七节　在供应链中进行供应商管理

供应链中上下游企业之间快速顺畅地进行业务往来以及有效信息交流，离不开供应商。与供应商结成长期、稳固的战略伙伴关系，可以使供应商及其资源更有效地参与到产品设计和生产制造甚至投放市场的过程中，从而达到降低成本，减少库存，缩短产品开发、生产和投放市场周期的目的。

如何与供应链的上游企业进行业务往来时保持更紧密的联系和协同运作，如何与其结成长期、稳固的战略伙伴关系，离不开对供应商的管理。为此，就要做到以下几个方面。

1. 与供应商建立合作关系

有关机构对《财富》排行榜上的前1000家公司的大量研究表明，在新产品推介过程中，越早让供应商参与其中，整个项目所节省的资金也就越多。因此，一些公司积极寻求机会，与其供应商建立长期合作关系，共享计划、产品设计和规范信息以及运作方式上的改进。这样的公司取得了明显的竞争优势。随着产品生命周期的缩短，从一开始就做好设计、货源组织、计划制订和物料生产，已变得至关重要。通过开拓更广泛、更灵活、响应更积极的供应商关系，企业等于获得了新的经济增长点，同时也建立起了能够增加盈利的新的商业模式。

2. 尽量采用外包方式

如何选择供应商、控制库存量，在降低库存的同时又能为生产不同产品提供保障，如何使供应商积极参与产品的设计过程，为工程更改提供快速的响应以不断加快产品创新的节奏和缩短产品从研发到投放市场的时间，如何在面对组织结构、业务流程不断变化的情况下，实现快速适应和调整，这都要求在条件合适的情况下，尽可能采用外包方式，以便企业将主要精力集中在核心技能上，从而保持资产的精练和对市场状况的敏捷反应，降低成本，保障供应。

3. 进行新供应商评选

新供应商评选就是为新开发的供应商做全面的资格认定。评估供应商着重于对他们的技术、质量、交货、服务、成本结构和管理水平等方面的能力进行综合评定。供应商评选标准的基本准则是“Q. C. D. S”原则，也就是质量、成本、交付与服务并重的原则。

在这四项中，质量因素是最重要的。首先要确认供应商是否建立有一套稳定有效的质量保证体系；其次确认供应商是否具有生产特定产品所需的设备和工艺能力；再次是成本与价格，要运用价值工程的方法对所涉及的产品进行成本分析，并通过双赢的价格谈判实现成本节约；然后在交付方面，要确定供应商是否拥有足够的生产能力，人力资源是否充足，有没有扩大产能的潜力；最后一点，也是非常重要的是供应商的售前、售后服务的记录。

4. 进行供应商的绩效评估

以前的商业竞争环境较单纯，评估一个公司的优劣主要是比较它与竞争对手的获利能力与市场占有率，于是绩效评估也就多半围绕着这些项目进行。但是在强调专业分工、快速客户化产品以及全球化经济的年代，公司间的竞争重点已逐渐转变成各自的供应链（Supply Chain）体系的效能之争，所比较的是谁能以最快的速度、最低廉的成本将客户化的产品送交到顾客手上。

供应商的绩效评估需要采用一些指标，主要有以下三类：

（1）营运衡量指标（Operational measures）衡量作业员作业绩效的好坏。营运衡量指标所选取的时区较短，可能是每小时或是每日。主要的使用对象为作业员、办事员以及那些直接与顾客接触的人员。

（2）战术衡量指标（Tactical measures）衡量公司的基本战术是否能达成计划目标。在战术衡量指标下衡量的生产力则代表了一个部门所有作业员生产力的总和，而非衡量单一作业员；衡量的时区可能是一个轮班或一周。

（3）策略衡量指标（Strategic measures）是提供给决策层衡量公司优先策略的工具。此时所衡量的是整个工厂在生产力方面的长期变化，通常是一个月、一整年的绩效。

5. 采用供应商的激励机制

要保持长期的双赢关系，对供应商的激励是非常重要的，没有有效的激励机制，就不可能维持良好的供应关系。在激励机制的设计上，要体现公平、一致的原则。价格折扣、柔性合同以及赠送股权等方法，可以使供应商和制造商分享成功，同时也可以使供应商从合作中体会到双赢机制的好处。

●重点提示

企业间彼此的贡献可以融合成一种新能力并产生综合效益，特别是与供应商之间的合作与创意共享。

6. 采用适当的合作终止策略

当因合作伙伴关系失败而决定终止时，企业常常会对对方产生敌意，而不是适当宽容的态度。但当今世界越来越小，说不定哪天企业又会需要与其中哪个供应商建立联系，或者供应商中的一个CEO跳到了其他公司，而这家公司正是我们目前所依靠的。所以企业要将转换供应商这一过程尽量做得天衣无缝，同时又不损害客户的满意度、公司的利润以及自身的名誉。为此，就要做到：

（1）积极的态度。与其面对持续的挫折，不如现在先结束合作，等以后双方情况改变后再寻求合作机会。

（2）平和的心态。不要从专业的或个人的角度去侮辱对方。双方都会有一种失落感，都不要过多地相互指责。

（3）专业的理由。应先向供应商解释这次散伙的原因和对双方的好处，然后再寻求迅速公平的转换方法以使“痛苦”降到最小。接着清楚地列出供应商该做哪些，例如对方需按指示停止相关工作，同意终止合同，马上结束分包合约，送回属于我方的资产。对方应知会我方有关的法律事项以及如何以双方最低的成本处理现有库存。同样要明确供应商的要求：围绕散伙事实的合理解释，确定已发生费用的结算，协助处理现有库存。务必与供应商共同确立转换过程的合理时间表，最后拟订一份出清存货合同清单，正规地对所有细节加以回顾，写明双方的职责和结束日期。

供应商的开发和管理是整个采购体系的核心，不仅关系到整个采购部门的业绩，而且其生命周期包含了供应市场竞争分析、寻找合格供应商、潜在供应商的评估、询价和报价、合同条款的谈判、最终供应商的选择、供应商供货与评价以及与供应商合作终止等过程。

操作要点

在供应链环境下进行供应商管理，需要做到：

- 与供应商建立合作关系
- 尽量采用外包方式
- 进行新供应商评选
- 进行供应商的绩效评估
- 采用供应商的激励机制
- 采用适当的合作终止策略

第八节　供应链生产管理

生产管理是企业管理的主要内容之一。与传统的企业生产计划和控制方法相比，供应链管理模式下的生产管理方法在信息来源、信息的集成方法、计划的决策模式、计划的运行环境、生产控制的手段等许多方面都有显著不同。

知识链接

一个企业的生产计划与库存优化控制不但要考虑企业内部的业务流程，而且要从供应链的整体出发，进行全面的优化控制。

1. 充分利用 Internet 进行企业间生产调度

一般说来，生产管理中的生产调度管理是最难管理的环节，主要原因是：

（1）核心企业对产品销售预测的高度不准确性；

（2）缺乏来自供应商的原材料信息；

（3）缺乏供应商的库存水平波动和客户需求波动信息。

而利用 Internet，通过改善供应商、核心企业和客户之间的通讯情况，可以降低在生产调度管理中所出现的困难。企业使用了 Internet，就可协调与供应商的 JIT 程序，协调与供应商之间的生产衔接。另外，Internet 在订单处理中的应用能够提供给企业有关产品销售和服务的适时信息，在一定程度上会使销售预测变得精确，反过来又会大大改善生产调度管理。

2. 充分利用在供应链管理环境下的生产进度信息

生产进度信息是企业检查生产计划执行状况的重要依据，也是滚动制订生产计划过程中用于修正原有计划和制订新计划的重要信息。在供应链管理环境下，生产进度计划属于可共享的信息。这一信息的作用在于：上游企业可以通过网络和双方通用的软件了解下游企业真实需求信息，并准时提供物资；下游企业可以避免不必要的库存，并依据了解到的上游企业的生产进度，适当调整生产计划，使供应链上的各个环节紧密地衔接在一起。

3. 制订供应链管理环境下的生产计划

在供应链管理下，企业的生产计划编制过程有了较大的变化，在原有的生产计划制订过程的基础上增添了新的特点。如具有纵向和横向的信息集成过程，丰富了能力平衡在计划中的作用以及计划的循环过程突破了企业的限制等。供应链环境下的生产计划不仅要考虑到信息集成过程，如上下游的信息集成以及生产相同或类似产品的企业之间的信息共享，而且要充分发挥供应链环境下信息的作用，扩展原有的生产计划所不具备的功能，如生产计划在上下游企业间的传递。

4. 进行供应链管理环境下的生产控制

在供应链管理环境下，生产管理组织模式和现行生产管理组织模式一个显著的不同就是，供应链管理环境下生产管理是开放性的、以团队工作为组织单元的多代理制。在供应链联盟中，企业之间以合作的方式进行生产，企业生产决策信息通过 EDI/Internet 适时地在供应链联盟中由企业代理协商决定，企业在 Internet 上建立一个合作公告栏，适时地和合作企业进行信息交流。

生产进度控制的目的在于依据生产作业计划，检查零部件的投入和出产数量、出产时间和配套性，保证产品能准时装配出厂。为此必须建立一种有效的跟踪机制进行生产进度信息的跟踪和反馈。

> **●重点提示**
>
> 只有通过建立面向供应链管理的生产计划与控制系统，企业才能真正从传统的管理模式转向供应链管理模式。

5. 建立供应链管理环境下的协调机制

要实现供应链的同步化运作，需要建立一种供应链的协调机制。供应链的协调机制有两种划分方法。根据协调的职能可划分为两类：一是不同职能活动之间的协调与集成，如生产—供应协调、生产—销售协调、库存—销售协调等协调关系；另一类是根据同一职能不同层次活动的协调，如多个工厂之间的生产协调。根据协调的内容，供应链的协调可划分为信息协调和非信息协调。

应当指出，供应链上任何一个企业的生产决策都会影响供应链上其他企业的决策，企业需跳出以某个企业物料需求为中心的生产管理局限，充分了解用户需求并与供应商在经营上协调一致，实现信息的共享与集成，以顾客的需求驱动生产计划，获得柔性敏捷的市场响应能力。

操作要点

为了在供应链环境下进行有效的生产管理，应该做到：

⇨ 充分利用 Internet 进行企业间生产调度

⇨ 充分利用在供应链管理环境下的生产进度信息

⇨ 制订供应链管理环境下的生产计划

⇨ 进行供应链管理环境下的生产控制

⇨ 建立供应链管理环境下的协调机制

实用范例

“2003 年 4 月的 SARS 对宝洁而言并非突如其来的紧急事件，”宝洁大中国区个人清洁用品事业部市场总监说，“我们在 4 月之前已经开始多次沙盘演练，以应对可能出现的供求变化。”

3 月，香港疫情严重，香港的情况成为一个信号，说明消费者对舒肤佳的需求有可能暴涨。与此同时，宝洁供应链的紧急反应系统已经准备妥当。对舒肤佳的需求一旦增加到一个数值，该系统启动，宝洁的整个生产线就可以根据计划满负荷生产。到时下游供应商的材料准备、宝洁生产线的人员和设备只需要 1 天就可以达到这个要求。

4 月，疫情大规模爆发。宝洁的演练并未白费——应急反应系统启动。在这个月，宝洁舒肤佳的产量创了纪录。

第九节 在供应链中进行库存管理

知识链接

库存，在英语里面有两种表达方式：Inventory 和 Stock。它表示用于将来目的的资源暂时处于闲置状态。

库存是供应链上联结各个链条的要害，它给企业带来了极大的风险：一方面是资金的积压，另一方面是货物的破旧贬值。为解决库存问题，需要做到以下几个方面。

1. 认识供应链管理环境下的库存问题

供应链环境下的库存问题和传统的企业库存问题有许多不同之处，这些不同点体现出供应链管理思想对库存的影响。传统的企业库存管理侧重于优化单一的库存成本，从存储成本和订货成本出发确定经济订货量和订货点。但是从供应链整体的角度看，单一企业库存管理的方法显然是不够的。传统的企业库存管理存在以下问题：

（1）没有供应链的整体观念。

（2）对用户服务的理解与定义不恰当。

（3）不准确的交货状态数据。

（4）低效率的信息传递系统。

（5）忽视不确定性对库存的影响。

（6）库存控制策略简单化。

（7）缺乏合作与协调性。

（8）产品的过程设计没有考虑供应链上库存的影响。

> **●重点提示**
>
> 由于库存费用占库存物品价值的20%～40%，因此供应链中的库存控制是十分重要的。

2. 确定库存补给策略

库存控制采用的是订货点控制策略。订货点库存管理的策略很多，最基本的有4种：

（1）连续性检查的固定订货量、固定订货点策略，即（Q，R）策略。该策略的基本思想是对库存进行连续性检查，当库存降低到订货点水平R时，即发出一个订货。每次的订货量保持不变，都为固定值Q。该策略适用于需求量大、缺货费用较高、需求波动性很大的情形。

（2）连续性检查的固定订货点、最大库存策略，即（R，S）策略。该策略和（Q，R）策略一样，都是连续性检查类型的策略，也就是要随时检查库存状态，当发现库存降低到订货点水平R时，开始订货。订货后使最大库存保持不变，即为常量S。若发出订单时库存量为I，则订货量即为S－I。该策略和（Q，R）策略的不同之处在于其订货量是按实际库存而定，因而订货量是可变的。

（3）周期性检查策略，即（t，S）策略。该策略是每隔一定时期检查一次库存，并发出一次订货，把现有库存补充到最大库存水平S。如果检查时库存量为I，则订货量为S－I。该策略不设订货点，只设固定检查周期和最大库存量。该策略适用于一些不很重要的或使用量不大的物资。

（4）综合库存策略，即（t，R，S）策略。该策略是策略（t，S）和策略（R，S）的综合。这种补给策略有一个固定的检查周期t、最大库存量S、固定订货点水平R。当经过一定的检查周期t后，若库存低于订货点，则发出订货，否则不订货。订货量的大小等于最大库存量减去检查时的库存量。当经过固定的检查时期到达A点时，此时库存已降低到订货点水平线R之下，因而应发出一次订货，订货量等于最大库存量S与当时的库存量I1的差S－I1。经过一定的订货提前期后在B点订货到达，库存补充到C点。在第二个检查期到来时，此时库存位置在D，比订货点水平位置线高，无须订货。第三个检查期到来时，库存点在E，等于订货点，又发出一次订货，订货量为S－I3。如此周期进行下去，实现周期性库存补给。

3. 确定库存控制模型

常见的独立需求库存控制模型根据其主要的参数，如需求量与提前期，分为确定型库存模型和随机型库存模型。

（1）确定型库存模型。又分为周期性检查模型和连续性检查模型。周期性检查模型有6种，分不允许缺货、允许缺货、实行补货等三种情况，每种情况又分瞬时到货、延时到货两种情形。连续性检查模型需要确定订货点和订货量两个参数。连续性库存检查模型分六种：不允许缺货、瞬时到货型；不允许缺货、延时到货型；允许缺货、瞬时到货型；允许缺货、延时到货型；补货、瞬时到货型；补货、延时到货型。

（2）随机型库存模型。随机型库存模型要解决的问题是：确定经济订货批量或经济订货期；确定安全库存量；确定订货点和订货后最大库存量。随机型库存模型也分连续性检查和周期性检查两种情形。

4. 掌握供应链管理环境下的库存管理策略

为了适应供应链管理的要求，供应链下的库存管理方法必须做相应的改变。结合国内外企业实践经验及理论研究成果，主要有以下先进的供应链库存管理技术与方法，如VMI管理系统、联合库存管埋、多级库存优化等。

（1）供应商管理用户库存（Vendor Managed Inventory，VMI）。这种库存管理策略打破了传统的“各自为政”的库存管理模式，体现了供应链的集成化管理思想，适应了市场变化的要求，是一种新的有代表性的库存管理思想。VMI是一种供应链集成化运作的决策代理模式，它把用户的库存决策权代理给供应商，由供应商代替分销商或批发商行使库存决策的权力。

（2）联合库存管理。联合库存管理是一种风险分担的库存管理模式。联合库存管理的思想可以从分销中心的联合库存功能谈起。地区分销中心体现了一种简单的联合库存管理思想。基于协调中心的联合库存管理是一种联邦式供应链库存管理策略，是对供应链的局部优化控制。

（3）多级库存优化与控制。供应链管理的目的是使整个供应链各个阶段的库存最小化，但是现行的企业库存管理模式是从单一企业内部的角度去考虑库存问题的，因而并不能使供应链整体达到最优。而要进行供应链的全局性优化与控制，必须采用多级库存优化与控制方法。多级库存优化与控制是供应链资源的全局性优化。多级库存的优化与控制是在单级库存控制的基础上形成的。

供应链管理模式下库存管理的最高理想是实现供应链企业的无缝联结，消除供应链企业之间的高库存现象。为了减少企业的库存，需要建立协调管理机制，增加企业之间的信息交流与共享，减少不确定因素对库存的影响，需要增加库存决策信息的透明性、可靠性、适时性，解决供应链中的需求变异与库存波动问题，解决供应链的不确定性与库存问题。

操作要点

在供应链环境下进行库存管理，需要：

⇨ 认识供应链管理环境下的库存问题

⇨ 确定库存补给策略

⇨ 确定库存控制模型

⇨ 掌握供应链管理环境下的库存管理策略

第十节　在供应链中进行配送管理

供应链环节中，配送是供需双方交接的重要环节，能直接体现供方的收益以及服务质量。流通企业经营的大部分物流活动都将在物流配送中心环节完成。可以说，物流配送中心的运营情况是整个物流系统运营好坏的标志。供应链环节中对配送进行管理，应该做到以下几个方面。

1. 认识配送

企业的配送主要有三种类型：

（1）巨型企业内部的供应配送。

（2）企业内部的连锁配送。

（3）企业的销售配送。

2. 认识配送中心

配送中心是一种末端物流的结点设施，通过有效地组织配货和送货，使资源的最终端配置得以完成。

配送中心定位在整个物流系统中，流通中心定位于商流、物流、信息流、资金流的综合汇集地，具有非常完善的功能。相比较而言物流中心定位于物流、信息流、资金流的综合设施，其涵盖面比流通中心小。配送中心处于末端物流过程的起点，它所处的位置是直接面向用户的，因此，它不仅承担直接对用户服务的功能，而且根据用户的要求，起着指导全物流过程的作用。

配送中心的主要功能是围绕配货和送货而确定的，通过配货和送货完成资源的最终配置。而有关的信息活动、交易活动、结算活动等等虽然也是配送中心不可缺的功能，但是它们必然服从和服务于配货和送货这两项主要的功能。

●重点提示

在包含了配送系统的大物流系统中，配送中心处于核心的位置。

3. 提升配送中心的配送效率

市场价格竞争和顾客追求高质量的服务要求配送中心具有良好的配送效率。但运输环节过多、管理不善等方面的问题会造成配送效率低下。要想达到配送效用最大化，需要有一套专门的技术知识与之相适应，而且要更新旧有的企业物流管理理念与配送技术，以做到合理规划，统筹安排。在仓库发展建设过程当中，如果没有调查未来发展需求和市场环境状况，规划建设不当，会造成仓库区域布局不合理、空间布局不合理、物流环节存在相互重复和冲突现象，会使物品呆滞时间过长、人力资源浪费巨大，造成各个作业环节效率低下。

4. 提升配送中心的现代化程度

提升配送中心的现代化程度，首先需要提高配送中心计算机的应用程度，使之不限于日常事务和业务运作流程的管理，而且对于物流中的许多重要决策问题，如配送中心的选址、货品组配方案、运输的最佳路径、最优库存控制等方面，都有良好的辅助决策功能。其次提高机械化水平程度。现代物流配送中心是以机电一体化、无纸化为特征，而不是所有的物流环节都是人工处理的传统仓库。此外，需要提升整体物流技术水平，具体体现在运输技术、存储保管技术、装卸搬运技术、物资检验技术、包装技术、流通加工技术以及与物流各环节密切相关的信息处理技术等。

5. 重视配送中心的拣选系统

在配送中心作业的各环节中，分拣作业是非常重要的一环，是整个配送中心作业系统的核心。物流经营绩效需要规划合理的拣货系统。拣货系统的选定对日后拣货作业效率的影响很大。为了满足不同的订单需求，衍生出各种不同的拣货系统。决定拣货系统的主要因素为分区、订单分割、订单分批及分类。对于高频度、小批量的分拣出货，可以使用自动分拣系统和自动检验系统，从进货检验、入库到分拣、出库、装车全部用各种标准化物流条码经电脑终端扫描，由传送带自动进出，使人工操作只占其中很小一部分，大大降低出错率。

知识链接

在配送中心搬运成本中，分拣作业搬运成本约占90%；在劳动密集型配送中心，与分拣作业直接相关的人力占50%，分拣作业时间约占整个配送中心作业时间的30%~40%。

在包含配送中心的物流系统中，配送中心对整个系统的效率提高起着决定性的作用。因此，需要提升配送中心的效能。

操作要点

在供应链环节对配送进行管理时，需要：

⇨ 认识配送

⇨ 认识配送中心

⇨ 提升配送中心的配送效率

⇨ 提升配送中心的现代化程度

⇨ 重视配送中心的拣选系统

实用范例

2004年4月，诺基亚宣布将在苏州建成诺基亚亚太区的第一个全球集成配送中心。此中心是诺基亚在欧洲以外的第一个集成配送中心，也是诺基亚第三个全球性集成配送中心。其他两个全球配送中心一个位于芬兰首都赫尔辛基北部的万塔市，另一个位于荷兰的罗森达尔。诺基亚的集成配送中心功能就是将基站、交换机等组装成一个完整的系统之后交给区域的运营商。在没有设立亚太区的集成配送中心之前，基站等须运到欧洲去组装成系统再重新发货。诺基亚相关人士解释，该配送中心的成立标志着中国已经成为诺基亚全球物流、供应链的重要组成部分。此前诺基亚将中国市场单独提升为全球5大区域市场之一。诺基亚一般只在具备两个条件的时候才会采取集成配送模式：接到数量很大的标准产品的订单、客户要求交货时间比较短。

据预测，在设立集成配送中心之后，诺基亚（苏州）电信有限公司的销售额预计每年将增加30%。

第十一节 设计供应链分销渠道

随着厂商的竞争日益激烈，终端市场利润空间受到打压，产品功能同质化明显，对消费者购买选择的影响逐渐弱化，品牌与增值服务的影响力随之加大。此时，完善的分销渠道有利于企业更有效地销售产品。为达此目的，需要做好以下各点。

1. 企业构建自己的核心竞争力

企业怎样在众多品牌中脱颖而出，在艰难生存的同时不断谋求新的发展，成为大家关注的问题。要战胜对手，首先要了解市场、了解自己、了解竞争对手，做到全方位考虑，选择最适合自己的经营模式与渠道模式。这就是要寻找差异点，并不断扩大与其他竞争对手的差异，使之成为别人难以模仿的企业核心竞争力。

2. 建立扁平化的分销渠道

采用什么样的渠道和方式将自己的产品送到消费者的手中，成为生产厂商不断探讨的问题。一方面，很多大企业在铺建营销渠道方面的投入可谓不惜血本，在全国各地广设分销机构，力图将销售的触角延伸到每个角落；另一方面，综合性的分销渠道商凭借专业化的规模经营和雄厚的资本，正在成为分销渠道的重要力量。我国加入 WTO 后分销领域的开放时间步步逼近，拥有雄厚资金和先进管理经验的境外渠道运营商也早对这块市场虎视眈眈，更使处于困境中的国内分销企业腹背受敌。为此建立扁平化的分销渠道成为大势所趋。而建立扁平化的分销渠道后，以往一些难以解决的难题，例如如何及时了解各个据点的销售状况，如何有效控制资金流，如何以快速的物流配合销售，如何有效控制全国的库存，使之合理分配，如何在最短时间内满足客户的购买需求，如何将企业渠道政策及时传达到每个据点，且保证有效执行等等，随着 Internet 技术的广泛应用，企业应用软件的不断发展，可以通过对整个分销供应链进行 e 化，充分协同采购、销售、财务等各个环节的作业，简化作业流程的方法予以解决。

3．选择分销渠道的合作伙伴

分销渠道的建立首先是选择好合作伙伴。可以从对方的合作期望、行业定位、客户群的状况、其他实力（如资金、技术人员等）几个方面进行分析来选择合作伙伴。

（1）合作期望。全力投入的配合是伙伴关系中最为重要的方面。合作的期望也就是展开市场活动的动力，就像创业一样，需要激情投入才能把市场做好。

（2）行业定位。不同行业的营销方式是有差异的。利用相同方式操作市场的伙伴更能理解企业的市场目标，效果更为理想。

（3）客户群。合作伙伴的客户群与企业的产品应该是相关联的，这样就可以充分挖掘伙伴的客户资源，形成发展上的互补。

（4）其他实力。市场开发需要经过许多努力，投入包括资金、技术和人员来展开一个一个的战役。合作伙伴这些方面的综合实力决定了他们是否能坚持下去，摘取胜利果实。

●**重点提示**

庞大的分销渠道的建立与维护往往需要耗费大量的人力财力。

4．提高分销供应链反应速度

提高分销供应链反应速度主要包含两层含义：

（1）提高订单反应速度。随着分销渠道扁平化，企业将面对越来越多的经销商、零售商。他们由于缺乏足够的周转流动资金，大都采用多次小批量的采购，每次订货数量、金额很小，但是加大了订货频率，导致企业日常订单的处理量猛增。如何应对订单数量激增的状况，用最短的时间准确地处理每一张订单已成为首要问题。充分利用先进的计算机管理系统，可以大大提高处理速度。

（2）提高维修反应速度和服务品质。考虑分销渠道日益扁平化的趋势，生产厂家的维修点逐渐在各地广泛分布，造成产品的售后保修方便了，但维修状况复杂，维修服务的过程难于管制、监控，维修周期较长，维修服务成本较高，产品品质的市场反馈信息也难于收集分析等一系列的问题。谁能快速提供高质量的维修服务，谁就能在竞争激烈的IT市场赢得更多的客户。

知识链接

传统的市场营销观念认为，市场环境是不可控制的，企业只能去消极地适应环境，服从环境。而新的市场营销观念认为，一家成功的现代企业，必须使其内部的可控因素与外部的不可控因素紧密结合，并在一定程度上变不可控因素为可控因素。

5. 使用电子商务整合分销渠道

随着软件技术和营销手段的成熟，电子商务作为一种高效的服务手段成为可能。电子商务的实践表明，在销售的直销与分销领域，除了可以完全e化的信息内容之外，直销离不开配送和服务，网络直销也需要物流配送和本地化服务。分销商也可以从直销的服务商中获得利益。利用Internet提供更多的产品组合及促销方案，让经销商方便、多样地选择。在电子商务的网络时代，分销企业最终会以服务作为立身之本，通过服务带动产品的销售。

另有专家指出，电子商务时代使直销成为可能，同样也为分销带来了新的机遇。因为互联网是分享的工具，是协作的工具，分销的价值核心就是分享与协作，所以网络直销不是分销的终结者，它只是与数字化技术一起对分销进行提升，使分销提升为一种新的商务模式。

6. 调整与渠道巨头的关系

分销渠道的建立过程中，需要协调处理好各种关系，平衡渠道伙伴的利益。在某些领域，商业资本正逐渐获得优势，制造商与渠道巨头间的关系也在进行着调整。面对流通巨头的成长，作为供应商需要适应这种变化。适应的方法，就是要对各种流通业态的消长做出判断，并采取不同的策略。比较合理的方法是让工业资本与商业资本互相渗透。家电市场已进入以专业连锁为主导的时代，工业资本已进入其分销领域，与商业资本互相参股，互相渗透，从而使双方共同面向市场，结成利益共同体，寻找调动消费者积极性的最佳营销方式。如苏宁在 1998 年就参股了江苏三洋，接着，又与南京熊猫合资成立南京熊猫电器设备有限公司，并投资飞歌空调南京公司，持股 50%。

建立分销渠道是企业的一种战略性目标，需要把产品销售、品牌形象、客户服务等所有影响到企业发展的因素都考虑进去，分销渠道中的合作伙伴的利益和发展机会也要考虑进去。实际上以企业为核心的分销渠道是一个战略联盟圈，这个战略联盟的利益越是趋向一致，产生的效益也就越大。

操作要点

在供应链企业中建立分销渠道，需要做到：

- 企业构建自己的核心竞争力
- 建立扁平化的分销渠道
- 选择分销渠道的合作伙伴
- 提高分销供应链反应速度
- 使用电子商务整合分销渠道
- 调整与渠道巨头的关系

实用范例

从 2000 年开始，明基大幅削减渠道层次，在全国各地广设分支机构。其分支机构的主要职能为开拓、维护市场以及服务当地经销商，业务与资金由总部集中管理。从 2000 年到 2002 年，明基在内地的经销商从 535 个猛增到 1000 个，直接出货城市从 130 个增加到 300 个，年订单数量从2.8万笔猛增到16万笔。为了适应如此快速的增长，明基中国营销总部开始加速自己的e化进程。首先制造与行销“分家”，营销总部从管理到IT建制都开始独立运作；然后放弃了与工厂共同使用的ERP系统，更换了更适合于分销行业的ERP，使订单的处理流程更加简单快速，订单的处理时间由几十分钟缩短到几分钟。

第十二节　供应链顾客服务管理

在21世纪的竞争中，谁能赢得顾客的倾心和回报，谁就能生存和发展；反之，只能是死路一条。顾客的倾心与回报，又取决于他们对企业的满意程度。因此，从某种程度上讲，企业经营的出发点和归宿都应归结为一点：顾客满意。要在供应链中提供顾客满意的服务，需要做到以下各点。

1. 建立以客户为中心的供应链

以客户为中心的供应链要求企业在开发和运用供应链管理时重视最终客户。所谓以客户为中心的供应链是指链上的所有企业齐心协力为市场提供产品和服务，这样的产品和服务是客户最终期望的、并愿意为之在产品的整个生命周期付款的。

2. 识别顾客的服务需求

知识链接

以客户为中心的供应链不应仅仅是微笑服务，还要了解客户的看法，了解客户的动机，并要和他们和谐相处。

没有任何两个顾客在服务需求方面是完全一致的。然而，顾客总是以群体出现的，彼此互相影响，最后形成某些共同的特性。所以就这个群体而言，顾客有着相似的服务需求。物流经理的任务之一，就是区分出什么因素使顾客群的服务需求有所不同。这可以通过市场调研来发现，但是在这方面很少有企业认真去做过。在调查之前，有两点是需要强调的：

（1）首先，要认识到顾客对服务的感觉是知觉性的。知觉是主观的东西，虽然个体看到的是同样的客体，却会产生不同的认知。所以无论商业连锁企业内部的绩效衡量程序是多么严格，重要的还是看顾客对物流服务的感觉。因此，在物流系统设计时，必须从外部顾客的角度考察物流服务，只有消费者满意的物流服务才是有意义的物流服务。

（2）其次，要建立完整的服务绩效衡量指标体系。商业连锁企业常使用一些绩效指标来衡量物流服务水平，但这些指标都是从内部来衡量供应链服务水平的，它们可能对财务控制等很有用，却反映不出对顾客的价值。因而，商业连锁企业不但要在内部，还要从外部建立一系列对顾客来说有意义的指标。

3. 定义顾客服务目标

顾客服务目标是以最低的供应链成本提供给顾客一定水平和质量的服务。在制定供应链战略时，要达到的目标就是以低成本持续提供优质服务。优质服务目标的定义可以通过完美订货来表述。完美订货就是完全满足顾客服务需求。这样的定义一般是针对个别顾客的，也可以用于顾客群，但是必须要识别顾客群所需要的关键服务是什么。只有当顾客对每一项服务都满意时，才是完美订货。

另外，还可以用在一定时间内完成所有顾客服务要求的百分比来衡量服务完成情况。一种经常使用的方法是 OTIFEF 法，它是准时（ON－TIME）、订货完成（IN－FULL）、无错（ERROR－FREE）的缩写。为了计算出实际的服务绩效，需要监控订货过程中的每一项内容的完成情况，并以百分比形式表示出来，然后将所得百分比相乘就可以了解总的物流服务情况。例如，如果一年中所有订货的完成情况是准时率 90%，订货完成率80%，无错率70%，那么实际的订货完成绩效就是90%×80%×70%=50.4%。

4. 通过Internet建立顾客服务渠道

核心企业通过Internet接受客户投诉，向客户提供技术服务，互发紧急通知和管理服务外包等。客户可以随时通过Internet联系核心企业的服务部门，通知任何可能发生的服务问题。总之，Internet在客户服务中的作用是可以缩短对客户服务问题的响应时间。Internet改善了核心企业和客户之间的双向通讯流。如果对客户的服务问题的处理能得到客户满意的话，客户很有可能会再次购买该企业所生产的产品。为此，需要在客户服务中恰当应用Internet。

5. 建立并实施顾客满意战略

> **●重点提示**
>
> 一般而言，顾客满意是顾客对企业和员工提供的产品和服务的直接性综合评价，是顾客对企业、产品、服务和员工的认可。

建立和实施顾客满意战略包括：

（1）创造以“顾客满意”为中心的新的企业经营理念；

（2）促进以“顾客满意”为宗旨的质量管理的创新；

（3）抓好以“顾客满意”为准则的企业营销和服务管理的创新；

（4）重视以“顾客满意”为导向的企业信息管理的创新；

（5）实施以“顾客满意”为主线的企业组织结构的重组。

在越来越多的供应链专家要求企业在开发和运用供应链管理过程中重视最终客户的今天，顾客服务的目标并不仅仅是使顾客满意。使顾客感到满意只是营销管理的第一步，顾客满意只是顾客信任的前提，顾客信任、顾客忠诚才是目标。

操作要点

在供应链中提供顾客满意的服务，需要做到：

- ⇨ 建立以客户为中心的供应链
- ⇨ 识别顾客的服务需求
- ⇨ 定义顾客服务目标
- ⇨ 通过 Internet 建立顾客服务渠道
- ⇨ 建立并实施顾客满意战略

实用范例

企业为了提高市场占有率和完成不断增长的销售额任务，都或多或少地把寻找新顾客作为营销管理的重点，而忽视了老顾客的作用。事实上，这是一个误区。Daniel Charmich 教授曾经用漏桶来形象地比喻企业的这种行为。他在教授市场营销学时，在黑板上画了一只桶，然后在桶的底部画了许多洞，并给这些洞标上名字：粗鲁、劣质服务、未经过训练的员工、质量低劣、选择性差等。他把桶中流出的东西比作顾客。他指出，企业为了保住原有的营业额必须从桶顶不断注入“新顾客”来补充流失的顾客，这是一个昂贵的、没有尽头的过程。因此，越来越多的企业开始通过提高服务质量来维系老顾客，因为堵住漏桶带来的远不是“顾客数量”，而是“顾客质量”的提高。

第十三节　跨国供应链管理

加入 WTO 以后，中国经济不可避免地要纳入全球经济运作的大循环中。我国企业在经济全球化和信息化的新形势下，势必要实施国际化经营战略。在供应链环节涉及国际市场时，需要抓好下面几项工作。

1. 根据企业战略目标，制定企业信息化发展战略

企业可以借助互联网等现代信息技术，把市场、生产和销售延伸到世界的每一个角落，使全球经营成为可能。我国供应链企业在信息化建设中，应依据企业整体发展战略目标，制定相应的企业信息化发展战略。它包括：

（1）制定信息化发展规划；

（2）选择合适的信息化解决方案；

（3）寻找合适的电子商务切入点。

2. 推行全球营销战略

全球市场营销战略是以协同商务、协同竞争和双赢原则为商业运作模式的。跨国公司作为全球规模庞大的营销组织，与一般的中小企业在国际营销方面有明显的不同，而在其推行全球营销战略后，其特征更加显著。市场营销战略的转变有以下内容：

（1）市场营销策略转变为以全球观为导向的整体营销；

（2）市场营销策略从竞争营销走向共生营销，并建立竞争对手之间的战略联盟体；

（3）市场营销战略从“全球扩张”转变为“全球学习”；

（4）全球市场营销策划以品牌为中心。

3. 构建基于 IOS 的跨国战略联盟

现代管理中的供应链，常常是指基于 IOS（Inter Organizational Systems）之上的供应链，其运行的效率极大地依赖于这种信息系统的实现。由于 IOS 是基于计算机与通信技术之上、自动地处理各种业务信息的系统，它的建立意味着组织之间的合作与协调已远远超出了传统的定义。它表明，合作各方的关系并非像传统的垂直集成体系中的基于资产所有权的紧密耦合关系，而是基于信息集成之上的独立企业之间的合作。基

于IOS之上的跨国供应链的产生，为实现分布在全球各地的多个组织之间的合作，从而为形成战略联盟提供了条件。

4. 关注跨国供应链的风险与冲突

无论跨国供应链是建立在IOS之上还是建立在传统技术之上，链中企业之间的合作与协调意味着链中成员企业之间存在一定程度的相互依赖性。跨国供应链中的相互依赖性属于顺序相互依赖性，即各个企业以串联的方式工作，其中某一企业的输出（产出）是另一个企业的输入（投入），即企业串联为一条链。例如，分布在世界各地的原材料供应商、组件制造商、装配商、分销商、零售商等组成的一条供应链，就体现了这样一种串联式的企业合作关系。

企业之间的相互依赖或耦合程度决定了一个企业对另一个企业的运作可能产生的影响。耦合越紧密，有意无意产生的影响就越大。在跨国供应链中，各个企业之间有直接的相互依赖性，某一方的退出或因事故产生的问题，可能引起整个供应链运作的中断，在极端情况下，整个供应链可能会失去其应有的功能。因此，关注跨国供应链的风险显得尤为重要。

另外，跨国供应链企业关系中的含糊性会增加企业之间发生冲突的风险。这种风险是由企业间关系结构定义或理解的模糊性引起的，因此，在跨国供应链中应规范化定义企业间关系以减少风险和冲突。

5. 对跨国供应链中企业之间的相互依赖性进行协调

对于跨国供应链来说，需要根据每一个伙伴企业的竞争优势，确定每个伙伴企业的特定作用，并在伙伴企业中分派相应的任务。企业之间的协调就是进行任务与资源的匹配，体现为企业之间的协议、任务和决策机制。相对于企业关系而言，跨国供应链中尤其需要定义企业的角色、义务、权力、责任、过程与信息流。

为了对跨国供应链中企业之间的相互依赖性进行协调，通常用计划作为工具来实现，即链中的企业之间相互交流有关的计划信息，以便进行合作。这就需要适当的信息共享机制及决策机制来保证。IOS 可以支持跨国供应链中各个伙伴企业之间的合作与协调。

知识链接

支撑供应链管理模式运作的除了信息技术平台以外，还包括企业发展战略、市场分析、营销体系、人力资本、虚拟企业、敏捷制造、企业资源计划、协同产品研发、客户关系管理、物流和价值链管理、电子商务等现代企业管理理论和方法在内的管理平台。

6. 进行跨国人才培养

在以知识经济为特征的新经济时代，企业与企业的竞争，供应链与供应链的竞争，乃至国家与国家的竞争，归根到底就是人才的竞争。谁拥有理论知识和实践经验俱全的人才，谁就能创造市场，获取资本，谁就能在激烈的全球化市场竞争中赢得主动权，直至取胜。

对于企业跨国经营的各项变动，应对所有可能因为变动而受影响的人员进行培训，帮助他们重新找到自己正确的位置，并明确自己的责任。另外，企业应针对其每一个信息项目，事先尽可能广泛地召集相关部门负责人（他们应该在本专业内具有实力且对信息技术感兴趣，并与企业信息项目相关）进行协商，并使今后可能会受信息化影响的部门人员尽早加入项目，使企业信息化以更高的效率、更好的效果来进行。

实际上，一般企业想要确立跨国式的供应链合作关系是十分困难的。为了实现超越国境的 SCM，必须建立企业的跨国信息管理，共享与交流作业计划和进度信息，在跨国合作上要提高跨国供应链的初始结构化程度。

操作要点

企业进行跨国供应链管理，需要：

⇨ 根据企业战略目标，制定企业信息化发展战略

⇨ 推行全球营销战略

⇨ 构建基于 IOS 的跨国战略联盟

⇨ 关注跨国供应链的风险与冲突

⇨ 对跨国供应链中企业之间的相互依赖性进行协调

⇨ 进行跨国人才培养

实用范例

香港利丰集团已经雄踞香港第一大贸易集团的霸主地位，旗下囊括了贸易、物流、OK 便利店、玩具反斗城等国际连锁店，涉足银行、互联网等多种行业。目前它在全世界 38 个国家设有 67 个分公司或办事处，拥有 18000 名员工，2002 年的营业总额超过 58 亿美元。这在曾经被许多经济学家预言为“夕阳产业”的传统贸易行业中几乎可以算是一个奇迹。

正如著名经济学家吴敬琏教授所说：“利丰集团是香港甚至是世界范围内商贸业的一个著名创新者。它顺应了经济全球化、采购和生产全球化的趋势，使自己从一个传统的中介贸易商逐渐演变成全球商贸供应链的管理者。”

为了更清楚地解释利丰适应新经济变化的成功转型，冯国经先生举例说，假如利丰从一个欧洲零售商那里接到一张生产 1 万件成衣的订单，他们会首先综合评估已经掌握的有关配额、原料价格和劳动力成本等所有信息，然后决定在韩国买纱线，同时定购日本 YKK 品牌在中国国内生

产的拉链，并集中到泰国的5家工厂生产和出口。在收到订单的5个星期以后（普通贸易公司也许需要2～3倍的生产时间和价格），1万件衣服就放在欧洲客户的货架上，它们看起来像是从同一家工厂生产出来的。

“这是一种高增值、真正能做到全球化的产品，”冯国经先生说，“产品的洗涤标上也许会写上‘泰国制造’，但却不完全是泰国的产品。我们并不寻求哪一个国家可以生产出最好的产品，而是对价值链（生产过程）进行分解，对每个步骤进行优化并寻求最佳解决方案，然后在全球范围内进行生产。”

“利丰并不拥有这条供应链中的任何一部分，但是我们从更高的一个层次来管理和协调所有环节和步骤。”正是依靠这种供应链管理，利丰能够比竞争对手更快、更准确、更灵活、更低成本地为客户提供产品，并在上万家香港贸易公司中脱颖而出。

第二篇

采购与供应商管理

第五章 采购组织与人员

随着新经济时代的到来，越来越多的企业转变了经营观念，认识到节约、控制采购成本的重要意义。采购的基本使命是以尽可能便宜的价格获得完全符合企业需要的产品。为了更好地完成这一使命，企业需要做的就是建立一个高效率的采购组织机构和组建一支高素质的工作团队。

关键词 采购组织 选择采购策略 采购人员职责 招聘采购人员 培训采购人员

第一节 组建采购部门

采购部门是企业为了进行采购活动以保证生产运作顺利进行而建立的一个组织。采购部门的建立，亦称为采购内部组织的部门化，也就是将采购部门应负责的各项功能整合起来，并以分工方式建立不同的部门加以执行。随着企业与市场的联系愈益紧密，采购部门的工作状况直接影响整个企业的运作流程与竞争优势。那么如何建立一个精干高效的采购部门呢？具体步骤如下。

1. 确定采购部门的组织结构

一般来讲，中、小规模企业的采购组织，通常缺乏稽查、管理、研究的功能，或者因为这三种功能不明显就没有分设这些部门。对于这种主要执行购买功能的采购部门可以有以下四种组织结构形式：

（1）产品结构式。是指将企业所需采购的产品分为若干类，每一个或几个采购人员分成一组，负责采购其中的一种或几种商品的组织形式。运用这种结构形式可使采购人员对其经办的项目非常专精。这种形式适合于所需采购的商品较多、专业性较强、商品间关联较少的企业。

（2）区域结构式。是指将企业采购的目标市场划分为若干个区域，每一个采购人员负责一个区域的全部采购业务。一般是依照物品采购来源进行区域的划分。这种组织形式便于明确工作任务和绩效考核，有利于调动员工的积极性及与供应商建立良好的人际关系，也适合交易对象及工作环境差异性大的企业。

（3）顾客结构式。是指将企业的采购目标市场按顾客的属性进行分类，每一个采购人员负责同一类顾客。这种组织形式可使员工较为深入地了解顾客的供应情况及存在的问题，通常适用于同类顾客较为集中的企业。

（4）综合式采购组织。这种组织形式综合考虑了上述三种因素的重要程度和关联状况。稍具规模的企业在采购量较大、作业过程复杂、交货期长等情况下可以选择此种结构形式。

在根据企业具体特点选定了部门结构形式后，就需要进行部门人员的选择。

2. 选择采购部门的人员

一般来讲，采购部门的人员包括：

（1）总经理。是采购部门的最高领导，主要向运营副总裁负责。负责从供应、服务到行政管理的各个阶段，并统管整个采购部门的运作。总经理必须在最大限度地利用资产的同时，努力降低采购部门的成本，保证满足企业供应的需要。

（2）采购科长。受总经理的直接领导，主要负责安排本科室的具体工作，并制定本科室的中、短期计划；帮助办事人员协调部门内部的工作；对内部人员实行控制和管理。

（3）助理。是科长的助手，辅助科长开展日常工作。协助科长根据具体需要制定中、长期计划，协助科长进行具体工作的安排、下属人员的监督和管理，并对与科室相关的档案资料进行整理和管理。

（4）采购人员。是在科长直接领导下的日常工作的具体执行者。主要是按照部门和各科室制定的计划来进行工作。

3. 确定采购部门人员的数量

在确定采购人员职能后，就需要确定采购部门人员的数量。采购部门在确定一个采购经理后，其余的部门成员数量应视具体情况而定。如果涉及的工作量大，且难度较大，成员的数量可相对多一些；如果涉及的工作量不大，且任务较轻，成员的数量可相对少一些。通常情况下，采购部门的成员数量以能满足工作的需要为标准，太多容易增加成本，造成浪费，太少又易造成工作的延误，难以满足工作要求和完成工作任务。

4. 明确采购部门的职责

采购部门的职责包括一切与采购工作直接或间接相关的活动。具体包括下列内容：

（1）物料来源的开发与价格调查；

（2）请购单内容的审查；

（3）交货的稽查与协调；

（4）物料的退货与索赔；

（5）采购计划与预算的编制；

（6）采购制度、流程、表单等的设计与改善；

（7）对供应商的选择、评价和管理；

（8）国外采购的处理。

明确了组织结构构成，然后根据组织结构选定采购组织人员，确定人员数量，明确其职责，采购部门就构建完毕，可以进行运作了。

知识链接

一般来讲，规模较大的采购组织是按照它执行的专业职能来建立部门的。采购部门主要设立采购科、稽查科、管理科、研究科四个科室。采购科下面又可设立采购一科、采购二科等分工更细的部门。

操作要点

组建采购部门需考虑以下几点：

⇨ 确定采购部门的组织结构

⇨ 选择采购部门的人员

⇨ 确定采购部门人员的数量

⇨ 明确采购部门的职责

实用范例

某大型公司由于业务的发展需要，决定在华北地区建立一个采购部门，总部设在北京。于是总裁找到小张委以重任，并允许公司内部人员可在本人同意的情况下由小张进行调用，如还不能满足需要可以进行外部招聘。小张在明确了任务后，开始着手建立采购部门。

首先，明确采购部门内部的组织结构。小张根据实际情况在采购部门设立四个科，即采购科、稽查科、管理科和研究科。采购科执行购买功能，并与供应商议价；稽查科负责使供应商如期交货并确保品质；管理科负责采购文件和报告的准备工作以及电脑系统的作业；研究科负责收集、分类以及分析用于采购决策的信息资料。

其次，配备人员。除了小张做采购部门经理外，每一个科都配备一名科长，然后根据各科实际工作需要配备相应的操作人员和职能人员。

最后，明确采购部门的职责，要求同心协力完成组织交付的任务。于是，一个生机勃勃的采购部门成立了。

第二节　针对不同物品特性选择采购策略

企业的采购策略有两种：集中制采购和分散制采购。两种策略有不同的特性和适用条件。企业进行采购策略的选择时，需要根据不同物品和采购策略的特性，并结合企业自身条件进行。

1. 明确两种策略的特性和适用条件

表1　集中采购策略与分散采购策略的比较

	集中采购策略	分散采购策略
优点	① 获得规模效益，降低采购和物流成本 ② 发挥集中采购的优势，提高效率 ③ 易于稳定与供应商的关系，实现成效最佳的长期合作 ④ 公开采购、集体决策、阳光操作，有效防止腐败	① 有效地完善和补充集中采购的不足 ② 增强基层工作者的责任心，提高其积极性 ③ 占用库存空间小 ④ 占用资金少 ⑤ 手续简便、过程短 ⑥ 保管简单方便 ⑦ 问题反馈快速直接
缺点	① 手续较多，过程较长 ② 专业性强，责任重大	① 权力分散，不利于采购成本的降低 ② 决策层面低，易产生暗箱操作 ③ 对供应商的政策可能不一致 ④ 市场调研分散，难于培养采购专家
适用条件	① 大宗和批量物品 ② 价值较高的物品 ③ 关键的零部件 ④ 保密性强的物品 ⑤ 易出现问题的物品 ⑥ 定期采购的物品 ⑦ 连锁经营、特殊经营的物品	① 小批量 ② 价值低 ③ 市场资源有保证 ④ 距离总部较远 ⑤ 各基层部门有采购和检测的能力 ⑥ 异国异地供应 ⑦ 研发实验物品

2. 结合企业自身特点进行选择

（1）采购物品的共性要求。若各事业部或下属单位所需原材料或零部件共性很强，采取集中采购更为有利。

（2）地理位置的分布。若各事业部或下属单位分布在不同的国家或地区，各地的商业贸易政策不同、文化习惯各异，宜采用地区性的分散采购策略。

（3）供应市场的结构。如果供应商具有市场垄断地位，应采取集中策略，统一谈判，并尽量争取与供应商发展伙伴关系。

（4）降低成本的潜力。如果原材料或零部件的采购价格与采购量有很大的关系，则应集中起来统一订购以降低采购成本。

（5）专业技能的要求。如果产品的采购需要特定的专业知识与技能，应集中起来由专业采购人员统一采购。

（6）价格浮动的影响。如果原材料如金属、油品、橡胶、大米等对政治、经济、环保十分敏感，宜于集中采购。

（7）客户需求。若客户对本公司所用的原材料或者零部件有指定性要求，为遵循客户个性化要求，显然应实行分散采购。

根据两种采购策略特点，结合企业自身的特点进行选择，把握好集中与分散的最佳结合点，分、集有度，对企业降低采购成本，建立通畅的采购渠道，提高采购工作效率有很大的作用。

操作要点

选择采购方式应包括以下几步：

⇨ 明确集中制采购与分散制采购的特性和适用条件

⇨ 结合企业自身特点进行策略选择

实用范例

采购方式的变革

北京东方俱乐部是一家健身俱乐部，在北京有19家连锁店，总部设在海淀区。为了维持运作，每家俱乐部各自负责自己的采购事务，绝大多数不设库存而是随需随买。经过调查分析，以前随需随买的采购体系问题很大，公司得不到大批购买的价格优惠，因此公司决定建立集中采购体系。各分部如有需求，他们要填一份请购单，然后传真到总部，最后期限是每周五下午5点。下周一，总部派人将物品及时送达。采购人员如发现各中心请购的物品不合适，有权加以否决或减少其采购量。同时每一健身中心拿出1000元应付可能随时发生的紧急采购。经过实行集中制采购，公司降低了采购成本，提高了采购效率。

第三节　明确采购部门人员职责

采购部门人员的职责不明确常常会造成企业的管理混乱、资源浪费，因此有必要对部门人员的职责进行明确划分。一般来讲，部门人员的职责与他们在企业中所处的岗位必然相关，不同职位层次具有不同的职责。主要有以下几种。

1. 采购经理

是采购组织的最高领导，主要向运营副总裁负责，负责从供应、服务到行政管理的各个方面的工作。具体职责是：

（1）拟订采购部门的工作方针与目标；

（2）负责主要原料与物料的采购；

（3）编制年度采购计划与预算；

（4）签订审核订购单与合约；

（5）撰写部门周报与月报；

（6）负责采购人员的教育培训；

（7）与供应商建立良好的伙伴关系；

（8）主持或参与与采购相关的业务会议，并作好部门间的协调工作。

2. 采购科长

是采购经理的直接下属，主要安排具体工作事宜，其职责主要包括：

（1）安排采购人员及助理的日常工作；

（2）负责次要原料或物料的采购；

（3）协助采购人员与供应商谈判价格、付款方式、交货日期等；

（4）跟踪采购进度；

（5）保险、公证、索赔的督导；

（6）审核一般物料采购案；

（7）市场调查；

（8）供应商的考核。

3. 助理

是采购科长的助手，辅助采购科长开展日常工作，其职责主要包括：

（1）请购单、验收单的登记；

（2）记好交货记录及稽催；

（3）访客的安排与接待；

（4）采购费用的申请与报支；

（5）进出口文件报批及手续的申请；

（6）承办保险、公证事宜；

（7）电脑作业与档案管理。

4. 采购员

是具体采购工作的执行者，其职责主要包括：

（1）经办一般性物料的采购；

（2）查访厂商；

（3）与供应商谈判价格、付款方式、交货日期等；

（4）确认交货日期；

（5）一般索赔案件的处理；

（6）退货处理；

（7）收集价格情报及替代品资料。

通过对以上采购部门中几个职位职责的明确划分，可以避免工作中发生相互推诿的现象，提高工作效率，避免资源的浪费。

知识链接

1982年11月美国《采购世界月刊》对1280个采购部门所作调查显示，采购部门的职责按其重要性排列，前九种重要工作为：评估现在的供应商；选择及开发新的供应商；安排采购及交货日期；谈判采购合约；从事价值分析的工作；自购或采购（外包）决策；指定运输方式；控制存货；租赁或买断决策。

操作要点

采购部门中需要明确以下人员的职责：

⇨ 采购经理：主要进行战略规划

⇨ 采购科长：主要安排具体工作事宜

⇨ 助理：辅助采购科长开展日常工作

⇨ 采购员：执行具体采购工作

实用范例

某电子公司采购人员职责

1. 采购主管职责

（1）原、物料采购计划的拟订；

（2）采购作业相关规定执行的检查及规章制（修）定；

（3）原、物料采购合约的审议；

（4）采购品货款支付办法的拟订及检查修正；

（5）供应商的开发、评估、选择。

2．原料采购员职责

（1）国内、外原料采购作业的执行及稽催；

（2）进口相关业务的执行；

（3）原料来源、品质、价格、服务等市场调查工作的规划与执行；

（4）原料标准规格、品质标准等资料的建立与更新；

（5）供应商的建立与联络；

（6）原料应付款发票的核对与请款。

3．材料采购员职责

（1）物料采购的执行及稽催；

（2）物料伪劣品的处理；

（3）物料来源、品质、价格、服务等市场调查工作的规划与执行；

（4）物料标准规格及样品资料的建立与更新；

（5）供应商的建立与联络；

（6）物料应付款发票的核对与请款；

（7）大宗印刷物品之询价、比价、议价等相关业务的执行。

第四节　采购人员招聘

在现代企业中，采购部门的作用越来越大，采购人员素质的高低直接影响企业的经济效益。因此，能否招聘到优秀的采购人员对企业的发展影响重大。具体招聘过程可分为以下几步。

1．进行岗位需求分析

采购部门应该根据本部门的情况和岗位要求，研究各个岗位所需招聘人员的条件、数量等。

2. 拟订招聘标准

根据采购部门的岗位要求，拟订所需采购人员的条件。

（1）才能方面。

① 价值分析能力。采购人员必须具有“成本效益”观念，精打细算，随时将投入与产出加以比较；此外，对报价单的内容应能逐项进行剖析评判。

② 预测能力。采购人员应能依据各种产销资料，研究、判断资源是否充裕；从物品原材料价格的涨跌，能推断采购成本受影响的幅度；能对物品将来的供应趋势做出预测。

③ 表达能力。采购人员须能正确、清晰地表达所欲采购物品的各种条件，如规格、数量、交货期等；具备“长话短说，言简意赅”的表达能力，以免浪费时间；具有“晓之以理，动之以情”的争取优惠采购条件的表达技巧。

④ 专业知识。采购人员须具有对经办产品原料来源、组合过程、基本功能、品质、用途、成本等方面的专业知识，能主动开发新来源或替代品。

（2）品德方面。

① 公正与诚实。采购人员必须以公平、公开、公正的方式来评价供应商，不可心存偏见，厚此薄彼；以实事求是的态度与供应商来往，不可有欺瞒行为，造成不道德的采购。

② 临财不苟。采购人员对供应商的“威逼”或“利诱”必须保持平常心，不能为贪图私利损害公司利益。

③ 敬业精神。采购人员须抱有“舍我其谁”的态度，负责调度企业所需物料，绝不能使企业出现“停工断料”事件。

④ 虚心与耐心。采购人员对供应商必须公平礼貌，不可傲慢无理，与供应商谈判过程中需学会忍耐、等待。

3. 选择招聘渠道

具体招聘渠道有：

（1）内部征召。内部征召是指吸引现在正在企业任职的员工，填补采购部门的空缺职位。如果企业内部有合适人选，应首先选择内部征召。这样不但对员工是一种有效的激励，可以提高员工士气，而且风险也较小。如果内部没有合适的人选，就可以进行外部招聘。

（2）外部招聘。外部招聘是指从组织外面选取合适的人才来填补采购部门的职位空缺。可以充分利用刊登广告、员工和顾客推荐、校园招聘、在线招聘、就业机构和专业猎头公司等多种招聘渠道选择合适的员工。

4. 选择招聘方法

现代企业员工甄选的方法非常多，如背景调查、情景模拟、心理和体格测验、笔试和面试等。采购部门常用的方法有：

> ●重点提示
> 将这些招聘方法结合起来使用，往往更有效。

（1）对求职申请者进行背景调查。根据求职者的求职申请表进行背景调查，以获得申请者的教育经历、工作履历、个人品质、工作能力等方面的重要信息。这是企业进行初步筛选的第一步。

（2）情景模拟。情景模拟是根据被测试者可能担任的职务，编制一套与该职务实际情况相似的测试题目，让被测试者处理可能出现的各种问题，以此来测评应聘者的心理素质、潜在能力的一种方法。

情景模拟可为企业招聘到最佳人选，可为企业节省培训费用，也使被测者得到一次实际的锻炼。情景模拟的内容包括：公文处理、与人谈话、无领导小组讨论、角色扮演和即席发言等。

（3）面试。甄选进入最后一轮都会有一次面谈，一般都由部门主管亲自进行。面谈可以通过交流和观察等方法了解应聘者的个性特点、态度、随机应变能力以及形象气质等方面的特性，从而挑选到合适的人员。

知识链接

研究表明，面试是甄选中最常用的方法。在面谈中从应试者面部表情获得的信息量可达到50%以上，但面谈中也存在诸如甄选时间长、费用偏高、主观偏见难以避免等不足。

一般说来，这些招聘方法是混合使用的。背景调查和面试几乎是进行招聘时必用的方法。情景模拟、心理和体格测验及笔试等选择方法，视公司具体情况而定。

操作要点

采购部门招聘步骤如下：

- 进行岗位需求分析
- 拟订招聘标准
- 选择招聘渠道
- 选择招聘方法

实用范例

甄选方法——面试

某公司采购主管让应聘者分成几个小组，分别就如何进行采购、如何选择供应商、如何降低采购成本等问题进行讨论。从中至少可以了解以下信息：

应聘者的经验；

应聘者的智力、创新能力；

应聘者的表达能力；

合作、组织能力。

第五节　采购人员培训

培训是组织的义务，接受培训是员工的权利。所有的组织都需要对员工进行培训，采购组织也不例外。采购人员的培训包括岗前培训（主要包括公司文化、公司历史及同本职工作相关的工作训练与介绍）及在职培训。岗前培训一般由人力资源部统一安排，不需要采购部门单独进行。那么如何安排在职培训呢？主要有以下几个步骤。

1. 进行员工培训需求分析

对员工培训进行需求分析，是有效实施培训的前提条件。不同层次的员工有不同的培训需求，如表2所示。

表2　员工培训需求分析

工作经验	职位	个人素质与技巧	相关专业知识	采购专业知识
5年以上相关工作经验	①集团采购总监 ②事业部采购经理	①变化管理 ②国际关系学	①战略管理 ②宏观经济学	①采购战略管理 ②国际采购管理 ③战略成本管理
5年以上相关工作经验	①采购经理 ②资深战略采购员	①高层领导学 ②公共关系学 ③时间和效率管理	①人事管理 ②市场与营销 ③法律 ④经济学	①采购管理 ②成本分析与管理 ③国际采购与运输
2~5年相关工作经验	①战略采购员 ②高级采购员 ③前期采购员	①项目管理 ②指导与技巧 ③沟通技巧 ④领导方法	①财务管理 ②市场学 ③质量管理 ④供应链管理	①专业采购模块 ②谈判技巧 ③供应商管理 ④即时供应
2年左右相关工作经验	①后期采购员 ②助理采购员	①团队工作 ②表达技巧 ③基础谈判	①财务基础 ②语言（英语等） ③计算机及信息管理	①采购基础 ②国际贸易基础 ③供应商管理基础

知识链接

企业员工培训需求分析应从三个方面进行：企业、工作和个人。三者中任何一个方面在需求上出现问题的时候，都要提出培训需求。

企业的培训需求分析。包括组织结构和组织行为等现状分析和企业状况预测。通过这些分析，找出实现目标和企业人力资源状况两者间的差距，从而确定培训项目和内容。

工作任务的描述和需求分析。通过此项分析来确定接受一项工作的最低要求，从而确定培训内容。

个人需求分析。通过此项分析找出员工现任职位的要求与实际工作能力间的差距，使有差距的员工得到培训，能力得以提高。

2. 确定员工培训内容

（1）采购专业课程。

① 供应商管理。包括供应商管理过程、供应商考察与审核、供应商认可、合同与协议、供应商绩效考核与改进、供应市场调研与分析等内容。通过学习了解供应商管理的基本概念、流程、工具，学会供应商审核、考评及绩效指标衡量的基本方法。

② 原材料的采购。包括所需材料的市场与品牌调查，收集、组织、分析市场信息，问价与谈判，供应风险分析等内容。通过培训了解原材料的基本分类、市场分布、谈判及采购技巧。

③ 采购与环境。包括环境管理体系、相关环保法规与标准、环保管理体系与采购和供应商的关系等内容。通过学习了解环保的基本要求、环保管理体系、环保管理体系与采购和供应商的关系等。

（2）与采购相关的个人素质和技巧。

① 个人时间与效率管理。包括制订计划、设定目标、通过时间管理与控制达成目标，如何处理中途打扰与意外、如何改善沟通等内容。通过学习采购人员能更好地安排利用时间，了解改进工作效率、提高个人劳动生

产效率的方法。

② 个人领导学。包括时间管理，目标的设立与领导，沟通改进，决策、组织的领导等内容。通过学习发掘提升自己固有的领导天赋，成为有效的领导者。

③ 企划管理。包括生产活动控制与采购计划控制，物流管理，仓储管理等内容。通过学习了解物料计划、物流控制、仓储管理等的方法，明确供应链与采购的关系。

3. 选择员工培训方法

对员工进行培训，需要投入一定的资金、时间和精力。如果方法选择不当，就产生不了预期的效果，所以必须根据实际情况选择见效快、易掌握的方法。

（1）讲授法。它通过系统的语言表达向员工传授知识，是应用最普遍的一种方法。此方法可同时对多人进行培训，但是所授内容具有强制性、统一性，缺乏实际操作机会，比较适合理论知识的培训。对于实践方面的知识，还需结合其他方法进行培训。

（2）视听法。利用幻灯、电影、录像、录音等视听教材进行培训，比讲授法给人的印象更深刻，更易于理解。但它和讲授法一样，缺乏实际操作机会，比较适合理论知识的培训。

（3）案例研究法。让员工对企业过去实际发生的情况进行研究，做出诊断并解决问题。它可以启发员工的思路，提高员工的分析、创造能力。但是所选案例是否适用，会直接影响培训效果。

（4）设立助理职位法。通过设立助理职位，让受训者与有经验的人一起工作，帮助受训者成长。

每个组织都需要对员工进行培训，一个好的培训体系可以提高员工的素质，提升企业的整体竞争力。

操作要点

采购部门对人员进行培训需要进行以下几步：

⇨ 进行员工培训需求分析

⇨ 确定员工培训内容

⇨ 选择员工培训方法

实用范例

某外商电子企业运用角色扮演法对采购人员进行培训，认为成功的采购人员需扮演不同的角色并具有以下能力：

1. 谈判者
2. 法律专家
3. 生意人
4. 后勤运送专家
5. 最佳供应商的选择能力
6. 与工程人员共事的能力
7. 良好人际关系处理能力
8. 具有远见
9. 清楚地了解企业、顾客的需求
10. 整体成本的考察

为让采购人员有效地扮演上述角色，该企业还安排其采购人员接受相应的训练并对训练结果进行自我评估。

第六章　采购计划与预算

俗话说“好的开始是成功的一半”。采购计划作为采购管理运行的第一步，起到指导采购部门的实际工作、保证产销活动的正常进行和提高企业经济效益的作用。而一个经营良好的企业，不仅要获取合理的利润，还要保证企业有良好的资金流。这就要求经营决策的具体化和数量化来保证资源分配的高效率和减少企业的经营风险与财务风险。因此，制订一个合理、完善的采购计划和采购预算，对于整个采购运作的成功有非常重要的作用。

关键词　采购计划　采购认证计划　订单计划　采购预算

第一节　制订订单计划

制订订单计划应当综合考虑各方面的因素，如市场要货计划、生产加工计划、实际采购能力等。通常订单计划的制订，需要通过以下几个步骤完成。

1. 分析订单需求

市场需求和生产需求是分析订单需求的两个重要方面。生产需求的大小直接决定了订单需求的大小，同时，企业制订订单计划还得兼顾企业的市场战略及潜在的市场需求量。

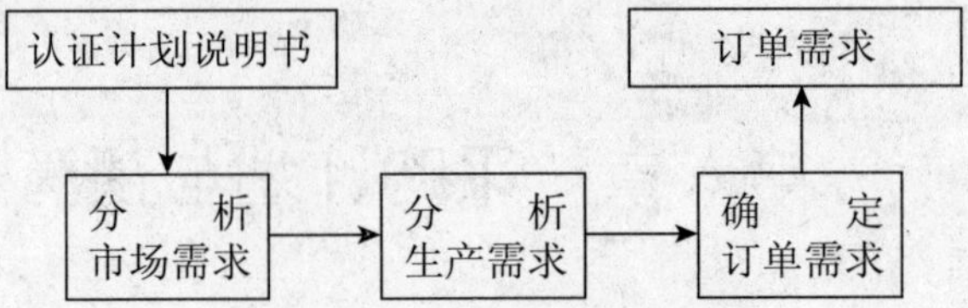

图1　分析订单需求过程

（1）分析市场需求。即对市场需求计划或市场销售计划进行分析，兼顾市场的潜在需求。包括分析市场要货计划的可信度、市场签订合同的数量、合同剩余量（包括延时交货的合同），研究其变化趋势，并参照相关的历史要货数据，最终得出市场需求结果。

（2）分析生产需求。由于企业的毛需求量和入库量随着时间的变化而变化，因而需对企业不同时期产生的不同生产需求进行分析，以此来确定生产需求。

知识链接

企业的年度销售计划一般在上一年末制订。根据年度计划制定季度、月度的市场销售需求计划，并将此进一步分解便可得到生产需求计划。

（3）确定订单需求。确定订单需求是根据对市场需求和对生产需求的分析结果，通过一定的订单操作手段，在未来指定的时间内，将指定数量的合格物料采购入库。

2. 计算订单容量

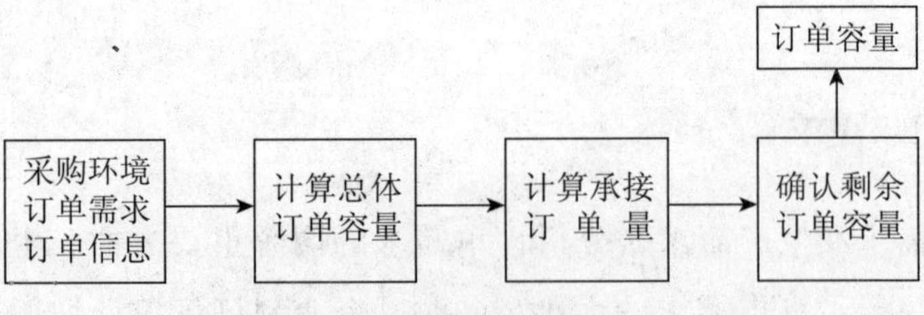

图2　计算订单容量过程

（1）计算总体订单容量。计算供应商的总体订单容量，需要考虑两个方面的因素，即可供给的物料数量和到货时间。例如甲供应商在本月30日之前可供应10万个灯泡（Ⅰ型7万个，Ⅱ型3万个），乙供应商在本月30日之前可供应8万个灯泡（Ⅰ型4万个，Ⅱ型4万个），那么本月30日之前Ⅰ型和Ⅱ型灯泡的总体订单容量为18万个，Ⅱ型灯泡的总体订单容量为7万个。

（2）计算承接订单量。承接订单量是指该物料供应商在指定的时间内签下的订单量。其计算过程则为：甲供应商在本月30日之前可供应8万个灯泡（Ⅰ型3万个，Ⅱ型5万个），若已承接灯泡Ⅰ型3万个，Ⅱ型4万个，那么对于Ⅰ型和Ⅱ型两种灯泡已承接的订单容量为7万个。

（3）确定剩余订单容量。对某物料所有供应商的剩余订单容量进行汇总即可得到剩余订单容量。也可以通过计算总体订单容量和承接订单量之间的差额来确定剩余订单容量。其计算公式为：

物料剩余订单容量 = 物料供应商群体总体订单容量 − 已承接订单量

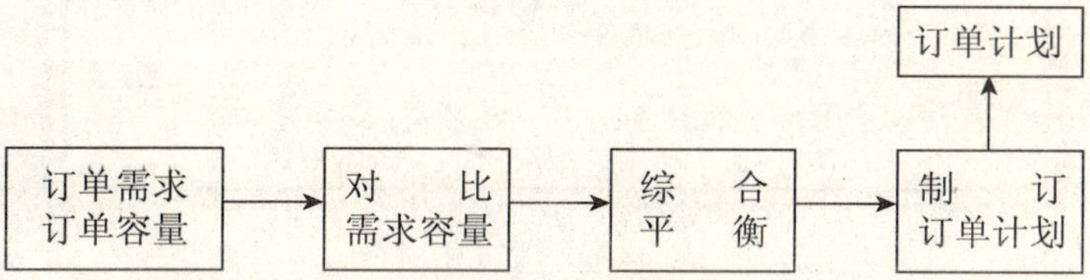

图3　制订订单计划过程

3. 制订订单计划

（1）对比需求与容量。将企业物料需求与供应容量进行比较。如果物料需求小于供应商容量，这时需求无论多大都能被满足，则企业只要根据物料需求来制订订单计划即可；如果物料需求大于供应商容量，这时就需要进行物料平衡，要求企业根据现有的容量制订合适的物料需求计

重点提示

为了节省时间、保证物料的及时供应，也可由具有丰富经验的认证计划人员走简化认证程序进行操作。

划，对于不能被满足的剩余物料需求则需要重新制订认证计划。

（2）综合平衡。综合考虑市场、生产、订单容量等要素的影响，分析物料订单需求所能被满足的程度，并确认供应商能否按照规定的时间及数量交货。对于不能满足的剩余订单需求，必要时可调整订单计划。

（3）制订订单计划。制订订单计划主要指确定下单数量和下单时间两个方面。

下单数量 ＝ 生产需求量－计划入库量－现有库存量＋安全库存量

下单时间 ＝ 要求到货时间－认证周期－订单周期－缓冲时间

制订订单计划是开展采购工作的基础，是采购工作得以及时、有序进行的有力保证，因此企业应当充分重视。

操作要点

制订订单计划需要进行以下几个步骤：

⇨ 分析订单需求

⇨ 计算订单容量

⇨ 制订订单计划

实用范例

某企业采购计划作业程序

每年年度开始时，销售主管单位提供有关各机型的每季度、每月的销售预测，并配合实际库存量、生产需要量、现实状况，由生产主管单位编制每月的采购计划。

编制的采购计划副本送至采购中心，据以编制采购预算，经审核通过后，交至财务单位编制每月的资金预算。

变更销售计划或有临时的销售决策（例如紧急订单），应与生产单位、采购中心协商，以排定生产日程，修改采购计划及采购预算。

第二节　保证采购计划的准确性

因为影响采购计划的因素很多，所以采购部门在拟订好采购计划以后，还必须与生产部门保持联系，并随实际情况的改变做出必要的调整与修订，以保证维持企业正常的产销活动，协助财务部门妥善规划资金来源。要制订准确的采购计划需要考虑以下几个因素。

●重点提示

在公司内部建立一个完善的信息收集系统很重要。

1. 年度销售计划

在一般的市场状况下，即在供求平衡和供过于求的市场状况下，企业的年度经营计划通常是以销售计划为起点的，而销售计划的拟订受到外部不可控因素和内部可控制因素的影响。具体而言，外部不可控因素包括国内外的政治、经济、文化以及社会环境，人口增长，科技发展和竞争者状况等；内部的可控制因素包括企业的技术水平、厂房设备、原材料供应情况、人力资源和财务状况等。因此要想制订准确的采购计划，必须依赖于对销售因素的准确预测以及销售计划的准确制订。

2. 年度生产计划

一般而言，生产计划是依据销售计划来制订的，而原材料的采购数量又是依据生产计划来订的。因此，如果销售计划制订得过于保守，采购数量少于生产供应所需数量，就会使企业丧失销售机会；反之，如果销售计划制订得过于乐观，采购数量超过生产供应所需而产生存货，就会给企业增加财务上的负担。因此，要想制订准确的采购计划依赖于销售人员对市场需求量的准确估算，并进一步准确制订生产计划。

3. 用料清单

从生产计划中，只能直接知道所生产的产品数量，而无法知道某一产品所用的物料数量。因此，确定采购数量还要借助于用料清单。在科技含量较高的企业中，产品的变更非常频繁，用料清单很难随之及时调整，使得以此计算出来的所需物料与实际使用的物料在数量或规格方面不相符合，造成采购数量过剩或不足，物料规格过时或无法及时获得。因此，要想制订准确的采购计划，必须依赖于最新、最准确的用料清单。

4. 存量管制卡

存量管制卡可以用来表明某一材料目前的库存状况，包括账目和物料数量是否一致、物料存量是否全部是符合要求的高品质产品。若账目上的数量与实际存量不符，或存量中某些物料的规格不符合要求，这将使存量中实际可取用物料的数量降低。所以，一个记载正确的存量管制卡是采购计划准确性的重要保证。

5. 物料标准成本的设定

标准成本是指在正常和高效率的运转情况下制造产品的成本。它不是指企业实际发生的成本。

以过去的采购资料作为依据，通过对原料、人工费用及制造费用等组合或生产总成本的精密计算，设定物料的标准成本。精确设定物料的标准成本，可以减少与实际购入价格的差额，保证采购计划的制订更切合实际。

知识链接

在编制采购预算时，对将来所拟订的采购物料的价格进行准确的预测很难，所以一般以标准成本替代。

6. 生产效率

生产效率的波动，将使预计的物料需求量与实际耗用量之间产生误差。企业的生产效率降低，将会提高物料的单位耗用量，使得计划采购的数量无法满足生产的需要。所以，当生产效率有降低趋势时，采购计划需将此额外的耗用率计算进去，以保证它的准确性。反之，当生产效率提高时，也需考虑它所降低的耗用率，以免造成浪费。因此，要想制订准确的采购计划，还须关注企业生产效率的变化。

全面考虑生产、销售计划，用料清单，存量管制卡，标准成本和生产效率等因素，能够最大限度地减少失误，保证所制订的采购计划的准确性。

操作要点

制订准确的采购计划需要考虑以下因素：

- 年度销售计划
- 年度生产计划
- 用料清单
- 存量管制卡
- 物料标准成本的设定
- 生产效率

第三节　编制采购预算

采购人员的职责就是从优秀的供应商那里采购符合企业要求的高品质的产品和服务，并在适当的时间将其运送到适当的地点。采购预算作为一种控制工具，可以指导和约束采购人员职责的发挥。编制采购预算可以按照如下程序进行。

1. 审查企业以及部门的战略目标

采购部门是企业的一个部门。编制预算的最终目的是为了保证企业目标的实现，因此在编制部门预算之前，首先要做的事情就是审查本部门和企业的目标是否一致，确保它们之间相互协调。

2. 制订明确的工作计划

采购主管须了解本部门的业务活动，明确它的特性和范围，从而制订出详细的工作计划表，并确定采购部门实施这些活动所能带来的产出。

3. 确定所需的资源

采购主管根据制订出的详细工作计划表，准确估计完成工作计划所消耗的支出，从而确定所需的人力、物力和财力资源。

4. 提出准确的预算数字

借助数学工具和统计资料对目标和历史数据进行逐项的分析预测，保证所提出的预算数字的准确性。有经验的预算人员也可以通过以往的经验做出准确判断。

5. 汇总并编制总预算

对各部门的预算草案进行汇总、审核、归集、调整，最后形成总预算。

6. 修改并提交预算

采购主管对所制订的预算与最近时期相应的实际支出进行比较，如果支出与估计值的差异在容许的范围之内，则不需对其进行修订；如果支出与估计值的差异超过容许的范围，就需要对具体的预算做出修订，并将最后符合要求的预算提交企业负责人批准。

知识链接

预算是关于预计收入和可能支出的动态模型，它反映的是未来的事情。由于外在的环境总是处于不断变化之中，预算也总是或多或少地与实际有所差异，因此就有必要选定一个偏差范围以利于预算。偏差范围的确定可以根据行业平均水平，也可以根据企业的经验数据。

通过上述步骤，采购预算编制完成。由于采购的特殊性，采购部门要不断参与制订和考虑组织的总预算和其他分预算，从而确保采购没有违反资金计划，没有超过企业批准的额度。

操作要点

预算编制的过程如下：

⇨ 审查企业以及部门的战略目标

⇨ 制订明确的工作计划

⇨ 确定所需的资源

⇨ 提出准确的预算数字

⇨ 汇总并编制总预算

⇨ 修改并提交预算

第四节 选择预算编制方法

预算的编制方法很多。由于各种预算编制方法的特点和原理不同，企业在编制预算过程中，应根据自己的外部环境及本企业的实际情况进行选择。在编制预算过程中，常用的预算方法有以下几个。

1. 弹性预算

弹性预算亦称为变动预算，它是根据计划期间可能发生的多种业务量来分别确定与各种业务量水平相适应的费用预算数据的一种预算编制方法。

弹性预算是以多种业务量水平为基础的一种预算编制方法，比只依据一种业务量水平为基础编制的预算（一般称之为固定预算或静态预算）具有更大的适应性和实用性。即使企业在计划期内的实际业务量发生了一定的波动，也能找出与实际业务量相适应的预算数，使预算与实际工作业绩可以进行比较，有利于对有关费用支出进行有效的控制。

弹性预算一般用于编制弹性成本预算和弹性利润预算。在进行弹性预算的编制时，首先要确定在计划期内业务量的可能变化范围，其次要根据成本性态，将计划期内的费用划分为变动费用部分和固定费用部分。在编制弹性预算时只对变动部分费用按不同的业务量水平分别进行计算，而对固定部分费用不进行调整。该编制方法适用于处于初创期或成长期的企业。

2. 概率预算

概率预算必须根据不同的情况进行编制。一种情况是销售量的变动与成本的变动没有直接联系，这时，只要利用各自的概率分别计算销售收入、变动成本、固定成本的期望值，即可直接计算利润的期望值；另一种情况是销售量的变动与成本的变动有直接联系，这时，需要用计算联合概率的方法来计算利润的期望值。

对于市场情况较为复杂的企业，在编制预算过程中，涉及的变量较多，企业管理者不可能十分精确地预见如业务量、价格、成本等这些因素的变化，而只能大体上估计出它们发生变化的可能性，并对各种变量进行调整，计算其可能值的大小。对于这种市场环境复杂的企业最好选用概率预算。

3. 零基预算

零基预算是指在编制预算时，对于所有的预算项目均以零为起点，不考虑以往的实际情况，而完全根据未来一定期间内生产经营活动的需要和每项业务的轻重缓急，来确定每项预算是否有支出的必要和支出数额大小的一种预算编制方法。

零基预算的编制分为三步：提出预算目标；开展成本—收益分析；分配资金，落实预算。这种预算方法以零为基础来观察和分析一切费用和开支项目，确定预算金额，不受现行预算框架的限制，能充分调动各级管理人员的积极性和创造性，促进各级管理人员精打细算、量力而行，把有限的资金切实用到最需要的地方。但该方法一切支出均以零为起点，分析、研究工作量太大。

同时，企业若想把许许多多性质不同的业务按其重要性排列出来，也绝非易事，不可避免地会带有某些主观随意性。因此，在实际预算工作中，可以隔若干年进行一次零基预算，以后几年内则略作适当调整，这样，既可以减少预算编制的工作量，又能适当控制费用。目前，我国大多数企业的费用开支很大，预算水平不高，可以考虑使用这样的方法。

4. **滚动预算**

滚动预算又称连续预算或永续预算，其主要特点是预算期随着时间的推移而自行延伸，始终保持一定的期限（通常为一年）。当年度预算中某一季度（或月份）预算执行完毕后，就根据新的情况进行调整和修订后几个季度（或月份）的预算，以此往复，不断滚动，使年度预算一直含有四个季度（或十二个月）的预算。

滚动预算可以使预算与实际过程更紧密地联系在一起，能够保证企业活动在预算上的连续性，但是需要预算人员投入大量的精力，并要求有较高的水平，因此对预算水平要求较高的企业可以选用此种方法。

了解上述各种预算方法的特点及适用条件，可以帮助企业选择适合自身条件的方法，使企业既可简化预算程序，又可保证预算计划的准确性。

操作要点

常用的预算编制方法有：

- 弹性预算
- 概率预算
- 零基预算
- 滚动预算

第七章 采购招标、投标与评标

招标采购作为采购的一项重要手段，将“公开、公平、公正”的市场机制引入企业的采购工作中，通过货比三家，实现了采购商品质量和价格的最优化，同时防止了不正当的交易给企业带来的损失，从而大大降低了企业的采购成本，提高了企业的经济效益。因此，企业应大力推广采购招标方式。

关键词 采购招标 采购投标 采购评标

第一节 选择招标采购方式

不同的招标采购模式具有不同的特点和运作方式，企业在具体操作过程中应根据自身特点进行选择。在实际运作过程中，一般有如下三种招标采购方式。

1. 公开招标采购

公开招标采购是指采购方以招标公告的方式邀请不特定的供应商（投标人）来进行投标的一种采购方式。

对招标者而言，公开招标有较大的选择范围，可在众多的投标人之中选择报价合理、交货期短、服务周到及信誉良好的供应商。采用该招标方式，有利于开展竞争，打破垄断，促使供应商提高工作质量，降低供应成本。但是对于大型采购项目，审查投标者资格及投标文件的工作量较大，费用较高，并且对投标者而言，从获得招标信息到着手准备竞标，需做大量的工作。参加的竞争者越多，中标的几率就越小，对投标费用的风险考虑就越多，标价就越高，增加了招标企业和投标企业的经济负担。

2. 邀请招标采购

邀请招标采购是指采购方以投标邀请书的形式邀请五个以上特定的供应商参加投标的采购方式。邀请招标对招标者而言，简化了对投标者的资格审查及投标文件评审的工作，提高了工作效率；对投标者而言，提高了中标的几率，减小了投标的风险性。因此，对于技术含量高、对技术支持及后续服务有特殊要求，且限于有限供应商能够满足供货条件的项目，多采用邀请招标采购形式。但是邀请招标限制了投标的范围，有可能排斥一些具有优势的投标竞争者。

3. 竞争性谈判采购

竞争性谈判采购，是指谈判小组从符合相应资格条件的供应商名单中确定不少于三家的供应商参加谈判的采购方式。

当采购方公开招标后，如果出现没有供应商投标或没有合格供应商的情况，或者是无法按公开招标方式得到以及不可预见的急需采购情况，可以采用竞争性谈判采购方式。此外，当投标文件的准备和制作需要较长时间才能完成或需要高额费用时，也往往采用竞争性谈判采购方式。

采购方式运用得正确与否，直接影响到企业的采购质量和采购成本。因此，根据所采购项目的具体特点选取相应的模式，对企业降低成本、提高经济效益会起到很大的作用。

知识链接

某些企业在对大型复杂或技术升级快的高新技术产品和特殊性质的工程进行招标采购时，由于不可能拟订有关货物或工程的详细规格或不可能确定服务，在这种情况下，往往要求供应商在第一阶段提交不含价格的技术标，在第二阶段提交最终的技术标和带报价的投标书。这种招标方式又称为两阶段招标采购方式。

操作要点

常见的招标采购方式有：

- 公开招标采购
- 邀请招标采购
- 竞争性谈判采购

第二节 成功开展招标采购

实践证明，实施招标采购可以大大降低企业的采购成本，同时提高企业的采购商品质量。但是在实际工作中，进行招标是一件烦琐的工作，容易出现失误，使企业采购工作不能顺利进行，严重影响企业的生产和销售工作。

那么，如何成功地开展招标工作呢?

1. 进行资格预审

对供应商资格预审通常包括两个部分，分别是对供应商的合法地位和信誉等进行的基本资格预审，以及对已具备基本资格供应商的履行拟订采购项目能力的专业资格预审。

其中，对供应商的专业资格预审主要包括：

（1）对经验和以往承担类似合同的业绩及信誉的审查；

（2）对履行合同人员情况的审查；

（3）对为履行合同任务而配备的机械、设备等硬件设施的审查；

（4）对公司售后维修服务网点分布、人员结构的审查；

（5）对公司财务状况的审查等。

采购单位在规定的时间内，按照资格预审文件中规定的标准和方法，对提交资格预审申请书的供应商进行上述方面的审查，以确定参加投标的供应商名单。

2. 编制招标文件

招标文件是供应商准备投标和参加投标的依据，也是采购单位实行评标的重要依据。而且，招标文件的大部分内容都要列入合同之中，是采购合同签订的依据。因此，准备招标文件是重要环节，它直接影响到采购的质量和进度。招标文件主要包括以下内容：

（1）投标人须知。它是具体的投标规则，也是投标商在投标中的重要依据，主要包括下述10个方面的内容。

① 投标保证金的要求；

② 评标的标准和程序；

③ 投标的程序、资金来源；

④ 货物原产地要求；

⑤ 招标文件和投标文件的澄清程序；

⑥ 投标文件的内容要求，投标语言要求；

⑦ 投标价格和货币规定，修改和撤销投标的规定；

⑧ 标书格式；

⑨ 投标有效期、截止日期；

⑩ 开标时间、地点等。

（2）合同条款包括一般合同条款和特殊合同条款。

一般合同条款包括：

① 买卖双方的权利和义务；

② 运输、保险、验收程序；

③ 价格调整程序；

④ 付款条件、程序以及支付货币的规定；

⑤ 履约保证金数量、货币形式及支付方式；

⑥ 不可抗力因素；

⑦ 延误赔偿和处罚程序；

⑧ 合同终止程序；

⑨ 解决争端的程序和方法；

⑩ 合同适用法律、税收的规定等。

特殊合同条款包括：

① 一般合同条款的增减；

② 保险的要求，交货条件；

③ 履约保证金的具体金额和提交方式，付款方式和货币要求；

④ 解决争端的具体规定；

⑤ 零配件和售后服务的具体要求等。

（3）技术规格。它规定了所购货物、设备的性能和标准，是招标文件和合同文件的重要组成部分。货物技术规格一般采用国际或国内公认的标准，除不能准确或清楚地说明拟招标项目的特点外，招标文件中规定的各项技术规格，不得要求或者标明某一特定的专利、商标、名称、设计、型号、原产地或生产厂家，不得偏袒或排斥某一有兴趣投标的法人或者其他组织的内容。

（4）投标书的编制要求。这是招标单位对投标供应商投标内容的书面声明的一种规定，其内容主要包括：

① 投标文件的构成；

② 投标保证金的数量；

③ 总投标价，应分别以数字和文字形式表示；

④ 投标书的有效期等。

（5）供货一览表、报价表和工程量清单。

供货一览表应包括采购商品品名、数量、交货时间和地点等，如表3所示。

表3 报价表

境内报价表	境外报价表
商品品名	商品品名
商品简介	商品简介
原产地	原产地
数量	数量
出厂单价	离岸价单价及离港价
出厂价境内增值部分占的比例	到岸价单价及到港价
总价	到岸价总价等
中标后应交纳的税费等	

3. 发布招标通告

标书编制完成后，就要选择一定的媒体进行招标通告的发布。招标通告的内容因项目而异，一般包括：

（1）采购实体的名称和地址；

（2）资金来源；

（3）采购内容简介；

（4）获取招标文件办法和地点；

（5）希望或要求供应货物或工程竣工或提供服务的时间表；

（6）采购实体对招标文件收取的费用及支付方式；

（7）提交投标书的截止日期；

（8）投标保证金的金额要求和支付方式；

（9）开标日期、时间等。

通过以上三步工作，招标程序完成，接下来就等供应厂商进行投标了。

知识链接

对于一家企业来说，如果全年的供需合同都已签满，则年内不宜招标。现有合同越少，招标效果越好，一般宜在现有合同期满前2～3个月实行招标较好。

操作要点

开展招标工作需要：

⇨ 进行资格预审

⇨ 编制招标文件

⇨ 发布招标通告

第三节　采购投标

相对于采购方来说，供应商更关注投标活动。那么，如何才能成功地开展投标工作呢?

1. 及时准确地掌握招标信息

获取信息来源的渠道很多，主要有:

（1）收集公开情报。通过本企业委托的调研机构和内部信息中心，收集各种公开出版的统计资料、研究报告、专业团体刊物及主要新闻报道等信息资料，从中筛选出对公司有用的信息。

（2）利用社会服务机构。银行、保险、信托、商检、咨询等机构以及通讯、交通运输部门，它们对有关业主资信、投资发展方向、物资材料价格、贷款、货币、汇率变化等非常熟悉，企业可以从它们那里得到自己急需的各种专业信息。

（3）充分利用现代通讯设备。充分利用现代通讯设备和信息高速公路，例如国际国内互联网等。

（4）发挥公共关系的作用。发挥公共关系的作用，从多方面获取情报。例如从使用单位、代理人、材料供应单位、能源供应单位、交通运输部门、竞争对手、业主或总包单位中获得信息。

我国《招标投标法》规定，“自招标文件开始发出之日至投标人提交投标文件截止之日止，最短不得少于二十天”。而二十多天的时间对于投标人来说，要通过对投标文件的全面准确的理解，对投标价格、技术和商务方面的完全响应，制做出竞争力很强的投标文件是一件时间相当紧张的工作，特别是对项目工程量大、设备技术要求高，而又比较复杂的采购项目而言。

2. 对招标文件中所有实质性要求和条件做出响应

《招标投标法》要求投标文件对招标文件提出的实质性要求和条件做出响应。所谓“实质性”的要求和条件，是指招标文件中有关招标项目的价格、项目的技术规范、合同的主要条款等。这意味着投标人只要对招标文件中若干实质性要求和条件的某一条未做出响应，都必将导致废标。

那么，如何保证对招标文件中所有实质性要求和条件都做出令人满意的响应呢？要认真研究招标文件，对招标文件提出的要求和条件逐条进行分析和判断，找出所有实质性要求和条件，在投标文件中一一做出响应。如果把握不准实质与非实质性的界限，企业可向招标人进行询问，且最好以书面方式进行。当自己的产品与某些实质性要求和条件有一定差距时，须在投标文件的偏离表中做出详细说明。如果偏离过大，无法完全响应时，应考虑放弃投标，避免不必要的浪费。

3. 编制投标文件

投标文件是指对投标人实力、信誉状况、投标报价、竞争力及投标人对招标文件响应程度进行描述的文件，也是评标委员会和招标人评价投标人的主要依据。

投标文件通常可分为：

（1）商务文件。这类文件是用以证明投标人履行了合法手续及使招标人了解投标人商业资信、合法性的文件。一般包括投标保函、投标人的授权书及证明文件、联合体投标人提供的联合协议、投标人所代表的公司的资信证明等。如有分包商，还应出具分包商的资信文件供招标人审查。

（2）技术文件。如果是建设项目，则包括全部施工组织设计内容，用以评价投标人的技术实力和经验。技术复杂的项目对技术文件的编写内容及格式均有详细要求，投标人应当认真按照规定填写。

（3）价格文件。这是投标文件的核心内容。全部价格文件必须完全按照招标文件的规定格式编制，不允许有任何改动，如有漏填，则视为已经包含在其他价格报价中。

4. 科学合理地确定投标报价

在实际招标中，如果招标人采购简单商品、半成品、设备、原材料，或者对技术性能、质量没有特殊要求的招标项目，价格可以作为评标时唯一考虑的因素。这时，在商务、技术均满足招标文件的要求时，经评审的投标价格，即评标价格最低的应当作为中标者。如果招标人采购较复杂的设备或有特殊要求的项目，这时价格就不是唯一的考虑因素了。投标企业应当弄清招标文件对投标价格的评定原则和方法，并据此确定投标价格。确定投标报价时，应特别注意：

（1）投标报价不能低于成本价。因为《招标投标法》已将这种行为定为违法行为，如有特殊情况，应加以说明。

（2）确定适当的利润率。利润率过高，投标报价缺乏竞争力；利润率太低，即便中标，也无经济效益。投标人应根据招标项目的情况、投标人自身的经营状况等综合因素制定投标策略，确定合理的利润率。

（3）要把握好确定投标报价的时机。有经验的投标人，都会在递交投标文件前夕，根据竞争对手和投标现场的实际情况，最终确定投标报价或折扣率，现场填写有关商务方面的文件。

（4）巧妙地确定投标保证金的金额。通常，招标文件都规定投标保证金的金额为投标报价的2%。由于缴纳投标保证金需要一些程序，其金额较容易被竞争对手掌握，推算出投标报价。为了保密，可适当提高投标保证金金额，以迷惑竞争对手。

知识链接

投标保证金是为了防止投标商在投标有效期内撤回其投标，或中标后不签订合同或不交纳履约保证金，使采购企业蒙受损失。如果投标商有以下行为之一的，应没收其投标保证金：投标商在投标有效期内撤回投标；投标商在收到中标通知书后，不按规定签订合同且不交纳履约保证金；投标商在投标有效期内有违规违纪行为等。

此外，在投标文件中，要尽量详细描述投标产品情况，特别是突出展示自己的产品优于竞争对手的性能和特点。同时还要将自身的业绩、在其他项目中标的情况、有关方面的评价、产品样本等等有关材料充实到投标文件中，并分别配上详细介绍，以便引起评委们和招标人的重视，向他们充分展示企业的实力。

5. 送达标书

投标人应将投标书按照招标文件的要求编制、密封，并加盖法人骑缝章，于规定的投标截止时间以前送至规定的地点。投递投标书的方式最好是直接送达或委托代理人送达，以便获得招标机构已收到投标书的回执。如果以邮寄方式送达，投标人必须留出邮寄时间，保证投标文件能够在截止日期之前送达招标人指定的地点。递标时必须附上工程项目报价总额1%～2%的投标保函，此保函须有当地银行背书，否则，招标单位有权拒绝此递标。

通过以上步骤，投标工作完成。

操作要点

开展投标主要进行以下工作：

- 及时准确地掌握招标信息
- 对招标文件做出响应
- 编制投标文件
- 科学合理地确定投标报价
- 送达标书

实用范例

辰光公司是一家从事方案服务的专业公司，近日得到消息，汇文中学决定于新学年开学前建成一套完整的校园网及相关应用系统，并于近期进行公开招标。

辰光公司首先对此项目参与竞标的胜算进行了一番研究论证，初步决定可以参与竞标。此后成立投标小组，购买标书，收集客户及竞争对手的相关信息，研究标书中客户提出的具体需求。

经了解，客户此次招标分两步进行：首先进行技术上的公开招标，然后进行网上竞价，以价格最低者中标。于是，辰光公司为了达成此后的长期合作，特意采取了保本微利低价。辰光公司花了一番工夫进行标书的制作，并在接下来的公开招标中，派出了口才极佳、思维敏捷的班子演绎设计方案。接下来的评标阶段，公司 24 小时有人值班，并巧妙地与评标委员会人员进行持续沟通，随时掌握评标的进展情况。

在一番激烈的角逐之后，辰光公司终于中标。

第五节　采购评标

招标方在招标工作完成后，就要对投标文件进行评审，以确定最后中标的供应商。主要有以下几个步骤。

1. 初步评标

初步评标工作比较简单，但却是非常重要的一步。具体有：

（1）审查投标文件是否完整，是否按规定提交了投标保证金，文件签署是否合格，投标书是否大体编排有序且基本符合招标文件要求。

（2）审查投标书是否实质性响应了招标文件的要求。实质性响应的投标应该是与招标文件的全部条款、条件和规格相符，没有重大偏离或保留。如果投标书实质上没有响应招标文件的要求，评委会应该予以拒绝。投标人不得通过对招标文件修改或撤销不合要求的部分而使其投标具有响应性。

（3）审查是否有算术错误。修正错误的原则如下：当单价与数量的乘积和总价不一致时，一般以单价为准修改总价。只有评委会认为单价有明显的小数点错误时，才能以标出的总价为准，并修改单价。

（4）评委会允许修改投标中不构成重大偏离的、非正规、不一致或不规则的地方，但这些修改不能影响投标人的名次排列。

2. 详细评标

在完成初步评标以后，就进入下一步的详细评定阶段。只有在初步评标中合格的投标，才有资格进入下一阶段。一般情况下，详细评标分商务评审和技术评审两个方面，当然，也不排除评审资质信誉及售后服务等方面。

> **●重点提示**
> 当价格缺乏竞争力时，视为废标。

（1）商务评审主要考察成本、财务及经济方面，主要内容如下：

① 投标报价的可靠性；

② 报价结构或分项报价的合理性；

③ 经营成果、财务状况及银行资信；

④ 优惠条件，如商业折扣等。

（2）技术评审主要考察投标人的技术实力、方案的科学性、可靠性及项目的实施能力等方面，主要内容如下：

① 对招标文件中质量、技术说明或要求（包括图纸）的理解深度及响应程度；

② 进度计划或交货期限的有效性、科学性及严谨性；

③ 项目实施能力、经验，质量的控制与保障措施的合理性与可行性（包括分包单位），在技术方面建议的可行性和有效（效益）性等。

3. 编写并上报评标报告

按照我国《招标投标法》第四十条的规定，评标委员会完成评标后，应当向招标人提出书面评标报告，并推荐合格的中标候选人。招标人根据评标委员会的推荐直接确定中标人；招标人也可以授权评标委员会直接确定中标人。

评标报告是评标委员会评标结束后提交给招标人的一份重要文件。在评标报告中，评标委员会不仅要推荐中标候选人，而且要说明这种推荐的具体理由。评标报告作为招标人定标的重要依据，一般应包括以下内容：

（1）对投标人的技术方案评价，技术、经济风险的分析；

（2）对投标人技术力量、设施条件的评价；

（3）对满足评标标准的投标人进行排序；

（4）需要进一步协商的问题及协商应达到的要求。

4. 资格后审

资格后审是指在投标前没有进行资格预审，在开标后对投标人进行的资格审查。采取资格后审的，招标人应当在招标文件中注明对投标人资格要求的条件、标准和方法。招标人不得改变注明的资格条件或者以没有注明的资格条件对潜在投标人或者投标人进行资格审查。经资格后审不合格的投标人的投标应作废标处理。

●重点提示

经过资格预审的，一般不再进行资格后审；招标文件另有规定的除外。

资格审查应主要审查潜在投标人或者投标人是否符合下列条件：

（1）具有独立订立合同的权利；

（2）具有履行合同的能力，包括专业、技术资格和能力，资金、设备和其他物质设施条件，管理能力等；

（3）没有处于被责令停业，投标资格被取消，财产被接管、冻结、破产状态；

（4）在最近三年内没有骗取中标和严重违约情况及重大工程质量问题；

（5）法律、行政法规规定的其他资格条件。

5. 授标与合同签订

（1）授标。评标结束后，招标方开始授标。评标委员会选定授标公司后，发给该公司临时授标通知书，书面告之将招标项目临时授给中标的公司。得到临时授标通知书的投标人不一定就是合同的最终签约人。一般来说只要临时授标的公司在授标后不出现重大经营问题，被授标的公司就能得到授标的项目。

（2）签订合同。授标确认后，投标方所投的投标书中标，进入签订合同阶段。双方联系合同事宜，就合同的有关内容进行协商。双方就合同条款达成一致意见后，招标方将合同送交有关部门进行审批，得到同意后双方即可签署合同。

知识链接

具体合同的签订方法有两种：一是在发中标通知书的同时，将合同文书寄给中标单位，让它在规定的时间内签字退回；二是中标单位收到中标通知书后，在规定的时间内，派人前来签订合同。如果是采用第二种方法，合同签订前，允许双方相互澄清一些实质的技术性或商务性问题，但不得要求投标商承担文件中没有规定的义务，也不能有标后压价的行为。

合同签字并在中标供应商按要求提交履约保证金后，合同就正式生效。采购工作进入合同实施阶段。

操作要点

开展评标工作主要包括以下步骤：

- 对投标书进行初评
- 详细评标
- 编写并上报评标报告
- 资格后审
- 授标与合同签订

第八章　采购认证与订单

随着经济全球化时代的到来，出现了很多复杂的采购项目。这些复杂的采购项目需要供应商参与，进行共同的合作开发。在此过程中企业采购人员需要对采购环境进行严格的考察，并对订单实施严格的跟踪控制，从而建立企业的竞争优势。

关键词　采购认证　试制认证　准备订单　确定供应商　签订合同　订单跟踪　物料检验与接收

第一节　准备认证

认证准备是整个采购认证工作的起点，是在与供应商接触之前必须做好的工作。认证准备工作主要包括：熟悉需要认证的物料项目，测算价格，研究项目需求标准，了解项目的需求量，制订认证说明书五个步骤。下面将这五个步骤分别加以介绍。

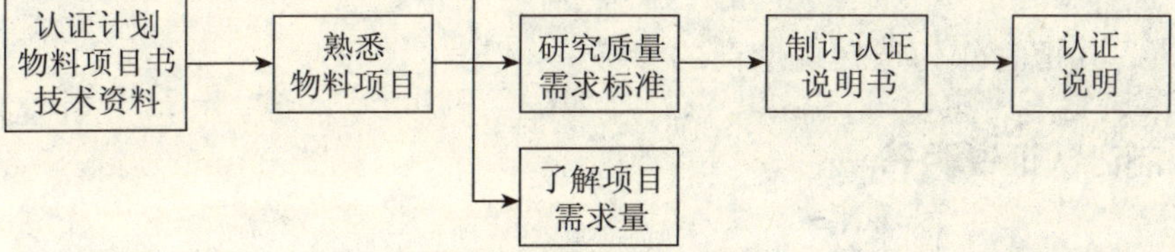

图4　准备认证过程

1. 熟悉需要认证的物料项目

认证人员应先熟悉认证项目，包括相关专业知识、认证难度、目前国内外的供应状况等。认证项目所涉及的专业知识非常广泛，难度也随着所需认证项目的不同而有差异。认证人员应尽快熟悉与该认证项目有关的专业知识，以便在进行认证工作时得心应手。

2. 测算价格

认证人员应对物料项目的成本价格非常了解。价格可以通过市场调查、行业比较等方法得到，也可以通过对物料项目进行价格核算加以推测。

采购成本的计算公式为：

采购成本 = 物料成本 + 采购管理成本 + 存储成本

物料成本 = 单价 × 数量 + 运输费 + 通关手续费

采购管理成本 = 人工成本 + 办公费用 + 差旅费用 + 信息传递费用

存储成本 = 贷款的利息 + 仓库保管费用 + 存货损坏费用 + 其他费用

3. 确定物料采购的质量标准

合格的物料质量是认证工作的基础。认证人员可以通过阅读物料项目资料弄清楚所需物料要达到的质量标准，从而确定物料采购的质量标准。

4. 考察各物料项目的需求量

认证人员根据计划部门所提供的采购计划可以得到项目需求量的预测值，并把它作为选择供应商的参考。

5. 制订认证说明书

在做完上述工作后，认证人员就要制订认证说明书了，主要内容包括项目名称、价格预算、关键质量条款、需求预测、售后服务要求、项目难度认证说明及相关图纸、技术规范、检验标准等。

通过充分的认证准备，企业对物料项目所需要的采购环境就非常熟悉了，也就能有效地选择供应商了。

操作要点

认证准备需要做到：

⇨ 熟悉需要认证的物料项目

⇨ 测算价格

⇨ 确定物料采购的质量标准

⇨ 考察各物料项目的需求量

⇨ 制订认证说明书

实用范例

某公司研发部新近开发出了新一代产品并申请了专利。由于此项新产品是在原有产品的基础上开发出来的，因此有部分零部件和原来的一样，但是几个关键的零部件却有很大的变化。经过研发部门的讲解，采购部门的人员了解了所需认证的零件的价值、质量要求、新产品市场前景、新产品准备生产的数量，进而了解了所需零部件的需求量。对以上新情况了解之后，就需要制订认证说明书，选择所需的零部件供应商了。

第二节　初选供应商

作好认证准备之后，就可以根据认证准备的初步结果对供应商进行初选，确定供应商的大体范围。做好供应商的初选工作可以参考以下做法。

1. 确定供应商群体范围

一般来说，每一个成熟的企业都有自己固定的供应商群体。认证人员在确定群体范围时，可以优先考虑原有的供应商群体。但随着市场需求的增加、企业生产规模扩大，现有的供应商群体无法满足要求时，则需要企业到社会行业中去寻找符合本物料项目需求的其他供应商。

2. 了解供应商

供应商的选择将直接影响采购物料的质量，从而影响企业产品的质量和声誉，因此企业应从多个侧面了解供应商的真实情况。了解供应商可以通过多种途径和方法进行，如研究供应商所提供的资料，如资质证明等，向有意向的供应商发放调查问卷，实地考察供应商，等等。

> ●**重点提示**
> 初选的供应商须在三家以上。

3. 与供应商进行初步谈判

选择供应商的时候，有必要与供应商进行接触，安排一次初步谈判，就供求意向和相关情况进行沟通。这样既能互相了解，也能为下次谈判及今后的合作打下基础。

4. 向供应商发放认证说明书

确定了参加采购项目竞选的供应商群体之后，要向他们发放包括图纸、技术规范说明书、检验指导书等认证说明材料，以便他们准备相关资料。

5. 分析供应报告，确定初选供应商

候选供应商接到认证说明书及相关资料后，根据自己的实际情况提供供应报告。报告包括各物料项目价格、可达到的质量、能提供的月/年供应量、售后服务情况等内容。认证人员将他们提供的供应报告进行分

析整理，交由认证小组集体决定，确定初选供应商的名单。

初选供应商实际上是根据本企业物料各项目的需求情况与特征考察相关供应商的过程，便于后续的采购能够保质保量有序地进行，从而使采购满足本企业的生产经营需要。

操作要点

初选供应商需要做到：

⇨ 确定供应商群体范围

⇨ 了解供应商

⇨ 与供应商进行初步谈判

⇨ 向供应商发放认证说明书

⇨ 分析供应报告，确定初选供应商

实用范例

由于A公司开发的是新产品，有些零部件在现有市场上没有供应，因此需要选择一些供应商进行共同开发。经过分析，A公司选择了一些生产相关零部件并且有实力配合公司进行进一步改进的供应商。A公司通过与所选供应商进行谈判，向有意向的供应商发放调查问卷，分析收回的调查问卷，并对这些供应商进行了综合考评，初步确定了所选供应商。

第三节　试制认证

经过认证的准备和初选供应商之后，采购认证工作进入了关键的阶段，即试制认证阶段。这一阶段大致要经过样件试制认证、中试认证和批量认证三个环节。

1. 样件试制认证

样件试制认证的目的是验证系统设计方案的可行性，以达成企业与供应商之间的具有现实可能性的供求方案。主要包括以下几步：

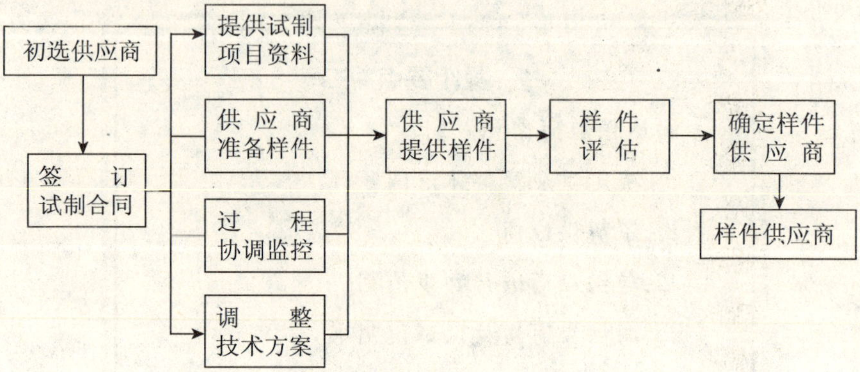

图5　样件试制认证过程

（1）签订试制合同，提供试制资料。与初选供应商签订试制合同，并向供应商提供一些详尽的资料，使初选供应商在规定的时期内提供符合要求的试制样件，以验证系统设计方案的可行性。

●重点提示

如果企业所提供的是机密资料，要注意签订保密条款。

（2）协同供应商准备并调整样件。在供应商获得试制资料开始着手准备样件的试制工作时，企业应提供相应的支持。不同的认证项目有不同的样件准备工作周期。通常那些要求较高或全新的产品，其样件的准备时间较长，往往要几个月甚至一年；而那些只要求稍作改动的产品，需要的准备时间较短。一般说来，同样情况下，电子件、机械件的准备周期相对较短，组合设备的准备周期相对较长。因此在准备过程中，特别是对于那些认证周期较长的项目，就需要认证人员对其过程进行监控、协调，并帮助供应商进行技术方案的调整，使方案更加完善。

知识链接

随着环境的变化或经验的积累，企业与供应商之间可能进行技术方案的调整。技术方案的调整可由采购方或供应商提出。若技术方案调整由供应商提出，认证人员不能因为技术方案进行调整而怀疑供应商的能力。

（3）评估供应商提供的样件。供应商将准备好的样件送交认证部门，由认证人员组织协调相关部门一同制订认证项目的评估标准，对样件的性能、质量、外观等进行综合评估。

（4）确定样件供应商。根据评估结果进行集体决策，确定入选的样件供应商，并报上级主管批准。一般来说，为保证采购产品的质量，一般要选择三家以上的样件供应商。

2. **中试认证**

试制认证后，接着就需要进行采购的下一步认证即中试认证了。中试认证包括以下主要内容：

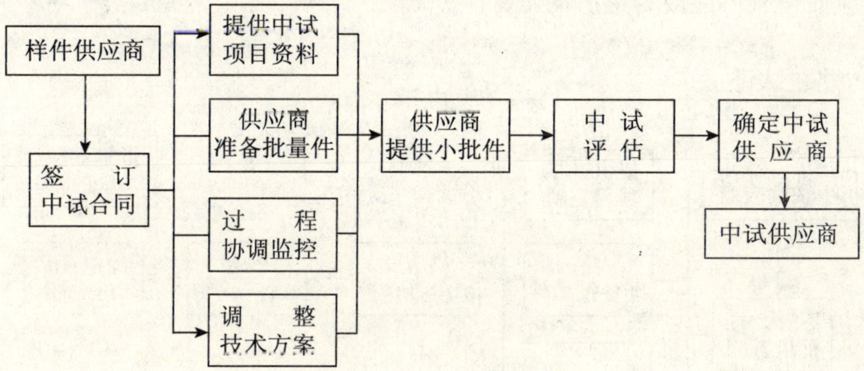

图6　中试认证过程

（1）签订中试合同，提供中试资料。项目中试资料是指经过试制阶段以后修改了的试制项目技术资料，如经过修改后的机械图纸、电子器件参数、软件方案等。

在样件试制过程结束后，要与所选定的样件供应商签订中试合同，并为其提供项目中试资料，使样件供应商在规定的时间内提供符合中试要求的小批量样件（以下简称小批件）。

（2）协同供应商准备并调整小批件。在供应商获得试制资料后开始进行小批件中试的准备工作的时候，可以向供应商提供相应的支持。同样小批件的准备工作也需要一个周期。但是由于供应商经过样件试制后，在技术、生产工艺、设备以及原材料等方面都积累了一些经验，因此小批件的准备周期比样件的准备周期要短。在中试认证中，仍需要认证人员对过程进行跟踪协调并与供应商一起研究如何提高质量并且降低成本的方法，使后期的批量生产尽可能地带来最大的收益。

（3）评估供应商提供的小批件。供应商将准备好的小批件送到生产或认证部门，由认证人员对小批件的质量、性能、技术手段及供应情况进行综合评估。

（4）确定中试供应商。根据评估结果确定物料项目的中试供应商。中试认证的要求比样件试制认证的要求要高，因此能够通过中试认证的供应商很有可能成为最后的赢家。

3. **批量认证**

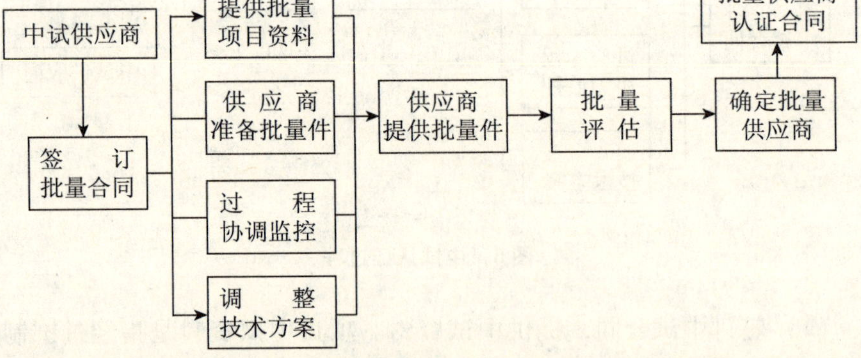

图7　批量认证过程

经过中试认证后，就进入认证最后一步即批量认证了。批量认证的目的是使系统设计方案具有大规模生产的可能性，同时寻求产品质量稳定性和可靠性的解决方案。批量认证主要包括以下几步：

重点提示

认证机构应对产品的稳定性和可靠性负责。

（1）签订批量合同，提供批量资料。与选定的中试供应商签订批量合同，并提供项目批量资料，使中试供应商能够在规定的时间内提供符合批量认证要求的大批量样件（以下简称批量件）。

（2）协同供应商准备并调整批量件。供应商准备批量件需要一定的时间，需要配备相应的批量生产机械来进行批量件的生产。有些产品批量生产的技术要求很高，需要进行大量的技术攻关和实验才能成功。因此也需要认证人员对过程进行跟踪，帮助供应商排除可能出现的异常情况，并根据实际情况对技术方案进行适当调整以使系统更加稳定、可靠。

（3）评估供应商提供的批量件。供应商将准备好的批量件送到生产部门，由认证人员对批量件的质量、成本、供应及售后服务、稳定性等方面进行综合评估，并制订出批量件的评估标准。

（4）确定批量供应商。根据评估结果，最终确定本物料项目的合格供应商。

对供应商一步步的样件认证、中试认证和批量认证，实际上考察了供应商批量供应的能力，从而最终圈定符合企业项目需求的物料供应商。

操作要点

进行采购试制认证包括三个阶段：

⇨ 样件试制认证

⇨ 中试认证

⇨ 批量认证

第四节　准备订单

订单合同是采购方与供应商之间达成的成文性协议，具有法律效力。订单人员在接到采购计划部门的订单计划之后，不要立即向供应商下达订单，而先要进行订单准备工作。如图 8 所示。

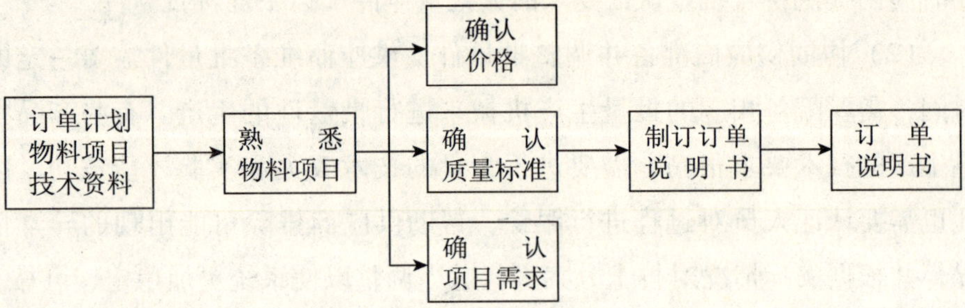

图 8　订单准备过程

1. 熟悉物料项目，确定价格

采购人员要熟悉订单计划中的物料项目，了解物料项目的技术资料，对物料进行估价，向供应商发出估价单，并对物料项目在价格、质量等方面进行分析比较，确认采购价格。

2. 确认项目质量需求标准

由于供应商实力的变化，以前订单的质量标准可能需要调整，因此须认真研究订单计划，查看质量标准是否需要调整。如需调整，则应重新确定项目的质量认证标准。

3. 确认需求量

向供应商发出订单的时候，要考虑供应商的供货能力，以保证供应商能够按时保质保量地提供物料。当企业的采购量超过了供应商的供货能力时，应考虑增加新的供应商，并向各供应商合理分配订单。

●重点提示

订单人员有权向供应商群体中价格最低的供应商下达订单合同，以维护采购方的最大利益。

4. 制订订单说明书

在确认上述内容后，就要制订订单说明书了。完整的订单说明书至少包括项目名称、确认的价格、确认的质量标准、确认的需求量、供货时间与地点、相关的运输与包装以及相关的图纸、技术规范和检验标准等内容。

对物料项目价格、需求标准、需求数量等进行确认及订单说明书的制订，是为了保证供应商有效供货，从而使得订单操作顺畅进行，同时也是最终确定供应商的必要准备。

操作要点

进行订单的准备工作需进行以下几步：

⇨ 熟悉物料项目，确定价格

⇨ 确认项目质量需求标准

⇨ 确认需求量

⇨ 制订订单说明书

第五节　确定供应商

订单准备工作完毕之后，就进入下一步的工作——最终确定某次采购活动的供应商。确定某次具体采购活动的供应商一般包括查询采购环境、计算供应商订单容量、与供应商沟通、确认意向供应商、发放订单说明书、确定物料供应商六个环节。如图 9 所示。下面就分别进行说明。

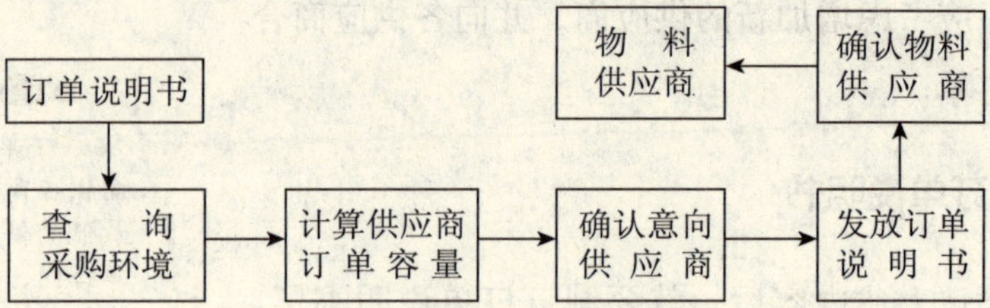

图 9　选择供应商过程

1. 查询采购环境

认证环节结束后会形成企业物料项目的采购环境。订单人员在完成订单准备后，需查询企业的历史采购记录或采购环境信息系统，以寻找适合某次物料供应的供应商群体。

●重点提示

一般来说，一项物料须有三家以上的供应商；但特殊情况下，也会出现一家供应商即独家供应商。

2. 计算供应商订单容量

如果向一个订单容量已经饱和的供应商下单，订单会很难正常执行。供应商超量接受订单会影响他有效供货的能力。因此为了确保订单操作的正常执行，需计算采购环境中供应商的订单容量，了解哪些供应商订单容量是饱和的，哪些是空余的，以便选择具有有效供货能力的供应商下订单。

3. 与供应商确认

结合已有的资料对供应商进行调查确认。考虑供应商组织结构、生产能力等变化对订单容量的影响，必要时需进行实地考察。

4. 确认意向供应商

在考虑已有订单分配情况并结合现实供应容量后，初步可以确定意向供应商，即确定某次具体订单计划有哪些供应商满足供应。

5. **发放订单说明书**

向意向供应商发放订单说明书，征询供应商的意见，看供应商是否愿意接单。

6. **确认物料供应商**

根据收回的订单说明书，决定本次订单计划的供应商，上报主管进行审批。

对供应商接单任务的考察，主要是要弄清楚可供选择的初选供应商在某次具体采购活动中订单的接收能力，看他们是否能够满足有效及时的供货要求，从而确定具体采购活动的供应商。

操作要点

选择供应商工作包括如下环节：

- 查询采购环境
- 计算供应商订单容量
- 与供应商确认
- 确认意向供应商
- 发放订单说明书
- 确认物料供应商

第六节　签订采购合同

选定供应商之后，接下来就是要同供应商签订采购合同。采购合同根据采购物料的要求、供应的情况、企业本身的管理要求、采购方针等要求的不同而各不相同。签订采购合同一般需要经过以下环节，如图 10 所示：

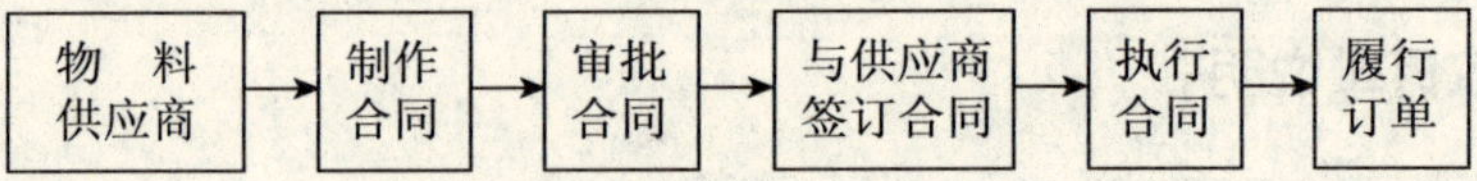

图 10　合同签订过程

1. 制作合同

一般情况下，企业都有供应商认可的固定标准的合同格式，供需双方只需在标准合同中填写物料名称代码、单位、数量、单价、总价、货期等参数及一些特殊说明即完成制作合同操作。拥有采购信息管理系统的企业，也可以直接在信息系统中生成订单合同。在合同中还要对供货方式和时间进行约定，包括包装、运输、交货方式等。此外，对违约责任的承担也要约定。

2. 审批合同

合同审批一般由专人负责，主要审查合同与采购环境物料描述是否相符，合同与订单计划是否相符，以确保订单人员依照订单计划在采购环境中操作，所选供应商均为采购环境之内的合格供应者，价格在允许价格之内，到货期符合订单计划的到货要求。

3. 签订并执行合同

将经过审批的合同传至供应商处进行盖章签字确认。供应商确认后，即转入合同的执行阶段。

合同的生成要经过合同的制作、审批、签订过程。合同一旦正式签订，将成为约束双方的法律文件，双方将各自履行自己的权利与义务，相应的采购活动也将进入到订单实施阶段。

操作要点

进行合同签订工作包括如下环节：

⇨ 制作合同

⇨ 审批合同

⇨ 签订并执行合同

第七节　订单跟踪

为确保采购的质量，供应商执行订单的过程中，采购人员应对工艺文件、原材料加工过程、包装入库过程进行跟踪。具体如图 11 所示：

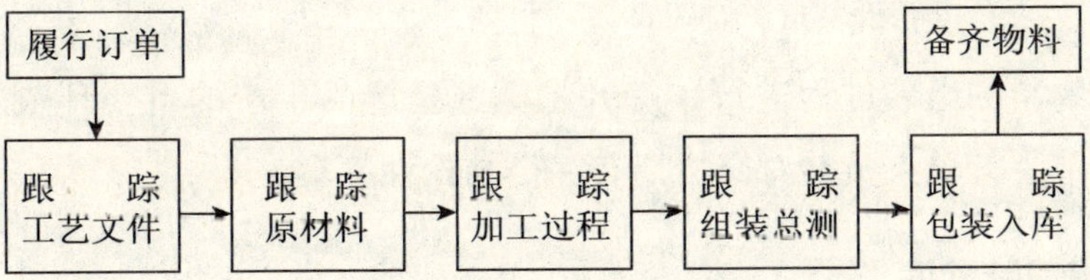

图 11　合同跟踪过程

知识链接

一般来说，对于加工型供应商要进行备料、加工、组装、调试等过程；对存货型供应商，只需从库房中调集相关产品及作适当处理，即可送往买家。

1. 跟踪工艺文件

工艺文件是进行加工生产的第一步。对任何需要供应商加工的物料采购，都应对其工艺文件进行跟踪，确保供应商的工艺文件没有质量标准、交货期等问题。如果发现上述问题，应及时让供应商进行修改，并提醒供应商如果不能保质保量、准时供货，则须按照合同条款进行赔偿。

●重点提示

为保证供应商及时、保质保量地完成供货，应对供应商进行实时监控，必要时应进行实地考察。

2. 跟踪原材料

查看原材料是否按合同的要求保质保量地备齐，是否按合同规定的时间备齐。

3. 跟踪加工过程

为了确保交货期、质量，订单人员须对加工过程进行监控。有些物料采购，如一次性、大开支的项目采购、设备采购、建筑采购等，其加工过程的监控需要订单人员直接参加。

4. 跟踪组装总测

对物料的组装进程进行跟踪并检测，是产品生产的重要环节。完成这一环节，订单人员会对交货期有一个结论性答案。

5. 跟踪包装入库

跟踪包装入库是跟踪环节的最后一环。订单人员可以打电话向供应商了解物料最终完成包装入库的信息；对于重要的物料，订单人员可采取现场察看的方法进行跟踪。

知识链接

在订单跟踪过程中，要注意供应商质量、交货期的变化情况。需要对认证合同的条款进行修改的，要及时提醒认证人员，以利于订单操作。

对订单的跟踪主要是弄清楚订单所处的状态，以确定物料是否能够顺利供应，同时也能够在订单执行中出现异常的情况下做出相应调整，以保证本企业相应的生产经营活动能够顺利进行。

操作要点

合同跟踪需要进行以下工作：

⇨ 跟踪工艺文件

⇨ 跟踪原材料

⇨ 跟踪加工过程

⇨ 跟踪组装总测

⇨ 跟踪包装入库

第八节　物料检验与接收

供应商交货时，采购方需要进行物料检验和接收工作。这项工作主要包括如下环节。

1. 物料检验

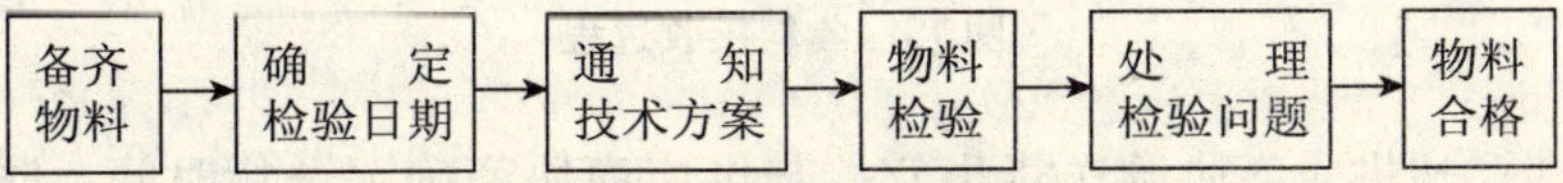

图 12　物料检验过程

（1）检验程序及质量标准的约定。物料检验程序及质量标准的约定一般都要在采购合同中确定，检验日期及地点等细节问题也要在采购合同中事先约定。

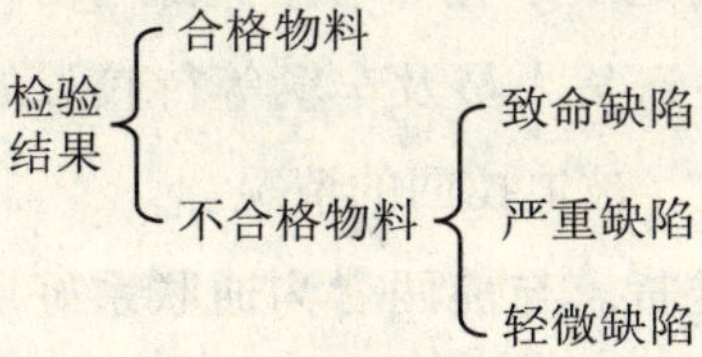

检验结果

（2）进行物料检验。检验信息传送至检验部门之后，由主管人员统一进行安排，并由专门的人员负责。物料质检要给出明确的结果。检验人员要认真完成质检单的填写并交专人处理和存档。

●重点提示

物料检验结果一般用 DPPM（百万分之不良数值）来表示和记录。

（3）处理检验问题。针对不同的检验结果，根据质检的相应规定采取不同的处理措施。对于有严重缺陷的物料，应要求供应商换货；对于有轻微缺陷的物料，应与认证人员、质量管理人员、设计工艺人员协商，同时考虑生产的紧急程度，确定是否可以代用；对于 DPPM 数据超出允许范围的，或有致命缺陷的，则需召开专题会议进行讨论，找出问题的根源并提出解决办法。

2. **物料接收**

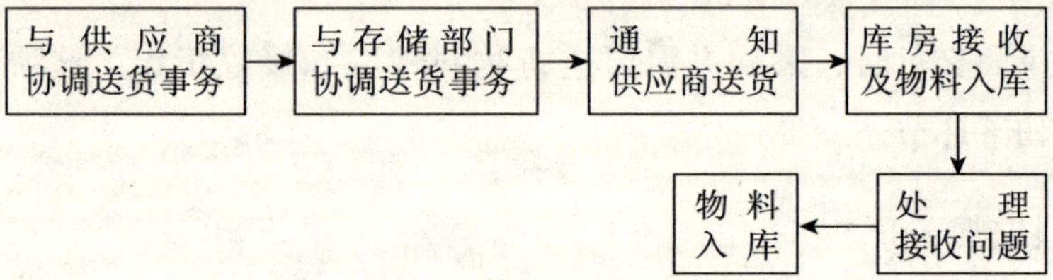

图 13 物料接收过程

（1）与供应商协调送货事宜。与供应商协商确定送货时间，防止由于供应商在未经许可的情况下送货而造成接货过程的混乱，防止由于订单人员在没有和供应商协调的情况下，通知供应商立即送货而导致物料不能如期到达。

（2）与存储部协调送货事宜。与存储部门协调送货时间，防止由于存储部门业务繁忙而使送货人员及车辆等待较长的时间，防止由于没有库房而使货物面临拒收、被迫拉回的情况。

（3）通知供应商送货。与前两者沟通联系好后，就可通知供应商送货了。

（4）库房接收与物料入库。在安排物料入库时，首先检验到货清单是否完整、包装与外观是否完好，然后清点物料、接收物料、搬运入库并填写物料入库单据。至此，库房接货过程完毕。

（5）处理接收问题。对于货物接收过程中发生的货物数量、交货日期与要求不符，包装质量不合格等问题，订单人员应与存储人员一同进行协调处理。

上述物料的检验和接收工作，使符合项目要求的物料得以顺利地入库，从而保证企业生产的正常运行。

操作要点

进行物料检验需经过如下环节：

⇨ 检验程序及质量标准的约定

⇨ 进行物料检验

⇨ 处理检验问题

进行物料接收需经过如下环节：

⇨ 与供应商协调送货事宜

⇨ 与存储部协调送货事宜

⇨ 通知供应商送货

⇨ 库房接收与物料入库

⇨ 处理接收问题

第九章　采购成本与价格

众所周知，一个企业的终极目标就是追求利润的最大化。降低采购成本、确定最优的采购价格是采购管理的一项重要工作，也是企业提升竞争力的重要手段。因此，在确保满足其他条件的情况下，力争最低的采购价格，最大限度地降低企业的采购成本，将直接增加公司的利润总额，为企业在市场竞争中赢得优势。

关键词　降低采购成本　制作底价　采购询价　处理报价　议价策略

第一节　通过商品成本分析降低采购成本

知识链接

采购成本是指企业经营中因采购物料而发生的费用，也就是在采购物料过程中的购买，包装，装卸，存储等环节所支出的人力、物力、财力的总和。

企业要进行生产经营活动，就不可避免地要采购原材料，发生采购成本。通过对采购成本的各个组成部分进行分析，可以找到控制和降低成本的途径，从而达到提高整个企业经济效益的目的。

在采购活动中，成本主要包括三部分：材料成本、采购管理成本和存储成本。分析商品采购成本就可从这三方面入手。

●重点提示

无论用什么方法，都要以所采购商品的质量或服务能满足企业的需要为基础。

1. 材料成本

材料成本就是材料的价格成本。其计算公式为：

材料的价格成本 = 单价 × 数量 + 运输费 + 相关手续费、税金等

在材料成本中，比例最大的是材料的买价。就是说，降低采购成本的关键就是控制采购价格。为达到此目的，可采用以下方法：

（1）成本费用比较法。通过对物资采购成本、供货价格以及各种支出费用进行分析比较，选择供货成本最低的供应商。

（2）压价采购法。就是利用买方市场的优势，在供货标准不变的情况下，迫使原供货渠道的供应商降低供应价格，达到降低进货成本的目的。

（3）公开招标采购。可以广泛地选择供货单位，利用竞标人的竞争心理，使竞标人之间相互压价，达到降低成本的目的。

2. 采购管理成本

采购管理成本是组织采购过程中发生的费用。其构成为：

采购管理成本 = 人力成本 + 办公费用 + 差旅费用 + 信息传递费用

要降低采购成本，关键是要加强对采购人员的管理。具体说就是要招聘在才能和品德方面都优秀的高素质采购人员。

3. 存储成本

存储成本是物资在库存过程中发生的费用，一般与库存量成正比。其构成为：

存储成本＝贷款利息＋仓储保管费用＋存货损坏费用＋其他费用

在存储成本中，仓库保管费用占了很大的比例，要对这方面进行控制，可采用存货管理的ABC分类法（见表4），即将货物分为A、B、C三类。通过合理安排企业的人、财、物，达到降低存储成本的目的。

表4　ABC分类法

类别	累计消耗金额	累计品种数	管理方法
A	60%～70%	10%～15%	重点管理
B	介于两者之间		正常控制
C	5%～15%	60%～70%	简单控制

通过对以上三个主要的采购成本进行分析，可以进一步认识采购成本的组成要素，从而找到降低采购成本的途径。

操作要点

需要从以下几个方面对商品采购成本进行控制来降低成本：

⇨ 材料成本方面

⇨ 采购管理成本方面

⇨ 存储成本方面

第二节　通过网上采购降低采购成本

知识链接

网上采购是指在网络平台的基础上，利用数字化技术将企业与运输、金融、商检等有关部门有机联系起来，实现从浏览、洽谈、签约、交货到付款等全部或部分业务自动化处理的直接采购形式。

随着互联网技术的普及和网络优势的凸显，电子商务达到了降低成本的目的。采购也不例外，可以通过网上采购来降低采购成本。那么，如何利用网上采购来降低采购成本呢?

1. **统一订货，获得折扣**

利用互联网整合和处理采购信息，统一向供应商进行订货，以求获得最大的批量折扣。如美国的沃尔玛超市就是通过信息系统将需要采购的信息统一汇集到总部，再由总部通过网络统一向供应商订货，从而获得最大限度的优惠。

2. **适时订购，降低库存**

利用互联网将生产信息、库存信息和采购信息汇集在一起，企业可以根据需要进行适时采购，最大限度地减少库存，实现“零库存”管理。这样一方面可以减少资金占用和仓储成本，另一方面还可以避免价格波动对产品的影响，从而达到降低成本的目的。

3. **科学管理，减少损失**

通过互联网实现库存、订购管理的自动化和科学化，可最大限度地减少人为因素的干预，同时又能以较高的效率进行采购，从而节省大量的人力，并且减少了由于人为因素造成的不必要损失。

知识链接

研究表明，企业直接和间接的采购费用占了总开支的64%，而采用自动化采购方案，可以减少70%的采购费用，使产品成本降低5%~15%。

4. **发布公开信息，获取最低价格**

在互联网上发布求购信息，可以让全球的供应商参与报价和竞价，从而选择综合成本最低的供应商，降低采购成本。

5．减少中间环节，降低交易成本

买卖双方通过互联网直接接触，无需采购中介的参与，减少了中间环节，并且买卖双方足不出户就可以在网上直接办理订购、谈判、签约、缴税、支付结算等各项业务手续，极大地缩短了采购时间，降低了交易成本。

随着对互联网认识的进一步深化和互联网技术的日趋完善，企业可以利用互联网达到进一步降低成本的目的。

操作要点

利用网上采购可从如下方面降低采购成本：

- 统一订货，获得折扣
- 适时订购，降低库存
- 科学管理，减少损失
- 发布公开信息，获取最低价格
- 减少中间环节，降低交易成本

实用范例

一个温州个体户在网上发布了求购信息后，三天内就收到了韩国、日本、秘鲁的多家供应商的报价，最低价格比当时温州的价格减少到三分之一。结果他在这一次采购中就节省了三分之二的成本。这个温州个体户通过在网上公开发布信息，获取了最低价格，减少了购买成本，增加了利润。

第三节　利用 JIT 采购降低采购成本

知识链接

JIT（Just－In－Time）采购，即准时化采购，它是把 JIT 的生产管理思想运用到采购中形成的一种先进的采购模式。它的基本思想是：把合适的数量和质量的物品，在合适的时间供应到合适的地方，最大限度地满足用户的需要。

JIT 采购是一种准时化采购模式，可以最大限度地减少浪费，降低库存。与传统的采购方式相比，JIT 采购是一种很理想的采购模式，具体特点如表 5 所示：

表 5　JIT 采购与传统采购的比较

比较项目	JIT 采购	传统采购
制定采购批量策略	小批量采购，减少生产批量，缩短生产周期	大批量采购，送货频率低
对交货及时性要求	要求按时交货	没有明确要求
对供应商的选择方式	较少的供应商，长期合作，降低成本，提高质量	多头采购，供应商数目较多，价格竞争，短期合作
采购驱动因素分析	订单拉动，同步化，即时化	生产推动，补充库存
检查工作	逐渐减少，最后消除	收货、点货、质量验收

通过上述比较，我们可以看出，利用 JIT 可以在以下几个方面降低采购成本。

1. 通过降低库存减少库存成本

JIT 采购要求准时、保质保量地供应所需的原材料和外购件，因此，JIT 采购可以最大限度地降低原材料和外购件的库存，减少流动资金的占用，加速流动资金的周转，同时有利于节省原材料和外购件库存占用的空间，从而降低库存成本。

2. 通过提高质量水平降低质量成本

进行 JIT 采购，要求供需双方建立长期稳定的合作关系，即供应商须参与制造商的产品设计过程，制造商也应帮助供应商提高技术能力和管理水平。这就从源头上保证了采购质量，降低了质量成本。

知识链接

研究表明，实施 JIT 采购，可以使购买的原材料和外购件的质量提高 2~3 倍，质量的提高又可使采购成本减少 26%~63%。

3. 通过减少采购环节降低采购成本

传统的采购方式主要是由采购部门来负责采购物资的质量，验收部门负责购买物资的接收、确认、点数统计，并将不合格的物资退回给供应商，这样的方式增加了采购成本。实施 JIT 采购后，购买的原材料和外购件就能够实现免检，直接由供应商送货到生产线，大大减少了购货环节，降低了采购成本。

4. 通过降低采购价格减少采购成本

JIT 采购中，供应商的数目相对较少，制造商比较重视与供应商的伙伴关系。由于双方密切合作以及内部规模效益，购买原材料和外购件的价格得以降低，从而降低了采购成本。

从以上分析中可以看出，实行 JIT 采购对于提高企业采购效率、降低采购成本有很大帮助。

操作要点

利用 JIT 采购可从如下方面降低采购成本：

- 通过降低库存减少库存成本
- 通过提高质量水平降低质量成本
- 通过减少采购环节降低采购成本
- 通过降低采购价格减少采购成本

实用范例

施乐欧洲公司作为施乐在美国本土之外的最大公司，与英国兰克公司合作，生产和修理中等规模的复印机设备，并在世界范围内销售。

施乐欧洲公司在实施 JIT 采购后获得了显著成效，主要有：

其供应商数量从 3000 个减少到了 300 个；

入库交货的准时率高达 98%，其中有 79% 是在 1 小时内送达的；

仓库库存量大大降低；

整体物料成本减少了约 40%；

由于供应商物料质量的提高，绝大多数入库产品质检站被撤销；

因产品质量不佳而被拒收的产品数量从 17% 剧降到 0.8%；

由于标准化的包装，40 多个负责重新包装的职位被撤销；

入库运输配送总成本减少了 40%；

仓库给生产线的物料配送准时率提高了 28%。

第四节　制作底价

底价是指采购方打算支付的最高采购价格。底价的制作与物料品种及工程规格有相当密切的关系，其制作过程主要包括以下几个方面。

1. **确立采购规格**

知识链接

确立合理规格可达到以下目的：为买卖双方提供交易的依据；便于核算成本或提供报价；扩大报价厂商范围，达到竞争目的；促进交货顺利圆满地完成。

规格在采购工作中极其重要，不仅决定物料的品质，同时也影响交货日期、价格等采购条件。一般来说，常用的物料有统一的规格，并分别编定了物料号码，对于这种物料，规格可直接确定。对于非常用的物料以及尚未制定统一规格的其他物料，使用单位或技术部门可参考国家、其他同类或相关机构的标准，由本机构人员按照需要自行设计。对于有些无法事先说明尺寸的物料，可指定厂牌，说明要求条件，或提供样品，作为采购物料的标准。

2. **进行调查，收集信息**

对于一般性物品，企业可通过报纸、杂志、市场调查资料，各著名工厂厂价、同业公会牌价，过去采购记录或展览会、研讨会等多种渠道自行收集采购价格方面的信息。对于专业性强、技术性高的物品或工程，企业可聘请专业人员进行评估。

●重点提示

收集来的资料，只可作为参考，不可作为制定底价的唯一依据。

3. **分析信息，估计价格**

企业将市场调查所得的资料进行整理、分析，编制材料调查报告，并在此科学调查的结果上，估计采购物品的价格。

总之，底价的制作并非易事。底价定得太低，会造成厂商报价偏高而无法选出合适的供应商；底价定得太高，则会浪费钱财。因此，制作合理的底价，对于企业选择合适的供应商有很大作用。

操作要点

制作底价的主要过程是：

- 确立采购规格
- 进行调查，收集信息
- 分析信息，估计价格

第五节　正确进行询价

询价是指在贸易业务中，买方与卖方就所要购买或出售的商品向对方询问交易条件的行为。采购人员在制作完底价后，就需要联络供应商，向供应商进行询价了。

1. 编制询价文件

采购询价文件是供应商进行报价的依据。一个完整、正确的询价文件可以帮助供应商在最短的时间内提出正确、高效的报价。因此，编制一个载有足量信息的询价文件是进行正确询价的首要条件。

一个完整的询价文件中至少应包括以下几个主要内容：

（1）询价项目的品名和料号；

（2）询价项目的数量；

（3）询价项目的规格要求；

（4）询价项目的品质要求；

（5）询价项目的报价基础要求；

（6）买方的付款条件；

（7）询价项目的交期要求；

（8）询价项目的包装要求；

（9）运送地点与交货方式；

（10）询价项目的售后服务与保证期限要求；

（11）供应商的报价到期日；

（12）保密协定的签署等。

2. 确定询价对象

采购部门首先要根据采购需求，确定供应商的资格条件，对供应商的供货品种、信誉、售后服务网点等进行资格审查，然后根据资格条件以公平的方式确定被询价供应商的名单。

●重点提示

一般须选择三家以上供应商作为被询价对象。

3. 发布询价通告

企业选择一定渠道，与供应商联络，并向这些供应商发放询价通知书，通知书要附上采购人员与技术人员的姓名以及联络电话，以便进行进一步的沟通。

企业在发出询价通告后，就会吸引供应商报价，进而为后面完成一系列报价、议价过程奠定基础。

操作要点

进行正确询价需采取以下几步：

⇨ 编制询价文件

⇨ 确定询价对象

⇨ 发布询价通告

第六节　处理报价

采购人员在获得供应商的报价单后，就需要对这些报价单进行处理了。对报价单的处理一般需要以下几个步骤。

1. 审查报价单

采购部门在接到供应商的报价单后，要对他们提供的产品质量、数量、价格以及交货时间等方面进行审查。

●重点提示
审查报价单应于报价有效期内进行。

企业一般对报价单需审查以下方面：

（1）确定报价是否为有效期报价，有效期到何时为止，物资品牌、名称是否确定，是否为确定价款，有无浮动价格等条款；

（2）质量是否恰当，所报物料规格是否明晰周详；

（3）数量是否恰当，所声明物资数量及单位是否开列清楚，若附有数量增减条款是否合理；

（4）交货期是否及时，如果是从国外采购，订立的立即装船、即期装船及限期装船的条款是否合理；

（5）价格是否恰当，所报单价及总价有无错误；

（6）包装条款是否符合采购方的要求；

（7）交货条款责任是否合理；

（8）付款条款是否合理；

（9）有无其他特别条款等。

2. 分析评价报价单

采购部门在接到报价单后，对各供应商价格的高低、交货期的长短、付款条件的宽紧、交货地点是否适中等内容进行分析评价，以便选择恰当的供应商。

3. 确定成交供应商

采购部门在完成分析评价工作后，形成评价报告，确定成交的供应商，并将结果通知所有报价的供应商，包括未成交的供应商。

企业通过对供应商报价单的审查、分析，并与自己所制作的底价进行比较，确定出成交的供应商。至此报价处理完毕。

●重点提示

采购人在确定成交供应商时，必须严格按照事先确定的成交供应商评定标准执行。

操作要点

正确处理报价需采取以下几步：

- 审查报价单
- 分析评价报价单
- 确定成交供应商

第七节 议价

在采购活动中，议价的内容多是采购企业与供应商共同关心但又存在一定分歧的问题。议价的过程就是在维护自己利益的基础上消除分歧、达成一致的过程。那么，如何保证议价的成功呢？

1. 具备必胜信念

议价者要具备必胜的信念，敢于面对任何困难和挑战。既要有勇有谋，百折不挠，达到既定的目标，又要虚怀若谷，赢得对方信任，取得合作的成功。

2. 有耐心

耐心是战胜议价对手的一种战术与谋略，也是成功议价的心理基础。在议价中，议价者应更多地倾听对方意见，以了解和掌握更多的信息，掌握议价中的主动权。

3. 有诚意

只有双方有诚意进行合作，才会认真考虑对方的要求，合作双方的议价人员才会进行大量细致、周密的工作，认真考虑议价中可能出现的各种突发情况，互相理解、互相让步，以求达到最佳的合作效果。

4. 善于树立良好的第一印象

第一印象的形成取决于人的外表、着装、举止和言谈。通常情况下，仪表端庄，着装得体，举止大方稳重的人，较容易获得人们的好感。

在知觉认识中，第一印象很容易决定人们对某人某事的看法。因此，比较优秀的议价者都十分注意双方的初次接触，力求给对方留下好印象，赢得对方信任与好感，抬高议价的筹码。

5. 营造和睦气氛

和睦的议价氛围是议价双方良好沟通的基础，能够加快议价目标的实现。营造和睦的议价气氛通常有以下两种方法：一是尽量使自己的声调和语调平和、舒缓；二是采取让对方感到轻松的身体姿势。这样在交谈中就会不知不觉地营造出和睦的气氛，促成双方相互理解，达成一致。

6. 表述准确有效

在议价过程中，议价双方需要陈述自己的条件，说明自己希望达到的目标。这时，进行正确、完整、有效的表述非常重要。在说话时，要直视对方，切记不可埋头。

7. 正确的拒绝方式

议价者在应对对方提出的棘手问题时，需要说“不”。但是在说“不”的时候，需要讲究方式和方法。一般来说，成功的议价者在说“不”的时候，会将拒绝的原因放在前面，而后才表示拒绝。

8. 以成本为中心

议价应以成本为中心，而不是以价格为中心。因为在议价过程中不光是看自己对价格是否满意，还要看对方对利润是否满意。所以以成本为中心，提出合理的价格，是达成协议的条件。

对以上议价技巧的掌握，可以帮助议价者顺利地解决分歧，最终达成一致，获得双赢。

操作要点

成功议价需考虑以下几个因素：

- 具备必胜信念
- 有耐心
- 有诚意
- 善于树立良好的第一印象
- 营造和睦气氛
- 表述准确有效
- 正确的拒绝方式
- 以成本为中心

第十章 供应商开发与选择

俗话说：男怕入错行，女怕嫁错郎。而对于采购来说最怕的就是找错供应商。如果供应商选择不当，不管价格如何低，日后难免会出现很多问题。要找对供应商，首先必须扩大供应商的来源，然后从中选择最适合的供应商，使供应商为企业提供合适的产品和满意的服务，确保企业生产运作的顺利进行。因此供应商的开发与选择已成为采购实施过程中非常重要的一项工作。

关键词 供应商开发 供应商选择 供应商调查 潜在供应商 资格审查 评估供应商

第一节 对供应商进行调查

供应商开发的首要工作，就是要了解供应商。要了解供应商的情况，就要对供应商进行调查。供应商调查，在不同的阶段有不同的要求。一般分为三个阶段：一是对资源市场进行调查；二是对供应商进行初步调查；三是对供应商进行深入调查。

1. 对资源市场进行调查

企业针对所采购的商品或服务，系统地对资源市场进行调查，目的是通过调查把握供应商整体情况。这一阶段需要调查的内容有：

（1）资源市场的规模、容量、性质。如资源市场究竟有多大范围，资源量有多少，需求量有多少，是卖方市场还是买方市场，是完全竞争市场还是垄断市场，是新兴的市场还是没落的市场等。

（2）资源市场的环境。如市场的管理制度、规范化程度、经济环境、政治环境等条件如何，市场的发展前景怎样。

（3）资源市场总的水平。通过对众多供应商的调查资料进行分析，就可得出资源市场总的水平，如资源市场的生产能力、技术水平、管理水平、可供资源量、质量水平、价格水平、需求状况以及竞争性质等。

●**重点提示**

如果是没落型市场，要趁早替换产品。

2. 对供应商进行初步调查

供应商初步调查，是指对供应商的名称、地址、生产能力，所能提供产品的品种、数量、价格、质量还有企业所占有的市场份额、运输进货条件等基本情况进行调查。一般可以采用访问调查法，通过访问供应商单位市场部有关人员、用户、市场主管或者其他知情人士而获得信息。

通过访问建立起供应商卡片，也可以做成调查表的形式，由供应商填写。见表6：

表6　供应商卡片

公司基本情况	名　称					
	地　址					
	营业执照号			注册资本		
	联系人			部门、职务		
	电　话			传　真		
	E－mail			信用度		
产品情况	产品名	规格	价格	质量	可供量	市场份额
运输方式		运输时间		运输费用		
备注						

在对供应商初步调查的基础上，要对初步调查的资料进行分析，比较各个供应商的优势和劣势，选择满足企业需要的供应商。具体需进行以下分析：

（1）产品的品种、规格和质量水平是否符合企业的需要，价格水平如何。只有产品的品种、规格、质量水平全部符合企业的要求，才有可能成为候选供应商。

（2）企业的实力、规模如何，产品的生产能力、技术水平如何，企业的管理水平、信用度如何。

（3）产品是竞争性商品还是垄断性商品。如果是竞争性商品，则供应商的竞争态势如何，产品销售情况如何，市场份额如何，产品的价格水平是否合适。

（4）供应商相对于本企业的地理交通情况如何。进行运输方式分析、运输时间分析、运输费用分析，判断运输成本是否合适。

3. 对供应商进行深入调查

对供应商进行深入调查，是指经过初步调查后，对候选供应商进行的更加深入仔细的考察活动。也就是深入到供应商企业的生产线甚至管理部门，对供应商现有的设备工艺、生产技术、管理技术等进行考察，看供应商所提供的产品能不能满足企业的要求。有的甚至要根据所采购产品的生产要求，进行资源重组、样品试制，试制成功才算考察合格。只有通过深入的供应商调查，才能发现可靠的供应商，建立起比较稳定的采购物资供需关系。

知识链接

进行深入的供应商调查，需要花费较多的时间和精力，成本较高，一般只在对准备发展成紧密关系的供应商或寻找关键零部件产品供应商时才需要进行这种调查。

通过上述对供应商的调查，企业了解了供应商的基本情况，从而为今后与供应商长期稳定合作打下了良好的基础。

操作要点

对供应商进行调查的步骤有：

- 资源市场调查
- 初步的供应商调查
- 深入的供应商调查

第二节　寻找潜在供应商

供应商的开发与选择对企业的采购工作具有非常重要的作用，因此企业应利用多种渠道去寻找潜在供应商。这些渠道主要有以下几个方面。

1. 出版物

国际国内有大量的出版物为采购方提供信息。比较典型的有综合工商目录、国别工商目录、产品工商目录以及商业刊物。

贸易和商业刊物，特别是某个行业的期刊，可能会从世界范围或某一国别范围就本行业诸如供给与需求、技术改造等综合问题和评估供应商生产能力的方法等发布大量实用的信息。

重点提示

区域性或全球性的综合工商目录是一个非常实用的收集供应商信息的渠道，应多加关注。

2. 行业协会

行业协会也是寻找潜在供应商的重要信息渠道。一个国家的大多数工商企业都是行业协会的会员，采购方可以通过这些组织取得大量有关供应商的资料。

3. 专业化商业服务机构

一些非常著名的商业信息服务机构专门从事商业调查，并保存了大量知名制造商的资料。采购方可以通过有偿形式从这些机构取得关于供应商的技术、管理、财务或其他方面的年度报告。

4. 商业银行

商业银行也是获得供应商信息的重要渠道，但是通过银行取得供应商财务状况和资信等级等资料有些困难，因为供应商可能会授意他的开户银行向采购方出具无争议证书。所以利用这条渠道时，一定要选择信誉可靠的银行或与己方有业务往来的银行。

> **●重点提示**
>
> 一般在合同金额大或所采购产品技术性能复杂的采购中，使用商业银行这一调查渠道。

对这些渠道的了解和恰当运用，可以帮助企业尽快找到符合企业需要的潜在供应商。

> **操作要点**
>
> 寻找潜在供应商的渠道主要有：
>
> ⇨ 出版物
>
> ⇨ 行业协会
>
> ⇨ 专业化商业服务机构
>
> ⇨ 商业银行

第三节　对潜在供应商进行资格审核

一般来说，供应商的资格审核主要集中在两方面：一方面是对有采购意愿的所有供应商进行的审核；另一方面是对金额较大、技术要求复杂的招标项目而进行的资格初审。前者通常要求供应商提供基本资料，门槛较低；后者对技术能力、融资能力以及履约能力的情况进行审查，门槛较高。这两种审核有时是并行的，有时是兼容的，需要依据企业采购活动的具体情况而定。

针对具体的供应商的资格审核，可归纳为以下六个方面。

知识链接

国际上制订的供应商审核标准包括以下几个方面的内容：供应商是否合法注册、合法纳税并具有完成采购项目所需要的充足资金来源或具有获得这种资金的能力；是否具备必要的企业组织、生产或销售经验、财会与专业技术；是否具有规范的生产讯息工期和技术设备设施；是否具有良好的商业行为记录、良好的合同履行记录以及依照合约交货的能力。

1. 营业执照

营业执照是企业生产经营的许可证。营业执照中核定的经营范围是审核的重点。主营业务属于哪类，获准进入采购市场的企业就应定位在哪类，这有利于集中发挥企业的竞争优势，规范企业的非市场化行为。

2. 税务登记证

任何一家正规注册的公司都要到相关部门办理税务登记，因此，一个合格的企业法人应当拥有税务登记证。

3. 企业法人代码证

尽管当前企业法人代码证的作用并不十分显著，但随着社会网络化的推进，政府、企业、市场管理机关、行业主管部门以及社会公众通过条形码对企业的性质、经营范围、资信程度、是否有不良记录等相关情况了解的要求将大大增强，法人代码证上企业相关信息的共享和交流将成为必需。

4. 企业简介

企业简介是企业基本情况的介绍和宣传，包括企业生产经营内容、企业员工构成、企业业绩等。有些企业要求在企业简介上列举几项大宗业务，这客观上容易对新成立的企业或小企业进入采购市场产生限制，所以不宜明确提出或强行要求。

5. 行业资质

行业许可资质是我国目前在许多行业推行的准入制度，不同行业有不同的要求。资质证明是政府管理市场、规范企业市场行为的通行做法，通过对市场内某些活动的准入性审批，对市场不易解决或关乎国家和公众生计的资源配置问题进行调控。

●重点提示

在市场经济中，政府不是资源配置的核心，市场才是资源配置的核心。

6. 社会中介机构出具的验资或审计报告

采购部门对企业的资信，财务状况等情况不可能全面、广泛地了解和掌握，无论从人力上还是从时间上，既做不到又不经济。因此，采购部门应借助社会中介机构的力量对潜在供应商的企业会计报表进行独立审查，客观全面地了解企业最新年度的经营状况。

通过对潜在供应商的资格进行审核，筛选掉不符合要求的供应商，选出一批合格供应商，从而建立企业的供应商资料库，提高企业采购工作效率，降低采购成本。

表7　供应商资质审核表

编号

单位名称	
营业执照期限	
注册资金	
法定代表人	
联系人	
电话	
传真	

序号	经营许可证或授权证名称
1	
2	
3	
4	
5	
6	
7	
8	
业务管理部领导意见：	

操作要点

对潜在供应商需进行下列资格审核：

- 营业执照
- 税务登记证
- 企业法人代码证
- 企业简介
- 行业资质
- 社会中介机构出具的验资或审计报告

实用范例

广东移动电子采购平台供应商会员资质审核详细办法

1. 一类会员资质审核内容及供应商资质要求

(1) 企业经营资格。

企业必须提供以下证件之一的原件和复印件(加盖公章)。

① 营业执照;

② 企业法人营业执照;

③ 税务登记证;

④ 组织机构代码证;

⑤ 资质要求:企业性质不限,注册资金不得少于100万元人民币。(外国注册企业除外)

(2) 企业经营状况。

企业必须提供上一财政年度财务状况表之一的复印件(加盖公章)。

① 资产负债表;

② 损益表。

(3) 经办人身份证明。办理资质证明时,经办人必须提供以下资料的原件和复印件。

① 经办人身份证;

② 经办委托书。(加盖委托单位公章)

(4) 其他相关资质证明。当供应商符合下列条件时,必须提供相应的证明材料的原件及复印件。

① 代理销售其他公司的产品,必须提供相应的委托代理证明;

② 供应商生产、代理的特殊产品的必要的生产许可、质量证明;

③ 广东移动通信有限责任公司认为有必要提供的证明。

2. 二类会员资质审核内容及供应商资质要求

二类会员的资质审核要求参照一类会员执行,由相应的移动分公司进行审核。

3. 一类、二类会员证书制作

请一类、二类会员在资质审核完成后，将手中的电子钥匙交给南方互动数码科技有限公司，由南方互动数码科技有限公司做好证书后交给会员。

第四节　分析评估潜在供应商

对于潜在的供应商，采购方自己没有积累能够证明该供应商业绩的资料，因此对潜在供应商的评价主要集中在对其技术水平、制造条件与售后服务、生产能力、管理能力和财务实力等条件的评价上。评价的主要方面有以下几个。

知识链接

每个条件在评价过程中所占的比重依采购商品的具体情况而定。一般而言，采购的金额越大，采购商品的技术性能越复杂，就越需要采购方对潜在的供应商进行细致、深入的评定。

1. 技术水平

对供应商技术水平的评价主要是看他所提供的产品能否在质量上达到采购方的要求。产品质量在很大程度上取决于制造过程中技术水平、原材料和设备的质量。采购方需充分调查供货厂商的技术能力，确保采购商品的质量。

采购方可以组建由采购、设计、生产制造、财务等部门人员组成的专家小组，就潜在供应商的技术水平进行案头调研或实地查访。其中通过案头调研收集供应商的技术资料，可以利用“供应商调查表”来进行。如表 8 所示：

表 8　供应商调查表

供应商企业名称： 总部地址： 工厂地址：		
成立时间	所在国	
联系人姓名	职务	电话
企业主要负责人	职务	电话
1 2 3		
工厂负责人（请列出设计部、生产制造部、质量管理部主要经理）		
1 2 3		

主要产品	年份	近 3 年生产能力	近 3 年产量
1	1 2 3		
2	1 2 3		
3	1 2 3		

主要客户	采购商品	上一次采购日期
1 2 3		

而实地查访就是由采购方派人员到潜在供应商工厂、车间进行实地观察和访问。这种方式可以获得更为真实可靠的资料，但费用较高，尤其当供需双方距离较远时。但对于大型的仪器设备或采购金额巨大的重要采购，运用实地查访是必要的。

2. 制造条件和售后服务

满足采购方对采购商品数量、质量和交货期的要求，供货商需具备与采购方采购规模相配套的生产制造设备。设备陈旧或经常出现故障，会延误生产，更为严重的是会影响产品的质量。评价潜在供货厂商生产、制造能力的方法和技巧与评价他们技术水平使用的方法和技巧相同。不论采用什么评价方法，都要保证采购方能够对供货厂商的能力进行全面的评价。

随着生产的复杂化和产品科技含量的提高，很多产品和设备投入使用后，需要供货商提供完整的售后服务。售后服务系统也就构成了采购方评价潜在供货厂商的重要方面之一。此外，供货商的地理位置对采购方非常重要。地址邻近的、拥有完善售后服务系统的供货商具有更大优势。

重点提示

生产、制造设施本身并不是保证供货厂商履约的充要条件，只是必要条件。

3. 财务状况

供货商的财务状况是衡量他能否成为采购方未来合作伙伴的关键因素。财务力量薄弱意味着供货商在安排生产和交货方面有一定难度，因此采购方需加强对潜在供货商资信方面的审查。采购方可从每年公布的年度报告中了解供货商的财务情况，并通过分析了解供货商的清偿能力、资金周转率和利润收益。

4. 管理能力

管理能力的强弱是判断一个企业经营成功与否的重要标准之一。特别是在所采购商品金额巨大、性能复杂时，对供货商管理能力的评价就更重要了。采购方可通过分析潜在供应商的长期营业额和利润纪录，分析他们的管理系统和管理方式，或通过企业现有人员的水平来判断供应商企业的管理能力。

通过对供应商以上四种能力的分析、评估，采购方可以选出最合适的供货商。

知识链接

一般而言，不同的潜在供应商运用的管理原则、管理方式不会完全相同。所以，在两个供应商之间直接比较他们的管理能力是比较困难的。但是采购方可以对各项管理要素采用评分的方法来判断和评价供应商的管理能力。

操作要点

对潜在供应商的分析评估包括下列内容：

- 技术水平
- 制造条件和售后服务
- 财务状况
- 管理能力

实用范例

某公司认为供应商的产品质量、技术水平、财务实力、管理能力对公司的影响很大，因此需对潜在供应商进行这四个方面的评估。以下为该公司对甲、乙、丙三个潜在供应商管理能力的评分考核表。

供应商评分考核表

潜在供应商	产品质量	技术水平	财务实力	管理能力	总分（满分为100分）
甲	30	30	20	15	95
乙	20	20	30	15	85
丙	25	20	15	30	90

通过对供应商各要素总分进行比较，选出最优潜在供应商。如表中

甲供应商的总分最高，因此应优先考虑甲供应商。

第五节 分析评估现有供应商

评价供应商的主要工作就是确定在供应商评估过程要考虑的因素，调查、收集有关供应商的全方位信息。在实施评估的过程中，由于市场需求不断发生变化，还需要根据实际情况及时修改评价标准或选择新的评价标准。一般而言，对供应商的评估主要考虑以下因素。

1. 价格因素

主要是指供应商所供给的原材料、初级产品或消费品的价格。供应商的产品价格决定了采购方的成本、利润大小和整个企业的投入产出比，因此能否以较低的价格采购到所需要的产品对于采购方很重要。

2. 质量因素

主要是指供应商所供给的原材料、初级产品或消费品的质量。其实，一个企业要生存和发展，提供符合质量的产品和服务已经成为最基本的条件。供货质量是影响采购方产品质量高低的一个重要因素。如果质量低劣，会影响采购方生产的质量，使采购方产品缺乏市场竞争力，最终被淘汰出市场。

●重点提示

质量因素是评估供应商时需考虑的最基本的因素。

3. 交货提前期因素

市场的波动会对企业产生影响，导致企业间各级库存的波动。交货提前期的存在，必然造成各级库存变化的滞后性和库存的逐级放大效应，使企业的库存增加，占用大量的资金。交货提前期越短，库存量的波动就越小，企业对市场的反应速度就会越快，就越能生产出适销对路的产品，获得更大的收益。

4. 交货准时性因素

如果供应商的交货准时性差，就会影响生产商的生产计划和销售商的销售时机，产生大量的浪费。为了降低库存，许多企业实行即时生产(JIT)，在这种生产方式下，供应商交货的准时性就更为重要了。

5. 品种柔性因素

企业只有提高柔性生产能力，生产多样化的产品，才能适应消费者需求的个性化，才能提高企业产品的市场竞争力。而这些都是以供应商的品种柔性生产能力为基础的。

6. 设计能力因素

在市场竞争日益激烈的今天，企业间的合作非常重要。产品的研发和设计已不仅仅是生产商分内之事，供应商也要承担部分的研发和设计工作，提高供应的灵活性。因此，供应商的设计能力也应属于考虑的范畴。

7. 特殊工艺能力因素

每种产品都应具有独特性，没有独特性的产品在市场上的竞争力就弱，而产品的独特性要求特殊的生产工艺。所以，供应商要有自己的特殊工艺生产能力。

8. 供应商的信誉

供应商守合同、讲信誉是评估时要考虑的重要因素之一。一个信誉较差的供应商能否按时交货，企业必存疑虑。

知识链接

调查显示，目前我国企业在对供应商进行评估时，几乎所有的企业都会考虑产品的质量因素，92.4%的企业会考虑价格因素，69.7%的企业会考虑提前期因素。

在对现有供应商进行诸如价格、质量、交货期、设计能力、信誉等方面的综合评价后，企业对现有供应商的能力就有了清楚的了解，如符合企业要求，则继续合作，否则更换新的符合要求的供应商。

操作要点

对现有供应商的评估需要考虑：

- 价格因素
- 质量因素
- 交货提前期因素
- 交货准时性因素
- 品种柔性因素
- 设计能力因素
- 特殊工艺能力因素
- 供应商的信誉

第六节 选择供应商

选择供应商就是要求供应商在能持续满足企业设定的质量要求与按时供货前提下，与企业方进行有效的沟通，提升产品的整体市场竞争力。选择供应商的步骤如下。

1. 进行环境分析

采购方在选择供应商时，首先必须进行企业内外环境分析，同时分析现有供应商和潜在供应商的现状，分析和总结企业存在的问题。

企业的内在环境主要包括企业文化、企业的发展阶段、企业的核心竞争力、企业的管理方式、企业的组织构架、企业的技术特性、企业生产产品的市场状况及企业的决策制度和程序等。

企业的外在环境主要包括政府的有关政策、社会文化、技术的更新、市场的开放程度、产业竞争行为和竞争程度等方面。

2. 制定供应商选择规划

供应商的选择是程序化的，因此，利用供应商选择机制进行供应商选择时，必须从战略角度建立供应商的选择目标和标准，不仅要确立原则性问题，还应明确具体的实施细则。这些目标和标准要与企业整体的长期目标、规划及战略相适应，要为企业提高核心竞争力和市场竞争力服务。不同的行业和企业对供应商的要求是不同的，应在体现科学性、灵活性、稳定性和特殊性的基础上制定供应商选择规划。

3. 建立供应商选择和实施的团队组织

企业必须建立一个以合作性和时效性为基础的团队组织以控制和实施供应商的选择。团队组织的成员可以由企业内部的管理，采购，质量，生产，市场和技术等部门人员、企业外部的市场调研，咨询等相关公司或部门的人员组成。

4. 市场调研和数据采集

市场调研和数据采集是建立选择机制的起始环节，市场调研和数据采集的成功与否是供应商选择是否有效和能否准确实施的关键。要根据供应商的选择机制模型设计出具体可行的市场调研问卷，采用切实可行的方法和程序对选择的供应商进行调研，并将调研数据归类整理。

5. 在现有供应商和潜在供应商中选择

在现有供应商和潜在供应商中选择符合要求的供应商，是供应商选择机制的最后环节。根据现有供应商和潜在供应商的供应能力，按照选择标准，利用得到的调研数据，对现有供应商和潜在供应商进行排序，从中选择最佳供应商。

通过以上步骤，企业可以选择出合适的供应商并与供应商建立合作关系，从而满足企业的生产需要。

操作要点

对供应商进行选择需要做好下述工作：

- 进行环境分析
- 制定供应商选择规划
- 建立供应商选择和实施的团队组织
- 市场调研和数据采集
- 在现有供应商和潜在供应商中选择

第十一章 供应商控制与管理

随着经济的发展和竞争的加剧，企业若想赢得竞争优势，必须做好上游供应商的控制和管理工作。然而近年来，我国企业虽然进行了内部管理和外部合作的变革，但对供应商的控制和管理还是一个盲点。如果不予以重视，这一环节将成为我国企业未来发展的一大障碍。因此，加强对上游供应商的控制和管理将是今后企业管理的重点之一。

关键词 供应商控制 完全竞争控制 合约控制 伙伴关系 供应商管理

第一节 完全竞争控制

许多企业可以对市场信息做出迅速反应，并使企业战略做出相应调整，这都与供应商息息相关。建立良好的供应商控制体系对于企业来讲，不仅可以降低采购成本，还可以减少由于供应商变动可能导致的间接损失。在买方市场环境下，企业可以通过完全竞争控制的方法对供应商进行控制。运用此方法，需从以下几点着手。

1. 建立买方市场

完全竞争的控制方法在卖方垄断的市场上是无法使用的。因为如果供应商实力强大而将供应方的市场垄断了，他们就不会因为抢购订单而做出让步、接受企业的控制。在这种情况下，企业只能是接受者。所以，企业只有靠自己的实力形成买方的市场环境时，完全竞争控制才是可行的。这时，供应商就会为了获得企业的信赖而进行竞争，从而给企业带来好处。

重点提示

完全竞争控制的方法只在买方市场环境下才适用。

2. 控制成本

对于一个企业来说，降低成本贯穿于企业经营管理的始终。在完全竞争控制中，企业拥有更多讨价还价的筹码，可以通过提供全面准确的资料促使供应商在谈判过程中做出一些让步，使供应商为了取得竞争优势而不断提高产品质量，以达到控制生产成本的目的。

3. 信息完全化

市场的完全竞争必然伴随着信息的充分传递。由于完全竞争控制人为地创造了一个局部的完全竞争市场，这也就实现了在这一市场环境中企业向信息完全化的靠近。由于供应商的激烈竞争，价格和信息都逐渐趋于客观，从而可以使企业在坐观供应商之间竞争的同时，得到较为全面准确的价格及质量信息。

知识链接

一般来说，完全竞争控制主要是控制企业的购货成本及一些由于质量控制而发生的成本。

4. 完善市场竞争机制

企业尽可能选择更多的合格供应商，并创造良好的市场竞争环境，让他们在公开、公平、公正的市场环境中参与竞争。这时，企业就可以通过完全竞争来控制其上游的供应商。这对于企业追求利润最大化，将是非常有利的。

通过对供应商进行完全控制，企业可达到降低成本、提高效益的目的。

> **操作要点**
>
> 对供应商进行完全竞争控制需从以下几点着手：
>
> ⇨ 建立买方市场
>
> ⇨ 控制成本
>
> ⇨ 信息完全化
>
> ⇨ 完善市场竞争机制

第二节　合约控制

合约控制是一种介于供应商正常交易管理模式和伙伴管理模式之间的供应商控制方法，是以购销双方在今后的具体活动中能更好地履行各自权利义务的框架协议为基础的一种控制模式。进行合约控制，需从以下几点着手。

1. 营造宽松的市场环境

合约控制是一种中性的控制方式。它在除卖方垄断以外的市场结构中都可以得到一定的应用。因此，企业应充分利用自己的实力或已有的信息力争建立一个非卖方垄断的宽松环境，使自己通过合约控制得到更加优厚的条件，从而获得更多的利润。

2．节约生产成本

合约控制所带来的生产成本上的节约和完全竞争控制是不同的。从成本压缩的程度上来看，完全竞争控制可以得到较为合理的价格，但并不是最低的，而且由于市场价格有着周期性或非周期性的波动，企业也会承担或多或少的成本。而合约控制带来的成本控制程度是相当深的。企业可能由于自己实力强大或与供应商的长期合作，通过谈判获得低于完全竞争控制的价格。

3．加强企业合作

合约控制的一个关键性问题就是企业间关系的建立和维护。这种关系不能够维持，对于企业和供应商来说都是一个损失。因此，如果希望通过合约控制来达到控制供应商的目的，企业就必须与一些优秀的供应商建立良好的关系，并在合约控制过程中对双方的利益和关系进行积极的维护。

对供应商进行合约控制，加强同供应商的合作，可以使企业达到降低成本的目的。

操作要点

对供应商进行合约控制需从以下几点着手：

⇨ 营造宽松的市场环境

⇨ 节约生产成本

⇨ 加强企业合作

第三节 防止被供应商控制

许多企业对于某些重要材料的采购过分依赖于一家供应商，使得供应商占据主动地位，左右采购价格，使企业处在进退两难的境地。尽管从表面上看来，企业已无计可施，但认真分析后，企业仍可能采取一些行之有效的措施，变被动为主动，争取到自己应得的利益。

1. 再找一家供应商

独家供应有两种情况：一是供应商有多家，但只向其中一家采购；另一种是仅有一家供应商。对于前一种情况，只要多找几家供应商，由一家供应变成多家供应，造成卖方的竞争，自然会限制供应商随意抬高价格；对于后一种情况，企业可以通过开发新的供应商或寻找替代品来扩大供应范围。

2. 增强相互依赖性

企业可以增加对某一家供应商的采购量，增加这家供应商在供应量中所占的比重，增强供应商对企业的依赖性。这样，该供应商为了维护自己的长期利益，就不会随意哄抬价格。

3. 更好地掌握信息

要清楚地了解供应商对企业的依赖程度，并对这些信息加以利用。如某公司虽然只有一家货源，但发现自己在该供应商的三家客户中采购量是最大的，供应商对自己依赖性极强，结果在要求降价时使供应商做出了很大让步。

4. 注意业务经营的总成本

当企业只有一家供应商供货时，供应商可能会利用企业对自己的依赖而制定较高的价格，但企业可以说服供应商在其他非价格条件上做出让步。

知识链接

潜在的节约成本的机会有下面三种。

送货。洽谈合适的送货数量和次数，可以降低仓储和货运成本。

延长保修期。保修期不要从发货日期开始计算，而从首次使用产品的时间算起。

付款条件。只要放宽正常的付款条件，就会带来节约。

5. 让最终客户参与

如果企业能与最终客户合作并向他们解释只有一家货源的难处或他们所不了解的其他选择，最终客户往往可以让企业获得其他货源，从而使企业摆脱供应商的垄断。

6. 协商长期合同

如果企业长期需要某种产品，可以考虑订立长期合同，并采取措施确立产品的最大需求量以及需求增加的时机，从而保证持续供应和对价格的控制。

7. 与其他企业联合采购

与其他具有同样产品需求的企业进行联合采购，由一方代表所有企业进行采购，这样可以增强企业的力量，瓦解供应商的优势。

企业可通过上述措施，逐渐摆脱被动的局面，最大限度地获得利益。

操作要点

防止被供应商控制的措施有：

⇨ 再找一家供应商

⇨ 增强相互依赖性

⇨ 更好地掌握信息

⇨ 注意业务经营的总成本

⇨ 让最终客户参与

⇨ 协商长期合同

⇨ 与其他企业联合采购

第四节　与供应商建立伙伴关系

一般来说，企业与供应商之间的伙伴关系都是由企业驱动的，因为一般开展供应商伙伴型关系管理的企业在管理等方面通常都优于供应商，从而有足够的影响力说服供应商参与到改进活动中来。企业在建立供应商伙伴关系时，需做如下方面的工作。

1．确定伙伴型供应商的大致范围

企业采购部门首先要对供应市场进行调研，收集相关供应商的信息，并在此基础上对供应商进行评价，确定伙伴型供应商的大致范围。

表9　供应商关系表

	层次	类型	特征	适合范围
供应商关系	5	自我发展的伙伴供应商	优化协作	态度、表现好的供应商
	4	共担风险的供应商	强化合作	
	3	运作相互联系的供应商	公开、信赖	
	2	需要持续基础的供应商	竞争游戏	表现好的供应商
	1	已经认证的供应商	现货买进关系	合作方便、合格的供应商
		可考虑的供应商		潜在的供应商
		不可接受的供应商		不合适

2. 使供应商得到改进

采购部门根据企业对供应商伙伴关系的要求，明确具体的目标及考核指标，制订行动计划，并通过供应商会议、供应商访问等形式，使供应商围绕企业制订的行动计划进行改进。

●**重点提示**

行动计划与目标必须在公司内部达成一致，并要取得供应商的支持与认可。

3. 进行合理化调整

供应商进行改进后，企业需对供应商如产品质量、交货速度、新技术开发和成本等方面进行跟踪考核，定期对其进度进行检查，及时反馈改进要求，并根据长期的观察结果，对供应商的数目和类型进行合理调整。

4. 建立伙伴关系

企业在进行合理化调整后，与符合要求的供应商建立伙伴关系，将其战略发展能力纳入到企业的中长期战略计划中，为双方的共同发展做出努力。

通过对供应商的分析评价和合理化调整，将其发展战略纳入到企业的发展战略中，采购方就与供应商建立了伙伴关系。

操作要点

企业建立与供应商的伙伴关系需要下列步骤：

⇨ 确定伙伴型供应商的大致范围

⇨ 使供应商得到改进

⇨ 进行合理化调整

⇨ 与所选供应商建立伙伴关系

第五节　供应商管理

对供应商进行管理，企业要完善内部机制，教育员工把供应商当做伙伴，与供应商进行友好合作，从而引导供应商为企业服务。企业在对供应商管理过程中，具体需做好以下几方面工作。

1. 确立主次供应商

对供应商的产品质量、供货能力和价格进行分析评价，确定主供应商和次供应商。在主供应商处，采购量应占总量的70%～80%；在次供应商处采购量占总量的20%～30%。这样，既牵制了主供应商，避免了断货的危险，又可使供应商保持一定的竞争关系，使企业获利。

2. 积极与供应商沟通

●**重点提示**

在与供应商沟通中，一些技术要求、工作语言要统一标准。

与供应商积极进行沟通，以书面形式详细地表达企业对供应商的要求，并与供应商的生产管理和研发人员建立良好的关系，让供应商全面了解采购工作的要求。

3. 就近寻找合格的供应商

供应商离企业越近，运输费用就越低，机动性就越高，协调沟通就越方便，采购成本就越低。因此，对供应商进行管理，距离也很重要。

4. 对供应商进行定期考核

很多中小企业在确定供应商之后，往往对供应商放松日常管理，以致供应商也渐渐懈怠了对产品的管理。在供应商确定以后，企业就应定期按产品退货率、交货逾期率和问题配合度三个方面对供应商进行评价，并设立标准，进行考核。

知识链接

$$退货率=\frac{退货次数（或件/个数）}{采购进货次数（或件/个数）}\times 100\%$$

$$逾期率=\frac{期内实际逾期交货额}{期内应当完成交货额}\times 100\%$$

问题配合度考察的是供应商协助分析、解决问题的精神。

5. 培养长期协作能力

面对激烈的市场竞争，企业对产品的改进和研发要求也越来越高。要善于与供应商合作，与供应商共同协商改进产品。

6. 帮助供应商成长

帮助供应商成长是维持双方良好合作关系的好方法。在帮助供应商进步的同时，企业也得到了发展。企业可通过派质量管理技术人员帮助供应商完善检验制度，派熟练的技术工人帮助供应商培训其员工队伍等方法帮助供应商成长。

7. 完善内部采购机制

分散企业采购的考核权限，让采购员、检验员、仓库管理人员、财务人员和技术人员共同组成考核小组对供应商进行考核，并让全体员工参与监督。通过权力制衡和全员监督，达到完善采购机制的目的。

操作要点

对供应商进行管理需做好以下几方面的工作：

- 确立主次供应商
- 积极与供应商沟通
- 就近寻找合格的供应商
- 对供应商进行定期考核
- 培养长期协作能力
- 帮助供应商成长
- 完善内部采购机制

实用范例

某电子工厂在安装流程中需要用小锤将配件轻敲入产品内，因此生产线上的每个工人均需配一把小锤。此方法从这个配件购进之日起就采用，已实行了2年。工厂新领导上任后，决定整顿采购业务，加强与供应商的协作，并积极与供应商进行沟通。在与供应商一起到生产现场进行参观、研究后，供应商提出了改进意见，帮助企业做出了改进。他们在模具上留了一小卡口，在安装时推入即可。这一改进，使这家电子工厂节约了2/3的安装时间，也节约了工具费。

第三篇

运输与配送管理

第十二章 运输管理

我们知道，创造物品空间效用和时间效用是物流系统两项最主要的功能，它们分别通过运输和存储来实现。运输作为物流的核心功能之一，其成本几乎占物流总成本的一半。近年来，节约物流成本被公认为企业的又一大“利润源”，被专家称为“第三利润源泉”。那么如何对运输进行科学管理，从而使效益最好、成本最小呢？这里面其实是大有学问的。

关键词 合理化运输 定性分析法 定量分析法 运输服务商 运输路线选择 运输计划 控制运输成本

第一节 实现合理化运输

运输是物流系统中一个涉及面广的复杂系统，其中任何一个子系统的工作质量和功能状态都将影响到全局。对整个运输过程进行系统研究，找出不合理因素，实现系统最优化，从而最大限度地节约成本。

1. 九种常见的不合理运输

（1）对流运输。亦称“相向运输”或“交错运输”，指同一种货物在同一条线路上或平行线路上进行相对方向运送，而与对方运程的全部或部分发生重叠交错的运输。

（2）空驶。顾名思义就是空车无货载行驶，是不合理运输的最严重形式。

（3）迂回运输。是舍近求远的一种运输方式，即本来可以选取短距离路线，却选择路程较长路线进行运输。

（4）重复运输。本来可以直接将货物运到目的地，但未到目的地就将货物卸下，再重复装运送达目的地。

（5）倒流运输。是货物从销售地或中转地向产地或者起运地回流的一种不合理运输现象。

（6）过远运输。就是指调运物资舍近求远。

（7）运力选择不当。未对各种运输工具的优势进行比较而不正确地选择运输工具。

（8）托运方式选择不当。

（9）超限运输。这种运输超过规定的长度、宽度、高度或重量，容易引起货物、车辆和公路路面及公路设施的损坏，还会造成严重的安全事故。也是当前表现突出的不合理运输。

2. 如何采取措施使运输合理化

针对上面的几种不合理运输，企业可以采取以下措施来优化自己的运输系统：

（1）提高运输工具实载率。提高实载率的意义在于：充分利用运输工具的额定能力，减少车船空驶和不满载行驶的时间，减少浪费。据统计，汽车运输的实载率每下降1%，每吨货的油耗约上升1%～2%。

（2）混合配送减少动力投入。当前，国内外开展的混合配送，优势之一就是将多家需要的货和一家需要的多种货实行配装，以充分合理利用容积和载重。另外，在铁路运输中，采用整车运输、合装整车、整车分卸及整车零卸等形式，都是提高实载率的有效措施。

知识链接

实载率有两个含义：一是单车实际载重与运距之乘积和标定载重与行驶里程之乘积的比率；二是车船的统计指标，即一定时期内车船实际完成的货物周转量（吨/公里）占车船载重吨位与行驶公里之乘积的百分比。

（3）减少动力投入，增加运输能力。这种合理化的要点是，少投入、多产出，走高效益之路。国内外在这方面的有效措施有：

①“满载超轴”法。其中“超轴”的含义就是在机车能力允许的情况下，多加挂车皮。

② 水运拖排和拖带法。竹、木等物资的运输，利用竹、木本身浮力，不用运输工具载运，采取拖带法运输，可省去运输工具本身的动力消耗从而求得合理；将无动力驳船编成一定队形（一般是纵列），用拖轮拖带行驶，比一般船舶载乘运输运量大，借此求得合理化。

③ 顶推法。是我国内河货运采取的一种有效的方法，即将内河驳船编成一定队形，由机动船顶推前进。其优点是航行阻力小，顶推量大，速度较快，运输成本很低。

④ 汽车挂车。汽车挂车的原理和船舶拖带、火车加挂基本相同，都是在充分利用动力的基础上增加运输能力。

（4）借助社会化的运输体系。运用丰富的社会资源，将一些运输服务外包或者和其他企业合作。因为社会化运输体系中，多式联运体系是水平较高的方式。联运方式充分利用社会各种运输系统，通过协议进行一票到底的运输，在近年来得到很多企业的青睐。

（5）“以公代铁”。这一措施的要点，是在公路运输经济里程范围内，或者经过论证超出通常平均经济里程范围时，都尽量利用公路。

（6）发展直达运输。直达运输是追求运输合理化的重要形式，其要点是通过减少中转过载换载，提高运输速度，省去装卸费用，降低中转货损。

（7）配载运输。是充分利用运输工具、载重量和容积，合理安排装载的货物及载运方法的一种运输方式。配载运输也是提高运输工具实载率的一种有效形式。

（8）发展特殊运输技术和运输工具。随着运输技术的发展，人们发明了很多特殊运输工具来解决运输中的问题：专用散装及罐车解决了粉状，液态物运输损耗大、安全性差等问题；袋鼠式车皮、大型半挂车解决了大型设备整体运输问题；“滚装船”解决了车载货的运输问题等等。

●重点提示

运输的合理性评价通常参考如下因素：运输距离、运输环节、运输工具、运输时间、运输费用。

（9）通过流通加工，使运输合理化。有不少产品由于本身形态及特性，很难实现运输的合理化。但是通过适当加工，就能够有效地解决一部分运输问题。

当然上述方法只是一些典型的做法，具体采用哪一种还要根据自己的实际情况灵活选择。

操作要点

为了做到运输合理化，需掌握以下几点：

⇨ 了解自己企业存在哪些不合理运输

⇨ 采取措施使运输合理化。

⇨ 注意运输合理化的影响因素

实用范例

广东龙骏公司在物流合理化运作上有以下几个特点：

1. 结点建设

（1）建立卡车货物集散调配中心。经济总量增加，给城市间、区域间的物流提出了愈来愈高的要求，而货物集散中心恰恰是解决城市货物集散的基础设施。龙骏公司利用地处高速公路和国道间的优势，首先建立了为公共服务的卡车货物集散中心。其作用是利用货物集散中心给生产企业提供运输服务、存储服务及其他物流服务，利用 Internet 与生产企业、流通企业（含商流、物流企业）结成合作伙伴，建立信息网络并通过网络结成联盟形成龙骏物流资源。

(2) 建设物流中心。国内物流结点建设落后，而政府和企业对其需求日益增大，所以龙骏物流公司在各地寻找合作伙伴，建立不同模式的物流结点，最终通过信息平台将各地结点编织成遍及全国的物流网络。

2. 输出物流管理

从目前我国的现状来看，大多数生产企业的物流管理处于一种粗放状态。为尽快扭转这一状况，除提供物流设施服务外，龙骏还为企业提供物流系统的设计、建设、管理服务，物流系统软件的开发、运作、销售服务及培训服务，通过推广软件及输出管理方式，与对象企业结盟，最终建成遍及全国的物流连锁网络。龙骏认为，这种服务类似房地产开发商与物业管理公司之间的业务关系。

第二节 选择运输方式的定性分析法

一个现代化的综合运输体系是由五种主要的运输方式及其相应的配套设施组成的。这五种主要方式是铁路运输、公路运输、水路运输、航空运输和管道运输。每一种运输方式都有各自的特点和竞争优势。定性分析就是对五种运输方式的主要经济特征做出判定，如它们的运输速度、运输工具容量和线路、运输能力、运输成本、环境影响。优点是简单、实用，对管理者的经验要求不高。

1. 什么情况下选用铁路运输

铁路运输一般有如下特点：运输批量大、范围广，运输速度较快，运输费用较低；受气候影响小；手续较烦琐，占用土地多；运输速度在

80～160公里/小时；载重量很大，一般可以达到3000吨；成本相对比较低。我国铁路网十分发达，铁路是我国主要的运输工具。

综合以上特点，铁路适用于大宗、笨重物资和杂件货等中长途运输，运输距离一般在800～2500公里内最佳。

2. 什么情况下选用公路运输

公路运输的特点如下：机动灵活，适应性强，短途运输速度快；能源消耗大，成本高，对空气污染严重，占用土地多。机动灵活性是公路运输的最大特点，公路的运输速度为80～120公里/小时。任何国家的公路网都是最发达的运输系统，与铁路相比，公路运输成本高，对环境污染大，主要包括大气污染、噪音污染等。

所以，公路运输适合短途运输（运输距离一般在800公里内）、零担运输、门到门运输，特别是同省城市之间或者同城的货物运输，比如现在的货物配送、速递业务等都是用公路运输方式。

3. 什么情况下选用水路运输

水路运输有如下特点：运输能力大，成本低廉，速度慢，连续性差，能源消耗及土地占用都较少。河运速度为8～20公里/小时，海运为10～25公里/小时。水路运输的载重能力最大，从几千吨到几十万吨载重量的船舶都有，但速度相对来说比较慢，需要时间较长。

所以，水路运输适合于中长途大宗货物运输、海运，特别是国际货物运输。很多国际货物运输都是通过海运进行的。

4. 什么情况下选用航空运输

航空运输的特点主要是速度快，成本高，而且对环境污染严重，运输途径也比较受限。

因此，航空运输一般用于中长途及贵重货物、保鲜货物运输；对时间要求比较高的贵重或者小件商品一般也用航空运输，比如现在的速递业务等。

5. 什么情况下选用管道运输

管道是一种新型的运输工具，它具有运输能力大、占用土地少、成本低、连续性强等特点。

管道运输一般用于长期稳定的流体、气体及浆化固体运输，比如石油和天然气的运输等。

总之，上述方法只是参考，由于运输的需求千差万别，具体环境也各不相同，具体采用什么方法还要具体问题具体分析。很多时候是多种方式结合使用。

操作要点

根据具体情况选择合理的运输方式包括：

- ⇨ 铁路运输
- ⇨ 公路运输
- ⇨ 水路运输
- ⇨ 航空运输
- ⇨ 管道运输

实用范例

总部位于美国田纳西州的联邦快递（Federal Express，FedEx）成立于1973年4月，是全球规模最大的快递公司之一。到1999年该公司拥有营运货机643架，货车43000辆，全球员工138000人，为全球用户提供24～48小时之内的门到门配送服务。FedEx的全球投递地点约42969个，全球平均处理货件量每天超过310万件，运输量每天大约9400吨，航空货运量每天大约260吨。FedEx十分注重运输方式的选择，它专门有一套信息系统统一管理全球的运输网点，通过优化自己的运输系统，根据客户的需求采取不同运输方式，每年可以节约数亿美元的运输成本。

第三节　选择运输方式的定量分析法

选择运输方式的定性分析法具有简单、实用的特点，被企业广泛应用。在涉及小规模运输时，企业借助定性分析，并根据自己的经验，就可以合理地选用运输方式；但当涉及大宗运输货物，并且需要从两到三种方式中选优时，就要借助于定量分析。下面介绍两种常用的定量分析方法。

1. 成本比较法

如果不将运输服务作为竞争手段，那么能使该运输方式的成本与服务水平达到平衡的运输方式就是最佳选择，即既能满足客户需求，又使总成本最低。这也是成本比较法的基本思想。为了进一步说明此种方法，请看下面的例子：

[例1] 某公司欲将产品从A地的工厂运往B地的公司自有仓库，年运量D为700000件，每件产品的价格C为30元，每年的存货成本I为产品价格的30%。公司希望选择使总成本最小的运输方式。据估计，运输时间减少一天，平均库存成本可以减少1%。各种运输服务的有关参数如表10所示：

表10　运输服务相关参数表

运输方式	运输费率（元/件）R	运达时间（天）T	每年运送批次	平均存货量（件）Q/2
铁路	0.1	21	10	100 000
水路	0.15	14	20	50 000 × 0.93
公路	0.20	5	20	50 000 × 0.84
航空	1.40	2	40	25 000 × 0.81

在途运输的年存货成本为 ICDT/365，两端存储点的存货成本各为 ICQ/2，但其中 C 值有差别：工厂的存储点 C 为产品的价格，购买者存储点的 C 为产品价格与运费之和。

现在有四个运输方案：铁路运输、水路运输、公路运输和航空运输。哪个方案是最优的呢？问题解决步骤如下：

（1）根据题目给出的条件核算每种运输方案的成本（见表 11）；

（2）从下表可以看出四种运输方式总成本最小的是公路运输，为 984821 元，与最高的航空 1387526 元相比，节约了 402705 元。

表 11 运输方案比较表

单位：元

成本类型	计算方法	运输服务方案	
		铁 路	水路运输
运输	R×D	0. 10×700 000=70 000	0. 15×700 000=105 000
在途运输	ICDT / 365	0. 30×30×700 000 ×21/365=345 205	0. 30×30×700 000× 14/365=241 644
工厂存货	ICQ / 2	0. 30×30× 100 000=900 000	0. 30×30×50 000× 0. 93=418 500
仓库存货	ICQ / 2	0. 30×30. 1× 100 000=903 000	0. 30×30. 15×50 000× 0. 93=420 593
总成本		2 218 205	1 185 737
运输	R×D	0. 2×700 000=140 000	1. 4×70 000=980 000
在途运输	ICDT / 365	0. 30×30×700 000× 5/365=86 301	0. 30×30×700 000× 2/365=34 521
工厂存货	ICQ / 2	0. 30×30×50 000× 0. 84=378 000	0. 30×30×25 000× 0. 81=182 250
仓库存货	ICQ / 2	0. 30×30. 2×50 000× 0. 84=380 520	0. 30×31. 4×25 000× 0. 81=190 755
总成本		984 821	1 387 526

2. 竞争因素法

运输方式的选择如果直接涉及竞争优势，则应该考虑用竞争因素法。竞争使购买方将更大的订单转向能提供较好运输服务的供应商，这样供应商可以从这些订单中获取更多利润，从而弥补为了选取更好的运输方式而增加的成本。好的运输方式意味着好的物流服务和更多的利润，因此物流供应商之间就有了竞争的激励。当一个供应商为了争取买方而选择最佳的运输方式时，参与竞争的其他供应商也会做出相应反应。

在存在竞争的环境下，供应商不能只考虑直接成本，还要考虑运输方式对库存成本的影响以及运输绩效对物流渠道成员购买选择的影响。回顾本章例1，显然总成本最低的是公路运输，此时利润最大。但如果竞争对手为了争取同一客户，采用铁路运输，虽然利润没有公路运输大，但却提高了物流服务水平，从而成功地争取到客户。运用竞争因素法，要注意以下几点：

（1）买方和供应商对彼此成本的了解将促进双方有效合作；将自己的成本信息部分反馈给买方对供应商有利。

（2）在竞争激烈的环境中，买方和供应商都应该采取合理的行动来平衡运输成本和运输服务，以获得最佳收益。

（3）注意价格影响。假如供应商提供的运输服务优于竞争对手，他很可能会提高服务价格来补偿（至少部分补偿）增加的成本。所以，作为运输服务的买方要衡量产品价格和运输绩效。

（4）运输费率、产品种类、库存成本的变化和竞争对手的反应加大了问题的难度，涉及多方博弈。

总之，竞争因素法更接近实际情况，更实用，但与成本法相比起来，操作性较差。在竞争激烈的环境中我们最好用竞争因素法；反之，则用成本法。

操作要点

运用定量分析法选择运输方式要考虑的问题如下：

- 如何用成本法选择运输方式
- 如何用竞争因素法选择运输方式
- 成本法和竞争因素法的比较

第四节　选择运输服务商

由于运输业竞争激烈，对于同一种运输方式，企业就有机会面临不同的运输服务商。如何在不同运输服务商中做出决策呢？总体而言有以下几种方法。

1. 服务质量比较法

企业在付出同等运费的情况下，总希望得到最好的服务，因此，服务质量往往成为企业选择运输服务商的首要标准。一般要从以下两方面比较：

（1）比较运输质量。不同的运输方式有不同的指标来衡量其服务质量。以海运为例，可以考虑以下几方面来衡量其运输质量：

① 该公司提供的运输工具；

② 该公司雇用的装卸公司的服务质量；

③ 该公司雇用的船员的经验及工作责任心；

④ 该公司的货物运输控制流程。

（2）比较服务理念。随着运输质量的提高，企业对服务的要求也越来越高，因此在考虑不同运输服务商的运输质量的同时，也要考虑其服务理念。

2. 运输价格比较法

运输服务商为了稳定自己的市场份额，都在努力提高服务质量。而随着竞争的日趋激烈，不同的运输服务商所提供的服务质量已经趋于相同，因此运价很容易成为最后的竞争筹码。于是企业在选择运输方式时，如果面对几乎相同的服务质量，或者服务质量要求不高，运输价格就成为一个重要的决策准则。

3. 综合因素法

很多时候，企业在选择运输服务商时会同时考虑多个因素，如服务质量、运输价格、服务商的品牌、服务商的经济实力和服务网点数等。我们可以借助以下公式：

$$S=(K_1\times Q/K_2\times P)+K_3\times B+K_4\times C+K_5\times N+\cdots+K_n\times O$$

S：综合因素

K_n：不同因素的权数

$n=1，2，\cdots\cdots n$

Q：服务质量

P：运输价格

B：运输服务商的品牌

C：运输服务商的总资产状况

N：运输服务商的网点数

O：其他因素

对 Q、P、B、C、N 分别请专家打分，得分最高的为优先选用的运输服务商。

4. 层次分析法

层次分析法在许多领域有重要应用。下面通过一个例子来介绍它在选择运输服务商中的应用。

知识链接

层次分析法（the Analytic Hierarchy Process，AHP）是 20 世纪 70 年代美国著名运筹学家萨蒂提出的，韦伯等人提出将层次分析法用于供应商的选择。

［例 2］假设有四个指标（速度、价格、服务与质量）用来评价供应商，并有四个供应商（S_1 S_2 S_3和 S_4）可以考虑，应用层次分析法求解这个问题的评价尺度（中间值 2、4、6、8 介于各评分值之间）与层次如图 14 所示：

评价尺度

评价描述	评分
极端重要	9
很重要	7
明显重要	5
稍微重要	3
重要性相同	1

供应商选择层次

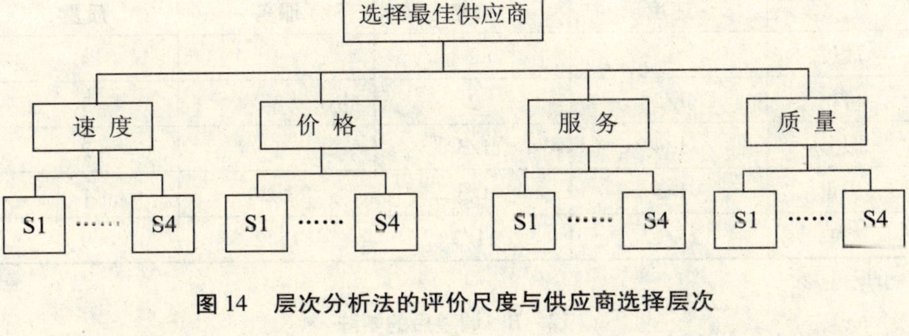

图 14　层次分析法的评价尺度与供应商选择层次

下面是具体步骤：

（1）先将四个相关指标——速度、价格、服务和质量——两两比较，项目 i 比 j 有一个评分值，项目 j 相对于 i 的评分数为其倒数。得到初始矩阵，如表 12－A。

然后按以下三个步骤处理：

① 对矩阵各列求和；

② 矩阵中每个值除以相应列之和；

③ 计算每行平均值。

处理后的图表见下表 12－B，得到四指标的权重。

（2）下一步就是对四个供应商的每个指标进行两两比较，并按上述三个步骤处理得到新的矩阵，步骤与（1）中对四个要素的比较相似，只是对每一个指标都要有相应的两两比较。结果见下表 12－C，得到供应商在每个指标下的权重。

（3）层次分析法的最后一步可以总结为下表 12－D，这张表展示了总排序结果是如何得到的。

这个过程被称为简单的加权平均。对每一个供应商来说，四个指标的权重都已经求出，四个权重乘以相应的指标权重就可以得出总权重：供应商 S_1 总分 0.325，被判断为最好，其次为 S_4，总分 0.294，然后是 S_2，总分 0.237，S_3 最次，得分 0.144。

表 12　两两比较矩阵及计算：评价指标

12－A　初始矩阵

	速度	价格	服务	质量
速度	1	2	3	4
价格	1/2	2	3	3
服务	1/4	1/3	1	2
质量	1/3	1/3	1/2	1
和	25/12	11/3	17/2	9

12－B　调整后的矩阵

	速度	价格	服务	质量	权重
速度	12/25	6/11	8/17	3/9	0.457
价格	6/25	3/11	6/17	3/9	0.300

（续表）

	速度	价格	服务	质量	权重
服务	3/25	1/11	2/17	2/9	0.138
质量	4/25	1/11	1/17	1/9	0.105
和	1.000	1.000	1.000	1.000	1.000

12－C　供应商层次单排序

	S_1	S_2	S_3	S_4		S_1	S_2	S_3	S_4
速度指标排序					服务指标排序				
S_1	1	5	6	1/3	S1	1	5	4	8
S_2	1/5	1	2	1/6	S_2	1/5	1	1/2	4
S_3	1/6	1/2	1	1/8	S_3	1/4	2	1	5
S_4	3	6	8	1	S_4	1/8	1/4	1/5	1
权重	0.297	0.087	0.053	0.563	权重	0.597	0.14	0.124	0.05
价格指标排序					质量指标排序				
S_1	1	1/3	5	8	S_1	1	3	1/5	1
S_2	3	1	7	9	S_2	1/3	1	1/8	1/3
S_3	1/5	1/7	1	2	S_3	5	8	1	5
S_4	1/8	1/9	1/2	1	S_4	1	3	1/5	1
权重	0.303	0.573	0.078	0.046	权重	0.151	0.060	0.638	0.151

12－D　供应商层次总排序

	速度	价格	服务	质量	权重
S_1	0.457×0.297	0.3×0.303	0.138×0.597	0.105×0.151	0.325
S_2	0.457×0.087	0.3×0.573	0.138×0.140	0.105×0.060	0.237
S_3	0.457×0.053	0.3×0.078	0.138×0.214	0.105×0.638	0.144
S_4	0.457×0.563	0.3×0.046	0.138×0.050	0.105×0.151	0.294
SUM					1

操作要点

在选择运输服务商时有以下几种方法：

⇨ 服务质量比较法

⇨ 运输价格比较法

⇨ 综合因素法

⇨ 层次分析法

第五节 单个运输起点和终点间的路线选择

这类问题是最简单的路线选择问题，实际生活中也很普遍。这类问题的解决方法一般是最短路径法——通过计算选出一条最短路线。它的计算方法，用一个例子来说明。

[例 3] 有一批货要通过汽车从北京运到上海，请选择一条最短路径。如图 15。

1. 建立模型

画出从北京到上海的公路路线，用点代表经过的县或市，用线代表点的可行通道，并标出距离，A 为起点，J 为终点。这样就得到一张北京到上海的高速公路示意图，要求出 A 到 J 的最短路线。

2. 计算最短路线

计算步骤如下（见表 13）：

（1）第一个节点就是起点 A，与 A 直接相连的节点有 B、C、D 点。可以看出 B 是距 A 点最近的节点记为 AB，所以 B 点是下一站的起点。

（2）接着找距 A、B 点最近的其他点，找到 C 点。从 A 到 C 有 A－

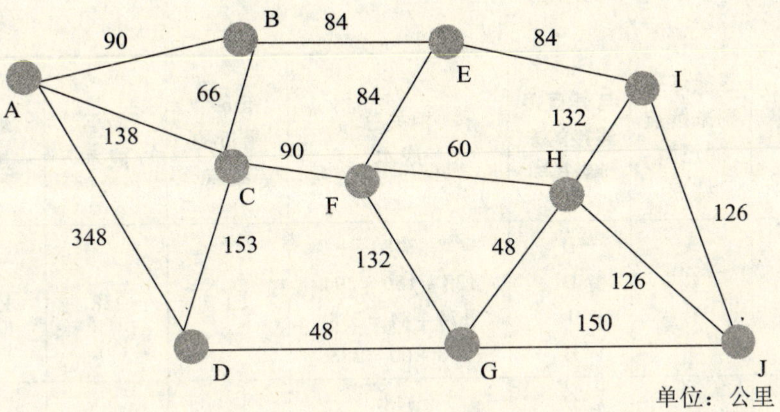

图 15 北京到上海的高速公路示意图

C，A—B—C，计算 A—B—C 的距离为 156，而 A—C 为 138。

（3）接下来找离 A、C 最近的点，有三个候选点 D、E、F。距离分别为 348、174、228，其中 BE 的距离最短。E 点就是第三个节点。

（4）重复上述过程直到到达终点 J，即第八步，确定出最优路线为 A—B—E—I—J。

表 13 最短路线方法计算表

单位：公里

步骤	直接连接到未解点的已解结点	与其直接连接的未解结点	相关总成本	第 n 个最近的结点	最小成本	最新连接
1	A	B	90	B	90	AB *
2	A B	C C	138 90 + 66 = 156	C	138	AC
3	A B	D E	348 90 + 84 = 174	E	174	BE *
4	A C E	D F I	348 138 + 90 = 228 174 + 84 = 258	F	228	CF

（续表）

步骤	直接连接到未解点的已解结点	与其直接连接的未解结点	相关总成本	第n个最近的结点	最小成本	最新连接
5	A C E F	D D I H	348 138 + 156 = 294 174 + 84 = 258 228 + 60 = 288	I	258	EI *
6	A C F I	D D H J	348 138 + 156 = 294 228 + 60 = 288 258 + 126 = 384	H	288	FH
7	A C F H I	D D G G J	348 138 + 156 = 294 228 + 132 = 360 288 + 48 = 336 258 + 126 = 384	D	294	CD
8	H I	J J	288 + 126 = 414 258 + 126 = 384	J	384	IJ *
* 号表示最小成本线						

在结点很多的时候手工计算比较复杂，但随着计算机技术的广泛应用，最短路径法可以通过计算机编程来进行。所以，只要把所有的路线信息（公路网的接点和接点间的距离）录入数据库，就可以用计算机求出所有城市间的最短路线。

操作要点

利用最短路径法解决起点和终点间不同路线选择问题的方法有：

⇨ 利用最短路径法来计算

⇨ 利用计算机程序来计算

实用范例

PC * Miler 和 CompuMAP 是两种商用软件，可以用来在网络中找寻最佳路径。它将美国所有的公路和小城市的公路网络输入数据库，用户只要在任一软件中敲入起点和终点，程序就可以马上显示出从起点到终点的一条最短路径。它所提供的信息非常详细，司机可以知道确切的道路、在各个交叉路口走哪条路、旅途各程的距离等等，还可以得到各州内的行车里程数并出具各州的燃油税报告，同时用于核查。

第六节　多个运输起点和终点间的路线选择

如果要将货物从多个货源地运送到多个货物需求地，那么怎么选择供货地、目的地之间的最佳路径呢？该问题是运输组织中常见的问题。

下面介绍运费差额法来解决这个问题，还是通过一个例子来说明。

[例4] 某企业要将济南、郑州、兰州三个工厂生产的钢材运输到北京、上海、西安、杭州，应该如何组织运输使运费最小？我们给出它的基本数据（见表14）：

表14　产量、需求量及运费表

	北京	上海	西安	杭州	产量（万吨）
济南	20	11	3	6	5
郑州	5	9	10	2	10
兰州	18	7	4	1	15
需求量（万吨）	3	3	12	12	
		运费（万元）			

基本算法是先算每一行（或每一列）中最低费用与次低费用间的差额；然后从差额最大的行（或列）中挑选费用最低的项，先满足其调运量。运费差额法一般采用表上作业法，具体解法如下（见表15）：

第一步

首先画出下表的格式，左边是运费表，右边是分配数量表。在左表中算出行差额和列差额（用每一行或列的运费次低值减去最低值），从差额最大的行或列（见表15中步骤一，最大差额为列差18）中找出对应行或列的最小值，见步骤一中的分配数量表，为3，在右边最先分配，表示从郑州运3万吨满足北京需求。

第二步

将步骤一选出的列划去，重新按以上方法（见下表中步骤二），找出行差最大值7，定位对应行中运费最小的2，在右面表中继续分配为7，表示从郑州运7万吨给杭州。

第三步

把对应的行划去继续算，找到1对应的列，在右表中分配5，表示从兰州运5万吨给杭州。以下步骤方法相同直到第五步，计算结束。

结论

根据表15中步骤五，应该这样组织运输：从郑州运3万吨给北京，运7万吨给杭州；从济南运5万吨给西安；从兰州运3万吨给天津，运7万吨给西安，运5万吨给杭州。总费用为 $3\times5+7\times2+3\times5+3\times7+4\times7+5\times1=98$ 万，运费最小。

表15　运费差额法求得初始方案

序号	单位运费表						分配数量表					
						行差额						产量
步骤一		20	11	3	6	3						5
		(5)	9	10	2	3		3				10
		18	7	4	1	3						15
	列差额	13	2	1	1		销量	3	3	12	12	

（续表）

序号	单位运费表						分配数量表					
						行差额						产量
步骤二			11	3	6	3						5
			9	10	（2）	7		3			7	10
			7	4	1	3						15
	列差额		2	1	1		销量	3	3	12	12	
						行差额						产量
步骤三			11	3	6	3						5
								3			7	10
			7	4	（1）	3					5	15
	列差额		2	1	1		销量	3	3	12	12	
						行差额						产量
步骤四			11	（3）		3				5		5
								3			7	10
			7	4		3					5	15
	列差额		2	1			销量	3	3	12	12	
						行差额						产量
步骤五						3				5		5
								3			7	10
			7	4		3			3	7	5	15
	列差额		2	1			销量	3	3	12	12	

知识链接

除了本节介绍的运费差额法，还有两种常用的方法：西北角法和最小运费法。它们比运费差额法更简单，但是计算出来的总运费要大于运费差额法。也就是说，运费差额法是解决这类问题的最佳方法。

操作要点

掌握运费差额法需要牢记以下内容：

⇨ 模型的建立

⇨ 表上作业法及其基本步骤

第七节 编制运输计划

运输计划编制就是进行车辆运行路线和时间安排，是车辆运行路线选择问题的延伸。运输计划受到的约束条件很多，比如每个停留点规定的提货数量和送货数量，车辆在线路上休息前允许的最长行驶时间，停留点规定的一天内可以进行提货的时间，可能只允许送货后再提货，等等。这里的问题是车辆从一个仓库出发，向多个停留点送货，然后在同一天内返回该仓库，这就要安排一个满意的运行路线和时间。

1. 制定车辆运行路线

编制运输计划首先就是要制定车辆运行路线。这里介绍一下采用扫描法制定行车路线的方法。它是路线设计中一种很简单的方法，由两个阶段组成：第一个阶段是将停留点的货运量分配给送货车，第二个阶段是安排停留点在路线上的顺序。

扫描法的步骤可以简述如下：

（1）在地图上或者方格图中确定所有站点（含仓库）的位置。

（2）自仓库开始沿任一方向向外划一条直线，沿着顺时针或者逆时针方向旋转该直线直到与某点相交。同时要考虑如果在这条线路上再增加该站点，是否会超过车辆的载货能力。如果没有，继续旋转该直线直到与下一个站点相交。再次计算累计货运量是否超过车辆的运载能力（先使用最大的车辆）。如果超过，就去掉最后的站点，并确定路线。最后，从不包含在上一条路线中的站点开始，继续旋转以寻找新路线，直到所有点都被安排在路线中。

（3）排定各路线上每个站点的顺序，使行车路线最短。

看下面的例子：

［例 5］某公司从其所属仓库出发用货车到各客户点提货，然后将客户的货物运回仓库。全天的提货量见下图（A）。图（A）给出了所有提货点和仓库。送货车每次可以运送 10000 件货物，完成一次运行路线一般要一天时间。请确定：需要多少条路线，每条路线上有哪几个客户点，送货车辆服务有关客户点的顺序。

按上面介绍的扫描法确定的路线图如（B）所示：

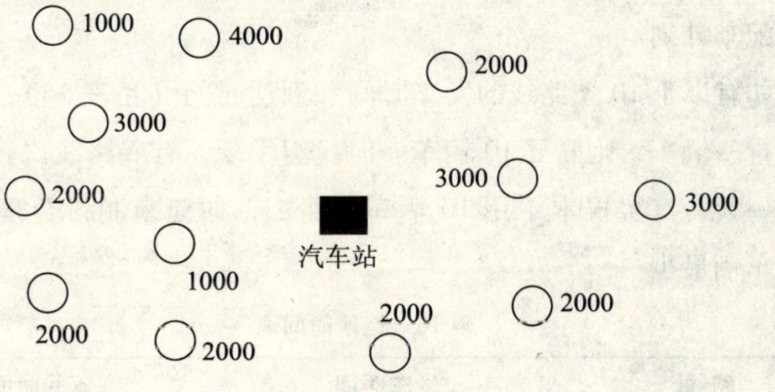

（A）停留点提货量数据

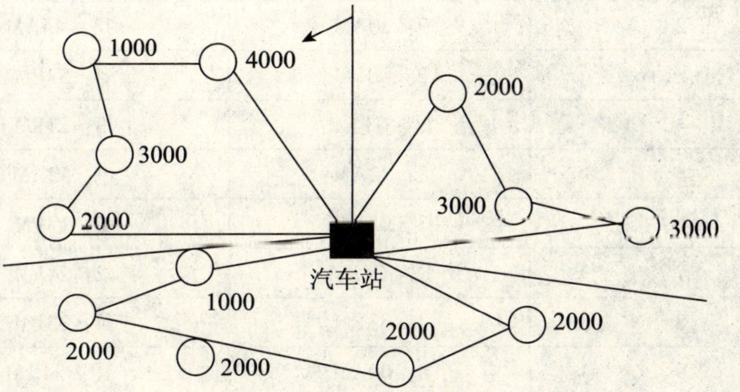

（B）扫描法解决方案

图 16　扫描法确定路线图

从上图看出要在一天派出 3 辆车。具体怎么安排出车时间，要仔细制订时间计划。

2. 安排车辆运行时间

●重点提示

配车计划是运输中非常重要的一个环节，一个好的配送计划可以大大节约运输成本。

利用上述行车路线方法指定路线时，假设对每条路线都只派出一部车，如果路线较短，那么在剩余的时间里这部车的利用率就很低。在实际生活中如果一辆车先完成一条路线，那么就可以派这辆车负责第二条路线。因此，我们可以将所有运输路线首尾相连，使车辆的空闲时间最短，这样就可以决定车辆数，并排出配车计划。

假如有以下 10 条路线的发车时间和到达时间（见表 16），如果每条线路安排一辆车，则需要 10 辆车。但我们发现，有些路线比较短，根本用不了一天，其实根本不用 10 辆车。那么，如何来制订合理的运输计划，使车辆最少？

表 16　运输时间表

路线	发车时间	返回时间
1	8：00AM	10：25AM
2	9：30AM	11：45AM
3	2：00PM	4：53PM
4	11：31AM	3：21PM
5	8：12AM	9：52AM
6	3：03PM	5：13PM
7	12：24PM	2：24PM
8	1：33PM	4：33PM
9	8：00AM	10：34AM
10	10：56AM	2：56PM

按下面的步骤进行，就可以节约大量成本。

（1）将这些路线在一天内按时间进行排序：1、10、6 号线占了一天；9、4 号线占了一天；5、8 号线占了一天；2、7 号线占了一天；只有 3 号线占了半天。

（2）然后画出示意图，这样就可以分配车了。从图 17 中可以看出只要 5 辆车就可以解决问题，节约了一半的成本。

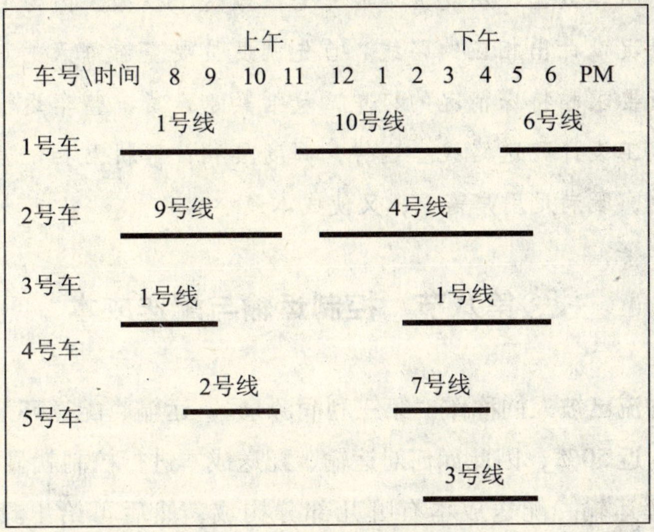

图 17 最优秀运输计划安排

制订运输计划的具体程序如下：

操作要点

- 制定车辆运行路线
- 安排车辆运行时间

实用范例

某大型石油公司为加油站提供补货的配送服务，这些加油站需要某一等级或多个等级的燃油。公司利用特别设计的带隔断的油罐车负责配送，不同油罐车设计不同，可以用来装运不同数量、不同等级的燃油。当地配送中心的调度员每天都会接到本服务区加油站的订单，但订货量和订货地点总在变化。

为此，该公司对行车路线进行了规划，设计出一个模型来处理这些常见的问题，计算时需要从数据库中获取公路的距离、行车路线、现有油罐车和司机等数据。调度员不能完全依赖这个模型，因为它不可能针对所有的情况设计出相应的路线。首先调度员要查看每天的订单，找出有特别送货要求和特殊情况的订单，包括紧急送货、整车运输和特殊产品，都要人工设计配送路线。这样，调度员和计算机互相配合，制订一个运输计划，既满足用户需求，又使成本最小。

第八节　控制运输与配送成本

现代物流已被人们称作“第三利润源泉”。运输、配送环节占了所有物流成本的近50%，因此如何对运输、配送成本进行控制就显得很重要。首先要了解运输、配送成本有哪几部分构成，然后再给出具体的控制方法。

1. 运输、配送成本的构成

运输与配送成本通常可以划分为：变动成本、固定成本、联合成本和公共成本四个部分。

（1）变动成本。指与每一次运输与配送直接相关的费用，一般与运输里程和运输量成正比，比如劳动成本、燃料费用和维修保养费用等。它随着运输工具投入运营的过程而发生变化。

（2）固定成本。指短期内不发生变化、与运输里程和运量没有直接关系的费用。一般包括运输设施、运输工具、信息系统的购置成本等。

（3）联合成本。指由于提供某种特定的运输、配送服务所发生的费用。联合成本对运输收费有很大影响。

（4）公共成本。指承运人代表所有托运人或某个分市场的托运人支付的费用，包括诸如端点站或管理部门之类的费用。

此外，影响运输、配送成本的主要因素有：积载能力、搬运方式、货物易损性和市场因素等。

知识链接

积载能力：运输工具装运货物的能力。由于某些物品的形状、尺寸比较特殊，使运输工具不能很好地积载，就会浪费运输工具的空间，造成成本的浪费。

2. 运输、配送成本的控制

弄清楚成本的构成和影响成本的因素之后，进行成本控制就比较容易了。一般可采取以下方法：

（1）长途运输尽可能采用装载量大的运输工具，提高运输效率。铁路和水路运输工具的运载量大，适于长途运输；但铁路和水路运输有时两端需要转运，反而增加了成本。这时还需要采取集装单元化和标准化包装，提高装卸效率以降低转运成本。

（2）共同配送，实现规模效益。配送一般是小批量、多频次的输送；为了实现规模效益，共同配送是一种有效的方法。

（3）托盘制与联合运输结合的运输方式能提高搬运效率、缩短在途时间，也是一种控制运输成本的重要手段。

（4）提高运输设备的利用率。运输设施的投资较大，如果利用率不高，固定成本分摊就大，就会造成运输、配送成本的增加。无论是物流企业还是非物流企业，提高运输设备的利用率都是降低成本的重要途径。对于非物流企业，在自身业务不大的情况下，应采取外包物流或租用物流设备的办法来减少固定资产投资的浪费；物流企业除了自己购置一部分运输设备外，还应通过租赁运输设备来调节业务量的不平衡，提高运输设备的利用率。

(5)加强网络建设，形成稳定平衡的运输配送体系。现代物流是网络化物流，物流网络可以提供完善的服务功能，提高市场占有率和覆盖率。物流企业可以建立自己的物流网络，也可以和同行合作建立。前者投资大，运行费用高，但容易控制；后者投资少，运行费用低，但协调成本高。物流企业应该根据自己的具体情况进行选择，以求成本最小。

●重点提示

成本控制的观念应该贯穿于整个运输、配送管理中。

(6)优化运输和配送路线，节约运输里程。优化运输和配送路线是运输、配送合理化的重要内容，通过优化消除不合理运输，减少运输里程，提高车辆利用率，从而降低运输、配送成本。

操作要点

为了有效控制成本，可以采用以方法：

⇨ 尽可能采用装载量大的运输工具，提高运输效率

⇨ 共同配送，实现规模效益

⇨ 利用托盘制与联合运输结合的运输方式

⇨ 提高运输设备的利用率

⇨ 加强网络建设，形成稳定平衡的运输配送体系

⇨ 优化运输和配送路线，节约运输里程

实用范例

沃尔玛作为全球最大的零售商，一贯采取成本优先战略。沃尔玛2000年就在物流方面投资了1 600亿美元。在物流运营过程中，要尽可

能降低成本，因为降低成本就可以让利于消费者——这是沃尔玛的哲学，就是“以最佳服务，最低的成本，提供最高质量的服务”。

当然沃尔玛公司之所以能把成本控制到最低主要源于成本的控制理念。那么，沃尔玛在运输方面有一些什么样的战略和策略呢？沃尔玛把卡车装得非常满，所有的产品从卡车的底部一直堆到最高处，一些商场，虽说只在白天开门，但是物流部门却是24小时不间断地工作，如果货物晚上送到，物流部分就可以立刻把货物卸下来，而不会打扰他们白天的运营；在配送中心，沃尔玛不仅和供货商定好时间，而且跟各超市也定好时间，彼此都按照时间表来进行。由于沃尔玛对物流进行了很好的管理，从而节约了时间、提高了效率。那么，供货商是怎么样帮助沃尔玛来一起分担整个过程当中的费用呢？他们采用沃尔玛的运输系统来完成运输，因为沃尔玛的运输成本更低，这些供货商也可以节省费用。

第十三章 配送中心作业管理

假设您在网上订了一本书，三到五天后物流公司将书交到您手上。您是否知道物流公司是如何把书从出版社运到您手中的呢？大家都熟悉商品配送这个词，但配送不是像大家想的直接用车子送东西那么简单，在车辆按计划驶出配送中心之前，有很多细节工作要做，这就是配送中心作业管理。配送中心作业效率直接影响着配送效率，具体一点讲就是决定您能第几天拿到书。

关键词 进货作业管理 货物编码 存储作业管理 盘点作业管理 订单处理作业管理 分拣作业组织 补货作业管理 出货作业管理

第一节 进货作业管理

进货作业是整个配送中心作业的开始。进货作业的效率和质量直接影响着整个配送作业流程。进货作业是指货品实物的接收，即从货车上将货物卸下，并核对货品的数量及状态（数量检查、外观检查、开箱检查、技术检验等），记录相关信息等。进货的主要作业流程和内容如图18所示。下面分步骤来介绍各环节的主要工作。

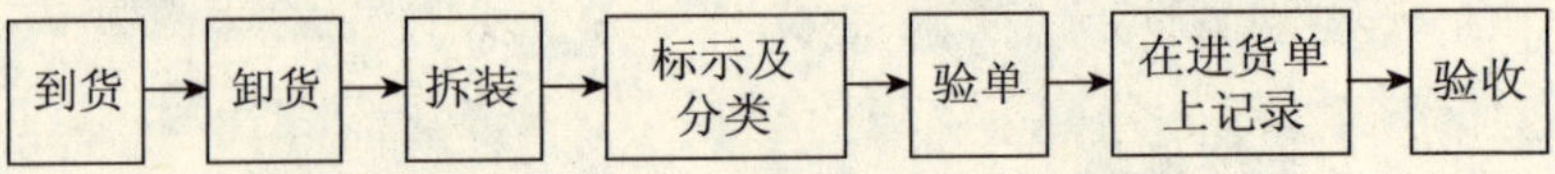

图 18　一般进货主要作业流程图

1. 合理安排进货流程

重点提示

要作好进货作业管理，最好事先制订进货计划和进货管理标准。

为了让作业人员更有效率地卸货，使配送中心迅速准确地收货，安排进货流程时应该注意以下原则：

（1）尽量让配送车司机来卸货，以减轻公司作业人员负担及避免卸货作业的拖延；

（2）尽可能将多样活动集中在一个工作站点，以节省必要空间；

（3）尽可能平衡站点的配车，例如依进出货物状况制订配车排程表，或将部分耗时的进货转移至低峰时间；

（4）使站点至货物存储区的运动尽量保持直线运动；

（5）依据货物相关性安排货物，使货物装卸时移动距离最小；

（6）高峰时间安排足够的人员使货品保持正常速率的移动；

（7）考虑使用可流通的容器，以节省更换容器的动作时间；

（8）为方便后续存取、满足查询要求，应详细记录货物资料；

（9）为少量进货计划准备小车；

（10）在进出货期间尽可能避免不必要的货品搬运及存储作业。

2. 卸货作业

一般卸货作业要采用下列四种设施：

（1）可移动式楔块（Portable ramps），又叫竖板。装卸货品时，可放置于卡车或拖车的车轮旁作固定之用，以避免装卸货期间车轮意外滚动可能造成的危险。

（2）升降平台（Levelers）。最安全也最有弹性的卸货辅助器械应属升降平台了，分为卡车升降平台（Truck levelers）及码头升降平台（Dock levelers）两种。

（3）车尾附升降台（Lift Gate）。它是装置于配送车尾部的特殊平台。装卸货时，可运用此平台将货物装上卡车或卸至站台。

（4）吊钩（Hook）。当拖车倒退入码头，碰到码头缓冲块（Bumper）时，码头设施即开动吊钩，钩住拖车，以免装卸货时轮子打滑。

3. 给货物编码

进货作业是物流中心作业的第一阶段。为了让后续作业能够迅速顺利地进行，并使货品品质及作业水准得到维持，在进货阶段就应对货品进行编号。编号就是用简明的文字、符号或数字代表货品的名称、类别及其他有关信息，将货品按类别进行有次序的编排。

4. 进行货物分类

将不同货物按性质或其他条件划分，归纳为不同类别，并进行系统的排列，可以使后续作业效率大大提高。

（1）货物分类有下列原则：按统一标准或统一原则来分类；根据企业本身的需要，选择适用的分类形式；分类必须有层次地展开，逐次细分，层次分明；分类应明确而相互排斥，不能相互交叉；分类必须具有完全性、普遍性；分类应有不变性，即货品一经确定类别后，便不可任意变更；分类应有扩展性，以便随时可增列新货品或新产品；分类必须贴切实用。

（2）货物分类有下列方式：为适应货物存储保管需要，按照货物特性分类；按照货品使用目的、方法及程序分类，譬如把需要流通、加工者划分为一类，直接原料划分为一类，间接原料划分为一类等等；按照交易行业分类；按照会计科目分类，方便账务处理；依货品状态分类，比如货物的内容、形状、尺寸、颜色、重量等；使用对象分类，比如货品送往的目的地类别、顾客类别等。

5. 进行货物验收检查

根据下列几项标准进行货物检验：采购合约或订购单所规定的条件；

以比价或议价时的合格样品为依据；采购合约中的规格或者图解；产品的国家质量标准。具体验收处理程序按表17进行。

表17　货品验收处理程序表

进货验收的情况		a. 货品数量正确吗?	b. 品质检验合格吗?	c. 能够维修吗?	d. 供应商愿意付维修费吗?	e. 物流中心急需这批货吗?	决策的类别	f. 退回这批货品	g. 使用这些货品但寻求新供应商	h. 维修缺点并使用之	i. 从别处寻求紧急供应商
问题形态	1	○	○	○	○	○				√	
	2	○	○	○	○					√	√
	3	○	○			○		√			
	4	○	○					√			
	5	○	○	○		○				√	
	6	○	○	○				√			
	7	○				○		√			√
	8	○						√			
	9		○	○		○				√	
	10		○	○				√			
	11		○			○			√		
	12		○					√			
	13					○			√		
	14							√			

6. 进行货物入库信息处理

到达配送中心的商品，经过验收后，工作人员必须填写验收单，并将有关入库信息及时准确地登入库存商品信息系统，完成进货的全部作业。

知识链接

配送中配送中心作业流程如下：

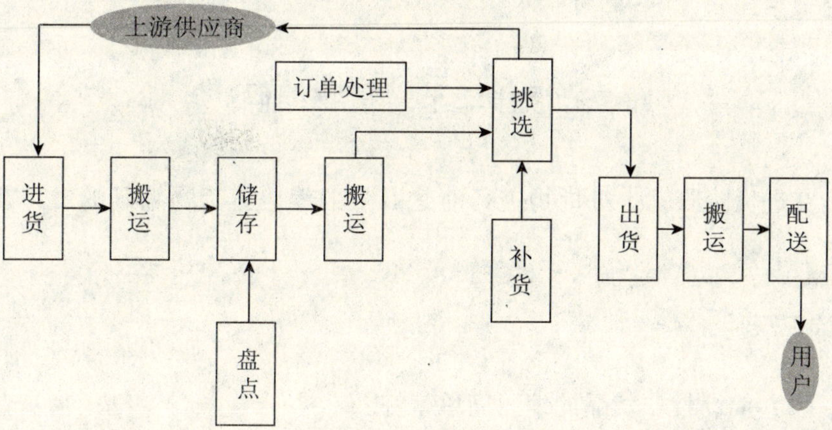

配送中心作业流程

操作要点

进货作业管理的具体程序如下：

⇨ 合理安排进货流程

⇨ 卸货作业

⇨ 给货物编码

⇨ 进行货物分类

⇨ 进行货物验收检查

⇨ 进行货物入库信息处理

实用范例

70多年前发源于美国、现被日本收购的7-Eleven，是全球最大的便利连锁店。连锁店越来越多，7-Eleven店的物流配送越来越复杂，配送时间和配送种类的细分势在必行。以台湾地区的7-Eleven店为例，全省的物流配送就细分为出版物、常温食品、低温食品和鲜活食品四个类别，各区域的配送中心需要根据不同商品的特征和需求量每天安排不同频次的配送。新鲜、即时、便利和不缺货是7－Eleven店配送管理的最大特点，也是7－Eleven店铺的最大竞争优势。

第二节　货物编码

在进货阶段就应对货物进行清楚有效的编码。货物编码的具体步骤如下。

1. 编码原则

（1）简易性。货品的编码简单就好。

（2）完全性。要使每一项货品都有一种编号。

（3）单一性。每一个编号只能代表一项货品。

（4）一贯性。编码要统一而且有连贯性。

（5）充足性。采用的文字、记号或数字，必须有足够的数量。

（6）扩充弹性。为未来货品的扩展及产品规格的增加预留余地。

（7）组织性。主要使编码易于组织和管理。

（8）易记性。应选择易于记忆的文字、符号或数字，如富有暗示或联想性的符号。

（9）分类展开性。若货品过于复杂使得编号数量庞大，则应使用渐进分类的方法来作层级式的编号。

（10）应用机械性。编号应满足电脑操作的需要。

2. 货物编码的方法

（1）顺序码。是最简单的编号方法，又称流水编号法，即将阿拉伯数字或英文字母按顺序往下编码，常用于账号和发票编号等，在少品种、多批量货物的配送中心也可以使用顺序码对货物进行编码。为了使用方便，常与编码索引配合使用。例如表18。

表 18　顺序码

编号	货物名称
1	白酒
2	葡萄酒
3	果汁
……	……
n	奶制品

（2）数字分段法。与顺序码法不同，数字分段法把数字分段，让每一段数字代表具有共同特性的一类货品。例如表 19。

表 19　数字分段法

编号	货物名称	
1	4 块装肥皂	1 ~ 5 预留给肥皂标号用
2	6 块装肥皂	
3	12 块装肥皂	
4	……	
5	……	
6	黑妹牙膏	6 ~ 10 预留给牙膏标号用
7	中华牙膏	
8	……	
9	……	
10	……	

（3）分组编码。这种编号法把货品依特性分成多个数字组，每一个数字组代表此货品的一种特性，例如第一数字组代表货品的类别，第二数字组代表货品的形状，第三数字组代表货品的供应商，第四数字组代表货品的尺寸。至于每一数字组的位数需要多少，则视实际需要而定。这种方法现今使用尤为普遍。例如编号 075006110，其编码意义如表 20 所示：

表 20 分组编码

货品	类别	形状	供应商	大小	意义
编号	07				饮 料
		5			圆 筒
			006		统 一
				110	4×9×15

（4）实际意义编码。依货品的名称、重量、尺寸，分区、储位、保存期限或其他特性等实际情况来编号。此方法的特点在于由编号即能很快了解货品的内容及相关信息。例如 FO4915B1，意义见表 21：

表 21 FO4915B1 实际意义编码

编号	意义
FO	表示 Food，食品类
4915	尺寸大小，表示 4×9×15
B	货物储放在 B 区
1	第一排货架

（5）后位数编码。运用编号末尾的数字，来对同类货品做进一步的细分，也就是从数字的层级关系看出货品的归属类别。例如表 22。

表 22 后位数编码

编号	意义
260	服饰
270	女装
271	上衣
71. 1	衬衫
271. 11	白色

（6）暗示编码。用数字与文字的组合来编号，编号本身虽不是直接指明货品的实际情况（与实际意义编号法不同），但能暗示货品的内容。这种方法的优点是容易记忆，又不易让外人费解。例如表 23。

表 23 暗示编码

货品名称	尺寸	颜色与类型	供应商
BY	005	WB	10
编号	意义		
BY	自行车		
005	大小型号		
W	白色		
B	儿童型		
10	供应商代号		

知识链接

货品编号可总结为下列两种形式：

延展式。此形式并不限制货品分类的级数或字符的多少，可视实际需要不断扩展，较具弹性。但排列上难以看出整体规律，这是美中不足的地方。

非延展式。此形式对于货品分类的级数及采用的字符数均有一定的限制，不能任意扩展，虽能维持整齐划一的形式，但缺乏弹性，难以适应实际增减的需要。

操作要点

货物编码的方法有：

- 顺序码
- 数字分段码
- 分组编码
- 实际意义编码
- 后位数编码
- 暗示编码

实用范例

在美国 SUPER RITE FOODS 公司中，进货商品依电脑指示发行托盘标签及箱子标签。托盘标签内容包括：Pallet ID 托盘识别码；托盘每一层的堆积个数与层数、总个数；存储的地址（包括拣取的地址及保留的地址）；制造商的号码。箱子标签包括：拣取位址；商品码；商品名；店码；送货日；价格；分类用的条码（采用订单拣取者不必印刷此项）。

第三节　存储作业管理

存储作业主要任务是把将来要使用或者要出货的物料作保存，不仅要善用空间，还要注意存货的管理。尤其是配送中心的存储与传统仓库的存储因营运形态不同而有很大差异，更应注意空间运用的弹性及存量的有效控制。下面讨论存储作业管理的策略与方法。

1. 存储策略的选取

存储策略主要是指储位的指派原则。良好的存储策略可以减少出入库移动的工作量，缩短作业时间，能够达到充分利用存储空间的效果。一般常见的存储策略如下：

（1）定位存储。每一项存储货品都有固定储位，货品不能互用储位，因此每一项货品的储位容量不得小于其可能的最大库存量。

此策略常用于以下两种情况：厂房空间大；多种、少量商品的储放。

（2）随机存储。每一货品被指派存储的位置都是随机产生的，而且可经常改变。

随机储放较适用于下列两种情况：厂房空间有限，需要尽量利用存储空间；存储种类少或体积较大的货品。

表 24　随机储放记录表

储位号码	储位空间		货品名称		货品代号
存取日期	采购单号码	进货量	订单号码	拣取量	库存量

（3）分类存储。所有的存储货品按照一定特性加以分类，每一类货品都有固定存放的位置，而同属一类的不同货品又按一定的法则来指派储位。分类储放通常按产品相关性，流动性，产品尺寸、重量，产品特性等来分类。

分类储放较适用于以下情况：产品相关性大且经常被同时订购；周转率差别大的产品；尺寸相差较大者。

（4）分类随机存储。每一类货品有固定存放的储区，但在各个储区内，每个储位的指派又是随机的。

分类随机储放兼具分类储放和随机储放的特点，所需存储空间大小介于两者之间。

（5）共同存储。即各种方法的综合应用。

2. 指派储位的原则

存储策略是储区规划的大原则，还必须配合具体的储位指派法则才能决定存储作业实际运作的模式。

（1）与随机存储策略、共用存储策略相配合的指派原则。靠近出口法则——将刚到达的商品指派到离出口最近的空储位上。

（2）与定位存储策略、分类存储策略、随机存储策略相配合的指派原则。

① 以周转率为基础原则。按照商品在配送中心的周转率（销售量除以存货量）来排定储位。首先依周转率由高自低排出序列，再将此序列分为若干段（通常分为三至五段），同属一段的货品列为同一级，依照定位或分类存储法的原则，指定存储区域给每一级的货品。周转率愈高应离出口愈近。

② 物品相关性原则。相关性大者经常被同时订购，所以应尽可能存放在相邻位置。

③ 物品同一性原则。即把同一性质的物品储放于同一保管位置。

④ 物品类似性原则。是指将类似品比邻保管。

⑤ 物品互补性原则。互补性高的物品也应存放于邻近位置，以便缺料时可迅速以另一物品替代。

⑥ 物品相容性原则。相容性低的产品决不可放置在一起，以免损害产品品质，如烟、香皂、茶不可放在一起。

⑦ 先入先出的原则。指先保管的物品先出库。此原则一般适用于寿命短的商品，如感光纸、食品等。

⑧ 叠高的原则。即像堆积木般将物品叠高。以配送中心整体有效保管的观点来看，力求保管效率最大化。

⑨ 面对通道的原则。即物品面对通路，使可识别的标号、名称让作业员容易看到。这也是使配送中心内能够流畅进行作业的基本原则。

⑩ 物品尺寸原则。在仓库布置时，我们要同时考虑物品单位大小及一批物品的整体形状，以便能提供适当的空间满足某一特定需要。

⑪ 重量特性原则。即按照物品重量的不同来决定存储物品位置的高低。

⑫ 物品特性原则。物品的特性不仅涉及物品本身是否存储安全，也可能会影响其他的物品，因此在配送中心储位设计时必须予以考虑。

3. 设计储位系统标记

设计好储区后，就要进行储位系统标记设计，让员工能很肯定地指出什么东西被放在什么地方，使每种物品皆有一个“地址”，以便于需要时能够马上找到它。简单地说，就是设计储位的标签，比如标签号码“103－15－723”的意义如下：

“10－BLDG”指存储区域，由“1”开始标号；

“3－FLOOR”指厂房楼层；

“15－STACK”指较长列，又称“Gross Row”，一般设定标号不超过50；

“72－ROW”指较短列，即以货架区分，又称“Main Row”，一般由51开始标号，因为01－50位数留给较长列编号；

“3－LEVEL”指每一货架由下向上数的层数。

4. 考核存储管理的效率

可以通过下列指标来考核配送中心的存储管理效率：

（1）储区面积率。

储区面积率＝储区面积／物流中心建筑面积

指标用途：衡量厂房空间的利用率是否恰当。

（2）可供保管面积率。

可供保管面积率＝可供保管面积／储区面积

指标用途：判断储位内通道规划是否合理。

（3）储位容积使用率。

储位容积使用率＝存货总体积／储位总体积

单位面积保管量＝平均库存量／可供保管面积

指标用途：判断储位规划及使用的货架是否适当，从而有效地利用储位空间。

（4）平均每品项所占储位数。

平均每品项所占储位数＝货架储位数／总品项数

指标用途：由每一个储位保管品项数的多少来判断储位管理策略是否应用得当。

（5）库存周转率。

库存周转率＝出货量/平均库存量＝营业额/平均库存金额

指标用途：检验公司营运绩效，衡量当前货品存量是否适当。

（6）库存掌握程度。

库存掌握程度＝实际库存量/标准库存量

指标用途：作为设定产品库存的比率依据，供存货管制参考。

（7）库存管理费率。

库存管理费率＝库存管理费用/平均库存量

指标用途：衡量公司每单位存货的库存管理费用。

（8）呆废料率。

呆废料率＝呆废料件数／平均库存量＝呆废料金额／平均库存金额

指标用途：测定物料耗损影响资金积压的状况。

操作要点

进行存储作业管理须掌握如下内容：

⇨ 存储策略的选取

⇨ 指派储位的原则

⇨ 设计储位系统标记

⇨ 考核存储管理的效率

知识链接

按存储量分类，存储方式可以分成以下几类：

大批存储。一般指3个托盘以上的存量。大批存储皆以托盘运作，多采用地板积存或自动仓库存储的方式。

小批存储。小批存储一般指小于一个托盘的存储，一般以箱为出货拣取单位。在存储区的小批量物品一般存放于托盘货架、棚架、贮物柜等地。

中批存储。中批存储一般指1～3个托盘之量，可以用托盘或箱为出货拣取单位，多采用托盘货架或地板堆积的方式。

零星存储。零星区或拣取区皆是使用贮物柜或棚架存储小于整包货品的地方。

第四节 对存货进行重点管理

存货具有调节生产与销售的作用。不适当的存货管理往往会造成有形或无形的损失。许多企业唯恐无法满足客户需求而保留了大量存货，结果造成许多不必要的成本浪费，以致经营不善。因此对存货进行重点管理已日益引起企业的重视。

知识链接

存货的重点管理观念：对销售总值高的少数产品，做全面的记录、分析，施以严格的存货管理；而对销售总值低的多数产品，则进行定期的检查控制。

1. 进行顾客的ABC分析

我们最常听到的是产品ABC分析法。事实上，顾客类别ABC分析也有一定的重要性。提高顾客服务水准是存货管理决策中较为重要的考虑因素，但当顾客众多，而物流企业为了使有限的人力、物力得到有效的运用而无法顾及每一位客户时，可以进行重点管理，也就是将顾客按重要性程度，分为A、B、C三类，分别采取不同的管理方法。对于A类大客户予以特别留意。

一般按订单资料来对顾客进行ABC分析，在对顾客分类时通常要考虑以下三个指标：顾客的购买量占公司销售量的百分比；顾客对公司收益的贡献；顾客与公司的其他关系。

按照顾客的重要程度建立订单受理程序，一般而言，对A类客户应重点投入人力、物力进行优先处理，而对C类客户则可按部就班。此外，在设置配送中心时，还可参考此种分析，比如将配送中心设于重要客户附近，以降低转运成本及减少对重要客户延迟交货的次数，从而提高服务水平。

2. 进行产品类别的ABC分析

"20/80法则"和ABC分析法是存货重点管理中常用的方法。

ABC分析法将所有存货项目归为ABC三类：

（1）A类存货品项少，但销售金额相当大，即所谓重要的少数。

（2）C类存货品项相当多，但销售金额却很少，即所谓不重要的大多数。

（3）B类介于A类与C类之间，存货品项与销售金额大致占有相同的比率。

知识链接

"20/80法则"，被管理学界称为黄金法则。它是指80%的贡献是由20%的人创造的。比如20%的产品占了销售额的80%；20%的人拥有80%的财富等。

ABC分析是一套很有效的管理工具。将所有存货品项归为ABC三类之后，可以求出ABC三类存货品项数与金额的相互关系，然后再对ABC三类存货进行不同程度的管理。典型的ABC分析中ABC三类存货间的关系如下图所示：

ABC类存货间的关系图

	占存货量的比重	占销售额的比重
A类货物	20%	70%
B类货物	30%	20%
C类货物	50%	10%

3. 存货的管理策略

（1）A 类货物的管理策略：

① 对每件产品编号；

② 慎重而准确地预测需求量；

③ 少量采购，尽可能在不影响需求的情况下减少存量；

④ 与需求方进行信息共享，有效掌握其销售情况，使出库量平均化，以降低需求变动，减少安全存量；

⑤ 与供应商协调，尽可能缩短前置时间；

⑥ 采用定期订货的方式，对存货做定期的检查；

⑦ 严格执行盘点，每天或每周盘点一次，以提高库存精确度；

⑧ 对交货期限加强控制，在制品及发货也须从严控制；

⑨ 货品放置在易于出库的位置；

⑩ 实施货品包装外形标准化。

采购需经高层主管核准。

（2）B 类货物的管理策略：

① 尽量采用定量订货方式，但对前置时间较长，或需求量有季节性变动的货品宜采用定期订货方式；

② 每两三周盘点一次；

③ 中量采购；

④ 采购只需经中层主管核准。

（3）C 类货品管理策略：

① 采用复仓制或定量订货方式以简化手续；

② 大批量采购，以便在价格上获得优惠；

③ 简化库存管理手段，减少此类货物的管理人员，并尽量简化料账、出库单及订购单等单据，以最简单、经济的方式管理；

④ 安全存量须较大，以免发生存货短缺现象；

⑤ 可交由现场保管使用；

⑥ 每月盘点一次即可；

⑦ 采购仅需基层主管核准。

（4）配送策略：

①A 类产品流动快速，要有较多的存货，放置于所有的物流中心或零售店；

②B 类产品常被列为正常流动，应存放于区域性仓库或配销仓库；

③C 类产品可以缓慢流动，常存放于中央仓库或工厂仓库。

操作要点

对存货进行重点管理的内容包括：

- 进行顾客的 ABC 分析
- 进行产品类别的 ABC 分析
- 存货的管理策略

实用范例

下图是某公司根据顾客类别和产品类别划分的优先顺序矩阵和相应的服务标准：

优先顺序矩阵

顾客类别＼产品类别	A	B	C	D
I	1	3	5	9
II	2	4	8	16
III	6	7	17	18
IV	10	11	19	21
V	14	15	20	22

注：1 表示最优先分配，2 表示次优，依此类推。

某公司对顾客的服务标准

顾客产品分配优先顺序	订单传递时间	订单处理时间	货运时间	交运周期	送货可靠性
1～5	3 小时	6 小时	12 小时	24 小时	接单至交货在 24 小 时内完成；前后误差不超过 6 小时
6～10	6 小时	12 小时	24 小时	42 小时	接单至交货在 42 小 时内完成；前后误差不超过 12 小时
11～15	12 小时	24 小时	48 小时	84 小时	接单至交货在 84 小时内完成；前后误差不超过 24 小时

第五节　盘点作业管理

货品因不断进出库，在长期累积下，库存资料容易与实际数量不符；此外，有些产品因存放过久或存放不恰当，品质性能受到影响，难以满足客户的需求。为了有效地控制库存货品数量，就要对各存储场所进行数量清点的作业，即盘点作业。盘点作业的步骤如图 19 所示：

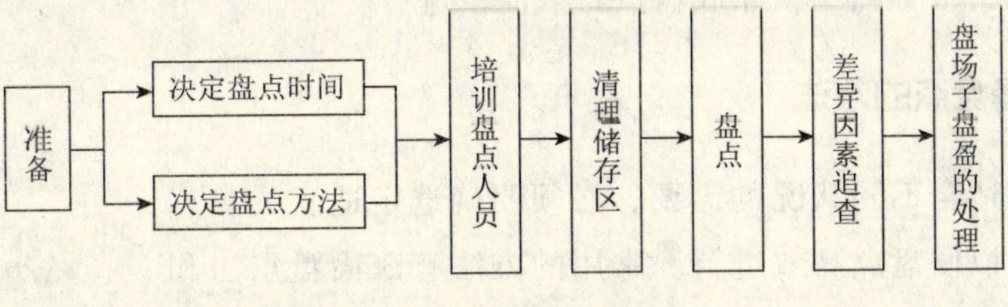

图 19　盘点作业的步骤

1. 盘点的准备工作

为了使盘点作业利用有限的人力在短时间内达到准确的目标，事先的准备工作必须包括如下内容：

（1）明确盘点的程序方法；

（2）配合会计结算进行盘点；

（3）盘点、复盘、监盘人员必须经过训练；

（4）经过训练的人员必须熟悉盘点用的表单；

（5）盘点用的表格必须事先印制完成；

（6）库存资料必须完备。

2. 决定盘点的时间

一般而言，就账实相符的目标来说，货品盘点次数当然是愈多愈好，但因每次实施盘点必须投入人力、财力、物力，这些成本消耗很大，所以要合理安排盘点时间和次数。既要防止过多盘点对公司造成的成本的上升，又要避免不盘点致使家底不清，而对公司可能造成的更大损失的情况。最好能根据配送中心各货品的性质，决定不同的盘点时间。可行的策略如下：

（1）A类主要货品每周盘点一次；

（2）B类货品每月盘点一次；

（3）C类属于较不重要货品，每季或半年盘点一次即可。

对于未实施商品类别ABC管理的企业来说，至少也应对较容易损耗以及单价高的货品增加盘点次数。另外还应注意的是，实施盘点作业时，时间应尽可能缩短，以2～3日内完成较佳。具体时间一般应选择在财务结算前夕（如年中或年底盘点）或淡季进行。

2. 选择盘点的方法

为适合不同状况的需要，必须明确选定适宜的盘点方法，以便盘点高效进行。常用的方法有账面盘点法和现货盘点法。

（1）账面盘点法。账面盘点的方法是将每一种货品分别设账，然后将每一种货品的入库与出库情况详加记载，不必实地盘点即能随时从电脑或账册上查悉货品的存量。通常量少而单价高的货品较适合采用此方法。

> **●重点提示**
> 盘点的前期准备工作一定要做好。

（2）现货盘点法。现货盘点根据盘点时间频度的不同又分为期末盘点和循环盘点。期末盘点是在期末一起清点所有货品数量的方法；而循环盘点则是在每天、每周即做少品种少批量的盘点，到了月末或期末每项货品再至少完成一次盘点。

现实操作中，往往将两者配合使用。为了保证盘点无误，最简单的方法就是确定账面盘点与现货盘点的结果完全一致。

4. 培训盘点人员

人员的培训必须分为两部分：

（1）针对所有人员进行盘点方法训练。工作人员对盘点的原则和工作程序、表格的填写必须充分了解，同时必须对盘点的重要性有充分的认识，这样工作起来才能得心应手。

（2）针对复盘与监盘人员进行熟悉货品的训练。复盘与监盘人员大多数对货品并不熟悉，这不利于盘点工作顺利进行。

5. 清理存储区

具体工作如下：

（1）在盘点前，对厂商交来的物料必须明确其数量；

（2）存储场所在关闭前应通知各部门预领货物；

（3）整理存储场地，预先鉴定呆料、废品、不良品；

（4）整理账卡、单据、资料，进行预盘，以便提早发现问题并加以预控。

6. 进行盘点工作

因盘点工作单调琐碎，盘点人员较难做到始终保持精神高度集中。为确保盘点质量，除人员培训时加强宣传引导外，盘点工作期间还应加强引导与监督。

7. 差异因素追查

盘点结束后，发现所得数据与账簿资料不符时，应追查差异的主要原因。着手的主要方向是：

（1）是否因记账员工作疏忽，导致货品数目有误；

（2）是否因料账处理制度的缺点，导致货品数目有误；

（3）是否因盘点制度的缺点导致账实不符；

（4）盘点所得数据与账簿资料间的差异是否在允许误差范围内；

（5）盘点人员是否尽责，产生盈亏时应由谁负责；

（6）是否产生漏盘、重盘、错盘等情况；

（7）盘点的差异是否可以事先可控，是否可以降低账实差异的程度。

8. 盘盈、盘亏的处理

差异原因追查后，应进行账目的调整与处理。呆废品、不良品减价的部分与盘亏一并处理。用表25 进行更正。

表 25　货品盘点数量盈亏、价格增减更正表

年　　月　　日

<table>
<tr><th rowspan="3">货品编号</th><th rowspan="3">货品名称</th><th colspan="3">账面资料</th><th colspan="3">盘点实存</th><th colspan="4">数量盈亏</th><th colspan="4">价目增减</th><th rowspan="3">差异因素</th><th rowspan="3">负责人</th><th rowspan="3">备注</th></tr>
<tr><th rowspan="2">数量</th><th rowspan="2">单价</th><th rowspan="2">金额</th><th rowspan="2">数量</th><th rowspan="2">单价</th><th rowspan="2">金额</th><th colspan="2">盘盈</th><th colspan="2">盘亏</th><th colspan="2">增价</th><th colspan="2">减价</th></tr>
<tr><th>数量</th><th>金额</th><th>数量</th><th>金额</th><th>单价</th><th>金额</th><th>单价</th><th>金额</th></tr>
<tr><td></td><td></td><td></td><td></td><td></td><td></td><td></td><td></td><td></td><td></td><td></td><td></td><td></td><td></td><td></td><td></td><td></td><td></td><td></td></tr>
<tr><td></td><td></td><td></td><td></td><td></td><td></td><td></td><td></td><td></td><td></td><td></td><td></td><td></td><td></td><td></td><td></td><td></td><td></td><td></td></tr>
</table>

9. 盘点结果的评估

可以通过下面六个指标来考察库存管理中存在的问题：

（1）盘点数量误差＝实际库存数－账面库存数

（2）盘点品项误差率＝盘点数量误差/实际库存数

（3）盘点项误差率＝ 盘点误差品项数/盘点实施品项数

分析：当盘点数量误差率高，而盘点品项误差率低时，表示虽发生误差的货品品项减少，但每一个发生误差品项的数量却有增加的趋势。此时应检查负责此品项的人员有无尽责以及这些货品的置放区域是否得当，有无必要加强管理。相反的情况发生，则表示虽然整个盘点误差量有下降趋势，但出现误差的货品种类却增多。误差品项太多将使后续的更新修改工作更为麻烦，且可能会影响出货速度，因此应对此加强管理。

（4）平均每件盘差品金额＝盘差误差金额/盘差总件数

分析：此指标高，则表示高价位产品的误差发生率较大，可能是公司未实施物品重点管理的结果，对公司营运将造成非常不利的影响。

（5）盘差次数比率＝盘点误差次数/盘点执行次数

分析：当此比率逐渐降低时，表明不论是货品出入库的精确度还是平时存货管理的方式都有很大的进步。

（6）平均每品项盘差次数率＝盘差次数/盘差品项数

分析：此比率高，表示盘点发生误差的情况大多集中在相同的品项，此时对这些品项必须提高警觉，且深入查找原因。

操作要点

进行盘点作业管理的基本步骤如下：

⇨ 盘点的准备工作

⇨ 决定盘点的时间

⇨ 选择盘点的方法

⇨ 培训盘点人员

⇨ 清理存储区

⇨ 进行盘点工作

⇨ 差异因素追查

⇨ 盘盈、盘亏的处理

⇨ 盘点结果的评估

实用范例

国内许多公司现都已利用电脑来处理账面库存问题，然而由于有些公司作业繁杂，每当实际盘点库存与电脑账面库存差异较大时，往往很难断定究竟是软件原先设计与实际作业原则不符，还是由人员作业疏失造成。针对此类情况，建议可选择一段时间进行“电脑与作业平行处理测试”，也就是说在每星期或每月选定几项货品进行盘点，当盘点发生差异（不论盘盈或盘亏）时，即回头核对单据及电脑记录找出差异产生原因。若是电脑问题则邀请有关的软件公司协助解决；若是人为疏忽，则要区分责任归属。

第六节 订单处理作业管理

从接到客户订货开始到着手拣货之间的作业阶段，称为订单处理作业，包括有关客户、订单的资料确认，存货查询，单据处理到出货配发等。订单处理的流程如下：

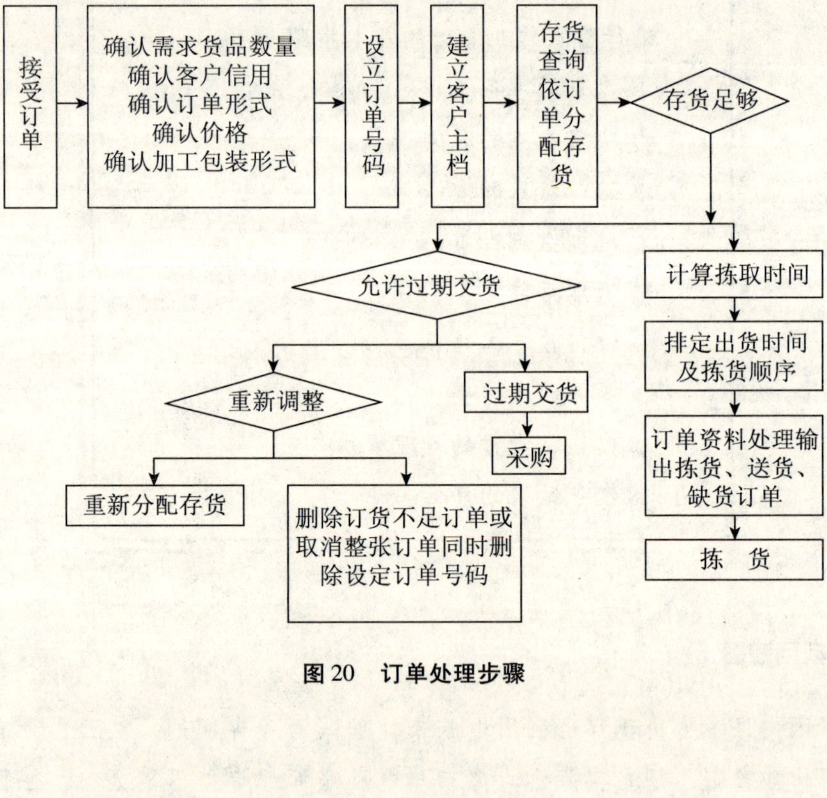

图 20 订单处理步骤

1. 客户信用的确认

无论订单由何种方式传至公司，配销系统的第一个步骤即核查客户的财务状况，以确定客户是否有能力支付该件订单的账款，其做法多是检查客户的应收账款是否已超过其信用额度。因而接单系统中应设计下述两种步骤来核查客户信用的状况：

（1）客户代号或客户名称输入。当输入客户代号或名称资料后，系统马上显示客户的信用状况。若客户应收账款已超过其信用额度，系统应加以警示，以便有关人员决定是否拒绝其订货。

（2）订购品项资料输入。若客户此次的订购金额加上以前累计的应收账款超过信用额度时，系统应将此笔订单资料锁定，以便主管审核。审核通过，此笔订单资料才能进入下一个处理步骤。

2. 订单的交易方式及相应的处理方法

（1）一般交易订单。

① 交易形态：正常、一般的交易订单。是指接单后按正常的作业程序拣货、出货、配送、收款结案的订单。

② 处理方式：接单后，将资料输入订单处理系统，按正常的订单处理程序处理。资料处理完后进行拣货、出货、配送、收款结案等作业。

（2）现销式交易订单。

① 交易形态：与客户当场直接交易、直接给货的交易订单。如业务员至客户处巡货、铺销所得的交易订单或客户直接到配送中心取货的交易订单。

② 处理方式：订单资料输入后，因货品已交给客户，故订单资料不再参与拣货、出货、配送等作业，只需记录交易资料，以便收取应收款项。

（3）间接交易订单。

① 交易形态：客户向物流中心订货，但由供应商直接配送给客户的

交易订单。

② 处理方式：接单后，将客户的出货资料传给供应商代配。此方式要注意对客户的送货单（无论是自行制作还是委托供应商制作）以及出货资料（送货单回联）的核对确认。

（4）合约式交易订单。

① 交易形态：与客户签订配送契约的交易。如某时期内定时配送某数量商品。

② 处理方式：约定的送货日来临时，将该配送的资料输入系统以便出货配送；或一开始便输入合约内容的订货资料并设定各批次送货时间，以便在约定日期来临时，系统自动产生送货的订单资料。

（5）寄货式交易。

① 交易形态：客户因促销、降价等市场因素而先行订购某数量商品，以后视需要再要求出货。

② 处理方式：当客户要求配送寄库商品时，系统应检查客户是否确实有此项寄库商品。若有，则调出此项商品，并且扣除此项商品的寄库量。注意此项商品的交易价格是依据客户当初订购时的单价计算的。

（6）兑换券交易。

① 交易形态：客户兑换券所兑换商品的配送出货。

② 处理方式：将客户兑换券所兑换的商品配送给客户时，系统应核查客户是否确实有此兑换券回收资料。若有，依据兑换券兑换的商品及兑换条件予以出货，并应消除客户的兑换券回收资料。

3. 建立客户主档

详细记录客户状况，不但能让交易顺利进行，而且有益于以后增加合作机会。客户主档应包含订单处理时要用到的及与物流作业相关的资料，包括以下几方面：

（1）客户姓名、代号、形态（如产业、性质）。

（2）客户信用额度。

（3）客户销售付款及折扣率的条件。

（4）开发或负责此客户的业务员。

（5）客户配送区域。

（6）客户收账地址。

（7）客户点配送路径顺序。根据区域、街道、客户位置，将客户分配于适当的配送路径顺序。

（8）客户点适合的车辆形态。

（9）客户点下货特性。客户所在地点或客户下货位置，由于建筑物本身或周围环境特性（如地下室有限高或高楼层），可能造成下货时有不同的需求及难易程度，在车辆及工具的调度上须加以考虑。

（10）客户配送要求。

（11）过期订单处理指示。

4. 按订单分配存货

订单资料确认无误后，最主要的处理作业在于如何将大量的订货资料做最有效的汇总分类，以便后续的物流作业能高效地进行。存货的分配模式可分为单一订单分配及批次分配两种。

（1）单一订单分配。此种情形多为线上即时分配，也就是在输入订单资料时，就将存货分配给该订单。

（2）批次分配。累积汇总一批已输入的订单资料后，再一次分配库存。配送中心因订单数量多，客户类型等级多，且多为每天固定配送，因此通常采取批次分配以确保库存的最佳分配。作业的不同，各配送中心的分批原则也可能不同，总的来说有下面几种方法：

① 按接单顺序，将整个接单时段划分成几个区段处理；

② 按配送区域的路径，将同一配送区域路径的订单汇总一起处理；

③ 按流通加工需求，将相同流通加工处理的订单汇总一起处理；

④ 按车辆需求，将需要特殊的配送车辆（如低温车、冷冻车、冷藏车）或适应客户所在地、下货特性等特殊形态车辆的订单，作汇总合

并处理。

以批次分配选定参与分配的订单后，这些订单中某商品总出货量大于可分配的库存量，应如何来分配有限的库存呢？针对这种情况，可依以下原则来决定客户订购的优先性：

① 具有特殊优先权者先分配；

② 依客户等级来取舍，客户重要性程度高的优先分配；

③ 依订单交易量或交易金额来取舍，对公司贡献度大的订单优先处理；

④ 依客户信用状况，信用较好的客户订单优先处理。

5. 计算拣取的标准时间

要有计划地安排出货时间，对于每一订单或每批订单可能花费的拣取时间应事先掌握，预先计算订单拣取的标准时间。

（1）阶段一：首先计算每一单元（一托盘、一纸箱、一件）的拣取标准时间，将它设定于电脑记录标准时间档，将个别单元的拣取时间相加，就很容易推导出整个标准时间。

（2）阶段二：有了单元的拣取标准时间后，即可依每品项订购数量（多少单元）和每品项的寻找时间，计算出每品项拣取的标准时间。

（3）阶段三：根据每一订单或每批订单的订货品项，同时考虑纸上作业的时间，算出整张或整批订单的拣取标准时间。

6. 分配后存货不足的处理

若现有存货数量无法满足客户需求，且客户又不愿以替代品替代时，则应依客户意愿与公司政策来决定对应方式。

（1）根据客户意愿有以下处理方法：

① 客户不允许过期交货，则删除订单上不足额的订货，或者取消订单；

② 客户不允许不足额的订货，等待有货时再予以补送；

③ 客户允许不足额的订货，留待下一次订单一起配送。

（2）根据公司政策有以下处理方法：

① 重新调拨。若客户不允许过期交货，而公司也不愿失去此客户订单时，则有必要重新调拨分配订单。

● 重点提示

当公司意愿和客户意愿发生冲突时，要遵循客户优先原则。

② 补送。一是客户允许不足额的订货，等待有货时再予以补送；二是客户允许不足额的订货，整张订单留待下一次订单一起配送。

③ 删除不足额订单。若客户允许不足额订单有货时再予以补送，但公司政策并不希望分批出货，则只好删除订单上不足额的订单；若客户不允许过期交货，且公司也无法重新调拨，则可考虑删除订单上不足额的订单。

④ 延迟交货。一是有时限延迟交货，即客户允许一段时间的过期交货，且希望所有订单一起配送；二是无论等多久客户皆允许过期交货，且希望所有订货一起送达，则等待所有订货到达后再出货。

⑤ 取消订单。若客户希望所有订货一起送达，且不允许过期交货，而公司也无法重新调拨时，则只有将整张订单取消。

订单资料经过以上步骤处理后，就要打印出货单据，以开展后续的物流作业。单据中的拣货单或者出货单进入拣货程序；送货单进入配货程序；单据中的缺货资料进入采购程序。

操作要点

进行订单处理作业管理包括以下环节：

⇨ 客户信用的确认

⇨ 订单的交易方式及相应的处理方法

⇨ 建立客户主档

⇨ 按订单分配存货

⇨ 计算拣取的标准时间

⇨ 分配后存货不足的处理

实用范例

2000 年美国智慧商店开发了一套电子系统：使用一台接到消费者家中电视机上的量测器，可测量消费者收看消费频道的次数；消费者也可以通过一台放置在家中的产品扫描器，直接在电视荧幕上扫描所需采购的商品项目，再电传至公司。

第七节　按订单分拣作业

按订单组织分拣是目前很多高效率配送中心广泛应用的一种分拣方法。但按订单分拣作业要投入整个仓库作业的一半以上的人力，至少要占配送中心全部作业时间的 30% ~40%，因此成为提高配送中心生产率的瓶颈。

按订单分拣是根据接受订货这一物流活动中的出库单、配货单、发货票据、送货单等资料来进行的。主要流程见图 21：

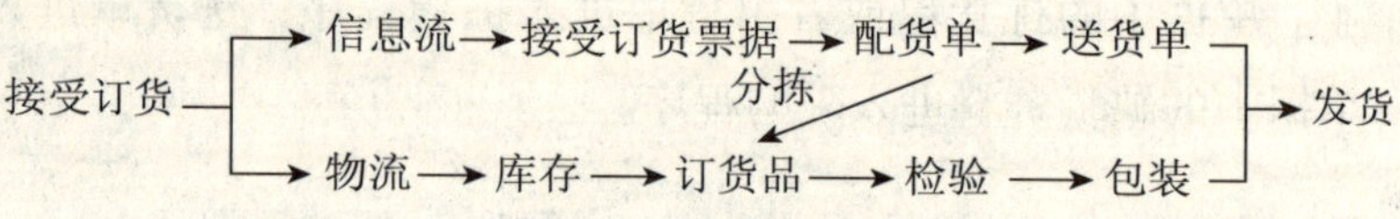

按订单分拣的流程图

按订单分拣作业通常有以下几种组织形式。

1. 基本组织形式

按订单分拣作业最基本的组织形式有：

（1）单一分拣。先将客户每张订货货单进行分类，再将订单汇总。

（2）批量分拣。汇总多个客户的订货，然后按不同客户进行分货，再汇集订单。

（3）前两种方式的组合。

2. 按订单分拣作业方法

按订单分拣作业方法有以下两种：

（1）作业人员到货架去取货物。

（2）利用旋转货架将货物自动送到作业人员所在处。

两类方式都包含以下分拣时间：取完货物再返回的时间、寻找货物位置的时间、将货物取出的时间。为了缩短时间，可以采取以下措施：

（1）按货物编号顺序进行保管。分拣时仅查找表示货物名称、种类等特性的货物编号，或拿着写有货物名称或货物编号的单据去找。

（2）当从某些货架上分拣货物次数多时，可用计算机算出步行距离最短的路线，然后以此顺序进行分拣。

（3）仓库面积大，步行距离长，需要时间也长。在进行仓库设计时，要规划出使分拣步行距离最短的方案。

3. 按作业的程序组织分拣

（1）一人分拣法。一个人配货，按照一张订货单据要求的货物进行分拣。一些小的配货中心常采用此法。

（2）分程传递法。确定个人所分担的货物种类和货架的范围，仅对货单中由自己所承担的货物进行分拣，分程传递或转交下一个分拣人员。

（3）区间分拣法。和分程传递方法相同，首先确定个人所分担的货物种类和货架的范围。在分拣货单中分拣出自己所承担的货物，然后将各人分拣的货物汇总起来。

（4）分类分拣法。将不同形状、外形尺寸、重量的货物进行分类，在配送中心内进行保管，按每一种产品进行分拣。

企业可以根据自己的实际情况来选择以上方法，也可以互相结合使用。

4. 最常见的组合分拣作业法

（1）摘果式分拣法。摘果式就像从树上摘取水果那样，配货人员将每个客户的货物从货架上取走。同单一分拣的意义大致相同。

（2）播种式分拣法。每张订单准备一个分拣箱置于分货场，然后作业者取来货物，按每个订单所需要数量投入分拣箱。适用于同种货物量多的订单。

（3）总量分拣法。作业者将一天或半天的所有订单汇总起来进行分拣，然后对不同订单货物分开作业。适用于品种数量多，分拣时需要多个作业者的情况。这种方式也称批量分拣。

（4）配合分拣法。将批量分拣的货物分给客户称为配合分拣法。批量分拣的货物宜用高速自动分类输送机分给各个客户。

按订单分拣的方法各有特性，不能简单地说哪种组织形式好，哪种形式坏。要想提高配送中心的作业效率，必须对各类方法进行仔细研究，根据自己的情况来选择合理的方法。

操作要点

按订单分拣作业的组织方法包括：

⇨ 基本组织形式

⇨ 按订单分拣作业方法

⇨ 按作业的程序进行分拣

⇨ 最常见的组合分拣作业法

第八节　补货作业管理

补货作业指将货品从保管区域移到动管拣货区域，并将此迁移作业做书面上的处理。一般以托盘为单位的补货，其主要作业流程如图 22 所示：

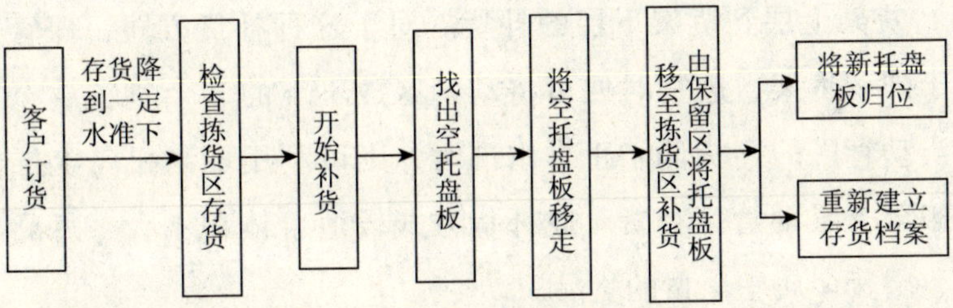

图 22　补货主要作业流程图

知识链接

保管区和动管区：保管拣货区为货架储放区；动管拣货区为两面开放式的流动棚。

1. 选择合理的补货方式

与拣货作业息息相关的是补货。补货作业一定要认真计划，不仅包括确保存货量，还包括将补货安置于方便存取的位置。常见补货方式有以下几种：

（1）整箱补货。由货架保管区补货到流动棚架的动管区。拣取后动管区的存货低于水准时则要进行补货。其补货方式为作业员到货架保管区取货箱，以手推车载货箱到拣货区，由流动棚架之后方（非拣取面）补货。此补货方式较适合体积小且少量多样出货的货品。

（2）整托盘补货的第一种情况。由地板堆叠保管区补货至地板堆叠动管区。在这种补货方式中，保管区为以托盘为单位的地板平置堆叠储放，动管区也是以托盘为单位的地板平置堆叠储放。拣取后动管拣取区的存货低于正常水准时，则要进行补货。其补货方式为：作业员用堆高机由托盘平置堆叠的保管区搬运托盘到拣货动管区。此补货方式较适合体积大或出货量多的货品。

（3）整托盘补货的第二种情况。由地板堆叠保管区补货至托盘货架动管区。此补货方式较适合体积中等或中量出货的货品。

（4）货架上层到货架下层的补货。对于这种补货方式，保管区与动管区属于同一货架，进货时便可将动管区放不下的多余货箱放至上层保管区。当动管区的存货低于正常水准时，则可利用堆高机将上层保管区的货品搬至下层动管区补货。此补货方式较适合体积不大、每品项存货量不高、出货多属中小量的货品。

2. 如何选择补货时机

究竟何时检查动管区存量，何时将保管区的货补至动管区？为了避免拣货中途才发觉动管区的货量不够，还要避免出现临时补货影响整个出货时间的情形。对补货时机的掌握有如下三种方式：

（1）批次补货。在每天或每一批次拣取前，由电脑计算货品的总拣取量，再相应地查看动管拣货区的货品量，在拣取前补足货品。此为"一次补足"的补货原则，较适合一日内作业量变化不大、紧急插单不多、每批次拣取量大的情况。

（2）定时补货。将每天划分为数个时点，补货人员在规定时段内检查动管拣货区货架上货品存量，若不足马上将货架补满。此为"定时补足"的补货原则，较适合分批拣货时间固定且紧急处理时间亦固定的情况。

（3）随机补货。指定专门的补货人员，随时巡视动管拣货区的货品存量，有不足随时补货。此为"不定时补足"的补货原则，较适合每批次拣取量不大、紧急插单多以及作业量不易事前掌握的情况。

操作要点

补货管理要做好以下工作：

⇨ 选择合理的补货方式

⇨ 选择补货时机

实用范例

英国BOOTS公司动管拣取区采用相同品项存放于两个相邻托盘的存储方式，而保管区则分两处进行两阶段的补货。第一保管区为高层货架仓库，第二保管区为动管区旁的临时保管处所。进行第一阶段补货时先由第一保管区的高层货架提取1托盘货品放置于动管区旁的第二保管区，等动管拣货区内某一品项的其中一个托盘拣取完毕后，将空托盘移出，后面托盘往前推，再由第二保管区将补货托盘移进动管拣货区。

第九节 出货作业管理

对拣取分类好的货品进行出货检查，装入适当的容器，做好标记，根据车辆趟次类别或厂商类别等指示标志将物品运至出货准备区，最后装车配送。这一连串过程即为出货作业。想作好出货作业管理，必须做好以下几点。

1. 选择分货方式

分货大多依客户或配送路线来分类。分货的运用方式一般有下述三种：

（1）人工目视处理。也就是不用电脑或任何自动化的辅助设备，全由人工依订单或传票来进行分货，将各客户的订购货品放入已贴好各客户标签的货篮中。一般小型配货中心都是借助这种分货方式。

（2）自动分类机。近年来客户个性化需求增加，为适应多品种少批量订货的市场趋势，自动分类机止在被广泛运用。自动分类机利用电脑及辨识系统达到分类的目标，因而具有迅速准确且不费力的优势，尤其在拣取数量或分类数量众多的货物时，效率更高。一些大型的配货中心或大型企业的物流中心都是用这种分类方式。

（3）旋转架分类。为节省成本，也可以用旋转架取代自动分类机，将旋转架的每一格位当成客户的出货篮，分类时只要在电脑中输入客户的代号，旋转架即会自动将其货篮转至作业员面前，让作业员将批量拣取的物品放入进行分类。这种分类方式在一些中型的配送中心广泛应用。

2. 进行出货检查

出货检查最简单的做法即以纯人工方式进行，也就是将货品一个个点数并逐一核对出货单，再查验出货的品质、水准及状态等情况。对于状态及品质检验而言，纯人工方式逐项或抽样检查的确有其必要性；但对于货品号码及数量核对来说，纯人工方式效率较低，有时还难以找出问题，即使采取多次检查，也极有可能是耗费了许多时间而错误依然存在。为了克服这些弊端，介绍下面几种目前常用的方法：

（1）商品条码检查法。此方法的最大原则就是要导入条码，让条码跟着货品跑。进行出货检查时，只需将拣出货品的条码用扫描机读出，电脑会自动将资料与出货单核对，来检查是否有数量或品种上的差异。

（2）声音输入检查法。这种声音输入检查法是一项很新的技术，是由作业员发声读出货品的名称（或代号）及数量，然后电脑接收声音自动判识，转成资料再与出货单进行核对。这种方式的优点在于作业员只需用嘴巴读取资料，仍可做其他的工作。但需注意的是，此种方法要求发音准确，否则电脑辨识困难，且每次发音字数有限，也可能产生错误。

（3）重量计算检查法。这种方法是先自动加总货单上的货品重量，而后拣出货品以计重器秤出总重，再将两者互相比对。当拣货员每拣取一样货品时，台车上的计重器就会自动显示其重量，这样可完全省却事后的检查工作，在效率及正确性上，都更有优势。

> ●**重点提示**
>
> 选择检查方法时要考虑成本。根据自己企业的规模和承受能力来选择。

3. 组织出货时的包装

包装也是配送作业中不可缺少的环节，包装的理由如下：提供货品保护作用；便于搬运、存储及使用方便；刺激顾客的购买欲；易于辨认等。

日本工业规格（JIS）将包装分为销售包装、内装及外装三种：

（1）销售包装。指货品的个别包装。为了提高货品的商品价值及为美观或保护货品，使用适当的材料或容器对货品加以包装。大部分商品都要进行简单的销售包装。

（2）内装。指货物包装的内层。考虑到水、湿气、光、热、冲击等因素对物品的影响，使用适当的材料或容器对物品加以包装。

（3）外装。指货物包装的外层。将物品装入箱、袋、木桶、罐等容器；或在无容器状态下，将货物加以捆绑、施加记号或打包符号等。

4. 出货状况的调查

有效掌握出货状况等于掌握了公司营运的效益，对于作业管理及服务客户有很大的帮助。表26是出货状况调查表：

表26　出货状况调查表

项目	平均值	极限值
配送车种	平均：	最多：
每日配送车辆台数	平均：	最多：
每一车之装货（出货）时间	平均：	最长：
出货运送点数	平均：	最多：
每一方面之出货捆包数	平均：	最多：
出货所需人员数	平均：	最多：
一日出货的总重或总体积	总重：	最多：
出货形式	平均：	总体积：
出货距离	平均：	最远：

在配送中心，货品经由入库作业，然后经过存储、搬运，最后再由出库作业送至消费者手中，其中每一个环节的作业都对最后的物流运行产生影响。因此了解每种物流作业及管理内容对配送中心的运作管理是非常重要的。

操作要点

管理出货作业的主要环节有：

⇨ 选择分货方式

⇨ 进行出货检查

⇨ 组织出货时的包装

⇨ 出货状况的调查

第十四章 配送中心运营管理

一个好的设计方案只是开始，配送中心成功的关键在于如何去经营它。一个高效率的配送中心从投资分析开始到正常运营时的内部控制、人员管理等等，都需要细心规划。市场是残酷的，运营业绩差的企业必然被市场淘汰。

关键词 配送中心 设立分析 项目筹资 经济分析 项目招标 人力资源管理 作业控制 人员管理 养护管理

第一节 配送中心设立分析

投资分析是运营问题的起点，没有投资就没有配送中心的建设，更谈不上以后的经营了。而配送中心的设立分析又是投资分析的起点。首先要知道企业是否要设置配送中心，要投资建设几个，投资什么形式的配送中心。对这些问题的决策，必须进行充分的研讨和分析。

1. 核算物流费用，分析投资效果

具体步骤如下：

（1）掌握现状。目前是怎么配送货物的，物流费用是多少。

（2）制订方案。在什么地方、设置什么样的配送中心，提出多个设置方案。

（3）估算物流费用。估算出每个配送中心设置方案的物流费用。

（4）比较物流费用。比较各个方案，找出物流费用最少的最佳方案。

（5）计算削减额。利用比较后选出的最佳方案替换现行的运作，计算出能削减多少物流费用。

（6）综合分析。对于以上的最佳方案用成本以外的其他因素进行分析，评价是否为最佳方案。

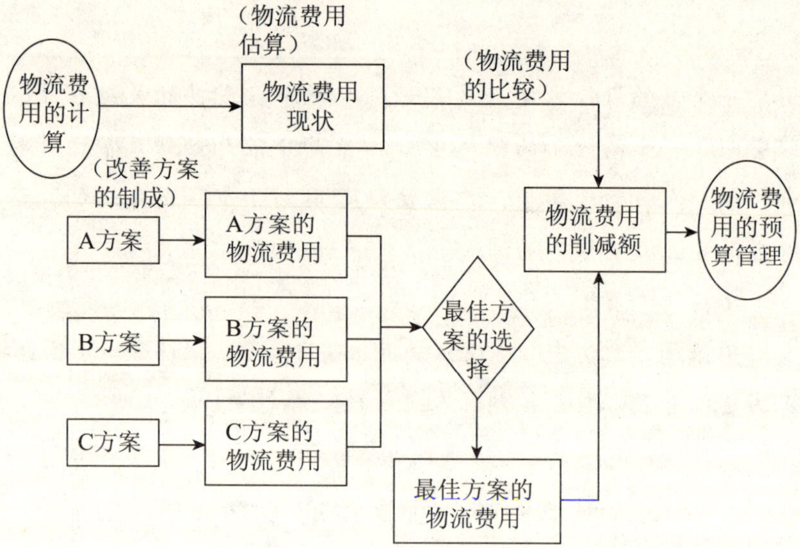

图23　配送中心设置的分析程序

2. 综合比较物流成本，分析配送中心投资效果

比较配送中心各设置方案的投资效果时，必须将配送中心的物流成本同服务水平一起进行综合考虑。配送中心的物流成本不仅包括配送费、装卸搬运费等直接费用，还包括这些费用以外各个物流过程所发生的一切费用。综合比较物流成本时，应注意以下几项：

（1）配送费用。由将销售的商品配送给顾客所需要的费用、由配送交易方业务委托支付的配送费和从顾客那里直接得到的配送费用构成。

（2）装卸搬运费。包括进货及其他杂务等短距离运输所需要的费用，装卸、搬运、短距离输送及车辆运行等业务委托所支付的费用。

上述两项费用占配送中心成本的大部分，而且多属于直接费用。

（3）物流设施和设备费。主要由土地和建筑物费用，设备固定资产折旧费，设备及设施所缴税，设施设备维修管理费以及水电、供暖费用等构成。

（4）物流劳务费。包括仅限于配送业务所需的正式职工、合同工、临时工劳务费，保安警备费用。

（5）信息系统费。包括仅限于信息系统运营所需的订货费、信息仪器设备购置或租用费等信息处理费用。

（6）其他物流运营费。除了上述各项之外，还有用于物流业务所必需通信费，配送货单、包装纸、礼品纸、胶带纸等消耗品费用。

总之，一方面要提高服务水平，一方面又要降低配送运营的总成本，这是一个很大的课题。每个物流企业都要思考并在实践中不断积累经验。

3. 决定投资配送中心的个数

决定要投资几个配送中心时，涉及运输费用和保管费用之间关系的问题。也就是说配送中心个数增加，仓库数量增加，保管费增加，而运输次数减少，运输费相应的减少。使保管和运输费合计成本最低的中心设置数就是最合适的设置数——这种方法被称为“综合成本接近法”（见图 24 配送中心最佳个数分析）。具体步骤如下：

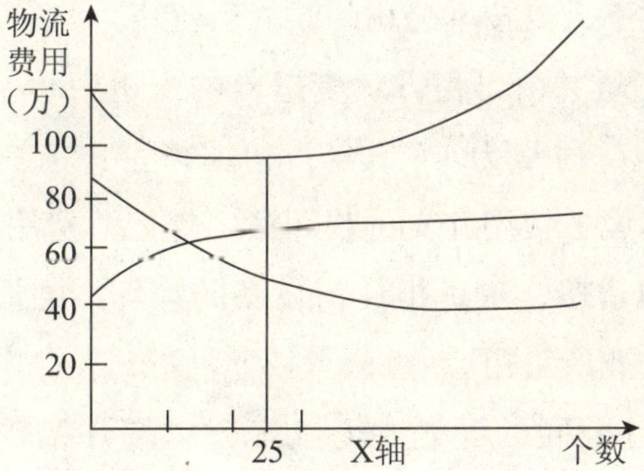

图 24　配送中心最佳个数分析

（1）试算配送中心设置的个数；

（2）预算各设置数的保管费和运输费；

（3）汇集各设置个数综合成本；

（4）根据综合成本决定最佳投资个数。

4. 决定投资哪种类型的配送中心

（1）投资本公司所有并负责运营的配送中心。这种类型需要公司购进仓储机械等设备、土地等，初期投资比较大，投资风险也很大。一般适合大型制造业和零售业，它们作业量大，可以降低平均运营费，比如海尔物流、沃尔玛等。

（2）本公司租赁并负责运营的配送中心。长期租赁建筑物，根据合同条件，在规定的时间内负责运营。对于初期投资公司可以按年或月支付；设备为自己所有，其他设施出租方也可以提供。这种方式，初期投资少一些，风险比上一种小。

（3）本公司租赁，由第三方负责运营的配送中心。本公司长期租赁建筑物，同第三方达成协议，由第三方负责设施监管及运营。初期投资可以由本公司和营运方按年度或按月支付，设备为本公司所有，其他设施租赁者也可以提供。

本公司在租赁期间负主要责任。对于配送中心的运营，向第三方交纳租金，通常情况下，要按本公司的政策运营。

（4）本公司租赁并由出租方负责运营的配送中心。本公司向出租方租借建筑物或场地，通常为1～5年；初期投资比前三种少，一般情况下，出租业主承担设备费用并支付装卸搬运等运营费用，公司风险很小，只支付配送中心租赁费，不负担任何设备的损坏、磨损损失费用。这种方式被很多中小企业所采用。

（5）按月签订合同的配送中心。本公司按月租赁仓库、货场等配送中心设施，不负责初期投资；设备属于出租方所有，包括装卸、搬运在内的所有设备由出租方承担。基本上是一种外包服务，公司不承担任何风险。

在实践中，管理者可以根据自己公司的情况选择合适的投资方式。

操作要点

进行配送中心设置分析的步骤如下：

- 核算物流费用，分析投资效果
- 综合比较物流成本，分析配送中心投资效果
- 决定投资配送中心的个数
- 决定投资哪种类型的配送中心

实用范例

美国通用汽车公司在美国的14个州中，大约有400个供应商负责把各自的产品送到30个装配工厂进行组装。由于卡车满载率很低，库存和配送成本急剧上升。为了降低成本，改进内部物流管理，提高信息处理能力，通用汽车公司委托Penske专业物流公司为它提供第三方物流服务。

调查了解配送路线之后，Penske公司建议通用汽车公司与一家有战略意义的配送中心合作。配送中心负责接受、处理、组配半成品，由Penske派员工管理，同时Penske也提供60辆卡车和72辆拖车。除此之外，为实现“准时制（JIT）”送货，Penske设计了一套最优送货路线，增加供应商的送货频率，减少库存水平，改进外部物流活动，运用全球卫星定位技术，使供应商随时了解行驶中的送货车辆的方位。与此同时，通过在配送中心组配半成品后，对装配工厂实施共同配送的方式，既降低了卡车空载率，又减少了实际需要的运输车辆，使通用公司只保留了一些对Penske所提供的车队有必要补充作用的车辆，减少了通用汽车公司的运输单据处理费用。

第二节　配送中心项目筹资

配送中心的建设，由于占地面积大，建筑物造价高，资金投入多、建设周期长等客观因素，即使在发达国家，筹资问题也不是一个简单的问题。配送中心可选择的筹资方式主要有以下四种，下面将一一做详细介绍。

1. 通过银行贷款

银行贷款指银行在一定的利率下、一定的期限内把货币资金提供给需求者的一种经济活动。贷款使用期限是从贷款之日起到协议偿还时止。一般固定资产的贷款期限按投资回收期来确定。流动资金贷款期限有三种确定方法：一是按流动资金周转率来确定；二是按物资耗用计划来确定；三是按销售收入来确定。银行贷款的利率随着贷款对象、用途、期限的不同而不同。

选择银行贷款筹资的特点如下：

（1）银行贷款筹资管理比较简单，但最初申请时比较困难，必须通过银行的严格审核，同时提供配送中心的详细可行性研究报告和财务报表；

（2）由于贷款的种类多、期限多，所以利用银行贷款建设配送中心相对比较方便、灵活；

（3）银行贷款筹资风险小，一般不涉及税务问题；

（4）银行贷款筹资不涉及配送中心资产所有权的转移。

总之，银行贷款一般是首选的筹资渠道，特别是一些中小型企业，同时也适合配送中心规模小、总投资不太大的情况。

2. 通过发行公司股票

知识链接

股票的发行方式是指公司通过何种方式发行股票。股票的发行方式包括公开间接发行和不公开直接发行。前者通过中介机构，公开向社会公众发行股票；后者不公开对外发行股票，只向少数特定的对象直接发行，不需经过中介机构承销。公开间接发行，发行范围广、发行对象多，易于足额募集资本，且股票的变现性强、流通性好，有助于提高公司的知名度和扩大影响。但这种方式发行手续繁杂，发行成本高。不公开直接发行，弹性较大，发行成本低，但发行范围小，股票变现性差。

公司股票分普通股和优先股。

发行普通股筹资的主要好处：

（1）发行普通股筹措资本具有永久性、无到期日、不需归还等优点；

（2）没有固定的股利负担，筹资风险较小；

（3）普通股筹集的资本是公司最基本的资金来源，它反映了公司的实力，可增强公司的举债能力；

（4）普通股的预期收益较高，并可一定程度地抵消通货膨胀的影响，因此容易吸收资金。

普通股的缺点是：

（1）普通股的资本成本较高；

（2）容易分散公司的控制权，每股净资产的减少可能引发股价的下跌。

股票筹资是现在最流行的形式，不管是大企业还是小企业，都可以采用这种方式。需要提醒的是，公司上市前的审查是很严格的；另外，股市变化不定，受外界环境影响大，所以风险比较大。

3. 通过租赁

知识链接

筹资性租赁：出租人根据承租人选定的设备和谈妥的条件出资购买设备财产，然后再以出租的形式长期提供给承租人使用，并在租赁期内定期收取资金，逐步回收公司设备财产的全部投资及利息的信贷形式。

经营性筹资：租赁公司既为用户提供筹资便利，又提供设备的维修、保养等服务，同时还承担设备陈腐风险的一种中期商品信贷形式。

租赁筹资在物流行业是比较流行的一种筹资形式，可以分为筹资性租赁和经营性租赁两种，公司可以根据自己的情况进行选择。租赁筹资一般适宜在中小企业使用，因为配送中心建设的初期投资很大，中小企业靠自身的技术和资金实力很难完成。

4. 利用外资

从目前资本市场的情况看，国外资本市场容量巨大，资本总是朝有利可图的方向流动。我国经济发展可以利用资本的这一特性，大力吸收建设资金，达到筹资目的。

这种筹资方式主要有以下几种：发行境外股票；发行境外债券；利用国际贷款；吸收境外的直接投资。前三种方式一般适合大中型企业，最后一种方式适合中小企业。

总的来说，选用哪种筹资方式要根据企业自己的实际情况，而且大多数时候都是几种方式同时进行。在考虑运用多种筹资方式筹集资本时，一般要设计出筹集所需资金总额的几个不同资本结构方案，然后将几个方案进行对比，从中选出最佳方案。

操作要点

配送中心常用的筹资方式有：

⇨ 通过银行贷款

⇨ 通过发行公司股票

⇨ 通过租赁

⇨ 利用外资

第三节　配送中心项目经济分析

配送中心的建设和运营是一个比较大的投资项目，怎么来衡量它的投资效果呢？可以利用下列指标来分析。

1. 财务指标

（1）投资利润率。投资利润率是配送中心建成运营后，正常情况下获得的年净收益与项目总投资之比。计算公式为：

$E = R/C$

E：投资利润率

C：配送中心项目建设总投资

R：年净收益率（正常运营现金流入与现金流出之差）

（2）投资利税率。公式为：

$E = (R + X) / C$

X：年税金

（3）财务净现值（NPV）。计算公式为：

$$NPV = \sum_{t=0}^{n} \frac{C_t}{(1+i)^t}$$

C_t：配送中心第 t 年的净现金流量

t：计算年

i：贴现率

NPV 值越大的配送中心投资项目越具有投资建设价值。

（4）投资回收期。以年计算，分为静态投资回收期（不考虑时间因素）和动态投资回收期（考虑时间因素）。

$$静态投资回收期=\text{累计净现金流量开始出现正值的年份数}-1+\frac{\text{上年累计净现金流量绝对值}}{\text{当年净现金流量}}$$

$$动态投资回收期=\text{累计净现值开始出现正值的年份数}-1+\frac{\text{上年累计净现值绝对值}}{\text{当年净现金流量}}$$

投资回收期越短越好，表明企业资金流转速度快，企业效益好。投资回收期虽然计算简单，但它没有考虑投资回收期以后的收益情况，所以还不能全面反映经营的效益。

（5）财务内部收益率（IRR）。计算公式为：

$$\sum_{i=0}^{n}(R_i-C_i)(1+1^*)^{-i}=0$$

R_i：第 i 年的收益

C_i：第 i 年的支出

I^*：内部收益率

内部收益法揭示了配送中心所具有的最高获利能力，从而成为衡量项目效益的非常有用的手段。而且它可以在配送中心寿命期内的任何时间点上进行测算，并获得同一结果。

（6）投资现值率。其计算公式为：

投资的现值率=配送中心整个寿命周期内的净现值/投资的现值

投资的现值是配送中心初始投资或各年投资现值之和。投资现值率越大，表明投资方案经济效益越好。

（7）资产负债率。

资产负债率=总负债/总资产×100%。

资产负债率越小，项目负债数额越小，债权人的财务风险越小，建设项目的清偿债务能力越强。

2. 国民经济分析指标

一个企业的运营，一定要关注社会的整体经济环境。要关注下面两个指标：

（1）经济内部收益率（EIRR）。经济内部收益率是反映该项目对国民经济净贡献的相对指标，是建设项目在计算期各年经济净效益流量等于零时的折现率。计算公式为：

$$\sum_{i=0}^{n}(B-C)_t(1+EIRR)\ \ -t=0$$

B：建设项目经济效益流入量

C：建设项目的经济费用流出量

$(B-C)_t$：建设项目在第 t 年的净效益流量

EIRR：建设项目经济内部收益率

在分析配送中心对国民经济的贡献能力时，如果经济内部收益率等于或者大于社会折现率，表明配送中心对国民经济的贡献达到或超过国民经济的要求。

（2）经济净现值（ENPV）。这是反映建设项目对国民经济净贡献的绝对指标，是建设项目按照社会折现率将计算期内各年的经济净效益折现到建设期初的现值之和，计算公式为：

$$\text{ENPN}=\sum_{i=0}^{n}(B-C)_t(1+l_S)^{-t}$$

l_S：社会折现率

通过上述指标的计算，就可以对配送中心的整体运营情况形成大致的了解，便于管理上的决策。

知识链接

利用内部收益率法进行项目选择。如果某方案的内部收益率大于资本成本率，接受该方案；内部收益率小于资本成本率，则不接受该方案。对于多个方案：如果这几个方案的内部收益率都大于资本成本率，而且各方案的投资额相等，则内部收益率与资本成本率之间差异最大的方案最优；如果这几个方案的内部收益率都大于资本成本率，而且各方案的投资额不等，则用“投资额×内部收益率－资本成本率”计算所得结果最大的方案最优。

操作要点

衡量配送中心建设的投资价值，应把握如下环节：

⇨ 财务指标

⇨ 国民经济分析指标

第四节　组织配送中心项目招标

工程项目的招标和投标实质上是一种期货交易，有很大的风险性，一定要进行有效的招投标管理。一般来说，按以下步骤进行。

1. 选择配送中心项目的招标类型

配送中心建设涉及的招标项目如下：材料设备采购招标；技术咨询招标，即邀请工程咨询单位对项目建设的可行性及项目建设期的各种咨询工作的招标；勘察设计招标；工程施工招标；监理招标，即工程质量监察单位的招标。

知识链接

招标和投标是市场经济中用于采购大宗商品的一种交易方式。它的特点是卖方设定包括商品的质量、期限、价格为主的标底，邀请若干买方通过投标进行竞争，从中择优选定中标单位。双方达成协议，并按协议合同来执行。

常用的招标方式有三种：

（1）公开招标。这种方式业主有较大的选择余地，有利于降低价格，保证质量，缩短工期，但是资格审查和评标的工作量大。特别对那些故意压低投资报价以挤掉竞争对手的投机承包商，必须严格审查其资格并认真、公正地评标。

（2）选择性招标。又称有限竞争性招标或邀请招标。一般不发广告和通告，业主根据经验和现有的信息资料，对那些有能力、讲信用的承包商发出邀请函，一般是5～10家，不得少于3家。这种方式是现在最常用的方法，可以保证工程的质量和效率，但易漏掉有竞争力的后起之秀。

（3）议标。又称非竞争性招标或定性招标。专门邀请一两家承包商来直接协商谈判，实际上是一种合同谈判。这种方式一般用于专业性强的项目或工期紧、保密性强的项目。

2. 确定招标的程序与主要内容

根据国际惯例及我国有关规定，工程招标分为九个步骤：

（1）发布招标广告及通告。对于选择性招标发送招标邀请通知。

（2）资格审查。资格审查的内容包括：投标单位的基本情况；类似工程的经验与业绩；人员状况，特别是高级技术人员、管理人员的情况及配备；技术装备及施工能力；财务情况，特别是企业可用于本项目的流动资金；企业商业信誉，特别是已完成项目的工程质量及履约情况。

（3）发放招标文件。招标文件的主要内容：工程项目的全貌及特点；招标人须知内容；合同条款；工程技术说明书与图纸、资料；工程量清单；投标书或标函；保证金及保函；协议书。

（4）组织现场勘察。

（5）接收投标文件。一般从发放招标文件到投标截止日期应有2～4个月。

（6）开标。

（7）评标。评标一般是由招标单位的总经济师或总工程师负责组织，由技术专家组成评标委员会。

（8）谈判与授标。

（9）签订合同和发标。

3. 做好评标工作

在配送中心建设期，无论是材料设备招标、工程设施招标还是其他招标，要想保证质量就必须把好评标这非常重要的一关。因此评标及资格审查尤为重要。

（1）评标的组织。评标必须设立评标委员会或评标小组；评标组织应报当地招标管理机构审查批准，保证评标决标合法公正、科学合理；防止建设单位的招标压价倾向。

（2）评标时应做到以下几点：标价合理；工期适当；注意尊重业主的自主权；研究科学的评标方法；充分研究和分析投标文件的可信度。

（3）选择合理的评标方法。

① 专家评议法。首先由评标委员会或评标小组拟定评标内容，分项进行比较或调查，综合评议，然后由各专业领域的专家协商和评议选择各项条件都比较优秀者为中标单位。这种方法是一种定性优选法，一般适用于投标者不多的情况。但要注意专家意见的统一问题。

② 低标价法。这种方法是在通过严格的资格预审后和其他评价内容都合格的前提下，按投标报价来定标的一种方法。一般采用两种方式决定中标承包商：一种将所有投标者的标价排队，取 3～4 个低标价投标者进行综合比较，择优定标；另一种采用“A＋B 值法”进行评标，即低于标底一定百分数以内的报价算术平均值为 A，以标底或评标委员会制订的更合理的标价为 B，选出低于或高于标准价格某一百分比数的报价投标者，再进行综合比较分析，择优选定。

③ 打分法。先由评标委员会将评标内容进行分类，并确定评分标准，然后每个成员无记名打分，最后统计投标者的总分，得分最高者中标。

操作要点

组织配送中心项目的招标应包括以下环节：

- 选择配送中心项目的招标类型
- 确定招标的程序和主要内容
- 做好评标工作

第五节 增强配送中心竞争优势

成本和服务是衡量配送中心运行水平的核心要素，成本优势和服务优势的发挥是在市场竞争中制胜的关键。但成本和服务在具体实施中其实是“此消彼长”的两个要素：一个要素优化的同时，另一个要素就会遭受损失。但物流追求的是整体效益，因此要在成本和服务之间找出平衡点——也就是顾客与配送中心的双赢点。

知识链接

“二律背反”：一个要素优化和利益发生的同时，另一个要素的利益受到损失，此消彼长。比如成本与服务，提高服务质量的同时，成本就会上升。

1. 弄清楚谁是“上帝”

大家都知道“顾客是上帝”，这句话很正确，因为企业最终要从顾客那里取得利润。但对于处在中间环节（运输和配送只完成物品的转移，属于流通环节）的配送中心来说，其效益并非完全来自客户。配送中心要获得最大效益，一是让用户接受商品的价格尽可能高，二是从生产商购进的价格尽可能低。也就是说，配送中心的效益除了来源于自身外，还来自用户和生产商。配送中心处于生产商和用户之间，必须服务好两个“上帝”，形成自己的竞争优势。

2. 选择运营中的竞争类型

现代化的物流时代是以消费者为起点、以顾客需求为导向、为顾客创造价值的时代。企业只能通过成本优势和价值优势取得竞争的成功。企业可以以成本取胜，走“成本领先道路”（象限Ⅳ）；也可以以差异化的服务制胜，采用“服务领先战略”（象限Ⅱ）。如果两者都不行，那么这个企业就失去了竞争力，它的前途只有灭亡（象限Ⅲ）。

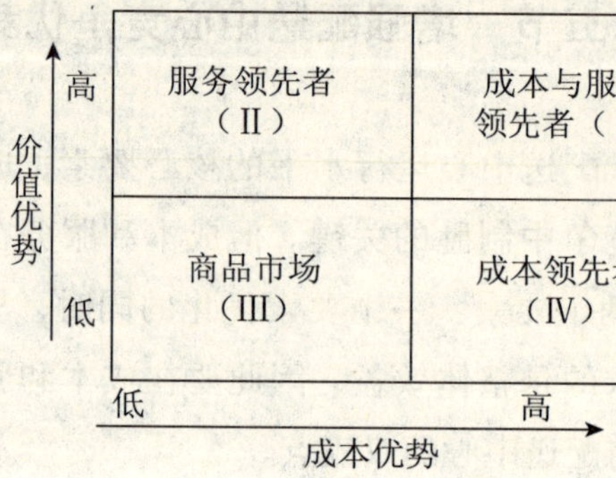

图25　竞争类型的选择

对于配送中心的管理，要选择第Ⅰ象限，它既降低成本，又向顾客提供优质服务，是配送中心发展的基石。一个拥有卓越管理能力的配送中心，可以通过向顾客提供优质服务获得竞争优势，如果在存货的可靠性、配送的及时性和交付的一贯性方面领先于同行，就能吸引更多的顾客，开拓更大的市场。

3. 使配送中心更有效益

配送中心究竟要做些什么、怎么做才能更有效益呢？

（1）配送中心能提供的服务项目。作为企业的配送中心，首先要解决的问题是：顾客需要哪些服务，我能提供哪些服务，能否提供最好的服务。配送中心应该以让顾客满意作为自己的最高宗旨。

（2）在服务区域内形成服务网络。配送中心的分布要科学合理，经营的商品品种要广，形成区域性配送网络。不管是大批量配送还是多品种、小批量、高频率的配送，无论是共同配送还是一体化配送，都要形成区域性服务网络。

●**重点提示**

配送中心管理精要在于能让它的雇员提供顾客满意的服务。

（3）形成合理的人才结构。配送中心运营的好坏最终仍取决于人的素质。应该制定长远的人才结构规划，而不是只考虑眼前的一时需要，要注重培训自己的员工，制订员工培训计划。

（4）信息处理系统的应用。一个高效率运转的配送中心必须有强大的信息系统做支撑。对于一个配送中心，要建成一个信息处理系统需要1～3年的规划和实施。

（5）配送中心的发展策略。要通过多种渠道和手段来争取用户，吸引顾客，如加强自身的宣传力度，让顾客知道你的实力、你的服务项目和服务水平。

（6）竞争意识。配送中心之间存在竞争，配送中心和其他物流企业间也存在竞争。一个管理者，不但要考虑现在的竞争还要考虑将来的竞争，要有忧患意识。

4. 在经营中树立“总收益”的理念

降低配送成本、提高服务水平是配送中心肩负的两大使命。配送中心的经营管理必须处理好服务和成本两者的关系，合理兼顾两个方面。但在实际运作时为了谋求达到某一目标，而另一目标不能达到时，就应该权衡利弊，用综合效益法求得两者的平衡，达到系统产出和投入的最优化。

举一个简单的例子：如果配送中心从某地进某一种货物由铁路运输改为航空运输，毫无疑问运输费用增加了，但是由于速度快，可以有效地降低库存量，也就减少了存储费用。同时货物可以及时配送到用户处，尽早投放市场，提升了企业的服务水平，这样用户向配送中心的订货量就会增加。如果订货量增加和存储费用的降低所带来的收益大于航空运输费用增加带来的损失，总收益增加了，这就是一个合理的决策。

操作要点

增强配送中心的竞争优势应掌握如下内容：

⇨ 弄清楚谁是“上帝”

⇨ 选择运营中的竞争类型

⇨ 使配送中心更有效益

⇨ 在经营中树立“总收益”的理念

实用范例

全世界的客户依靠美国联合包裹UPS来运输1150万件的包裹和文件。无论是送到城市的另一头，还是地球的另一头，每个通过UPS网络的包裹均会得到快速、可靠的服务。UPS是如何运作的呢？服务的第一步是取件。UPS递送员沿着指定的路线行进，在这条线路上有固定的停车点。通常，驾驶员在早上递送包裹，下午提取包裹。大客户或许每天有成百上千的包裹要递送，UPS的拖车可以在现场完成。小客户或许一个星期才运输2~5个包裹，由UPS包裹车来完成。紧急货件的客户可以打电话给UPS，要求电话取送件。使用一流的通讯技术，分派员可以寻找到最近的包裹车并将它派遣到客户所在处取件。临时客户可在便利的UPS信件中心和服务柜台处投递包裹。

第六节　配送中心的人力资源管理

要想经营管理好一个配送中心，并在激烈的竞争中立于不败之地，良好的内部控制是必不可少的。人力资源管理是内部控制中极其重要的一环。它研究组织中人的调整、人与事的配合，进而充分发挥人的潜力，调动人的积极性，提高工作效率。

1. 配送中心人员的招聘

现代化配送中心功能齐全，运作复杂，因此对管理人员、操作人员的素质要求都比较高。配送中心一般需要以下人员：

（1）高级管理者。负责协调运转；对公司和顾客负责；进行危机处理；制定发展战略及规划。

（2）现场管理者。监督控制作业流程；负责调度配送中心现场作业；负责排除紧急故障。

（3）信息管理员。负责信息的接收、处理及信息设备的维护。

（4）计划人员。负责短期作业计划活动。

（5）操作人员。包括分拣、理货人员，机动车辆驾驶人员，仓库保管人员，流通加工、包装等作业活动人员。

除此之外，还应包括市场开发人员、财务管理人员及保安人员等。

对各机构人员有效控制的原则就是：分工协调、权力有限、权责一致、统一指挥及集权分权相结合；各部门人员要有一定的稳定性。

2. 配送中心人员的培训

为了使员工工作更有效率，一般要对员工进行内部培训。

（1）培训的内容应包括：

① 基本知识培训。使员工具备完成本职工作的基本知识，让职工了解配送中心的基本情况、发展战略、经营方针、规章制度等。

② 职业道德培训。增强职工的主人翁精神，建立起企业与职工之间的相互信任，培养职工对配送中心的忠诚度；另外，还需通过培训，提高员工的心理素质。

③ 作业技能培训。使员工掌握完成本职工作所必备的技能，如谈判技能、操作技能、人际关系技能等，并依此开发员工的潜在能力；另外，还需培训员工的一些综合技能，如写报告、接待、打电话等。

（2）培训的方法有：

① 在职培训。为了使员工具备有效完成工作所需的知识、技能和态度，要在工作中有计划地对他们进行教育培训。

② 脱产培训。在工作场所之外，由配送中心外聘人员进行必要的基础知识、技能、综合素质及新知识技能培训。可以举办培训班，开办讲座，也可以到大中专院校及其他培训机构进行短期培训。

③ 参与式培训。主要是通过会议、案例研究、模拟训练、参观访问等方式使员工从中获取新知识、新技能。

3. 对员工的工作绩效进行评估

（1）确立工作评估的原则。工作绩效评估应该本着以下原则进行：

① 客观公开原则。对员工进行考核时应该定性定量相结合，建立科学适用的考核指标体系和考核标准。

② 全方位考核原则。在实际工作中，可综合运用上级考核、同级评定、下级评定、专家鉴定、职工自评等多种形式。

③ 责权利相结合的原则。

④ 评估经常化、制度化原则。

（2）评估工作一般按以下程序进行：

① 明确任务目标标准。在每一个考评周期开始时，把上级向下级下达的任务目标作为考核评估的标准。

② 进行自我评估。

③ 综合评估。

④ 确定考评等级。

配送中心人力资源管理的整体思路就是：选人、育人、评人。做好配送中心的人力资源管理工作意义重大。

操作要点

进行配送中心的人力资源管理包括：

- 配送中心人员的招聘
- 配送中心人员的培训
- 对员工的工作绩效进行评估

知识链接

管理技巧可以借鉴以下方面：

每次只考评一家商店；

沟通再沟通；

倾听最基层的声音；

下放责任和权利；

调动员工的积极性；

精简机构，防止官僚作风。

实用范例

美国的沃尔玛在进行人力资源管理时，以员工为合伙人，坚持让员工从公司的成长中获得好处，使他们与公司之间的利益紧密相连，使员工有归属感。公司雇用当地人员，培训他们，鼓励他们提出问题，同时采取多种奖励手段来提高员工士气。公司努力营造出一个畅所欲言、面对面沟通的文化环境，任何员工都可以直接向经理提出改进公司工作的建议，如果被采纳，将会得到奖励。沃尔玛讲究团队精神，经常开展活动，员工们可以共享信息，并把好的建议运用到实际工作中去。因此，在工资水平不高、福利待遇也不值得标榜的情况下，沃尔玛团队仍然有很高的士气。

第七节　配送中心的现场作业控制

现场作业控制也属于内部控制的内容之一，涉及材料、人员、作业方法、设备管理等方面。这一节将重点介绍流行的6S作业法和合理化作业法的相关知识。

1. 6S作业法

6S作业管理是作业现场中对材料、设备、人员等生产要素进行的6项管理活动，具体如下：

（1）整理。区分有用与无用的物品，无用的物品清离现场，只保留有用的。

（2）整顿。把有用的物品按规定的位置摆放整齐，并作好识别管理。

（3）清扫。扫除现场作业环境及作业设备上的污脏部位。

（4）清洁。维持以上整理、整顿、清扫后的局面。

（5）素养。遵守规章制度，有良好的职业道德，养成良好的习惯和协作精神。

（6）安全。作业现场以安全为第一要素，排除一切不安全因素。

将6S作业管理法引入到配送中心，对提高作业效率、改善作业环境都会起到很大的作用。

2. 对现场作业进行合理控制

对配送中心现场作业的控制就是通过对各功能要素进行合理化作业管理以达到高效率的运营。配送合理化就是要在一定保障能力的基础上，通过实施现场合理化作业管理，加快物流速度，尽量减少资金占用，把低成本、高效率、优质服务作为合理化作业的目标。具体策略如下：

（1）明确配送目标。各工位高效地完成自己的作业任务，向下一个作业环节推进。不管是人工作业还是自动化作业，要使整个流程协调一致，形成一个有机整体，共同完成配送任务。

（2）加强配送的计划性。配送作业是连续性作业。配送的计划性强，能使整个配送作业有条不紊地进行，减少差错，合理控制库存，保障供应和较快的资金周转率。

（3）配送组织的灵活性。配送作业既要考虑及时、多品种、少批量地进行配送，又要减少库存，节约物流费用。配送中心的“二律背反”现象经常存在，所以应该用信息系统及时准确地进行预测，在组织配送时采取适当的灵活措施，在满足顾客要求的前提下，实现效益最大化。

3. 派车及发货的控制

该控制中的主要要点如下：

（1）根据服务与成本的关系，选择最佳配送路线、最佳配送时间、最佳配送工具。提高车辆的满载率，在同等成本下选择服务水平最好的运输方式。

（2）调度系统中司机及随车人员的调派要考虑到他们的工作能力及体力、以往的工作量及配送区域的范围，以便有效地安排配送人员。

（3）车辆配送中出现问题或不能完成任务的时候，应及时返回配送中心进行原因分析，以避免下次车辆调派时同样的错误出现。

（4）车辆调派系统应具有预测所需车辆的种类、台数的功能；建立数据库，以便能随时与第三方物流公司联系，协助完成配送工作。

（5）如果配送的用户较多，而配送的批量少、品种多、用户分布范围广，就要求信息资料完备，数据处理能力强。

4. 配送中心信息系统的控制

配送中心的物流信息不仅对物流活动具有支持和保障功能，还具有连接整个供应链和提高整个供应链活动效率的功能。建立物流信息系统，提供迅速、准确、及时、全面的物流信息是配送中心提升运营效率、提高服务水平、降低成本、维持正常运转的关键一环。

操作要点

进行配送中心现场作业控制须牢记如下要点：

⇨ 6S 作业管理法

⇨ 对作业现场进行合理控制

⇨ 派车及发货的控制

⇨ 配送中心信息系统的控制

第八节 行车人员管理

行车人员可以分为驾驶员和随车送货员，后者一般称为装卸工。行车人员是影响车辆运行的关键因素，承担着安全运送商品的责任，而且行车过程中会经常面临环境变化的情况，所以对行车人员的管理有别于对配送中心其他人员的管理。

1. 行车人员的选用

在要求人性化管理的今天，司机和装卸工，应该有符合他们作业内涵的称呼，在职位命名上应将“司机”改为“运输工程师”、“配送服务员”、“理货员”，将装卸工称为“理货员”、“服务助理”等，以提升他们的社会地位，与物流配送作业的内涵吻合。

> ●**重点提示**
> 目前司机流动性高，给管理带来许多不便，做好司机管理很不易。

在选用司机时，应选有驾照、驾龄长，具有高中以上学历，人品端正，反应灵敏的人任职。由于司机有时要担负长途驾驶任务，因此体格健壮、体力充沛也是选用时的必要条件。

在选用随车送货员时，因为他们是辅助司机工作的，是司机的助手，所以要注意两者的配合。随车人员应选用高中程度、体格健壮的人员，并要求其考取职业驾驶执照，作为储备司机之用。

2. 行车人员的培训

对行车人员进行培训，是为了让他们了解不同于传统运输的现代物流的内涵、各项作业流程、车辆相关的操作与维护知识、搬运装卸要领、紧急事件处理的原则和方法等，但是最重要的还是强化其遵守交通法规和服务客户的理念，强化他们的职业道德感。

表27　传统货运司机与物流服务司机工作内容比较

	传统货运司机	物流服务司机
工作项目	驾驶车辆、送货搬运、熟悉路线、简易保养、顾客服务	顾客服务、操作车辆、掌握装卸技巧、创造价值、细心搬运、掌握路况、遵守法规、树立社会公益观念、市场开发、维护公司形象

3. 行车人员的管理和控制

车辆行驶管理现在已经可以通过现代化的车辆通信系统很方便地做到，这种科技方法的应用，消除了车辆运行管理的盲点。然而，不能忽视对行车人员生活的关心，适当做家访，加强和行车人员的沟通，做好思想工作以稳定他们的工作情绪，提高他们的忠诚度，调动他们的积极性，保证行车的安全。

实际工作中，对行车人员实施有效的激励比管理控制更重要。可以通过目标导向的薪资制度、工作绩效竞赛制度、提供内部创业机会、第二职业技能的训练等措施来进行。

4. 车辆事故处理

车辆运行在外，难免会发生车祸、货品遗失或损坏等事故，这些都会对企业造成重大影响。一定要事先制订相应的处理办法，以避免发生类似事故时引发纠纷。

（1）车辆发生交通事故时，通常要采取以下做法：通知保险公司

（提供保险卡、告知公司名称、车号、保险单号码、现场情况等）；向公安交通管理部门报案，维持现场；立即通知公司；把伤者送往医院。

（2）驾驶员预判现场责任，作适当处理。

（3）财物报失必须要准备以下资料：相片（整体物、损坏部分、车号、现场状况等）；估价单（提出收据正本）。

（4）人员伤亡时要准备的资料：医院诊断书正本；医院收据正本；继续治疗费用单；死亡证明书。

（5）预先垫付和解款项时，需取得详载支付内容、出事地点、时间、双方车号、对方名称、领款人身份证号、详细地址、签名盖章的收据。

（6）准备和解书。

（7）现场与保险公司交涉时的技巧：理赔时必须先行认错，不要过分争执；一般财物损失请保险公司相关人员直接处理；未立案事件，双方车辆开到保险公司找保险公司相关人员处理。

（8）其他注意事项：出事后，对方的姓名、车号、公司行号、地址、电话、车辆厂牌、财物损失初步估计等内容应该详细记载清楚；驾驶员回公司后，应立即填写事故报告书，以此向保险公司理赔；责任一方不是本公司驾驶员时，行驶证和驾驶证切勿任意被扣留；现场图及警局笔录方面，驾驶员应该积极争取有利地位，并详阅所记载事项以免损害本身权益；单纯事故案，驾驶员可以根据实际情况做最有利的处理；道义上的赔偿可在适当范围内进行。

操作要点

进行行车人员管理的内容包括：

- 行车人员的选用
- 行车人员的培训
- 行车人员的管理和控制
- 车辆事故处理

第九节　车辆养护管理

车辆、人、货场是运输配送活动中最主要的构成要素，因此车辆保持良好的使用状态，对整个配送工作的顺利进行至关重要。当然，配送中心也可以将运输配送任务委托给货运公司处理，以减少车辆养护的种种麻烦，但缺点是受制于人，主动性差。因而，自身的车辆养护管理还是必不可少的。具体内容如下。

1. 车辆种类的选择

货车车辆种类繁多，要根据用途及所载货物的种类来进行选择。一般常见的分类有：根据载重量进行的分类，如小货车 3.5 吨以下，大货车 3.5 吨以上；根据车厢的形状分为柜式车和箱型车；根据燃油种类分为汽油车和柴油车等。

（1）一般配送中心均为市区内配送，而市区内对车辆通行都有载重的限制，故市区内配送一般以小货车为主。

（2）近年来，出现了大宗物品栈板化运输趋势，长途行驶的车辆逐渐采用联结车或拽引车，以节省物流成本。

（3）柜式货车载装容量虽然较大，装卸货速度也较快，但需要捆绑覆盖帆布，对物品的保护性较低。

（4）箱式货车虽然载装容量相对小些，但可以装载多样品项，不用捆绑，可以保护商品，节省人力。

选用何种车辆，经营者可以根据业务需求量审慎衡量，以免评估错误，造成损失与浪费。

2. 车辆机具的检查

（1）驾驶员每日在车辆、机具使用前，应对传动、润滑、冷却、转向等系统按顺序进行检查，并于“每日行车前检查表”上详细记载实际状况。凡有杂音、漏油、松动情况时，应立即填具检修单送请维修厂检修。

（2）运输管理人员应每月定期检查车辆车况，以作为对驾驶员考核的参考。

3. 车辆机具的保养

（1）驾驶员除每日使用前对机具进行例行性检查外，对车容、配件也需勤加维护。

（2）车辆机具应定期进行保养。

（3）车辆机具保养期间，调派人员应掌握情况，并加以记录。

4. 车辆机具的维修管理

配送中心的车辆要定期进行维修作业，主要内容如下：

（1）一般维修程序。

① 驾驶员填送请修单；

② 调派管理人员根据经验和具体状况核定请修单；

③维修期间，所更换的零件或配件，必须按照公司规定领用；

④ 维修完成后，驾驶员要试车，在确定维修妥善后，才可以再度加入运营行列。

（2）专门维修。驾驶员因操作不慎或使用不当致使车辆机具发生故障，应填具车辆机具故障书或事故报告书。

（3）途中维修。

① 车辆在长途出勤任务途中发生故障时，若维修费用在公司规定的范围内，可自行送请修理。

② 前项车辆返回公司后，需经修护鉴定，始准予报销。必须将车辆出勤途中发生状况记载于故障处理记录卡内。

③ 途中故障修护费用超过公司规定标准时，驾驶员应联络运输单位，就近请公司维修人员支援，由公司派维修人员维修。情况严重者，派车

拖回维修。若未经运输单位主管同意就委托他人维修者，必须在返回公司后，填写车辆故障报告书，并经核定后提交报销申请单。当车辆在途中因故障无法迅速维修时，如果载有货物，则必须立即与公司联络，以其他车辆支援将货物准时运至客户指定的地点。

（4）车辆定期报检。安全监理处车辆定期检查业务依车辆购置年份及申领牌照日期确定报检时间。车辆行政管理人员在定期检查前一个月，预先告知车辆调派管理人员，并请转告驾驶员依通知单所载项目进行预检工作。有不符合标准的，应立即送修。

操作要点

进行车辆的养护管理包括：

⇨ 车辆种类的选定

⇨ 车辆机具的检查

⇨ 车辆机具的保养

⇨ 车辆机具的维修管理

第十五章 提高配送系统的竞争力

戴尔公司物流副总裁在总结自己企业的成功经验时说："我们只保存可供5天生产的存货，而我们的竞争对手则保存30天、45天甚至90天，这就是区别。"戴尔的直销模式称雄计算机界。所谓直销就是直接配送到用户，高效率的配送是戴尔成功的保障。特别是随着零售时代的来临，一场悄悄的配送竞争已经拉开序幕，因此我们必须洞悉高效率配送背后的秘密。

关键词 运输配送系统 网络组织 配送运行效率 现代化运输系统 共同配送管理 车辆调度 分拣效率

第一节 运输配送系统规划

运输配送作业在物流中心的物流成本中占有重要地位，因而运输配送系统规划直接影响运输成本与效率。运输配送系统规划的具体内容包括以下几个方面。

1. 制定运输配送规划时要考虑的因素

实际运输配送的分派过程，包括许多动态与静态的影响因素。静态因素如配送客户的分布区域、道路交通网路、车辆通行限制（单行道、禁止转弯、禁止货车进入等）、送达时间的要求等；而动态因素如车流量变化、道路施工、配送客户的变动、可供调度车辆的变动等。这使得配送规划的制定更加困难。因此需要在规划过程中进行有效分析与整合，充分考虑规划步骤中各要素对规划的影响程度。

2. 制定运输配送规划的内容

（1）基本配送区域划分。为了使整个配送有一个可遵循的基础，物流中心通常会先按照客户所在地点的远近、关联状况进行区域上的基本划分，例如北京市的北区、东区、南区，或者是海淀区、西城区等等。当然，若遇突发情况，这些基本分区也应能弹性调整。

（2）配送批次决定。当物流中心的货品性质差异很大，有必要分批配送时，则须根据每张订单的货品特性做优先性划分。例如生鲜食品与一般食品的运送工具不同，须分批配送；还有化学物品与日常用品配送条件有差异，也须将它们分开配送。

（3）配送先后次序决定。信用是创造后续客源的灵丹妙药，因而，在客户要求的时间准时送货非常必要。所以在考虑其他因素确定配送顺序之前，应先根据各客户要求的到货时间来排列配送的先后次序。

（4）车辆安排。究竟要安排什么型号、种类的配送车，是使用自用车好还是外雇车好，对于这些问题，需要从客户方面、车辆方面及成本方面来共同考虑。在客户方面，必须参照各客户的订货量、订货体积、重量，以及客户所在地等因素；在车辆方面，要知道到底有哪些车辆可供调派以及这些车辆的装载重量的限制；在成本方面，必须根据自用车的成本结构及外雇车的计价方式来考察选择何者较划算。由此三方面的信息相配合，才能做出最合适的车辆安排。

（5）每辆车负责客户数的决定。既然已做好配送车辆的安排，对于每辆车所负责的客户数自然也就确定了。

（6）路径选择。知道了每辆车配送的客户地点后，要想以最快的速度完成这些客户点的配送，就必须根据各客户点的位置关联性及交通状况来选择路径。除此之外，也要考虑到有些客户所在环境及其送达时间的限制，比如有些客户不愿意中午收货，或是有些巷道在某一特定时间不准卡车进入等。

（7）配送顺序。做好车辆的调配安排及配送路径的选择后，依据各车辆的配送路径即可将客户的配送顺序确定。

●重点提示

路径选择直接影响配送顺序和配送效率。

（8）车辆装载方式。决定了客户的配送顺序，接下来就是如何将货品装车，以什么次序上车的问题。原则上，知道了客户的配送顺序先后，只要将货品依“后送优先上车”的顺序装车即可，但有时为了妥善利用空间，可能还要考虑货物的性质（如怕震、怕撞、怕湿）、形状、容积及重量来做弹性置放。此外，装卸方式也有必要依货品的性质、形状等来决定。

3. 规划过程中须注意的要点

在上述规划过程中，必须注意以下要点：订单内容的检查，订单紧急程度确认，送货地址确认，配送路径如何顺路，货品送至客户手中时间的估算，装卸货时间，出发时刻，运输配送手段的选定，装卸方式的确认，运输配送费用等。

操作要点

如何规划运输配送须掌握如下内容：

- 制定运输配送规划时要考虑的因素
- 制定运输配送规划的内容
- 规划过程中须注意的要点

第二节　配送网络构建

配送系统是一个网络结构的系统，配送网络由物流节点和线路组成，其中物流节点包括物流中心、配送中心、货物的供应方和需求方。配送网络直接影响配送的效率，一个好的配送网络可以大大地降低运输配送成本。

1. 如何构建集中型配送网络

集中型配送网络是指在配送系统中只设一个配送中心，所有用户的物品配送都要通过这个配送中心完成。比如一个城市范围内的中小型连锁公司自己设置的、为所属连锁店配送商品的配送系统，在这种系统中只设一个配送中心。这种模式特别在中小城市的连锁店配送中应用很广，适合小区域内的物流配送。如图 26 所示。

这类配送网络特点有：

（1）管理费用少（相对于分散型配送系统）。

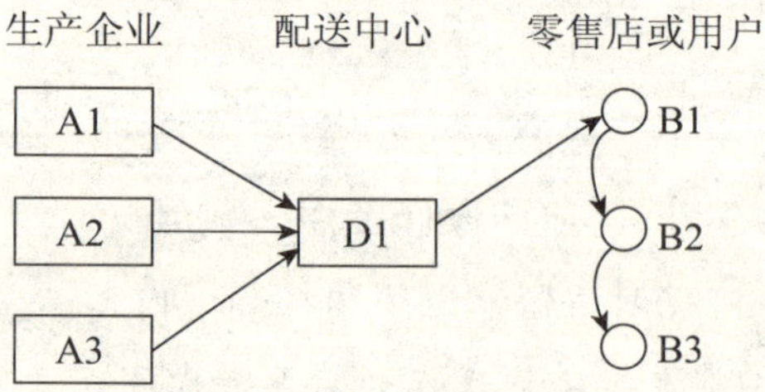

图 26　集中型配送系统

（2）安全库存量小。在相同服务水平下集中比分散需要的安全库存量小。

（3）用户平均配送时间长。因为只有一个配送中心，对离配送中心远的用户，服务水平会下降。

（4）运输成本中外向运输成本（从配送中心到顾客的运输成本）相

对高一些；但内向成本（从生产厂到配送中心的）会低一些。

2. 如何构建分散型配送网络

分散型配送网络是指在一个配送系统中设有多个配送中心，而将客户按一定的原则分区，归属某一个配送中心，如图 27 所示。大城市中的大型连锁公司自己设置的、为所属连锁店配送的系统通常要设几个配送中心才能满足需求，就属这种配送网络类型。

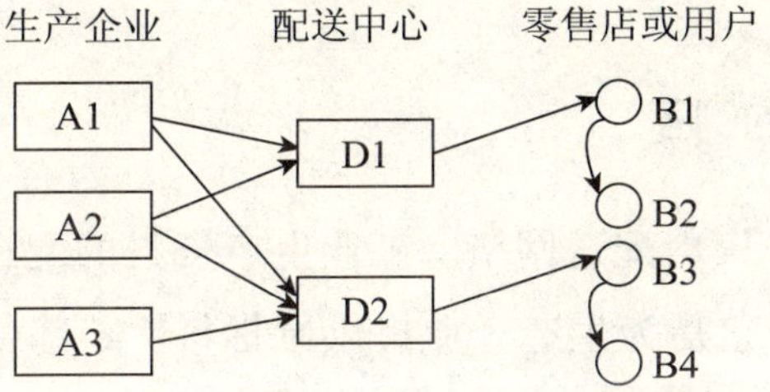

图 27　单层次配送系统

这种结构配送系统的特点是：

（1）外向运输成本低，内向运输成本高。

（2）由丁库存分散，安全库存量大，平均库存也大。

（3）由于配送中心离用户近，配送时间短。

（4）初期投资额大，管理费用大。

3. 构建多层次配送网络

多层次配送网络是在系统中设有两层或更多层的物流中心和配送中心，其中至少有一层是接近客户的配送中心。大型或构成供应链的物流系统，它们的配送网络通常是这种类型。日本许多大型第三方物流企业和大型零售业多在大城市 40 公里圈外建立大规模地域配送中心，与原有的配送中心共同构成多层次配送网络。如图 28 所示。

多层次的网络结构，与供应商和用户的距离都比较近，服务质量大大提高，同时运输成本也大大下降。但是，它初期投资额大，运营费用也大，只有资金雄厚的企业才可以运用这种网络结构。

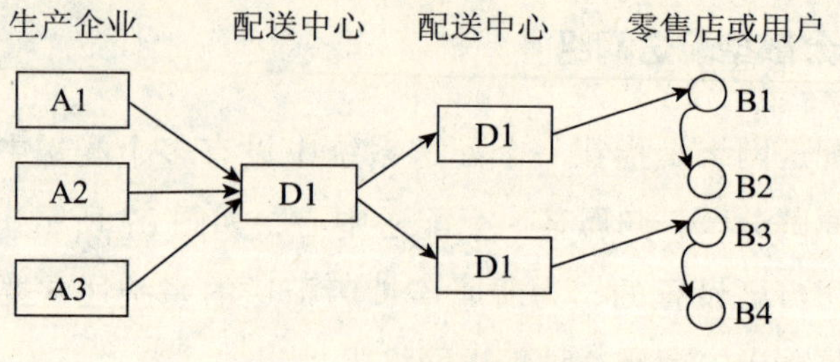

图 28　多层次配送系统

4. 几个网络构建的例子

（1）工业生产资料配送网络。工业生产资料的配送也可以称为供应配送或供应物流，它是为生产企业提供原材料、零部件等物品而进行的配送。工业生产资料配送服务的对象都是生产企业，供方是提供原材料或零部件的企业。生产企业生产资料一般用量比较大，可替换性小，为了降低成本、保证生产顺利进行，需求企业方对配送系统在种类、数量、到达时间、到达地点的精度要求比较高，一般采用多级配送网络来组织。图 29 是深圳中海物流配送中心的配送网络图。

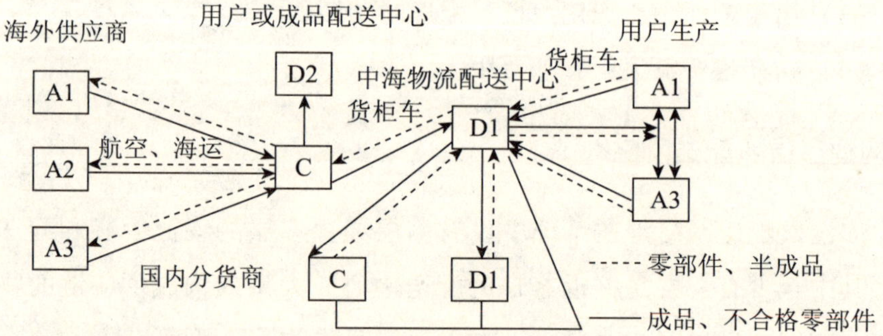

图 29　中海物流配送中心图

（2）生活消费品配送网络。生活消费品是由工农业企业提供的个人消费品，包括五金、家电、家具、餐具、纺织品、化妆品、工艺品、食品、饮料、果蔬、药品等。

图 30 是意大利巴里勒公司的食品配送网络结构图。巴里勒是意大利一家通心粉制造商，1989 年有 25 家生产企业，1990 年成为世界最大的通心粉制造商，占意大利通心粉市场份额的 35% 和欧洲市场份额的 22%。

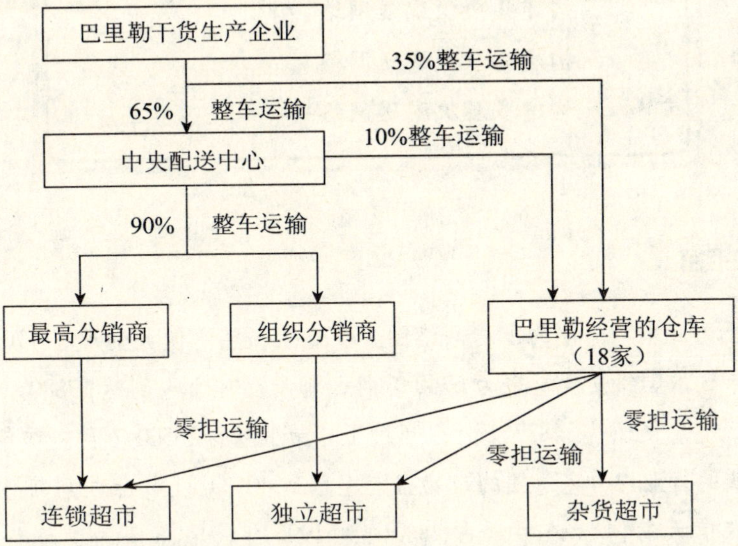

图 30　巴里勒的配送网络结构图

如图所示：巴里勒 65% 的干货产品以整车运输方式运到两个中央配送中心，其中 35% 的干货产品由生产厂家以整车运输方式直接运输到 18 家巴里勒自己经营的仓库。这 18 家仓库比中央配送中心低一个层次，它直接对连锁超市和杂货商店以零担运输方式配送，而且中央配送中心还向这 18 家仓库中转调运产品。图中“最高分销商”实际上是连锁超市的配送中心，它仅向连锁超市配送；“组织分销商”是向独立超市配送的配送中心。最高分销商和组织分销商只接受巴里勒中央配送中心的供货，一般要接受 200 多个不同供应商的供货。显然，巴里勒配送模式在上层中央物流中心和下层的自营仓库与其他主体的配送中心都是分散型系统模式。

操作要点

构建企业的配送网络需了解如下内容：

⇨ 构建集中型配送网络

⇨ 构建分散型配送网络

⇨ 构建多层次配送网络

实用范例

下图为日本宅急便的配送网络图。1976年，宅急便共受理了170万件货物，同年日本国铁受理包裹为6740万件，邮局受理小包则达17880万件。到1988年，宅急便已达34877万件，超过了邮局小包的23500万件。该年，在宅急便所属的行业内，宅急便的市场占有率已达40%，上一年位居日本运输第一位的“信天翁便”该年只占28%。到1995年，宅急便的受理件数多达57000万件，营业额为6000亿日元，宅急便的员工由原来的300人增加到57797人，拥有的车辆从2000辆增加到25000辆。在日本，大和运输的宅急便已是无人不知、无人不晓，在马路上到处可见宅急便的货车来回穿梭。

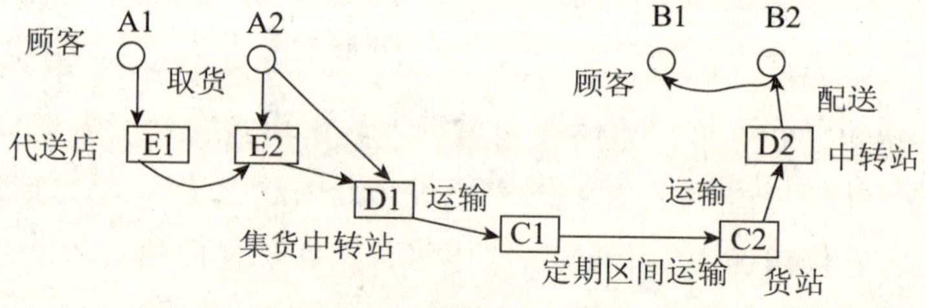

日本宅急便配送网络图

第三节 提高输配送运行效率

随着运输与配送竞争的加剧，提高配送系统的效率成为提高竞争力的关键所在。距离最短、时间最短、成本最低可以说是提高输配送效率的三个目标。在这三大目标之中，最基本的方向应是提高每次运输配送量、提高车辆运行速率、削减车辆使用数、缩短运输配送距离及适当配置物流设施据点，但在考虑这些因素的同时，仍须注意下列几点限制：满足顾客之需求；各配送路线之货量不能超过车辆的载运能力；不可超过车辆的配送时间；不可超过配送点的收货时间。

1. 消除交错运输

在消除交错输送上，可采取缓和交错输送的方式，例如，将原来直接由各工厂送至各客户的零散路线以配送中心来做整合并调配转送，这样可降低交通网路的复杂程度，且能够大大地缩短运输配送距离。如图 31 所示：

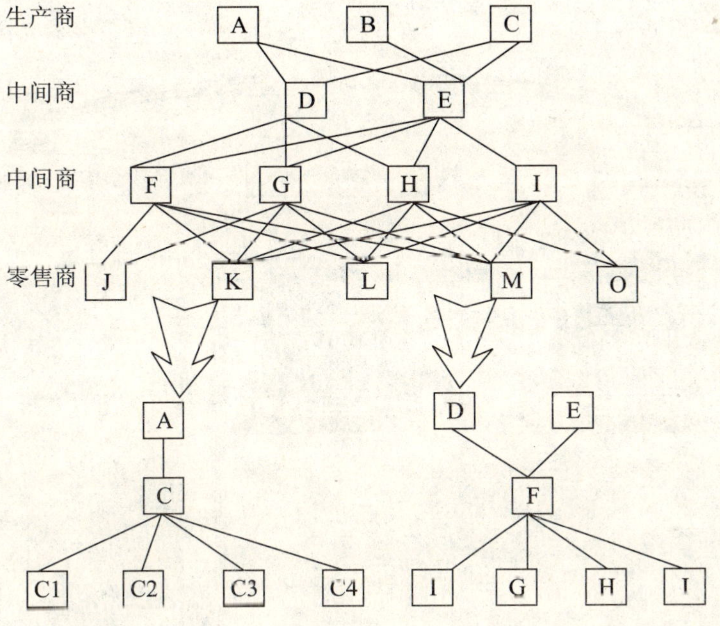

图 31　缓和交错运输方式

2. 直配、直送

在我国，传统的商业流通系统大多采取从厂商经总代理商、二次批发、三次批发才到零售店的形态，其中，总代理商和批发商中又分为全国性或地区性、全部承销或部分承销、专属某一特定厂商或同时销售不同厂商产品等不同形态，流通途径显得格外复杂。

以前商品是由各工厂汇总到地区性物流中心，再根据代理商与销售公司的订单，交货到各自的物流中心，然后依二次批发、三次批发的订单顺序交货至指定地点。现在由于信息技术和电子商务的飞速发展，“信息割裂”的局面被打破，信息流通的顺畅使各类企业都更接近用户，订单可通过信息网路直接传给厂商，因此各工厂的产品可从厂商的物流中心直接交货到各零售店。这种直配、直送的方式可大幅简化物流的层次，使得中间的代理商和批发商不需存货，下游信息也能很快地传达到上游，让整体联系达到“速度化”的效果。

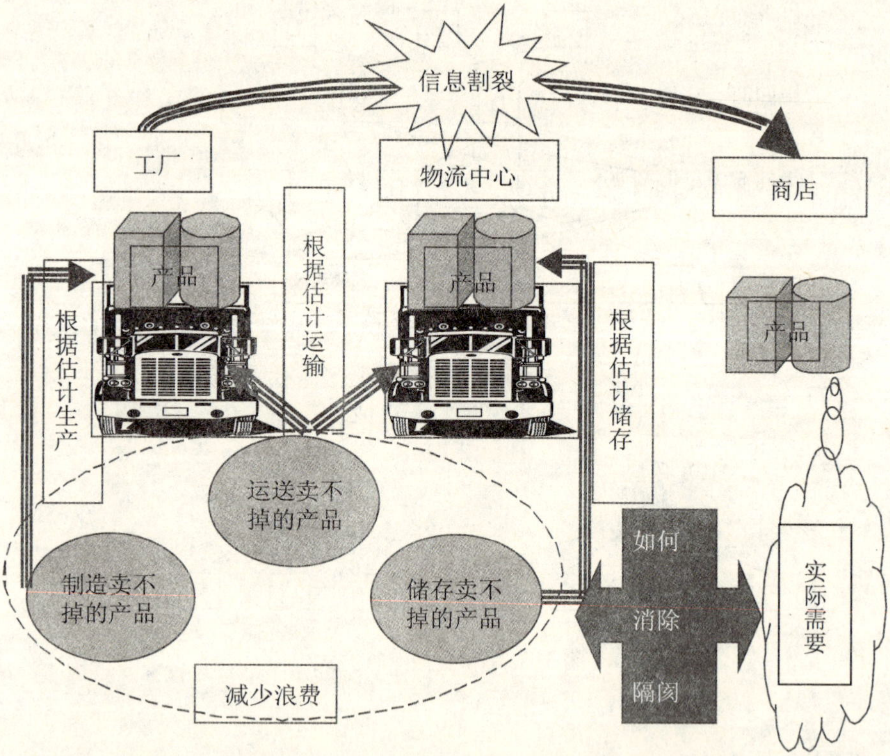

图32　信息技术打破了“信息割裂”

3. 发展共同配送模式

日本自20世纪50年代后期开始考虑共同配送的方式。所谓共同配送，是指多家企业共同参与只由一家物流公司独自进行的配送作业。具体配送方法参考本章第五节的内容。

4. 建立信息系统

物流信息系统一般而言是由订单处理、库存管理、出货计划管理和输配送管理四个子系统构成。其中出货计划管理及输配送管理两个子系统直接关系到输配送业务的效率化问题，最好具有以下功能：

（1）最适合输配送手段的自动检索。根据交货配送时间、车辆最大积载量、客户的订货量选出一个最经济的输配送方法。

（2）自动生成配车计划。根据货物的形状、容积、重量及车辆的运载能力等，电脑自动安排车辆甚至装载方式。

（3）自动生成最优配送路线。在信息系统中输入每一个客户点的位置，电脑便会找出最便捷的路径。

5. 改善运行车辆的通信状况

用现代先进的信息技术武装传统的运输工具。以船运来说，日本已能利用无线电传输达到临时得知某港口罢工，总公司马上电传通知商船绕道，避免延误行程的阶段；至于铁路运输，货物归属哪一班火车哪一节车厢都可以在电脑中决定，以节省时间及人力。移动车辆的通信设置必须要做到：

（1）把握车辆及司机的状况；

（2）传达道路资讯或气象资讯；

（3）把握车辆作业状况及装载状况；

（4）进行作业指示；

（5）传达紧急的资讯；

（6）提高运行效率及安全运转；

（7）了解运行车辆的所在地。

即不论何时何地，只要有什么特殊状况或特别需求，即使是短距离的配送，司机也能及时与总公司保持联系；同样，总公司也能够随时把紧急信息通过通信装置传达给司机。

6. 控制出货量

若能有效控制客户的出货量，则整个输配送效率更高。方式有以下四种：

（1）根据不同的订货量给予不同的折扣；

（2）确定最低订货量；

（3）调整交货时间；

（4）对于季节性的变动尽可能通知客户提早预约。

物流企业可以根据自己的情况，灵活选用上述各种策略来提高自己输配送系统的效率。

操作要点

提高输配送运行效率的方法包括：

⇨ 消除交错运输

⇨ 直配、直送

⇨ 发展共同配送模式

⇨ 建立信息系统模式

⇨ 改善运行车辆的通信状况

⇨ 控制出货量

实用范例

由于以专门知识配合产品形状类别来配送的时代已经来临，配送行业的竞争日趋激烈。各公司为了提高配送系统的效率，采取了不少措施。以日本 YAMATO 运输公司为例，为提高服务品质及企业竞争力，提出全国统一价格，全国各地 24 小时送达及配送人员为专业人员的三大战略。以美国的福特汽车公司而言，其目标是：在生产区域的任何时间购买零件及供给皆不超过八小时；同时，尽量达到最大的物流效率及弹性，但决不向产品寿命及品质妥协。

第四节　构建现代化运输配送系统

信息技术的高速发展，引发了运输业的革命。许多先进的信息技术的运用极大地提高了运输和配送效率，比如 EDI、CTI、ITS、GPS、AHS、VICS 等先进技术。及时掌握物流动态的变化，并据此制定出有效的应对措施，能够使物流活动更加快捷和准确。下面详细介绍如何应用信息技术使配送更有效率。

1. 利用 ID 标签使各种货物信息化

ID 标签，也称条形码，是贴附在商品外包装上的记有商品信息的标签，可以随商品一起移动，用相关的扫描仪器对标签进行扫描便可获知该商品的全部信息。

如果在车辆上安装了 ID 标签识读器的话，所有装车的商品就会被扫描，从而将车上所有的商品信息记录在数据库里；如果再和 GPS（全球定位系统）相连，坐在办公室里就可以随时掌握装有什么货物的车辆行使在什么位置。

在物流中心出库时，往往会出现分拣错误及传票内容与包装箱内的内容不符的情况，如果在每个商品上都附上 ID 标签，就能提高分拣的效率，避免出错。

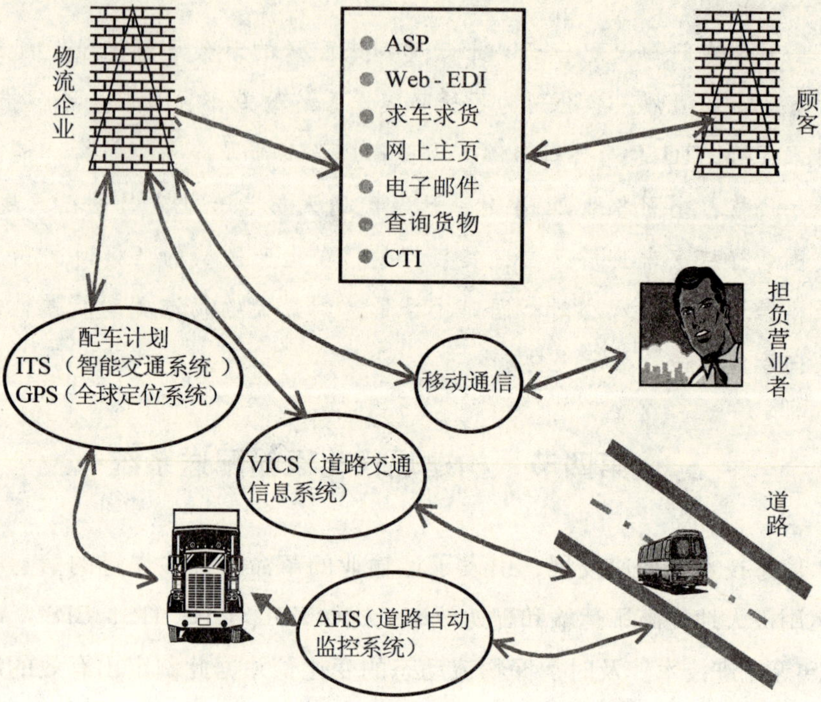

图 33　信息系统整合后的现代运输系统

2. 利用 ITS 使道路和汽车信息化

ITS 是英文 Intelligent Transport System 的缩写，翻译为“高效率道路交通系统”。其主要功能是通过信息反馈来准确掌握车辆行驶和道路交通的状况，通过及时发出疏导指令来改善交通拥塞状况和防止交通事故的发生。譬如日本的建设省、警察厅、通商产业省、运输省和邮政省联合推出了 ITS 系统，大大改善了交通状况，提高了整个日本的运输配送效率。只要在车上安装 VICS（Vehicle Information Communication System，汽车信息通信系统），就可以随时接收道路交通信息，司机就可以准确知道道路的交通状况以及准确预定行使时间，给物流运输和配送带来了极大的便利。

3. 通过 GPS 准确掌握运行中车辆的位置

GPS（Global Positioning System）即全球定位系统，是汽车驾驶的导向系统。该系统是利用卫星来测定地球上车辆的位置。最早用在美国军方，测量误差不超过 10 米，现在已经大规模民用。

利用该系统可以及时而准确地掌握车辆所在的位置以及行驶的状态，因此管理者只要坐在办公室里就可以随时根据路况信息来指挥车辆的行驶，从而提高运行效率。

具体运行构造如下：在各个车辆上装有卫星天线、GPS 接收器以及小型个人终端，办公室管理人员通过反馈的信息掌握各车辆的位置及行驶情况，并根据路况指导车辆的行驶。利用该系统可使每天的集装箱运载量增加 20%。

4. 利用 AHS 技术来获取道路和车辆的信息

AHS（Advanced Cruise – Assist Highway system）即道路交通保障系统。该系统在道路两侧装有摄像机，通过屏幕显示，能及时掌握事故发生的情况并在两秒钟内把信息传给后续的车辆。

在运输配送的关键路线上装上该系统，可以大大减少交通事故的发生，而且可以迅速知道前方的路况信息。比如前面有交通堵塞，司机可以马上掉转车头，换另一条路线，从而大大提高运输效率，保证货物准时到达目的地。目前日本很多物流企业在车辆上都安置了该系统。

5. 利用各种便携式终端使经营活动高效化

外出人员利用 PDA（Personal Digital Assistant，个人信息终端），如手机、电话、车载电话等和公司信息中心随时联系。具体过程是：业务员或者送货员将携带的笔记本或手机与公司的信息系统连接，直接进入公司的信息库了解公司的库存信息、物流中心的操作信息、仓库的空间信息以及车辆的配送信息等。

6. CTI 技术使顾客、办公室、运输工具紧密地联系在一起

“电话和电脑的联机应用”称为 CTI（Computer Telephone Integration）技术。对于物流企业来说，电话受理业务是企业面对顾客的服务窗口。企业可以设立电话中心（现在也叫呼叫中心），处理顾客的服务要求。

其过程是：如果电话中心服务人员接到顾客送货请求，他可以通过信息终端，输入必要的事项，就可以迅速地向空载车辆发出指令，驾驶员可以马上收到发货信息，赶到最近的配送中心进行配货；如果是投诉电话，营业员可以转接到相关部门处理，同时把处理过程存入电脑，下次遇到类似情况电脑即可以自动回复。

总之，信息技术的发展带来了运输配送业的革命。企业要合理利用信息技术整合自己的运输系统，使自己更有竞争力。

知识链接

呼叫中心：呼叫中心是为了客户服务、市场营销、技术支持和其他特定的商业活动而接收和发出信息的一个实体。早一些的定义还有，呼叫中心是利用电话，结合与自动呼叫分配系统（ACD）相连的中心数据库而进行商业活动的场所。物流企业呼叫中心主要功能包括：解答顾客的咨询；接受顾客的投诉；将顾客的要求传达给有关负责人；组织、协调运输作业，随时与司机和配送中心人员联系等。

操作要点

构造高效的现代运输系统的主要方法有：

⇨ 利用 ID 标签使各种货物信息化

⇨ 利用 ITS 使道路和汽车信息化

⇨ 通过 GPS 准确掌握运行中车辆的位置

⇨利用 AHS 技术来获取道路和车辆的信息

⇨利用各种便携式终端使经营活动高效化

⇨CTI 技术使顾客、办公室、运输工具紧密地联系在一起

实用范例

GPS 在运输行业中的应用：

1. 用于汽车自定位、跟踪调度

丰田汽车公司曾预测，日本车载导航系统的市场在 1995 年至 2000 年间将平均每年增长 35% 以上，全世界在车辆导航上的投资将平均每年增长 60.8%，因此，车辆导航将成为未来全球卫星定位系统应用的主要领域之一。这一预测早已成为现实，我国已有许多公司在开发和销售车载导航系统。

2. 用于铁路运输管理

我国铁路开发的基于 GPS 的计算机管理信息系统，可以通过 GPS 和计算机网络适时收集全路列车、机车、车辆、集装箱及所运货物的动态信息，可实现列车、货物追踪管理。只要知道货车的车种、车型、车号，就可以立即从近 10 万公里的铁路网上流动着的几十万辆货车中找到该货车，还能得知这辆货车现在何处以及所有的车载货物发货信息。铁路部门运用这项技术大大提高了其路网及运营的透明度，为货主提供了更高质量的服务。

第五节　共同配送管理

共同配送（Common Delivery）是由多个配送企业联合在一起进行的

配送，是指多家企业共同参与只由一家运输公司独自进行的配送作业。共同配送是为了提高对某一地区的用户进行配送的物流效率，而在配送中心的统一计划、统一调度下展开的。

通过共同配送，企业可以得到以下几方面的好处：达到配送作业的规模效益，提高物流作业的效率，降低企业营运成本；不需投入大量资金、设备、土地、人力等，可以节省企业的资源；企业可以集中精力经营核心业务，促进企业的成长；扩大市场范围，消除原有封闭性的销售网络，营建共存共荣的环境。

1. 选择共同配送的组织形态

共同配送最常见的组织形态有六种，其中在批发商及代理商之间进行的是一种水平式的共同配送；相对来说由制造商主导来汇总批发业的配送，或由连锁店总部主导来汇总供货厂商的配送，则属于垂直式的共同配送。下面将详细介绍各自的形态和适用情况。

（1）仓库中心型。多数同行业的企业（制造商或者批发商）将自己的存储和配送工作共同委托一家物流公司。该物流公司有自己的仓库，多家制造商将货物放在物流公司仓库中，由物流公司配送到各制造商下游的批发商。如图 34 所示。

它适合中小型制造商。如果制造商资金有限，可以将运输和存储完全外包给物流公司，从而可以节省大量固定资产投资金额。

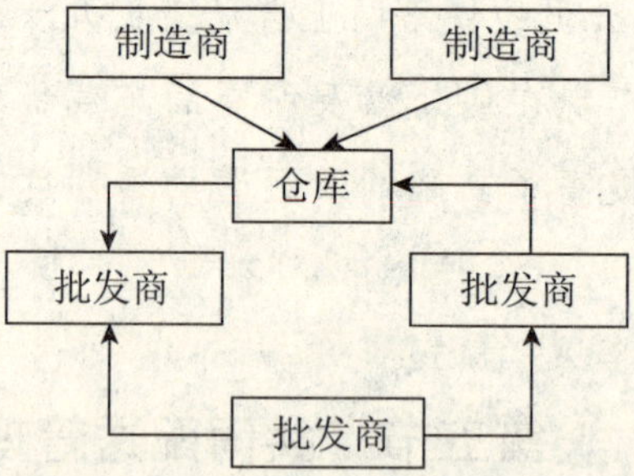

图 34　仓库中心型

（2）物流中心分类型。这种类型中，各小店铺的采购通过配送中心统一处理，该配送中心委托给多家批发商共同运营。这种类型适合于大型的制造商、大型批发商。一般大型制造商和批发商都有自己专门的配送中心，但对有些地区，如果客户比较少或者环境比较特殊，投资风险比较大，这时可以考虑共同委托一家配送中心进行配送。如图 35 所示。

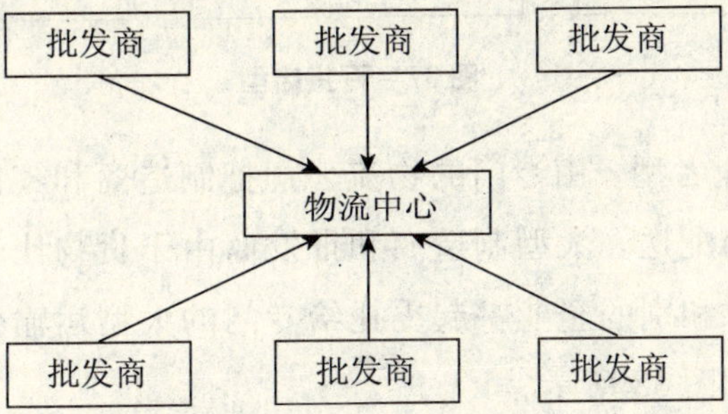

图 35　物流中心分类型

（3）往复输送型。例如，A 地的制造商 1 往 B 地的配送中心运货，从 B 地返回 A 时车是空载的；同样 B 地的制造商 2 往 A 地的配送中心配货，返回时也是空的。因此两家可以协商，当制造商 1 从 B 地返回时，利用空车帮制造商 2 载运货，保证自己不空车；同理，制造商 2 从 A 地返回时也帮制造商 1 运送。这种方法要求双方能彼此掌握运货信息，彼此愿意合作，共同降低运送成本。如图 36 所示。

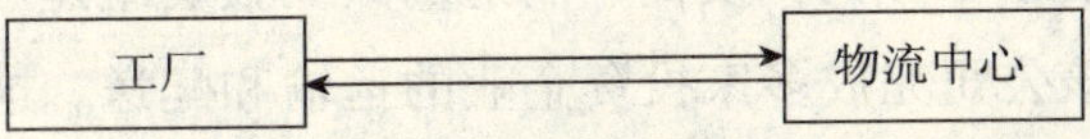

图 36　往复输送型

（4）百货店型。该类型中，多个批发商共同租用一个地区的配送中心，为自己的客户配货。比较适用于中小型企业、中小型配送公司和小型批发商。为了节约成本，提高服务，这类企业或配送公司、批发商可以联合起来共同使用一些配送中心。一些大批发商如果在某一地区客户少，销售额也不大，不适合建立一个新的配送中心，也可以采用这种形式，既能节约成本，又能保证服务质量。如图 37 所示。

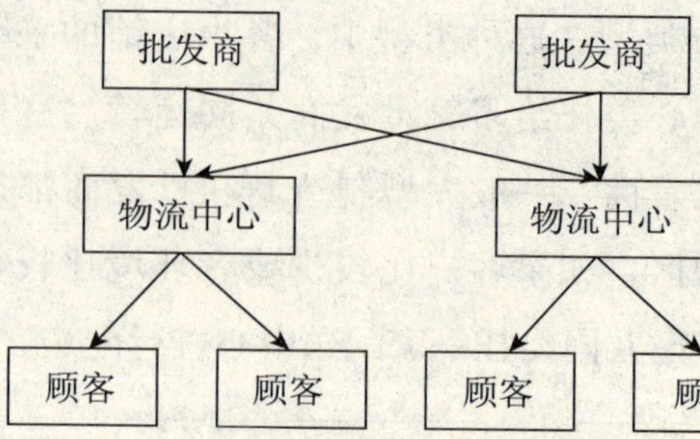

图 37 百货店型

（5）运输业者型。由专门的物流公司把制造商和零售商的货物集中在一起进行运输配送。大型制造商和批发商由于货物比较多，自己运输成本很高，可以和别的企业一起委托给专门的大型运输公司，达到节约成本的目的。如图 38 所示。

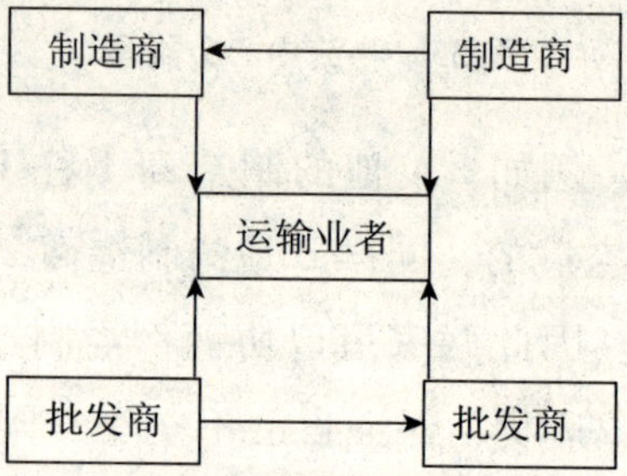

图 38 运输业者型

（6）组合型。多数的批发商、制造商共同投资组建一个专门的物流配送公司，由该公司完成多家投资企业的运输和配送。这种类型一般也适合大型制造商和批发商。如图 39 所示。

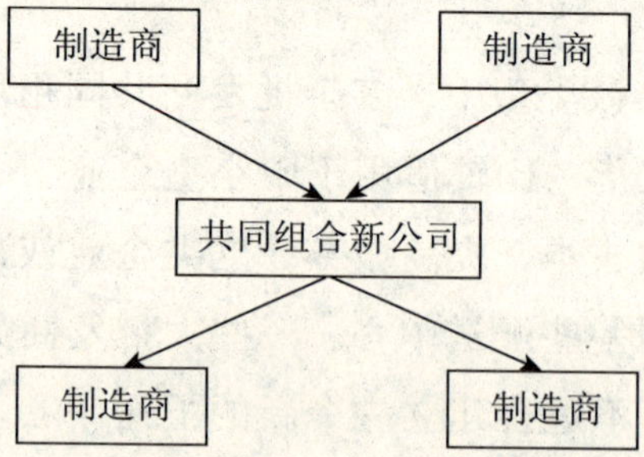

图 39 组合型

2. 共同配送的障碍和解决措施

实行共同配送，主要是为了降低物流成本、提高配送时效，特别是降低物流费用。为了适应高频度、小批量的交货方式，采用共同配送是最佳的选择。但是这种模式要点在于参与配送者要能弄清楚自身条件、定位、需求和成长目标，并加强各自的经营管理与物流设计。

共同配送对中小企业最有利，因为他们配送量小、效率低、成本高，共同配送的优势自然是他们期望的。但日本的经验表明，共同配送开展得并不成功。原因有三：

（1）组织协调难度大。因为各个货主都对货物的配送有一定要求，包括时间、地点、数量、安全等，要在这些方面完全达成一致很困难。

（2）利益分配上的矛盾。由于共同配送所实现的利益在各货主之间进行分配时缺乏客观标准，较难做到公平合理。

（3）各经营主体的商业秘密（如价格、顾客、经营手段等）。共同配送不易保密。

3. 共同配送应注意的问题

为了使共同配送健康发展，实施共同配送时要注意以下几点：

（1）参与共同配送的物流业务需要相对稳定，双方应签订比较稳定的共同配送合作协议。

（2）参与共同配送的企业在客户分布、商品特性、物流作业特性、经营系统等方面应具有相似性，这样便于组织管理和协调，也有利于利益分配。

（3）货主之间可以有生产、营销方面的竞争，但在物流方面是相互合作的，不应该存在竞争。

（4）货主和承担主体在物流信息管理方面有一定基础，包括已经建立起信息管理系统、条码应用系统等。

（5）利益分配要有具体的制度和方法，应制订明确的收费和分摊标准。

（6）在共同配送协议中应保护货主商业秘密，明确各自的权利和义务。

操作要点

共同配送的组织形态包括：

⇨ 仓库中心型

⇨ 物流中心分类型

⇨ 往复输送型

⇨ 百货店型

⇨ 运输业者型

⇨ 组合型

知识链接

从整个社会的角度来看，实现共同配送主要有以下好处：减少社会车流总量，减少闹市卸货妨碍交通的现象，改善交通运输状况；通过集中化处理，有效提高车辆的装载率，节省物流处理空间和人力资源，改善商业物流环境，进而改善整体社会生活品质。

实用范例

东京有三家连锁超市公司A、B、C。A公司在东京西部的练马区，B公司在东京东部的葛西区，C公司在中部的品川区，都有各自的配送中心，并面向东京各自系统的店铺实施商品配送。A公司的物流中心向葛西区分店实施商品配送，要穿过市中心繁华地带；C公司若在练马区开分店，也要从葛西区物流中心往练马分店进行配送，这样，A、B、C三家公司都存在重复运输过程。最终三家公司达成协议，将三公司设在三个区的配送中心公用，进行共同配送。毫无疑问，三家公司的配送效率大大提高。

第六节 配送中心的车辆调度

车辆是运输配送企业的一项重要资源，车辆的调度工作直接影响着运输配送的成本和效率。车辆调度的主要问题就是决定车辆的组合方式，配送车辆的使用主要分为自用车（公司车）及外租车（签约车）。

1. 车队的几种组合方式

（1）公司车、公司人。车辆和司机都是本公司的，这是最常见的组合。使用这种方法，容易掌握配送质量（或服务质量），短期成本低（相对租用别公司的车而言），企业形象好，并且可配合公司政策；但缺点是长期粗重工作致使司机流动率大、风险较大，且长期成本相对较高，公司车辆损耗也很大。

（2）签约车、签约人。也称作运输服务外包，车辆及司机都与其他公司（如货运公司）签约，也就是说车辆及司机都为共他公司所有。这种策略已逐渐被企业广泛采用。现在很多第三方物流公司都提供这种外包服务。使用这种方法可将风险转嫁给第三方物流公司，也不存在车辆维修问题，并且外包公司配送效率高，也愿意接受高难度工作；但缺点是很难控制配送质量，并且外包公司可能会斤斤计较，会使管理成本增加。

知识链接

第三方物流（3PL）：也称合同物流或契约物流，是源于供方和需方的第三方运用现代化的信息技术、交通手段，在特定的时间段内、特定的空间位置按约定的价格向消费者提供个性化的系列物流服务。

（3）公司车、签约人。车辆为公司自己的车，司机是向其他公司签约聘雇。这种方式是社会多元化的产物，签约人等于是兼职人员，其费用以计时、计次或计件来计算。使用这种方法可以部分转嫁风险，配送效率高，也可接受较高难度工作，而且外聘司机管理成本较低；但缺点仍是配送质量较难控制。

（4）签约车、公司人。车辆是向其他公司签约租借，但司机为本公司内的员工。此方式一般属于季节性或偶发性的需求，当运量突增或不可预测因素造成车辆不足时，公司就会考虑以租车方式来应付。适用于从事季节性运输的企业或公司。

从风险角度考虑，外租签约车又有以下两种形式可供选择：

① 个人型（扶老携幼型）。全家出动协助配送，此形式的外租车并不签订合约，因而风险较大，但费用上较便宜。

② 公司型。车为较有制度的租车公司所有，因而可以同它签订契约，合作上风险小，但费用较个人型要高。

2. 进行公司车和签约车的决策

使用外租签约车或签约人的考虑如下：

（1）避免资源浪费。为应付调节季节性物品、节日型货品需求，如果都使用公司车或公司人容易造成车辆、人员在淡季闲置的情形，造成资源浪费。

（2）避免罢工的风险。对于如今劳工意识抬头，罢工、抗议事件时有发生的情形，使用签约人来配合作业未尝不是一个解决办法。

（3）输送效率高。因外租签约车可应付时间及季节的变动，车辆的输送效率必定较高。

然而现在坚持采用公司车与公司人的公司仍不少，它们的考虑在于：

（1）司机是公司内员工与本公司的配合较好，且配送错误率低。

（2）由于公司人对公司状况了解，还能够兼顾与客户沟通及推销事宜，这是签约人所无法取代的优点。

（3）一般外租签约车的管理水准难以把握，对品质的要求不一，虽然他们对货品的维护有契约的索赔保险，但仍会影响到客户对公司的信任。

事实上，使用外租签约车、签约人也有管理上的困难及临时解约的风险，因此究竟要使用公司车或签约车，要使用公司人或签约人，其相互比例应如何把握，确实要按照公司的需求来做决策。

由上述公司车与签约车的使用情况，可归纳为：一般大企业较常使用签约车，而中小企业较常使用公司车来运输配送。下表是日本一些物流中心在车辆调度上的采用方式。

表 28　各物流中心车辆调度采用方式

	公司车 公司人	签约车 签约人	公司车 签约人	签约车 公司人	说明
和盟	0				
资生堂		0			
捷盟	0	0			以公司车、公司人为主
德记	0	0			两者并重
康国	0	0			以公司车、公司人为主
全台					
环纬	0	0	0	0	以公司车、公司人为主
安丽		0			
彬泰	0				
陵阳	0				
三商行		0			
大统	0				
裕利	0	0			

3. 车辆调度时要考虑的其他问题

（1）使用签约车的费用计算问题。一般委托外车的运费计算方式可有以下几种：以配送重量计算；以配送量（体积）计算；以配送车次计算；以距离（客户点）计算；以配送品价值计算。

而除了配送货品价值外，其余四因素对自用车配送的效果也有不同影响，因此我们可根据每吨重、每配送体积、每车次、每公里距离的配送成本来评估使用自用车或外租车的效益。同时，当外租车费用有过高倾向时，也应该从这四个因素着手探讨，看是否当初的计价方式已不适合目前的营运状况，应否改以其他方式计价，或与委托商重新调整费率，甚至考虑要不要更换配送委托商。

（2）外租车的选择策略。以外租车为主要配送车辆的厂商，对外租车的选择一定要非常审慎，因为外租车的种类形式很多，即使同一形式的车辆，不同的租车公司价格上的差异也很大。可以考虑以下策略：

① 若想以较低廉的费用来从事配送，除了在调度时要选择车辆运送形式外，同一种运送形式也应有多家选择。

② 随时将所有接洽过的外租车详细资料及当初计价协商结果建立在电脑中。就是将公司与各租车（货运）公司议定的运费计价模式输入电脑，然后每天确定出货品项及数量后，只要将其体积、重量或公里数输入，电脑很快就能将每种外租车的效益计算出来，管理者只需做最后的决定即可。这样车辆调度的处理速度更快，同时选择的层面也更广，效益也会更好。

总之，不论是选用自用车或外租车，也不论是采用何种计价方式，都应尽量从运输配送合理化的角度来节省配送费用。

操作要点

配送中心的车辆调度包括以下环节：

⇨ 车队的几种组合方式

⇨ 进行公司车和签约车的决策

⇨ 车辆调度时要考虑的其他问题

知识链接

车辆运输配送合理化的基本想法

目标		作法	
削减车辆的运输配送费用	降低运输配送单价	提高移动率	设置车辆管理中心
		增加每次运搬量	
		减少周期中的等待	
	减少运输配送工作量	减少运搬量	建立全盘运输配送管理体制
		码头月台的合理规划	

第七节 提高配送中心分拣效率

现在的配送中心一般采用按订单进行分拣的方式，分拣作业一般占配送中心所有工作时间的30%～40%，因此，提高分拣作业的效率是提高配送效率的关键。

1. 分拣效率化的基本条件

为了提高配送速度，必须缩短分拣时间。按订单分拣的时间可以分成下面四种情况：

（1）将分拣的货物搬运到配货区放置在某场所的时间；

（2）寻找货物的时间；

（3）将货物取出来的时间；

（4）将多余货物取出来的时间。

因此提高分拣速度应尽可能缩短以下三个时间：行走时间、寻找时间和取出货物的时间。特别是取货时间，相对于行走时间和寻找时间一般都长，因此缩短这个时间是重点。提高分拣效率的两个关键：选用的机械设备是否适宜；使用的分拣方法是否合理。

2. 提高配送中心分拣效率的策略

配送中心特别是规模比较大的配送中心的分拣作业是一件既耗时又繁杂的工作，分拣的效率极大地影响着配送时间和质量。分拣作业一旦出错，就会将A用户的货物错配给B用户，后果的严重性可想而知。一般提高按订单进行分拣的效率有如下途径：

（1）在分拣配货单上输入货架编码。为了高效地按订单进行分拣，货物在哪里、是什么货物，必须是任何一个分拣作业人员都应该熟知的，最好将所保管商品进行四位编码，按货位编码进行分拣。四位编码为：决定货架区域的编码；决定货架列的编码；决定货架层数的编码；决定货架分段的编码。每一个货位的编号按其“区域—列—层数—段”的四位编码顺序来编排，这样可以大大提高分拣作业人员的分拣熟练度和准确度。

（2）在台架上保管的商品宜采用单一分拣。某些货物，特别是一些单品货物，不是存放在货架上，而是平放在台架上保管，这种情况采用单一分拣法效率比较高。

（3）利用重力式货架提高分拣效率。利用重力式的货架区域分拣，可以使商品补充从早到晚持续进行。分段分拣时，利用重力式货架也能提高分拣和补货的效率。

（4）采用数字化分拣（自动分拣系统）。数字化分拣的过程如图40。数字化分拣使分拣效率大大提高，同时也可以减少人为的错误。

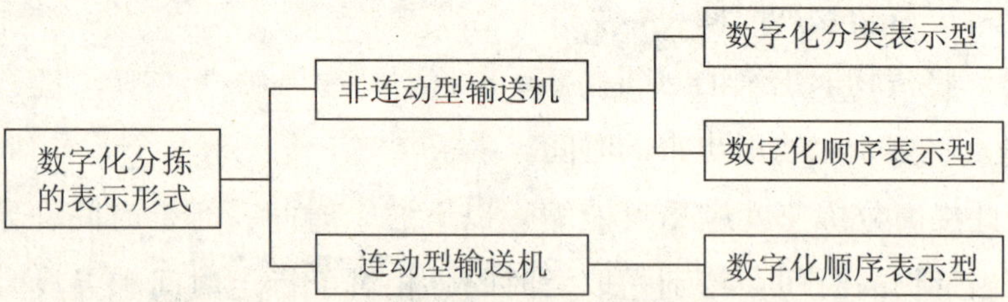

图40　数字化分拣图

（5）利用信息设备作为分拣的支援系统。不仅是计算机，各种各样的信息设备和方法都可以利用。有效使用信息设备在分拣时起着非常重要的作用。

3. 分拣配货工艺与设备的选取

配送中心常用的分拣配货工艺有两种：拣选式配货工艺和分货式配货工艺。

（1）拣选式配货工艺。是分拣员或分拣工具巡回于各个存储点并将订单上的货物取出，完成配货任务。货位相对固定，而分拣人员和分拣工具相对运动。拣选式工艺可采用单一分拣法和摘果式分拣法两种方法，准确程度较高，一般较少发生货差等错误，并且机动灵活。

拣选式配货工艺可在以下几种情况下应用：

① 用户不稳定，波动较大，不能建立相对稳定的用户分货货位，在这种情况下无论用户多少都可采用这种工艺。

② 用户之间共同需求差异较大，在既有共同需求、又有很多特殊需求的情况下，采取其他分拣配货工艺容易出错，而采用拣选式配货工艺是有利的。

③ 虽然用户需求种类不多，但增加了统计和共同取货的难度时。

④ 用户配送时间要求不一。

⑤ 传统的仓库改造为配送中心，要用拣选式配货工艺；新建的配送中心初期运营时，拣选式也可作为过渡的工艺。

（2）分货式配货工艺。是分货人员或分货工具从存储点集中取出各个用户共同需要的货物，然后巡回丁各个用户的货位之间，将货物按用户需求放在各用户的货位上，再取出下一种共同需求商品，如此反复进行直到按用户的需求将全部货物取出并分放完毕，同时也完成了几个用户的分拣配货工作。这种工艺难度大，计划性强，容易发生错误。

分货型配货工艺适用于以下情况：

① 用户稳定，且用户数量较多，在这种情况下，可以利用规模稳定

的优势，按既定计划分货。

② 用户需求种类有限，易于统计且不至于分货时间太长。

③ 用户需求有很强的共同性，需求数量虽有一定差异，但差异较小。

④ 用户对配送时间要求没有严格限制，可以采用计划配送的方法。

⑤ 分货配货工艺有利于追求效率、降低成本。

⑥ 专业性强的配送中心，因为它比较容易形成稳定的用户群体和统一的需求，而且货物种类比较单一。

操作要点

提高分拣效率的环节包括：

⇨ 分拣效率化的基本条件

⇨ 提高配送中心分拣效率的策略

⇨ 分拣配货工艺与设备的选择

知识链接

自动分拣系统（Automated Sorting System）是二战后在美国、日本的物流中心中广泛采用的一种分拣系统，该系统目前已经成为发达国家大中型物流中心不可缺少的一部分。该系统的作业过程可以简单描述如下：物流中心每天接收成百上千家供应商或货主通过各种运输工具送来的成千上万种商品，在最短的时间内将这些商品卸下并按商品品种、货主、储位或发送地点进行快速准确的分类，并将这些商品运送到指定地点（如指定的货架、加工区域、出货站台等）；同时，当供应商或货主通知物流中心按配送指示发货时，自动分拣系统在最短的时间内从庞大的高层货架存储系统中准确找到要出库的商品所在位置，并按所需数量出库，将从不同储位上取出的不同数量的商品按配送地点的不同，运送到不同的理货区域或配送站台集中，以便装车配送。

实用范例

国外建立自动分拣系统的目的之一就是减少人员的使用，减轻员工的劳动强度，提高人员的使用效率，因此自动分拣系统能最大限度地减少人员的使用，基本做到仓库无人化。自动分拣系统的分拣作业本身并不需要使用人员，人员的使用仅限于送货车辆抵达自动分拣线的进货端时，由人工接货；而人工控制分拣系统的，分拣线末端则是由人工将分拣出来的货物进行集载、装车。这是二者的最大区别。

如美国一公司配送中心面积为10万平方米左右，每天可分拣近40万件商品，自动分拣线做到了无人化作业。使用的400名左右员工主要从事接货、出货装车以及自动分拣系统的经营、管理与维护工作。

第十六章　配送中心运作绩效评估

开展绩效评估能正确判断配送中心的实际经营水平，提高经营能力和管理水平，从而提高配送中心的整体效益。配送中心的绩效评估是运用数理统计和运筹学方法，采用特定的指标体系，对照统一的评估标准，按照一定的程序，通过定量、定性分析，对配送中心在一定经营期间的经营效益和经营者的业绩，做出客观、公平和准确的综合判断。

关键词　绩效评估　作业效率　出货作业评估　存货作业评估　订单处理作业评估　拣货作业评估　配送作业评估　分析评估结果

第一节　配送中心作业效率评估

评估配送中心作业效率可以根据下面八大要素来进行。

1. 设施空间利用率

该指标衡量整个配送中心设施是否已经充分利用。所谓设施是指除人员、设备以外的一切硬件，包括办公室、休息室、仓储室、拣货区、收货区和出货区等区域空间的安排及一些消防设施设置等。

所谓设施空间利用率就是针对空间利用度、有效度作考虑。一句话，提高单位土地面积的使用效率。一般以货架、仓储区的存储量、每天配货场地的配货周转次数等为主要指标。

2. 人员利用率

衡量每一个人员是否尽到自己最大的能力。对于人员作业效率的考核分析，是每一个物流企业经营评估的重要指标。人员利用率评估主要从三个方面着手：

（1）人员编制。要求人员的分配达到最合理的程度，避免忙闲不均，这里指上班作息时间的安排。通常包含：工作需要性、工作量、人员流动性、加班合理性四个方面。

（2）员工待遇。

（3）人员效率。人员效率是管理的目的，是为了提高人员的工作效率，使每一个作业人员在作业期间内能达到最高的劳动生产效率。也就是讲，掌握操作人员的作业速度，使配送中心的整体处理量相对提高。

3. 设备利用率

衡量资产设备有无发挥最大的产能。配送中心设备主要用于保管、搬运、装卸、配送等物流作业活动。由于各种作业有一定的时间性，设备工时不易计算，通常通过增加设备机动时间和提高设备每单位时间内的处理量来实现提高设备利用率的目的。

4. 商品、订单效率

衡量商品销售是否达到预定目标。配送中心应该抓好以下几项工作：

（1）通过对配送中心出货情况的分析，提示采购人员调整水平结构。

（2）要求根据客户的要求，快速拆零订单。

（3）严格控制配送中心的库存。既要留有合理存货以降低缺货率；又要避免过多的存货造成企业资产积压、商品质量出现问题等情况。

5. 作业规划管理能力

衡量目前管理层所做的决策规划是否合适。规划是根据决策目标应采取的行动方案，规划的目的是为了让整个物流活动过程选择合理的作业方式、正确的行动方向。

规划管理人员必须首先决定作业过程中最有效的资源组合，然后依据环境，设计出最好的作业方式，来执行物流运作过程中的每一环节工作。其中及时修正规划是很重要的一环。

6. 时间效益率

衡量每一项作业时间利用是否最有效。缩短作业时间，一方面可以使工作效率提高，另一方面可以使交货期提前。时间是衡量效率最直接的因素，最容易看出整体作业能力的高低。例如：某段时间搬运了多少商品，平均一小时配了多少箱，平均每天配送了多少家商店的货，等等。

评估时间效益，主要是掌握单位时间内的收入、产出量、作业单元数及各作业时间比率等情况。

7. 成本率

衡量此项作业的成本费用是否合理。配送中心的物流成本，是指直接或间接用于收货、存储保管、拣货配货、流通加工、信息处理和配送作业的费用总和。

8. 质量水平

衡量配送中心服务质量有无达到客户满意的水平。对于物流质量的管理，一方面要建立合理的质量标准，另一方面还需要加强对存货管理及作业过程的监督，尽可能避免不必要的损耗、缺货、不合格等情况，以降低成本，提高客户服务的质量。

维护和提高质量标准，主要从人员、商品、机械设备和作业方法四个方面着手。

操作要点

作业效率的评估要素包括：

- 设施空间利用率
- 人员利用率
- 设备利用率
- 商品、订单效率
- 作业规划管理能力
- 时间效益率
- 成本率
- 质量水平

第二节 进出货作业评估

进出货作业是配送中心整个流程中处在两端的作业。进货作业包括接受商品、装卸搬运、码托盘、核对商品数量、质量和签单；出货主要是根据各辆卡车和配送路径将分拣完的商品搬运到理货区，而后装车配送。可以说，进出货作业的效率直接影响着配送的质量。

1. 空间利用率

主要考核站台的使用情况，是否因数量不足或规划不佳造成空间利用低效率。指标如下：

$$站台使用率=\frac{进出货车次装卸货停留总时间}{站台泊位数\times 工作天数\times 每天工作时数}$$

如果是进货站台和出货站台分开的配送中心，那么指标为：

$$出货站台使用率 = \frac{出货车次装卸货停留总时间}{出货站泊位数 \times 工作天数 \times 每天工作时数}$$

$$进货站台使用率 = \frac{进货车次装卸货停留总时间}{进货站泊位数 \times 工作天数 \times 每天工作时数}$$

2. 站台高峰率

其指标为：

$$站台高峰率 = \frac{高峰车数}{站台泊位数}$$

（1）若站台使用率高，表示站台停车泊位数量不足，而可能造成交通拥堵。可以采取以下措施：

① 增加停车泊位数；

② 为提高效率，要做好时段管理，让进出配送中心的车辆能有序行驶、停靠、装卸货作业；

③ 增加进出货人员，加快作业速度，减少每辆车停留装卸时间。

（2）若站台使用率低，站台高峰率高，表示虽然车辆停靠站台平均时间不长，站台停车泊位数量仍然有余，但在高峰时间进出货车辆存在拥堵现象，此种情况主要是没有控制好进出货时间段引起的。关键是要将进出车辆到达作业面的时间岔开。可采取以下措施：

① 应要求供应商依照计划准时送货，规划对客户交货的出车时间，尽量降低高峰时间的作业量；

② 若无法与供应商或客户达成共识分散高峰期流量，则应特别在高峰时间增加人力以保持商品快速装卸搬运。

3. 人员负担和时间耗用

人员负担和时间耗用主要考核进出货人员工作分配及作业速度，以及目前的进出货时间是否合理。主要衡量下面几个指标：

$$每人每小时处理进货量 = \frac{进货量}{进货人员数 \times 每日进货时间 \times 工作天数}$$

$$每人每小时处理出货量=\frac{出货量}{出货人员数\times每日出货时间\times工作天数}$$

$$进货时间率=\frac{每日进货时间}{每日工作时数}$$

$$出货时间率=\frac{每日出货时间}{每日工作时数}$$

如果进出货人员共用（特别对小的配送中心来说很普遍），则应将进出货量时间合并加总，指标则为：

$$每人每天进出货量=\frac{进货量+出货量}{进出货人员数\times每日进出货时间\times工作天数}$$

$$进出货时间率=\frac{每日进货时间+每日出货时间}{每日工作时数}$$

（1）如果每人每小时处理进出货量大，且进出货时间率也高，表示进出货人员平均每天的负担过重，原因是配送中心目前业务量过大。可考虑增加进出货人员，以减轻每人的工作负担。

（2）若每人每小时处理进出货量小，但进出货时间率高，表示虽然配送中心一日内进出货时间长，但每位人员进出货负担很轻。原因是进出货作业人员过多、商品进出货处理比较繁杂、进出货人员作业效率较低。可考虑采取下列措施：

① 减少进出货人员；

② 对于工效低下的人员，应随时督促、培训，使劳动报酬与绩效挂钩，同时应尽量想办法减少单纯依靠劳力的装卸（如通过托盘化工作方式）次数。

（3）如果每人每小时进出货量高，但进出货时间率低，表示上游进货和下游出货的时间可能集中于某一时段，以致作业人员必须在此段时间承受较高的作业量。可考虑平衡人员的劳动强度，避免车辆太多引起的站台泊位拥挤，采取分散进出货作业时间的措施。

4. 设备移动率

评估每台进出货设备承担的工作量是否合理、达标。

$$每台进出货设备每天装卸量=\frac{进货量+出货量}{装卸设备数\times 工作天数}$$

如果该指标数值较低，表示设备利用率低，资产过于闲置，应积极开拓业务，增加进出货量；如果业务工作量不可能扩大，则考虑将部分装卸设备移至他用（出租等）。

操作要点

通过下列指标对进出货作业进行评估：

⇨ 空间利用率

⇨ 站台高峰率

⇨ 人员负担和时间耗用

⇨ 设备移动率

实用范例

一般物流中心都应有专用的进出货平台，才能达到迅速作业的目标。然而目前国内不乏许多中小型的企业，其物流中心使用面积能省则省，像进货、拣货、理货、出货都共用一个空间，往往导致作业间相互干扰，影响效率及准确性。进出货作业相互干扰的原因不外乎下述几点：

无专用进出货平台；

进出货利用同一侧出入口；

搬运线规划重叠；

上下游厂商不按照要求时间进出货；

紧急订货或生意太好造成拥挤；

仓管人员太忙无法兼顾。

解决这些问题时，若企业一时不能扩充厂房，清楚划分各区域，则要事先安排、规划好拣理货与进出货的作业路线，并尽量要求上下游厂商严格按照时间进出货，以解决空间、人员不足的难题。

第三节 存储作业评估

存储作业的主要任务在于把将来要使用或者要出货的产品作妥善保存。这不仅要善于利用空间，有效地利用配送中心每一平方米存储面积，也要加强对库存存货的管理，做到既降低商品的缺货率，又不因过多库存而占用资源和资金。可以按下列指标评估存储作业绩效。

1. 设施空间利用率

主要分为下面两个指标：

$$单位面积保管量=\frac{平均库存量}{可保管面积}$$

$$平均每品项所占储位数=\frac{货架储位数}{货品项数}$$

平均每品项所占储位数若能规划在0.5～2.0之间，即使无明确的储位编号，也能迅速存取商品，不至于造成存储、拣货作业人员找寻困难，也不会产生同一品项库存过多的问题。

2. 库存周转率

这是考核配送中心货品库存量是否恰当和经营绩效高低的重要指标。

$$库存周转率=\frac{出货量}{平均库存量}$$

$$=\frac{营业额}{平均库存金额}$$

周转率越高，表明库存周转周期越短，即用较少的库存完成同样的工作，使库存积压、占用的资金减少。也就是说，资金的使用率高，企业利润也随货品周转率的提高而增加。

通常采用下列做法来提高库存周转率：

（1）缩减库存量。通过配送中心自行决定采购、补货时机及存货量，特别是借助信息系统可以大大降低库存量。

（2）建立预测系统。

（3）增加出货量。

3. 存货管理费率

衡量配送中心每单位存货的库存管理费用。

$$库存管理费率=\frac{库存管理费用}{平均库存量}$$

如库存管理费率高，应对库存管理费用的内容逐一检查分析，寻找问题并予以改进。例如：尽可能采取少量、频繁的订货，以减少库存管理费用。一般库存管理费用包括：

（1）仓库租金；

（2）仓库管理费用（包括出入库验收、盘点等人工费、警卫费、仓库照明费、空调费、温调温控费、建筑物、设备及器具的维修费等）；

（3）损耗费（变质、破损、盘点等费用）；

（4）货品淘汰费用（流行商品过时、季节性商品换季等造成费用损失）；

（5）资金费用（如货物变价损失、机会成本损失等）。

4. 呆废货品率

用来测定配送中心货品损耗影响资金积压的状况。

$$呆废货品率=\frac{呆废货品件数}{平均库存量}$$

$$=\frac{呆废货品金额}{平均库存金额}$$

改进策略如下：

（1）验收时力求严格把关，防止不合格货品混入。

（2）检讨存储方法、设备与养护条件，防止货物变质。特别是对货物的有效期管理更应该重视。

（3）随时掌握库存水平，特别是滞销品的处置，减少呆废品占用资金和库存的情况。

知识链接

影响库存管理作业成效的因素如下：

缺货；

挤货；

最低与最高订购量的订购；

订购时机与订购量的掌握；

市场预测准确度；

新产品滞销回收；

淡旺季、气候的不确定；

新货前置时间不规则；

强制配销及配送时效遵循的困难；

尚未使用电脑做储位管理；

周转率不高、库存量太大，以致储位不够；

出入库频率无法掌握；

物资 ABC 分类不准确；

储位库存成本压力的反应；

库存单位与销售单位的混淆。

操作要点

通过下列指标对存储作业绩效进行评估：

⇨ 设施空间利用率

⇨ 库存周转率

⇨ 存货管理费率

⇨ 呆废货品率

第四节　订单处理作业评估

从接到客户订单开始到着手拣货之间的作业阶段，称为订单处理。它包括接单、客户的资料确认、存货查询、单据处理等。订单处理的绩效评估指标如下。

1. 订单数

通过对日均受理订单数、每订单平均订货数量和平均订货单价的分析，观察每天订单变化情况，以确定客户管理策略以及业务发展计划。常用的分析指标如下：

$$日均受理订单数=\frac{订单数量}{工作天数}$$

$$每订单平均订货数=\frac{出货量}{订单数量}$$

$$日均商品单价=\frac{营业额}{订单数量}$$

2. 订单延迟率

订单延迟率是衡量交货延迟状况的指标。

$$订单延迟率=\frac{延迟交货订单数}{订单数量}$$

可以通过下面几种方法解决：

（1）仔细分析自己的订单处理流程，找出作业瓶颈，加以解决。

（2）研究物流系统前后作业能否相互支持或同时进行，谋求作业的均衡性。

（3）掌握库存情况，防止缺货延迟。建立自己的仓储信息管理系统，可以很方便地实时监测库存信息。

（4）合理安排配送时间。

3. 订单货件延迟率

订单货件延迟率用来评估配送中心是否应实施客户重点管理，使自己有限的人力、物力得到最有效的利用。

$$订单货件延迟率=\frac{延迟交货量}{出货量}$$

如何改善这种状况呢？可以考虑实施顾客 ABC 分析方法以确定客户重要性程度，对重点客户采取重点管理。例如：根据订单资料，按客户购买量占配送中心营业额的百分比作客户 ABC 分析。对重要客户尽量减少延迟交货的次数可以有效降低延迟率。

4. 紧急订单响应率

紧急订单响应率是分析配送中心快速订单及紧急插单处理能力的指标。这是反映服务质量的一个很重要的指标。

$$紧急订单响应率=\frac{未超过\ 12\ 小时出货的订单}{订单数量}$$

如何提高紧急订单的响应率，可以考虑以下两条策略：

（1）制定快速作业处理流程及操作规程；

（2）制定快速送货计费标准。

5. 缺货率

衡量存货控制决策是否合理，也是衡量是否应调整订购点及定量点的基准。

$$缺货率=\frac{接单缺货数}{出货量}$$

降低缺货率的策略如下：

（1）加强库存管理；

（2）登录并分析存货异动情况；

（3）把握采购、补货时机；

（4）督促供应商送货的准确性。

现代物流逐渐朝供应链方向发展，信息在其中起到了纽带作用。通过公司内联网，从材料供应商、制造商到零售商都可以实时看到供应商供货情况、制造商库存情况、零售商库存和销售情况等。

6. 短缺率

短缺率和上述缺货率不同。

$$短缺率=\frac{出货短缺数}{出货量}$$

改善此指标的策略是：

（1）注重每位员工、每次作业的工作质量；

（2）做好每一作业环节的复核工作。

操作要点

通过下列指标对订单处理作业进行评估：

- 订单数
- 订单延迟率
- 订单货件延迟率
- 紧急订单响应率
- 缺货率
- 短缺率

实用范例

制成品的经销商可以利用电子数据交换（EDI）技术来建立直接源自供应商的配送系统。产品无须存放在经销商的仓库中或者货架上，客户可以直接从供应商那里得到订购的产品。在供应商、经销商组成的供应链中，订单信息和产品是以下述方式流动的：

通过 EDI，客户告知经销商所需产品的种类和数量以及送货地点；

通过 EDI，经销商告诉供应商需发运的产品种类和数量；

通过 EDI，经销商告诉物流服务商提货的地点和数量；

通过 EDI，经销商告诉物流服务商需配送产品的种类、数量、交货时间和地点；

供应商准备货物以供发运；

物流服务商将货物送到客户所在地。

第五节　拣货作业和配送作业评估

每张客户订单都至少包含一项以上的商品，而将这些不同种类、数量的商品从配送中心取出集中在一起，称为拣货。由于拣货作业多数依靠人工配合简单机械化设备来完成，属于劳动力密集型的作业，因此，必须重视拣货人员的负担和效率的评估。

1. 拣货作业的评估

评估指标如下：

（1）人均作业能力。衡量拣货的作业效率，以便找出在作业方法及管理方式上存在的问题。

$$人均每小时拣货品项数=\frac{订单总笔数}{拣货人员数\times每天拣货时数\times工作天数}$$

提高拣货效率的方法有：

① 合理规划拣货路径；

② 合理配置储位；

③ 确定高效的拣货方式；

④ 拣货人员数量及工况的安排；

⑤ 拣货的机械化、电子化。

（2）批量拣货时间。衡量每批次平均拣货所需时间，可供日后分批次时参考。

$$批量拣货时间=\frac{每日拣货时间\times工作天数}{拣货分批次数}$$

如果批量时间短，表示拣货的反应时间很快，即订单进入拣货作业系统乃至完成拣取所需时间很短。它特别适合于处理紧急订货。

(3) 每订单投入拣货成本。拣货作业是配送中心最复杂的作业，其耗费占成本的比例较大，因此，拣货成本也是管理人员关注的重点。

$$每订单投入拣货成本=\frac{拣货投入成本}{订单数量}$$

$$每件商品投入拣货成本=\frac{拣货投入成本}{拣货单位累计件数}$$

$$拣误率=\frac{拣取错误笔数}{订单总笔数}$$

(4) 拣误率。衡量拣货作业质量的指标。降低拣误率的主要措施有：

① 选择最合理的拣货方式；

② 加强拣货人员的培训；

③ 引进条形码、拣货标签或电脑辅助拣货系统等自动化技术，以提高拣货精确度；

④ 改善现场照明度；

⑤ 检查拣货的速度。

2. 配送作业的评估

要想开展有效的配送，必须要将适当的配送人员、适合的配送车辆以及每趟车最佳运行路径结合起来，以实现配送量大、装载率高的目标。因此，人员、车辆及配送时间、规划方式，都是配送中心管理人员应重点考虑的问题。

配送效率的主要评估指标如下：

(1) 人均作业量。评估配送人员工作能力及作业绩效。

$$人均配送量=\frac{出货量}{配送人员数}$$

（2）车辆平均作业量。衡量车辆的空间利用率。

$$每辆车的配送量=\frac{配送总件数}{自备车数量+外雇车数量}$$

（3）空驶率。衡量车辆空间利用率。

$$空驶率=\frac{空车行驶距离}{配送总距离}$$

减少空驶率，关键是要做好回程顺载工作。可从“回收物流”着手，例如容器（啤酒瓶、牛奶瓶）的回收，托盘、笼车、拣货周转箱的回收，原材料的再生利用以及退货处理等。

（4）车辆运行状况。

$$配送车移动率=\frac{配送总车次}{（自备车数量+外雇车数量）\times 工作天数}$$

$$平均每车次配送吨公里数=\frac{配送总距离\times 配送总重量}{配送总车次}$$

（5）外雇车比率。评估外雇车使用数量是否合理。

$$外雇车比率=\frac{外雇车配送总车次}{（自备车数量+外雇车数量）\times 工作天数}$$

一般使用外雇车辆的原因是为了应付季节性商品和节日商品与平日形成的旺淡季的需求差。若此类商品比例较高，表示配送中心淡旺季出货量的差别很大，应尽量考虑多雇佣外车、减少自备车的数量；若此类商品比例很低，表示配送中心淡旺季出货量的差别不大，应选择使用自备车来提高配送效率。

（6）配送成本。

$$配送成本比率=\frac{自备车配送成本+外雇车配送成本}{配送总费用}$$

$$每单元货品配送成本=\frac{自备车配送成本+外雇车配送成本}{配送总货量}$$

$$每车次配送成本=\frac{自备车配送成本+外雇车配送成本}{配送总车次}$$

若单独运行时的配送成本偏高，应用共同配送策略，以降低较远距离、较少出货量而造成的过高配送成本。

(7) 配送延迟率。这是考察配送成本的准确率。

$$配送延迟率 = \frac{配送延迟车次}{配送总车次}$$

造成配送延迟率过高的原因是：车辆、设备故障，路况不佳，供应商供货延迟，缺货以及拣货作业延迟。

操作要点

通过下列指标对拣货作业和配送作业进行评估：

⇨ 拣货作业评估指标：人均作业能力、批量拣货时间、每订单投入拣货成本、拣误率

⇨ 配送作业评估指标：人均作业量、车辆平均作业量、空驶率、车辆运行状况、外雇车比率、配送成本、配送延迟率

实用范例

大井智慧型物流中心的拣货系统

大井智慧型物流中心经多年努力，为克服自动化系统不适合处理多样少量且形状不规则商品的限制，而发展出能迅速处理多样少量出货及高品质作业的三个拣货系统：自动仓库与卸栈工作站间的栈板出库拣货系统；货箱自动拣货系统；单品拣货系统。

第六节　盘点作业、采购作业和经营管理绩效评估

前面对配送中心主要作业的评估方法作了介绍，此外，还有几个作业也是需要关注的。

1. 盘点作业评估

盘点的目的是通过定期或不定期的库存盘点，及早发现问题。在盘点作业中，以盘点过程中所发现的存货数量不符的情况作为评估重点。

盘点作业的评估要素：

（1）盘点质量。衡量盘点质量的主要指标如下：

$$\text{盘点数量误差率}=\frac{\text{盘点误差率}}{\text{盘点总量}}$$

$$\text{盘点品项误差率}=\frac{\text{盘点误差品项数}}{\text{盘点实施品项数}}$$

（2）平均盘差品金额。指标为：

$$\text{平均每件盘差商品的金额}=\frac{\text{盘点误差金额}}{\text{盘点误差量}}$$

2. 采购作业评估

采购作业效率的评估指标：

（1）出货品成本占营业额比率。这是衡量采购成本合理性的指标。

$$\text{出货品成本占营业额比率}=\frac{\text{出货品采购成本}}{\text{营业额}}$$

降低出货品成本在营业额中的比率，可以采取集中采购的方式，因为一次采购数量大可以获得数量折扣，还可以减少采购手续费。

（2）货品采购及管理总费用。衡量采购与库存政策的合理性。

$$\text{货品采购及管理总费用}=\text{采购作业费用}+\text{库存管理费用}$$

可以采取的方法是：对于单价比较高的货品，尽量增加采购次数，这样费用可以比较省；而对于单价较低的货品，一次采购量大些则费用相对低。

（3）进货数量误差率、次品率和延迟率。衡量进货的准确度和有效率，以配合调整安全库存。

$$\text{进货数量误差率}=\frac{\text{进货误差率}}{\text{进货量}}$$

$$进货次品率=\frac{进货不合格数量}{进货量}$$

$$进货延迟率=\frac{延迟进货数量}{进货量}$$

3. 配送中心经营管理综合指标

对配送中心经营管理的综合评价指标如下：

（1）配送中心平效。衡量配送中心单位面积（每平方米）的营业收入（产值）。

（2）人员作业能力。衡量配送中心的人员单产水平。

$$配送中心平效=\frac{营业额}{建筑物总建筑面积}$$

$$人员作业量=\frac{出货量}{配送中心总人数}$$

$$人员作业能力=\frac{营业额}{配送中心总人数}$$

如何提高人员的作业能力？一是有效地利用无人化机械设备；二是减少配送中心从业人员，首先考虑削减非生产性人员，增加直接从事生产性人员。

（3）直间接比率。衡量配送中心作业人员及管理人员的比率是否合理。

$$直间接比率=\frac{一线作业人数}{配送中心人数-一线作业人数}$$

（4）固定资产周转率。衡量配送中心固定资产的运行效率，评估所投资的资产是否能充分发挥效用。

$$固定资产周转率=\frac{产值}{固定资产总额}$$

（5）产出与投入平衡率。判断是否维持在低库存量水平，与零库存的差距有多大。

$$产出与投入平衡率=\frac{出货量}{进货量}$$

这里的产出与投入平衡率是指进出货件数比率。如果在不会发生缺货的前提下，以低库存作为最终目标，则产出与投入平衡比率最好控制在1左右。实现该目标的关键是要切实做好销售预测。

操作要点

通过下列指标对盘点作业、进货作业和经营管理效果进行评估：

⇨ 盘点作业评估指标

⇨ 采购作业评估指标

⇨ 配送中心经营管理综合指标

第七节　车辆营运绩效评估

每个物流企业和配送中心都可能有自己的车队，对车辆营运绩效的评估也是运输与配送中一项很重要的内容。

1. 车辆绩效评估项目要准备的数据

一般进行车辆绩效评估时，首先要收集下列数据资料：

（1）行车里程（实车行驶里程、空车行驶里程）；

（2）行车时间（实车行驶时间、空车行驶时间）；

（3）装载量（重量、体积）；

（4）车辆配置（总载重量，车辆总数，出车、停驶车数）；

（5）耗油量；

（6）工作天数（正常工作时间、延长工作时间）；

（7）肇事、货物故障件数；

（8）营收状况（收入、成本、固定费用、变动费用）。

2. 所用评估指标

$$实车比率=\frac{实车行驶里程}{总行驶里程}$$

$$车辆周转率=\frac{每车实际行驶车次\times(总车数-停驶车数)}{每车可行驶车次\times车辆数}$$

$$用油效率=\frac{行车里程}{耗油量}$$

$$装载比率=\frac{实际装载量}{总装载能力}$$

$$耗油量=\frac{耗油量(升)\times油料单价}{行车里程}$$

$$轮胎耗用率=\frac{轮胎价格\times车辆轮胎数}{实际行驶里程}$$

$$人员贡献率=\frac{车辆营运收入}{车辆配备人数}$$

$$配送一处耗用时间=\frac{配送时间数}{行车里程}$$

$$平均车次收入=\frac{车辆营运收入}{行车次数}$$

$$平均每公里收入=\frac{车辆营运收入}{行车里程}$$

3. 发现问题，提出对策

精心准备的绩效评估可以发现某一配送车辆或某一配送部门的工作是否有偏差，并提出改善对策，只有这样，营运的成本才能不断降低，营运的效益才会更好。运行中的问题与相应的对策见表29。

表 29　运行中出现的问题与对策

问题	对策	相关作业
车辆周转率下降，成本提高	① 延长车辆运转时间 ② 减少待单待货次数 ③ 重新合理规划线路 ④ 检查货车配置的数量	① 日夜派班，假日加班 ② 与顾客协调订单流程 ③ 缩短装载作业时间 ④ 适时掌握路况变化 ⑤ 闲置车辆的处理
车辆转载效率低，没有回程货物，不符合效益原则	① 力求满载出车 ② 开发回程货源	① 订单应有效收集处理 ② 合理改善装叠技巧 ③ 引进合适的新客户 ④ 行车激励措施的制定 ⑤ 重新检查车厢设计

操作要点

进行车辆营运绩效评估应掌握以下内容：

⇨ 车辆绩效评估项目要准备的数据

⇨ 所用评估指标

⇨ 发现问题，提出对策

第八节　分析评估结果

对于配送中心众多的作业绩效评估指标，该如何分析呢？

1. 物流绩效评估方法

常用的物流绩效评估方法有三种，如图 41 所示：

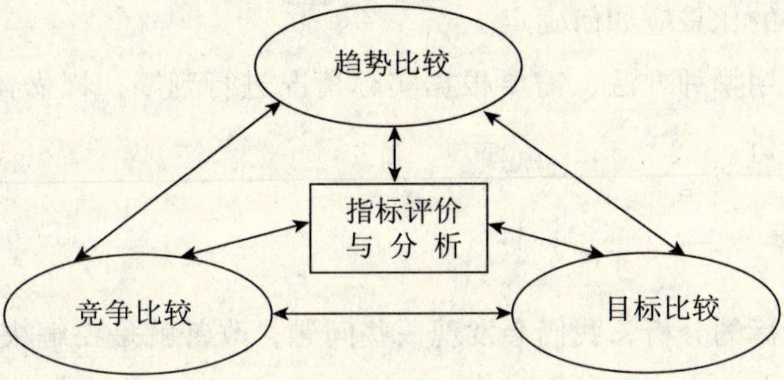

图 41　物流业绩评估分析方法图

（1）比较同行业其他公司状况或同行业的平均值，这就是所谓“竞争比较”。如果能和同行业其他公司作比较就能判断自身的好坏。

（2）比较企业过去的状况，即趋势分析法。除了与同行业其他公司比较，了解别人怎么做、做得如何外，将企业本身前后期的营运作业情况进行比较，还可以清楚知道企业如今是处于成长还是衰退状态。

（3）对目标的比较。公司的自我分析，除了注意公司发展趋势的变化外，如果公司已经有针对营运状况设定好的目标或预测值，则应进一步与目标或预测值比较，以了解公司运作水准是否达到了预期的目标。

2. 进行指标分析

指标分析步骤如图 42。对于问题，我们要不厌其烦地加以发掘确认，找出问题的症结，并且对于需要改善的问题找出真正的解决办法。对于指标的分析，应从两方面入手：

图 42　指标分析的步骤图

（1）单一指标分析法。即以单一指标来评估营运生产率。问题是：有些指标在单独使用时，往往会掩盖另一些重要的方面。

（2）多元指标分析法。找出相互关联的指标，从多个相关性指标来分析公司现况，即同时以多个指标来评估生产率。问题是：各种指标在评估过程中的比重应如何确定。

具体采用哪种方法，需要根据实际情况进行判断，以做出对公司发展有益的分析。

3. 改善步骤

经过指标的分析，我们会发现一些问题，改善就是要解决这些问题。具体步骤如下：

（1）在所有问题中找出亟待解决的问题。这一步骤就是对问题进行评估，也就是预测每一个问题对公司未来营运绩效的影响程度，根据程度的不同，分轻重缓急，安排先后解决的次序。经评估后的问题，其重要性通常可以区分为下列四级：

① 错误的警示。对公司影响程度很小的问题，应予以摒弃。

② 非紧急性。对未来可能有影响，可先延后，将来再解决。

③ 稍微紧急性。必须在下一规划周期之前解决的问题，改善的计划日期应在此阶段定出。

④ 紧急问题。必须立即处理的问题。

（2）收集事实。调查比较各个事实之间的相互关系，确定改善目标。

（3）分析事实，检讨改善方法。这一步希望全体工作人员共同献计献策，朝轻松（疲劳的减轻）、良好（品质的维持和提升）、迅速（作业时间的缩短）、低廉（成本的下降）、安全（灾害事故的防止）的改善目标，寻求改善方案。

（4）将构想出的改善方案上报审核，并做好实施的准备计划。

（5）试行改善，并详细追踪记录实施结果。

（6）评价试行实施结果，并使之标准化。检查改善效果，是否确实比改善前的情况进步了。如果是，就考虑将改善后的方式标准化，以作为以后的依据。

（7）针对新的作业方式制订管理标准，执行管理，使改善效果长期化、稳定化。

操作要点

分析评估结果须牢记以下内容：

⇨ 物流绩效的评估方法

⇨ 进行指标分析

⇨ 改善步骤

第十七章　运输与配送信息系统

对于传统物流的理解，运输一直是物流的核心，而且运输费用在物流活动中占的比例最大。现代综合物流倡导者认为：信息是物流的核心，信息技术将改变物流规则。信息技术引发了物流业的革命，标志着一个新的物流时代的来临。

现代物流与信息技术密切相关，似乎离开了信息技术的支持，就无法形成现代意义上的综合物流活动。这一点正如美国前总统克林顿所言，“现代运输已不再只是水泥、沥青和钢铁”，而是运输的信息化和智能化。因此信息系统在现代运输与配送中占有非常重要的地位。

关键词　物流信息系统　需求分析　规划设计　选择开发方案　人员组织

第一节　开发物流信息系统

广义上来说，物流管理信息系统应包括物流过程各个领域的信息系统，包括在运输、仓储、海关、码头、堆场等，是一个由计算机、应用软件及其他高科技的设备通过全球通讯网络连接起来的、纵横交错的、立体的动态互动的系统。

现代化的特征之一就是物流信息系统已成为物流系统中不可缺少的

一部分，而运输与配送信息系统只是物流信息系统中一个模块。作为管理者，有必要大致了解整个物流信息系统的开发过程。

其开发包括以下六个步骤。

1. 制订开发计划

确定要开发系统的总目标，给出系统的功能、性能、可靠性以及所需的接口等方面的设想。研究完成该项软件的可行性分析，探讨解决问题的方案，并且对可供使用的资源（如计算机硬、软件、人力等）、成本、可取得的效益和开发的进度做出估计，制订完成开发任务的实施计划。

2. 需求分析

需求分析主要是对开发的软件进行详细的调查和分析，充分理解用户的需求，确定哪些需求是可以满足的，明确这些需求的逻辑结构，并加以准确的描述。写出软件需求说明书或功能说明书及初步的系统用户手册。

3. 软件设计

设计是软件工程的技术核心。其基本任务是将用户需求转换成一个具体软件系统的设计方案。该阶段包括概要设计（或称总体设计）、详细设计等步骤，每一个步骤考虑的详细程度有所不同。概要设计是在软件需求说明书的基础上建立软件的系统结构，包括数据结构和模块结构。模块结构中的每个模块意义明确且和某些用户需求相对应，进而进行详细设计，对每个模块进行具体的描述，确定模块的功能、接口和实现方式，为程序编写打下基础。

4. 程序编写

把软件转换成计算机可以接受的程序，即写成以某一程序设计语言表示的“源程序清单”。这一步工作也称为编码。当然，写出来的程序应该是结构良好、清晰易读的，而且是与设计相一致的。

5. 系统测试

测试是保证软件质量的重要手段，其任务是发现并排除错误，通常又可分为单元测试（或称模块测试）、组装测试、确认测试等步骤。测试最好由另一个独立的部门（不参加该软件系统的设计和编写的部门）来完成，这样可以提高测试的效率。经过测试修改就得到了可运行的软件系统，交付用户使用。整个测试过程都要记录在测试分析报告中。

6. 系统的运行与维护

已交付的软件投入正式使用，便进入运行阶段。在运行阶段，需要对软件系统进行修改，其原因可能有：运行中发现了错误需要修正；为了适应变化了的软件工作环境，需作适当变更；为了增强软件功能需作变更等。每一项维护活动都应该准确记录下来，作为正式的文档资料加以保存。

一般来说，软件开发或是购买成形的物流软件，只做适当的修改，或是提出软件需求，由软件公司单独开发。这两种方式前一种成本低、耗时短，但软件的功能不一定合适；后一种成本高、耗时长，但因为是个性化定制，更加符合企业的要求。究竟采用哪种方式，依企业的具体情况而定。

操作要点

物流信息系统的开发步骤包括：

- 制订开发计划
- 需求分析
- 软件设计
- 程序编写
- 系统测试
- 系统运行与维护

实用范例

计算机应用提供了丰富的数据来源，并且显著地改善了公司的经营效益。西尔斯·罗布克公司是大型家电的零售巨头，西尔斯每年送货上门服务将近400万次。由于家电属于耐用消费品，客户每10~15年才购买一次这类商品，因此送货很少重复。以前，西尔斯的员工用人工方法核对客户的地址和地理代码。仅加利福尼亚的安大略一个地区，该流程就要花费2小时才能完成，且准确率仅为55%；而通过应用核对地址的计算机软件后，仅20分钟就可以完成，且准确率在90%以上。

第二节　运输配送信息系统需求分析

物流信息系统的需求分析包括：系统调查；物流组织结构与功能分析；物流业务流程分析；物流数据流程分析；物流信息系统功能需求分析。物流与配送信息系统的需求分析按照上面五个部分进行。

1. 系统调查

系统调查的内容如下：

（1）调查组织机构及功能。在对组织结构进行调查时，要搞清楚企业部门设置及行政隶属关系，画出企业组织机构图。

（2）工作目标调查。了解企业经营管理目标及工作目标，可采用目标树或表格形式表示。

（3）业务处理流程调查。

（4）数据调查。对业务流程中所涉及的单据、账册、报表进行收集、分类、整理。并填写信息载体调查表。

（5）处理过程调查。

2. 物流组织与管理功能分析

（1）首先根据自己企业的情况画出组织结构图，比如配送中心的组织结构如图 43 所示：

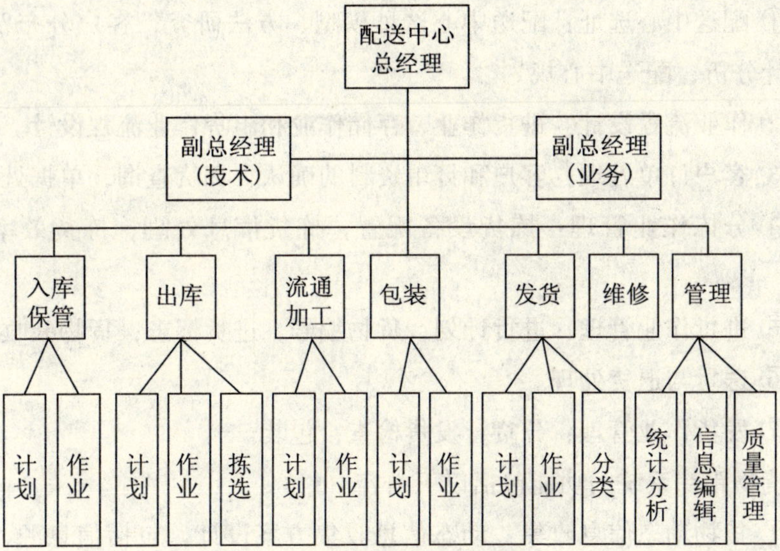

图 43　配送中心的组织结构图

（2）物流管理功能分析就是分析要通过信息系统实现的功能。

运输管理要实现的功能一般包括以下方面。

① 运输方式的选择：运输方案的设定，不同方案的分析、比较选择。

② 运输服务商的选择：运输服务商评价标准的制订，运输服务商初选、评价、选择。

③ 运输路线选择：建立运输路线选择模型，运输线路数据收集，建立地理信息系统，根据运输任务选择最佳运输路线。

④ 运输计划编制：建立运输设备资料库，建立驾驶人员资料库，运输任务汇总，运输任务与运输能力的匹配，编制运输计划。

⑤ 运输能力配备：运输市场的预测，运价走势分析，运输投资效益计算，风险分析。

⑥ 运输调度：根据计划生成调度指令，运输工具动态跟踪，特殊情况的记录和处理。

⑦ 运输统计、分析：运输统计报表设计，运输统计，运输成本分析。

配送管理功能包括以下内容。

① 配送中心选址：配送中心选址模型、方法研究，客户分布及需求量统计分析，配送中心规划。

② 作业流程设计：进货作业、存储作业和出货作业流程设计。

③ 客户订单处理：客户和订单资料的确认，存货查询，单据处理。

④ 分拣作业管理：拣货设备配置，拣货信息处理，拣货效率分析改进。

⑤ 进货作业管理：进货计划，货物编号，进货标志，货物验收。

⑥ 送货与退货处理。

⑦ 发货作业管理：分货，发货检查，包装。

货物跟踪系统的功能包括以下内容。

① 货物动态信息收集：动态信息收集方案设计，包括信息源、信息结构、信息时间要求等。

② 货物动态信息整理：货物动态信息的检查、分类、汇总，编制供发布、查询用的货物动态信息资料。

③ 货物动态信息查询：为客户提供货物动态信息查询功能，为自身业务提供货物动态信息查询功能。

3. 业务流程分析

要对自己企业的运输或配送作业流程进行分析，可以画出流程图。以汽车运输中的调度管理为例，业务流程如下：

（1）货主提出托运申请；

（2）调度根据车辆及司机动态决定是否接受委托；

（3）汇总托运信息；

（4）借助于地理信息系统编制车辆运输计划；

（5）生成调度命令并下达；

（6）司机根据调度命令提货、运输、交货；

（7）填制有关单据并上报；

（8）运输业务统计。

运输管理业务流程可以图44所示：

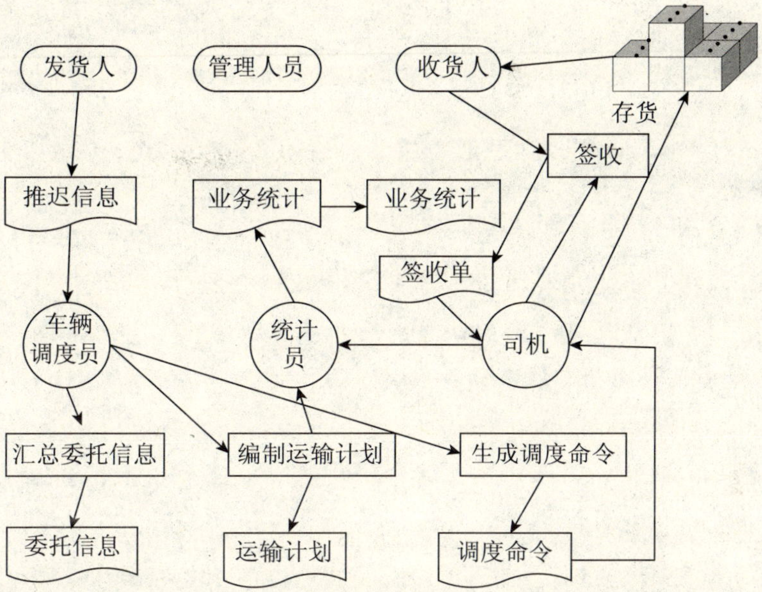

图44 运输管理业务流程图

4. 数据流程分析

数据流程分析的基本工具是数据流图以及对数据流图说明的数据字典、数据流/存储描述表、IPO表、处理逻辑说明。

5. 信息系统的模块功能分析

一个完整的物流信息系统包括下列模块：订单处理、仓储管理、运输管理、配送管理、货物跟踪管理、业务统计分析、客户关系管理、决策支持。这里仅介绍与运输、配送相关的模块。

（1）运输管理模块的功能包括：托运、订舱管理，运输单证处理，发运管理，运费结算。

（2）配送管理模块的功能包括：车辆调度，行车单生成、修改、撤销，分拣单生成、修改，发运管理，签收管理。

（2）系统主要功能介绍。

① 销售管理系统。其主要的职能是订单处理。如果采取配销模式，还应包括客户管理系统、销售分析与预测系统、销售价格管理、应收款及退货处理等系统。

② 采购管理系统。如果采取物流模式，其主要职能是接受进货及验收指令；如果是授权模式或配销模式，其主要工作是面对供货商的作业，包括供货商管理、采购决策、存货控制、采购价格管理、应付账款管理等。

③ 仓库管理系统。该系统包括存储管理、进出货管理、机械设备管理、分拣处理、流通加工、出货配送管理、货物追踪管理、运输调度计划等内容。

④ 财务管理系统。财务会计部门对销售管理系统和采购管理系统所传送来的应付、应收账款进行会计操作；对配送中心的整个业务与资金进行平衡、测算和分析，编制各业务经营财务报表，并与银行金融系统联网进行转账处理。

⑤ 辅助决策系统。除了获取内部各系统业务信息外，还要取得外部信息，并结合内部信息编制各种分析报告和建议报告，供配送中心的高层管理人员作为决策的依据。

3. 车队运输管理系统

（1）系统目标：利用信息技术和现代化管理方法来提高车队运输效率。

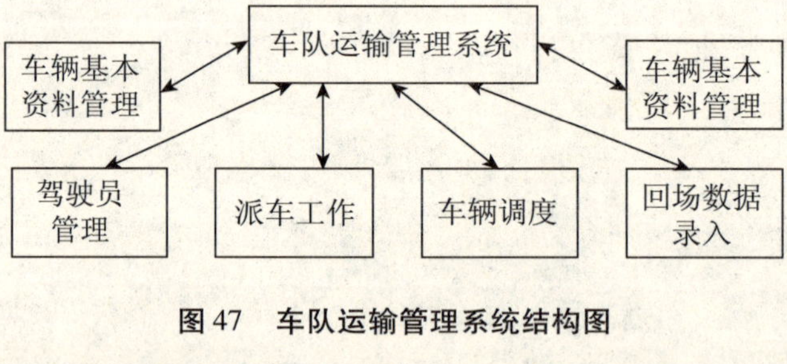

图 47　车队运输管理系统结构图

（2）系统主要功能。

① 车辆基本资料。包括车辆基本资料维护、车辆的维修与保养、车

班与流向。

② 驾驶员管理。包括驾驶员基本资料，驾驶员详细资料（登记驾驶员违章、学习、事故、证件等变动资料），驾驶员出勤表（根据驾驶员基本资料和详细资料中登记的内容，自动判断驾驶员当日是否出勤）。

③ 车辆调度。包括以下内容：

a. 运输业务登记。登记客户需要进行运输的货物。客户的一个委托为一笔业务。

b. 运输计划安排。根据客户的要求安排运输计划，客户的一笔业务可以安排一项运输计划，也可以安排几项运输计划。

c. 任务例表制作。将运输计划分解成一笔一笔的任务，每个任务代表一个自然项的运输。将运输计划分解成一个一个的子任务后，在安排车辆时就可以根据地点、时间、车班情况进行优化与组合，以达到较高的车辆利用率。

d. 任务例表修改。对已经制作出来的任务例表进行修改，或者暂停当前任务。

④ 派车工作。

a. 派车单制作。根据地点、时间、车班情况选择任务，然后制作派车单。

b. 派车单读写 IC 卡。将派车单的内容写入 IC 卡，这样出车的车辆就具有电子身份证的功能。

⑤ 回场数据录入。

a. 派车单回场确认。车辆回场后，输入本次执行任务后的一些信息，如行程、油耗、台班数，这些数据将作为数据统计的基础。

b. 白卡管理。包括白卡基本资料输入、白卡使用记录、白卡最新流向查询。

c. 装箱点代码维护。包括站点维护、线路维护、装箱单维护。

⑥ 车辆成本核算。查询各种车辆运营情况、派车情况、任务完成情况，制作月度统计报表。

大企业的信息系统开发；一些中小型企业如果技术力量雄厚的话，也可以自主开发一些不太大的信息系统。

5. 合作开发方式的分析

由公司主持，把本公司的信息技术力量和引进技术力量相结合，共同完成系统的开发。特别适合希望自主开发，但技术实力又不够的物流企业。它集中了模式3和模式4的优点。

要注意的问题是：日后的系统维护和更新取决于本公司业务人员和技术人员参与开发的程度。

6. 选择开发模式时要注意的问题

（1）不要急于求成。大型物流信息系统从分析、设计、开发到系统能够比较稳定可靠运行往往需要相当长时间的努力，是一项长期的、复杂的工作，需要大量的人力、物力和财力投入。

（2）重视项目管理。

（3）注意开发人员和用户的协同合作。

（4）必须有长期、稳定的规划及自主研发力量的设计计划。

（5）分段开发，分步实施。为了满足当前业务的需要，应该在长期规划指导下，一个一个子系统、一个一个模块地进行开发。

操作要点

信息系统开发方案的选择方式有：

- ⇨ 全盘引进的开发方式
- ⇨ 引进改造的开发方式
- ⇨ 全面委托的开发方式
- ⇨ 完全自主的开发方式
- ⇨ 合作开发方式

第五节 组织系统开发人员

物流信息系统的开发，特别是较大信息系统从分析、设计、开发到系统比较稳定可靠的运行，是一项长期、复杂的工作，需要大量的人力投入，如何合理组织开发队伍至关重要。可以从以下几方面着手，组织好系统开发队伍。

1. 成立项目领导小组

由公司领导和有关职能部门负责人组成项目领导小组。项目领导小组负责整个项目的计划、开发和实施。具体包括：

（1）确定建设目标；

（2）审定、批准长远规划和项目建设计划，实施计划；

（3）审核项目投资计划和经费预算；

（4）审定和批准重要的技术方案；

（5）组织开发机构，任命相应的负责人；

（6）聘请技术顾问；

（7）审批合作开发的公司或机构；

（8）其他项目工作。

2. 组织专家小组

聘请公司内部和社会上知名的物流管理和信息技术专家组成专家小组，负责提出各种技术方案、计划，并指导项目组工作。

3. 成立项目开发小组

项目开发小组主要负责项目的建设，承担信息系统的开发工作。项目开发小组由本公司业务代表、信息技术人员及合作开发公司和机构的人员共同组成。

第四篇

仓储物料管理

采用先进的机器和先进技术，提高仓容使用效率。它的具体指标及公式如下：

（1）计划期货物吞吐量。

计划期货物吞吐量 = 计划期货物总进库量 + 计划期货物总出库量 + 计划期货物直拨量

（2）职工人数。

$$月平均人数 = \frac{月内每日实际人数之和}{该月天数} = \frac{月初人数 + 月末人数}{2}$$

$$年平均人数 = \frac{年内各月平均人数之和}{12}$$

（3）设备数量。通常以统计在册的设备台数或处于良好状态的设备台数来表示。

知识链接

商品吞吐量也叫商品周转量，它是计划期内进、出库商品的总量，一般以吨表示。计划指标常以年吞吐量计算。公式中的总进库量指验收后入库的商品数量；出库量指按调拨计划、销售计划发出的商品数量；直拨量指从站点直接拨给用户或货物到专用线未经卸车直拨给用户的商品数量。吞吐量是反映仓库工作情况的数量指标，是仓储工作考核中的主要指标，也是计算其他指标的基础和依据。

2. 货物存储质量指标

它反映了货物存储工作质量。通过这类指标的核算，可以全面反映存储工作质量，体现对存储工作多快好省的要求，减少损耗，提高经济效益。这类指标包括：

（1）账货相符率。

$$账货相符率 = \frac{账货相符笔数（重量）}{存储货物总件数（重量）} \times 100\%$$

$$=\frac{\text{账货相符笔数（重量）}}{\text{存储总件数（重量）}}\times 100\%$$

（2）收发货差错率。

$$\text{收发货差错率}=\frac{\text{收发货差错累计笔数（重量）}}{\text{收发货累计总笔数（重量）}}\times 100\%$$

$$=\frac{\text{账货不符件数（重量）}}{\text{存储总件数（重量）}}\times 100\%$$

（3）货物的损耗率。

$$\text{货物的损耗率}=\frac{\text{货物损耗额}}{\text{货物保管总额}}\times 100\%$$

$$=\frac{\text{货物损耗量}}{\text{货物库存总量}}\times 100\%$$

（4）货物及时验收率。

$$\text{货物及时验收率}=\frac{\text{及时验收笔数}}{\text{收货总笔数}}\times 100\%$$

（5）设备完好率。

$$\text{设备完好率}=\frac{\text{完好设备台数}}{\text{设备总台数}}\times 100\%$$

3. 货物存储效率指标

（1）仓库利用率。

$$\text{仓库面积利用率}=\frac{\text{仓库的有效堆放面积}}{\text{仓库总面积}}\times 100\%$$

$$\text{仓库容积利用率}=\frac{\text{平均库存量}}{\text{库房的总容量}}\times 100\%$$

（2）设备利用率。

$$\text{设备能力利用率}=\frac{\text{设备实际载荷量}}{\text{设备额定载荷量}}\times 100\%$$

$$\text{设备时间利用率}=\frac{\text{设备实际作业工时数}}{\text{设备额定作业工时数}}\times 100\%$$

3. 结构分析法

因为一些技术指标往往是由若干项目所组成，而每个项目在总体指标中所占的比重不同，所起的作用和影响也不同。利用结构分析法，可以分清主次，找出关键因素。

$$\text{结构百分比} = \frac{\text{总体中某一部分的数值}}{\text{总体数值}} \times 100\%$$

4. 因素分析法

因素分析法的基本做法是，假定影响指标变化的诸因素之中，某一项因素单独变化而其他因素不变，进而来分析每项因素对指标的影响程度。例如K指标的计算公式为：

$$K = A \times B$$

从公式中可看出 K 指标的变化受 A、B 两因素的影响。现在用单因素变化分析法来分析两因素对 K 指标的影响程度。

假定 A 因素变化，B 因素不变对 K 的影响为：

$$K_A = (A_{\text{实际}} - A_{\text{计划}}) \times B$$

再假定 B 因素变化，A 因素不变对 K 的影响为：

$$K_B = (B_{\text{实际}} - B_{\text{计划}}) \times A$$

两因素分别变化，综合影响的结果为：

$$K = K_A + K_B$$

操作要点

仓储管理指标分析方法包括：

- ⇨ 价值分析法
- ⇨ 对比分析法
- ⇨ 结构分析法
- ⇨ 因素分析法

第三节 制定仓容定额

仓库容量由库房大小以及所保管货物的多少所决定。正确制定仓容定额有助于提高仓库利用率，增加收益。

1. 确定存储商品的计量单位

存储商品以吨为计量单位，包括重量吨和体积吨两种。

知识链接

重量吨：商品毛重（包括外包装）达1000kg，体积不超过$2m^3$，以1000kg为1t。体积吨（也叫尺码吨、轻泡吨）：商品体积已达$2m^3$，毛重不足1000kg，以$2m^3$折合为1t。

2. 划分仓库各种面积

（1）建筑面积；

（2）库内面积；

（3）实际面积；

（4）可堆货面积。

知识链接

库房面积是指整个仓库范围内的全部面积，即包括库房、货棚、货场、附属建筑物和空地所占面积的总和。建筑面积：是从库房外面墙根量起的全部面积，有原始建筑图纸的应以原始资料为准。库内面积：是从库房里面墙根量起的面积，即从建筑面积中减去墙基的面积。实际面积：是从库内面积中减去障碍物（包括柱、楼梯和固定设备等）面积而余下的面积。可堆货面积：是从实际面积中减去库房主、支道和障碍物与货垛之间的必要距离（如垛距，柱距，墙距等）而余下的面积。面积

圆柱体包装测量其直径，并以直径为边长按长方体计算。

3. 按商品实际占用面积折吨

有时由于客观原因，有些商品不能堆垛。如有些商品因性能限制，只能平摊不能堆垛；有些商品因养护需要摊晾；或者由于货主单位在库房或货场内对货物进行整理，暂时不能堆垛等。这些情况占用仓库面积有时要比正常情况多。为合理收货，在考核仓容利用程度时，应尽量消除由于客观原因影响仓容利用的因素，对这些特殊情况的商品，可不按其体积或毛重折吨，而另行规定每立方米的折吨标准，或按其实际占用面积折算。

4. 零星商品的折吨

对整批商品而言，很难划定一条零星和整批的数量界限。商品批量大小与仓容利用程度的高低关系密切。一般情况下，存储批量小的商品，仓容利用程度较低，占用仓容较多。为了合理补偿这种较多的耗费并方便计算，可规定一个折吨起点，每批商品的吨数应不低于规定的折吨起点。如0.3吨为折吨起点，每批商品结存量不足0.3吨时，一律按0.3吨计算；超过0.3吨按实际吨数计算。也可在0.3吨以上再加上一档0.5吨，则结存量超过0.3吨，不足0.5吨按0.5吨计算，超过0.5吨按实际吨数计算。

操作要点

折算商品存储吨数的具体方法有：

- 合理选择测量对象
- 按规定的部位进行测量
- 按商品实际占用面积折吨
- 零星商品的折吨

第五节 定期检查存储商品

为了保证存储商品的质量和数量安全，必须制定严格的存储商品的定期检查制度。定期检查的检查范围主要有空间与场所、设备运行与保养、作业内容与特性、人员素质、安全等。

●重点提示

储存商品的定期检查是仓储管理的一项重要内容。

1. 空间与场所

（1）储运作业是否顺利；

（2）空间利用是否恰当；

（3）货物传递距离是否太长；

（4）工作联系是否便利；

（5）储区或储架布置是否合理，死角是否太多；

（6）通道是否宽敞，有无堆积物；

（7）温湿度是否控制良好；

（8）仓库设计是否合理；

（9）储区标示是否清楚、正确；

（10）储区标示是否脱落或不明显；

（11）线路指示是否明确；

（12）风扇、灭火器位置是否恰当；

（13）有无废弃物堆置区。

2. 仓储设备

（1）货品进出是否方便、简单、快速、准确；

（2）是否有足够的空间放置各种存储的设备；

（3）存储设备是否会损坏物品；

（4）存货储位及内容是否易于识别；

操作要点

存储商品定期检查的内容有：

- 空间与场所
- 仓储设备
- 作业内容与特性
- 人员素质
- 安全

第十九章 入库业务

仓储管理工作的一项重要内容就是入库业务的管理。入库是仓储工作的第一步，标志着仓储工作的正式开始。入库业务的水平高低直接影响到整个仓储作业的效率与效益，因此提高入库业务的管理水平十分重要。入库业务的工作内容主要包括货物的入库准备、入库手续、货物的检验、理货以及对搬运装卸合理化的管理。

关键词 入库准备 入库验收 实物验收 入库手续

第一节 做好货物入库准备

仓库应根据仓储合同或入库单，及时地进行库场准备，以便货物能按时入库，保证入库工作的顺利进行。货物的入库准备需要做好以下工作。

知识链接

仓储管理者应定期同货主、生产厂家以及运输部门进行联系，了解将要入库的货物情况，如货物的品种、类别、数量和到库时间，从而做好货物入库准备工作。

1. 熟悉入库货物

仓库管理人员一定要认真查阅入库货物资料，必要时向货主查询，

第二节　商品入库验收

所有到库商品，必须在入库前进行验收，验收合格后方算正式入库。商品入库检验工作包括验收准备、核对验收单证、确定抽验比例和检验实物四个工作环节。

●重点提示

商品验收工作是一项技术要求高、组织严密的工作，关系到整个仓储业务能否顺利进行，所以必须做到及时、准确、严格、经济。

1. 验收准备

验收准备是货物入库验收的第一道程序，包括货位、验收设备、工具及人员的准备，要做好以下五个方面的准备工作：

（1）收集、整理各项验收凭证、资料，熟悉有关验收要求。

（2）准备所需的计量器具、卡量工具和检测仪器仪表等，保证它们的准确可靠。

（3）落实入库货物的存放地点，选择合理的堆码垛型和保管方法。

（4）准备所需的苫垫堆码物料、装卸机械、操作器具和进行验收作业的人力。如为特殊性货物，还须配备相应的防护用品，采取必要的应急防范措施。

（5）进口货物或存货单位要求对货物进行质量检验时，要预先通知商检部门到库进行检验。

2. 核对验收单证

核对证件按下列三个方面的内容进行：

（1）审核验收依据。包括业务主管部门或货主提供的入库通知单、订货合同、协议书等。

（2）核对供货单位提供的验收凭证。包括质量保证书、装箱单、磅码单、说明书和保修卡、合格证等。

（3）核对承运单位提供的运输单证，包括提货通知单，货物残损情况的货运记录、普通记录和公路运输交接单等。在整理、核实、查对以上凭证时，如果发现证件不齐或不符等情况，要与货主、供货单位、承运单位和有关业务部门及时联系解决。

知识链接

入库商品必须具备下列凭证：入库通知单和订货合同副本；供货单位提供的材质证明书、装箱单、磅码单、发货明细表等；商品承运单位提供的运单。若商品在入库前发现残损情况，还要有承运部门提供的货运记录或普通记录，作为向责任方交涉的依据。

核对凭证就是将上述凭证加以整理，全面核对。入库通知单、订货合同要与供货单位提供的所有凭证逐一核对，相符后才可以进行下一步检验工作。

3. 确定抽验比例

抽验比例应首先以合同规定为准，合同没有规定时，确定抽验的比例一般应考虑以下因素：

（1）商品价值。商品价值高的，抽验比例大；反之则小。有些价值特别大的商品应全验。

（2）商品的性质。商品性质不稳定的或质量易变化的，验收比例大；反之则小。

（3）气候条件。在雨季或梅雨季节，怕潮商品抽验比例大；在冬季怕冻商品抽验比例大。

（4）运输方式和运输工具。对采用容易影响商品质量的运输方式和运输工具运送的商品，抽验比例大；反之则小。

（5）厂商信誉。信誉好的厂商抽验比例小；反之则大。

（6）生产技术。生产技术水平高或流水线生产的商品，产品质量较稳定，抽验比例小；反之则大。

（7）存储时间。存储时间长的商品，抽验比例大；反之则小。

4. 实物验收

实物验收是物资验收业务管理的核心，核对资料、证件都符合后，应尽快验收实物。仓库一般负责物资外观质量和数量的验收。对于有些入库物资需要进行内在质量和性能检验的，仓库应积极配合检验部门，提供方便，做好此项工作。

操作要点

商品入库验收工作程序如下：

⇨ 验收准备

⇨ 核对验收单证

⇨ 确定抽验比例

⇨ 实物验收

第三节　实物验收

实物验收包括内在质量、外观质量、数量、重量和精度验收。商品入库交接后，应将商品置于待检区域，仓库管理员及时进行外观质量、数量、重量及精度等验收，并进行质量送检。

1. 外观质量验收

外观质量验收主要采用看、听、摸和嗅等各种感官检验方法。外观质量验收的内容，包括检查外观包装是否完好，有无受损、受潮、霉变、锈蚀情况等。

2. 数量验收

（1）点件法：对商品逐件清点。一般适用于散装的或非定量包装的商品。

（2）抽验法：按一定比例开箱点件。适合批量大、定量包装的商品。

（3）检斤换算法：通过重量过磅换算该商品的数量。适合商品标准和包装标准的情况。

3. 重量验收

（1）检斤验收法。适合非定量包装的、无码单的商品。其计算公式为：

$$\text{实际磅差率}=\frac{\text{实收重量}-\text{应收重量}}{\text{应收重量}}\times 100\%$$

$$\text{索赔重量}=\text{应收重量}-\text{实收重量}$$

知识链接

商品的重量一般有毛重、皮重、净重之分。毛重是指商品包括包装重量在内的实重；皮重主要指包装重量；净重是指商品本身的重量，即毛重减去皮重的余数。我们通常所说的商品重量，是指商品的净重。重量验收是否合格，是根据验收的磅差率与允许磅差率的比较判断的：若验收的磅差率未超出允许磅差率范围，说明该批商品合格；若验收的磅差率超出允许磅差率范围，则说明该批商品不合格。磅差是指由于不同地区的地心引力差异、磅秤精度差异及运输装卸损耗等各种因素造成的过磅数值的差异。

（2）抄码复衡抽验法。适用于定量包装并附有码单的商品。其计算公式如下：

$$\text{抽验磅差率}=\frac{\sum\text{抽验重量}-\sum\text{抄码重量}}{\sum\text{抄码重量}}\times 100\%$$

索赔重量 = 抽验磅差率 × 应收总重量

（3）平均扣除皮重法

（4）除皮核实法。核对结果未超过允许差率，即可依其数值计算净重。

（5）约定重量法

（6）理论换算法。适合定尺长度的金属材料、塑料管材等。

常见的换算公式如下：

① 圆钢单位长度重量 $= 6.1654\text{kg/mm}^3 \times d^2$

d：直径（mm）。

② 钢管单位长度重量 $= 24.66\text{kg/mm}^3 \times S \times (D - S)$

D：外径（mm）　S：壁厚（mm）。

③ 方钢单位长度重量 $= 7.85\text{kg/mm}^3 \times a^2$

a：边宽（mm）。

④ 扁钢单位长度重量 $= 7.85\text{kg/mm}^3 \times a \times b$

a、b：边宽（mm）。

⑤ 钢板单位面积重量 $= 7.85\text{kg/mm}^3 \times d$

d：厚度（mm）。

（7）整车复衡法。适合散装的块状、粒状或粉状的商品。

4. 精度验收

精度验收包括仪器仪表精度和金属材料尺寸精度检验两个方面。

知识链接

金属材料的尺寸分为公称尺寸和实际尺寸等两种：

公称尺寸，指国标中规定的名义尺寸，即在生产过程中希望得到的理想尺寸；

实际尺寸，就是在验收中所直接测得的长、宽和直径的尺寸。

尺寸精度就是公称尺寸与实际尺寸的差异范围。

操作要点

实物验收包括：

- 外观质量验收
- 数量验收
- 重量验收
- 精度验收

第四节　处理商品验收中发现的问题

商品验收中会发现一些问题，如证件不齐、数量短缺、质量不符合要求等。下面介绍商品验收中经常出现的问题及其处理方法。

●重点提示

验收中发现问题等待处理的商品，应单独存放，妥善保管，防止混杂。

1. 数量不准

数量短缺在磅差允许范围内的，可按原数入账；凡短缺量超过规定磅差范围的，应查对核实，验收记录和磅码单上交主管部门，由主管部门会同货主向供货单位办理交涉；凡实际数量多于原发料量的，可由主管部门向供货单位退回多发数，或补发货款。

2. 质量不符合要求

在验收商品时，一定要严把质量关。对于不符合质量要求的商品，一定要求退换，绝不能入库，做到入库的商品无任何质量问题。

3. 证件不齐全

该类到库商品应作为待检商品处理，堆放在待验区，待证件到齐后再进行验收。证件未到之前，不能验收，不能入库，更不能发料。

4. 单证不符

供货单位提供的质量证书与进库单、合同不符时，商品待处理，不得动用。

5. 商品未按时到库

有关证件已到库，但在规定的时间商品尚未到库，应及时向货主查询。

6. 价格不符

应按合同规定价格承付，对多收部分应予拒付。如果是总额计算错误，应通知货主及时更改。

7. 商品在入库前已有残损短缺

对于有商务记录或普通记录等证件者，可按照实际情况查对证件记录是否准确。在记录范围内者，按实际验收情况填写验收记录；在记录范围以外或无运输部门记录时，应查明责任。其残损情况一般可以从外观上发现，但在接运时未发现而造成无法追赔损失时，应由仓库接运部门负责；外观良好，内部残缺时，应做好验收记录，与供货方交涉处理。

8. 发错货

如发现无进货合同和任何进货依据，但运输单据上却标为收货人的商品，仓库收货后应及时查找该货的产权部门，并主动与发货人联系，询问该货的具体情况，并作为待处理商品，不得动用。依其现状做好记载，待查清后做出处理。

9. 对外索赔

对需要对外索赔的商品，应由商检局检验出证。对经检验提出退货、换货出证的商品应妥善保管，并保留好商品原包装，供商检局复验。

知识链接

进口物资经验收发现规格、数量等不符合合同规定，如属供货方责任的应在规定索赔期内向外商提出索赔。国际上规定：材料、燃料等对外索赔期为10天，化工产品为60天，一般五金钢材、机器、仪器等为90天，成套设备和大型机械设备等为1年；对外提出索赔需要有商检局的证明及验收报告、对外贸易合同、国外发货票、装箱单、质量证明书及运单等；在索赔期内应妥善保管物资，以备商检局或供货方复验。对国内供应的物资在验收中发现数量、产品质量不符时，有两种情况：如属运输部门责任，应填写索赔单，随同运输部门的商务记录，交由运输部门处理；如属供货单位责任时，应先查询后处理。

操作要点

商品验收中出现的问题包括：

- 数量不准
- 质量不符合要求
- 证件不齐全
- 单证不符
- 商品未按时到库
- 价格不符
- 商品在入库前已有残损短缺
- 发错货
- 对外索赔

第五节 办理入库手续

经过验收合格的物资，由仓库验收员整理有关资料证书，交给保管机构，正式入库保管。物资一经验收入库，就必须办理登账、立卡、建档等一系列入库手续。

●重点提示

商品检验合格，即应办理入库手续，进行登账、立卡、建档。这是商品验收入库的最后环节，也是基础工作。

1. 登账

商品入库登账，要建立详细反映库存商品进出和结存的保管明细账，用以记录库存商品的动态，并为对账提供主要依据。登账应遵循以下的规则：

（1）登账必须以正式、合法的凭证为依据，如入库单、出库单等。

（2）一律使用蓝、黑墨水笔登账，用红墨水笔冲账。当发现登账错误时，不得刮擦、挖补、涂抹或用其他药水更改字迹，应在错处划一红线，表示注销，然后在其上方填上正确的文字或数字，并在更改处加盖更改者的印章；红线画过后的原来字迹必须仍可辨认。

（3）记账应连续、完整。依日期顺序；不能隔行、跳页，账页应依次编号；年末结存后转入新账，旧账页入档妥为保管。

（4）记账时，数字书写应占空格的2/3空间，便于改错。

知识链接

登记账卡前首先要认真审查凭证，记好日期、凭证编号，摘要栏要尽量简明扼要，认真填写。在过次页时，应在账页最后一行的摘要栏内注明转次页，并依次结出本月收、支、存数；在次页第一行摘要栏内注明承前页，并记录上页结出的收、支、存数。保管账可采取专职管理人员负责建立管理总账和保管员一人一账两种方法。不论采取哪种管理方法，均应做到每天登账，经常查对，保证账账相符、账卡相符、账物相符。

2. 立卡

每次物资入库码垛时，应按入库单所列内容填写卡片，发货时应按出库凭证随发随销货卡上的数字，以防事后漏记。卡片式样根据物资存放地点不同而不同：存放在库房内的物资一般挂纸卡或塑料卡；存放在露天的物资，为防止卡片丢失或损坏，通常装在塑料袋中或放在特制的盒子里，然后再挂在垛位上，也可用油漆写在铁牌上。

3. 建档

（1）商品档案应一物一档。存档资料包括：

① 商品出厂时的各种凭证和技术资料，如商品技术证明、合格证、装箱单、发货明细表等。

② 商品运输单据、普通记录或货运记录、公路运输交接单等。

③ 商品验收的入库通知单、验收记录、磅码单、技术检验报告。

④ 商品入库保管期间的检查、保养、损益、变动等情况的记录。

⑤ 库内外温度、湿度记载及对商品的影响情况。

⑥ 商品出库凭证。

（2）商品档案应统一编号，妥善保管。商品档案部分资料的保管期限，根据实际情况酌定。其中有些资料如库区气候资料、商品存储保管的试验资料，应长期保留。

操作要点

办理入库手续包括：

⇨ 登账

⇨ 立卡

⇨ 建档

第二十章 仓库保管

货物经检验合格入库以后就进入了仓库保管阶段。货物保管主要是指对货物进行合理的保存和经济的管理，将货物存放在合适的仓库位置。这需要对仓库存储空间进行规划，为货物提供良好的保管环境和条件。保管业务主要包括理货、分区、分类和货位编码、合理堆码以及苫垫、盘点等各项工作。

关键词 仓库理货 划分货区 设计保管空间 仓库堆码 累进计量法 苫垫 商品编码 货位编码 盘点作业

第一节 理货

仓库理货是指仓库在接受入库货物时，根据入仓单、运输单据、仓储合同和仓储规章制度，对货物进行清点数量、检查外表质量、分类分拣、数量接收的交接工作。

理货是货物入库的第一次检查。通过对货物的全面检查，及时发现货物的不良情况，并采取妥善处理措施或采用特别的保管手段，提高保管质量。

1. 清点货物件数

对于件装货物，包括有包装的货物、裸装货物、捆扎货物，根据合同约定的计数方法，点算完整货物的件数。如合同没有约定，则仅限于点算运输包装件数（又称大数点收）。对于合同约定计件方法为约定细数以及需要在仓库拆除包装的货物，则需要点算最小独立装潢包装的件数，包括捆内细数、箱内小件数等；对于件数和单重同时要确定的货物，一般只点算运输包装件数。

知识链接

理货的作用：

仓库履行仓储合同的行为。仓库理货工作是仓库确认收存货物实物的作业过程，经过理货意味着接收货物，因而是仓库履行仓储合同保管人义务的行为。

仓库保管质量的第一道关口。

划分责任。通过理货确定货物的数量、质量状况，发现货物短少、残损，则仓库对所发现的短少和残损不承担责任，否则未发现的问题就会成为仓储期间的损耗，要由仓库承担责任。经检查发现的货物质量隐患的认定，减少了仓库对货物保管质量的责任。另外，理货工作也是从时间上确认了仓库负责的期间、理货之后发生的残损，原则上由仓库负责。

仓储作业的过程。

交接工作。货物经过理货确认后，由理货人员与送货部门或者承运人办理货物交接手续，签署送货单或交接清单，签署现场单证，接收送货文件。

2. 查验货物单重

货物单重是指每一运输包装的货物重量，一般通过称重的方式核定，秤重程度按照数量检验方法确定。

3. 查验货物重量

衡重方法有：

（1）衡量单件重量，则总重等于所有单件重量之和。

（2）分批衡量重量，则总重等于每批重量之和。

（3）入库车辆衡重，则总重＝总重车重量－总空车重量。

（4）抽样衡量重量，则总重 $=\frac{\text{抽样总重}}{\text{抽样样品件数}}\times$ 整批总件数。

抽样重量核定，误差在1%以内，则总重＝货物单件标重×整批总件数。对设有连续法定计量工具的仓库，可以直接用该设备进行自动衡重。连续计量设备主要有：轨道衡、胶带衡、定量灌包器、流量计等。连续计量设备必须经国家计量行政管理部门检验发证（审证）方可有效使用。

4. 检验货物表面状态

理货时应对每一件货物进行外表感官检验，查验货物外表状态，接收货物外表状态良好的货物。外表检验是根据仓库基本质量的检验要求，确定货物有无包装破损、内容损坏、变质、油污、散落、标志不当、结块、变形等不良情况。

5. 剔除残损

在理货时发现货物外表状况不佳，或者怀疑内容损坏等，应将不良货物剔出，单独存放，避免与其他正常货物混淆。待理货工作结束后再进行质量确定，确定内容有无受损以及受损程度。对不良货物可以采取退货、修理、重新包装等措施处理，并制作残损报告，以便明确划分责任。

6. 货物分拣

仓库原则上采取分货种、分规格、分批次的方式存储货物，以保证仓储质量。对于同时入库的多品种、多规格货物，仓库有义务进行分拣、分类、分储。理货工作就是要进行货物确认和分拣作业。对于仓储委托的特殊的分拣作业，如对外表的分颜色、分尺码等，也应在理货时进行，以便分存。需开包进行内容分拣时，则需要独立进行作业。

7. 安排货位、指挥作业

由理货人员进行卸车、搬运、垛码作业指挥。根据货物质量检验的需要，指定检验货位；无需进一步检验的货物，直接确定存放位置。要求作业人员按照预定的堆垛方案堆码货或者上架。对货垛需要的垫垛、堆垛完毕的苫盖，指挥作业人员按要求进行。作业完毕，要求作业人员清扫作业现场，收集地脚货物。

8. 处理现场事故

对于在理货中发现的残损货物，不能退回的，仓库只能接收，但要制作残损记录，并由送货人、承运人签署确认。对作业中发生的工损事故，也应制作事故报告，由事故责任人签署。

9. 办理交接

由理货人员与送货人、承运人办理货物交接手续，接收随货单证、文件，填制收费单据，代表仓库签署单证，并提供单证由对方签署等。

操作要点

理货作业的内容有：

⇨ 清点货物件数

⇨ 查验货物单重

⇨ 查验货物重量

⇨ 检验货物表面状态

⇨ 剔除残损

⇨ 货物分拣

⇨ 安排货位、指挥作业

⇨ 处理现场事故

⇨ 办理交接

第二节 划分货区

在确定货物存放地点时，应注意对货物进行分区存放，以确保货物的存储安全，同时，还应便于检查和取货。按照作业性质可以分为预备货区、保管货区、动管货区和移动货区四个货区，其中进货作业在预备货区，入库作业在保管货区，拣货作业在动管货区，发货作业在预备货区，配送作业在移动货区。

1. 预备货区

在预备货区，管理的内容包括对货物进行标志、分类，依据需求情况，将货物整齐地存放在货位上等。要突出“暂存”的作业特点。因此，货位要明确，货物流通要通畅，以缩短寻货、送货的时间。预备货区的管理一般采用目视和颜色管理相结合的方式，例如在进货暂存区，货物进入暂存区前应先分类，根据划分的暂存区域，配合标志记录看板，把货物配置到指定的暂存区货位。而对发货作业，每一车或每一区域路线的待发货物必须排放整齐并加以区分、隔离，安置在事先划分好的货位上，再配合看板上的标志，并按照发货单所示，依序收货上车。

2. 保管货区

保管货区作业要点：

（1）保管区只存放验好的货物。因此，待验与验好的货物在存储前应区分清楚。

（2）保管货区货物量大、品种多，应考虑到便利性。

（3）货位以及货架位置应视实际情况适时并能方便地调整。

（4）依据入库单，迅速接收预备货区的货物。需要时，依据补货单补货到动管区。

（5）保管区要注重颜色管理、目视管理和看板管理，保证货物实现分类存储、分区存储、标志清楚，谨防混淆。

（6）根据货物特性，采用相应的货位方式。

（7）为保证货物的时效性，收发货物应遵循先进先出的原则；周转率高的货物应靠近通道放置。

（8）做好安全防范措施。

知识链接

入库作业所使用的中长期存货区域称为保管区，是仓库面积最大而且最主要的货区。保管货区的规划应考虑以下几点：

地面承载能力。

货物状况。根据存储货物的品种、规格、数量、重量、尺寸、形状等确定存储方式等。

出入口以及通道。应根据货物、运输工具等的状况，确定出入口大小、位置、数量以及通道的宽窄、走向等。通道与货区应以不同的颜色示出。

其他因素。如消防设施、非货区、照明等。

3. 动管货区

动管货区常常采用货物标志、位置指示以及与拣货设备相结合的管理方法，以达到缩短拣货时间、距离以及降低拣错率的目的。

4. 移动货区

在移动货位管理中，应做到：

（1）合理安排车辆，优化车辆行驶路线。

（2）车内应预留一定空间，以便货物在车上的搬动以及人员的站位。

操作要点

货区划分包括四类：

⇨ 预备货区

⇨ 保管货区

⇨ 动管货区

⇨ 移动货区

第三节　设计保管空间

保管空间是货物采购、运输和配送的中继站，有效地利用保管空间是一个重要课题。影响保管空间的因素包括三个方面：影响货架摆放、搬运车辆移动和输送分类设备的柱子的距离；影响货架高度和货物堆放高度的屋梁高度；影响保管使用面积及搬运方便性的通道布置。

● 重点提示

在安排保管空间时，首先应考虑储存货品大小规格及储存形态，以便决定恰当的空间。

1. 柱子距离计算

在设计柱子距离时，除了考虑楼层数、楼层高度、地面承重、地震抗力等条件之外，还应该考虑保管效率和作业效率。影响仓库保管空间柱子距离的因素有：

（1）根据库内停靠卡车台数和种类计算柱距。因为车辆不同，其载货体积和长度不一样，要求空间及柱距也不一样。室内货车停靠场合柱距以及停靠月台柱距计算公式如下：

$W = C_1N + C_2（N-1）+2C_3$

W：柱距　　C_1：货车宽距　　C_2：货车间距，一般为1m　　C_3：货

车与柱子距离，一般为0.75m　　N：车的台数

（2）根据保管区存放设备的种类和规格尺寸计算柱距。托盘货架正面宽度方向柱距计算公式如下：

$W=C_1N+C_2\ (N-1)\ +2C_3$

W：柱距　　C_1：托盘宽度　　C_2：托盘间距，一般为50mm　C_3：托盘与柱子距离，一般为50mm　　N：托盘台数

（3）根据通道宽度和存储设备间距来计算柱距。在设计保管区时必须考虑柱子位置是否影响堆垛机出入口位置及输送机安装位置；在设计柱距时保证通道宽度和存储设备的间隔要求。托盘货架自动化立体仓库的柱距设计公式：

$W=\ (C_1+2C_2+C_3)\ N$

W：柱距　　C_1：托盘（货架）背面距离　　C_2：托盘（货架）深度　C_3：堆垛机通道宽度　　N：双排货架间距数。

2. 梁下高度计算

在设计保管空间时，必须优化设计梁下高度。这个高度受到货物堆积高度、堆垛机扬程和货架高度的影响。影响梁下高度的因素有：

（1）货态、设备型号和堆积高度。根据保管设备和货物堆积方式来决定梁下高度。地面堆积梁下有效高度计算公式如下：

① 叉车最大提升货高：$H_0=H_1\cdot N+F$

H_0：最大提升高度　H_1：货物高度　F：货叉抬货高度　N：堆叠层数

② 梁下高度：$H_e=H_1+a$

H_e：梁下有效高度　H_1：最大提升高度　a：梁下间隙尺寸

（2）货态叉车型号规格。叉车型号规格不一样，最大提升货物高度也不一样。因此，叉车型号规格直接影响到堆货高度和梁下有效高度。

（3）货态货架高度。各种货架都有其基本设计高度，按设计高度装货，才是最经济的。梁下高度是在货架高度的基础上设计出来的。在设

计梁下高度时必须留有富余尺寸，即梁下高度等于最大提升货高加梁下富余尺寸。一般梁下富余尺寸取0.3m～0.6m。

知识链接

保管空间各个组成部分的含义。

物理空间：货物实际占用的空间。

潜在利用空间：在保管空间中可以争取利用的空间。一般有10%～30%的潜在利用空间可以利用。

作业空间：作业方法顺利进行所需要的空间。

无用空间：在保管空间中除了物理空间、潜在空间和作业空间之外的空间。

操作要点

保管空间设计需注意的问题：

- 柱子距离计算
- 梁下高度计算

第四节　堆码

商品堆码也称码垛，就是将存放的商品整齐、有规划地摆放成货垛的作业，也就是根据商品的包装外形、重量、数量、性能和特点，结合地坪负荷、存储时间，将商品分别堆成各种垛形。商品堆码的合理与否，对于存储商品的质量、仓容利用程度及安全作业等方面都有很大影响。合理的堆码是保证商品不变形、不受损的重要条件，同时也是提高仓储作业效率、减少差错的必要措施。

知识链接

堆码的基本要求：

合理。商品堆垛时选择的垛形必须符合商品性能特点，对不同品质、规格牌号、等级、批次、产地、单价的商品，均应分开堆码，以便合理保管。堆垛时要分清先后次序，贯彻“先进先出”的原则。

牢固。货垛必须不偏不斜，确保商品堆垛安全牢固。

定量。每行每层数量力求成规律，尽量做到“五五化”堆放。

整齐。垛形应有一定规格，货垛排列整齐有序，横竖均成行、成列。商品的标志一律朝外。

节省。堆垛时要考虑节省货位，提高仓容利用率，节约劳动消耗。

方便。堆垛时必须考虑到检查、拆垛、分拣、发货等作业的方便和保证装卸作业的安全，并有利于提高堆码作业的机械化水平。

1. 堆码前的准备工作

（1）计算垛的占地面积。

$$占地面积=\frac{总件数}{总码层数}\times 每件物资底面积$$

$$=\frac{总重量}{层数\times 单位面积重量}$$

$$单位面积重量=\frac{每件货物毛重}{每件货物底面积}$$

（2）计算层数。

$$可堆层数=\frac{单位面积最大负荷量}{单位面积重量}$$

$$垛高=可堆层数\times 每件货物高度$$

2. 堆码技术

（1）货垛堆码法。货垛堆码法适用于有外包装的商品如箱、包、桶、袋等，或不需要包装的大宗商品如钢材。商品的性能不同，规格不同，包装各异，外形多样，故货垛堆码形式较多。常见的形式及示意图如下：

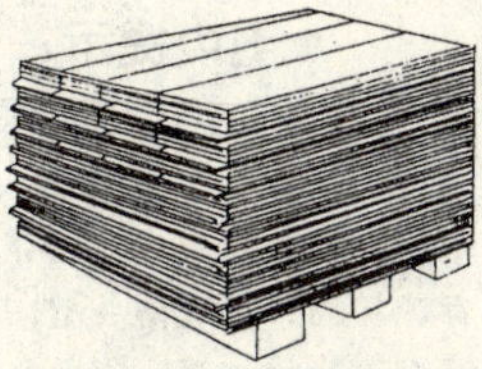

图 48－1　重叠式

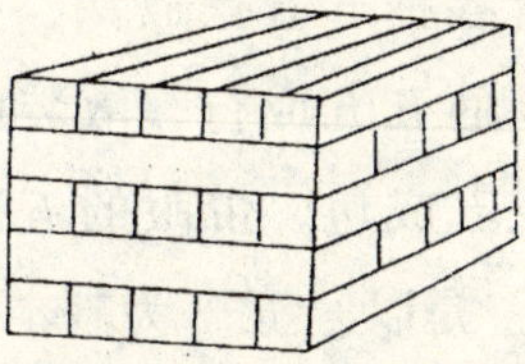

图 48－2　纵横交错式

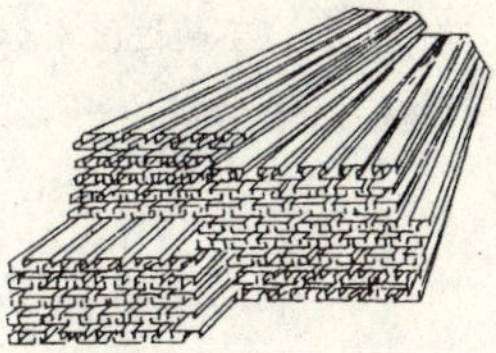

图 48－3　仰伏相间式

图 48－4　鱼鳞式

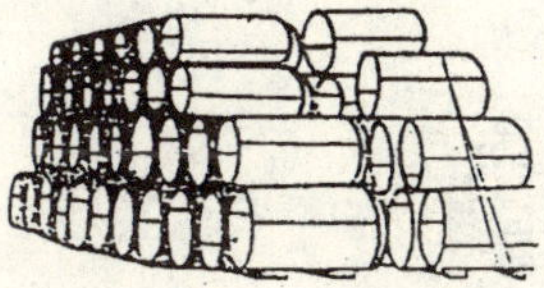

图 48－5　压缝式

图 48－6　柱式

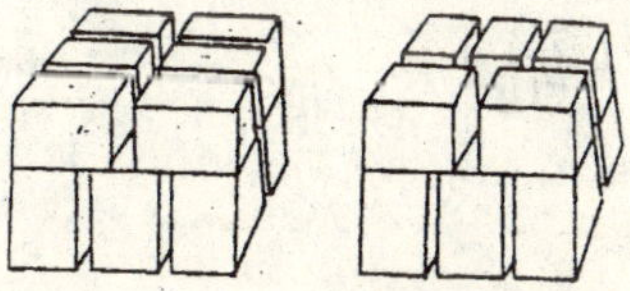

图 48－7　通风式

图 48－8　宝塔式

（2）货架堆码法。在使用货架堆码时，要在库房地坪、货场地面负荷能力允许的条件下，尽量向空中发展。要根据商品性能特点、设备条件，积极开展技术改造，努力设计和制作既经济方便又能充分利用仓容的各种货架。

（3）散堆法。散堆法适用于露天存放的没有或不需要包装的各种大宗商品，如煤炭、生铁等。露天存放商品的数量有的占仓库总库存量的 70% 以上。

（4）“五五化”堆放法。根据物资的不同形状，有各种五五摆放法，如大的五五成方，高的五五成行，散装的五五成堆，小的五五成包，带眼的五五成串等。“五五化”是以“五”为基本计算单位，根据物资的形状，码成各种不同垛形的方法。每垛总数为“五”的倍数，它的优点是利于物资的清点，过目成数，提高工作效率，减少差错。

●重点提示

用散堆法应注意：堆码场地要牢固平整，道路畅通；堆码要整齐划一，做到分堆储存，按品种、规格成型，循环清底，账物相符；货垛要保持规定的温度、湿度，做到热天不自燃、下雨不流失、刮风不飞扬、损耗不超过国家标准。

实用范例

“五五化”堆码的实例如下：

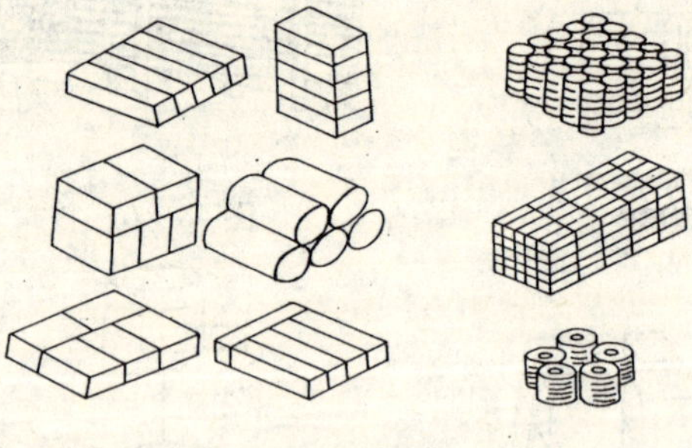

“五五化”堆码

操作要点

堆码技术包括：

⇨ 货垛堆码法

⇨ 货架堆码法

⇨ 散堆法

⇨ “五五化”堆放法

第五节　物资堆码累进计量

物资堆码保管实行计量化管理，是多年来实践经验的总结。它适用于不等量物资和大量物资进行单件计量、分层计量和分捆计量堆码货垛，具体应用如下。

1. 各类棒、管材料分层累进计量

如果第一层质量（重量）为102kg，第二层为103kg，则两层累进数量为205kg，即在第二层材料右侧面写“$2\frac{103}{205}$”；当第三层为98kg时，其三层累进数应为303kg，同样在第三层右侧面写上“$3\frac{98}{303}$”；以后依次类推。码完垛后的最大数量标在最上层。

知识链接

累进计量是指从开始堆垛时，将所需存储保管的物资，根据以往发放量的多少，分别采取单件、分层、分捆累进记数，沿着从里到外，从左到右，从下到上的顺序累计，当码完垛后其最大数量标在最上层。而物资出库发货时，则必须沿着从外到里，从右到左，从上到下的顺序递减，不然将会出现差错。累进计量保管物资，可以做到过目知数。其意义在于减少物资盘点工时的消耗，提高保管业务的工作效率。

如分层累进计量图例如下：

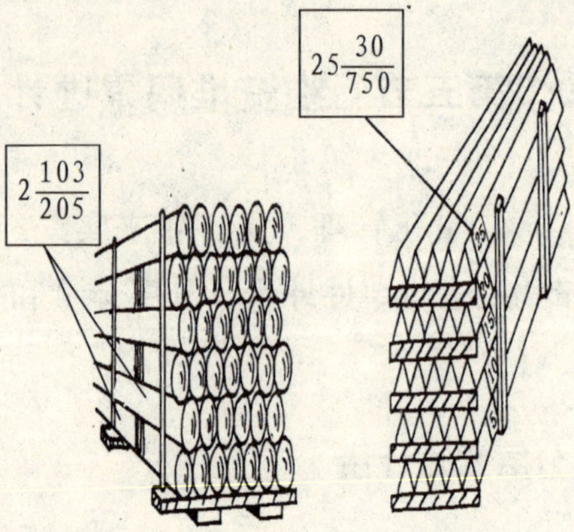

分层累进计量

整数25代表25捆，分子30代表本件数量，分母750代表累进数量。

2. 大型材料单件累进计量

大型材料在堆垛时，一般都采取单根计量、累进计数堆放保管。最上层靠右边的一根标为货垛的最大数量。

3. 小型和中型金属材料单捆累进计量

多以单捆累进计量堆码保管，即按捆检斤累进计数。每捆上均应有一个检斤计量的标牌，每层应有分层计量，每垛应有累进计量。

4. 各类检尺物资累进计量

在检尺验收时应按照由里到外的次序，在每米的位置写上数量，以此类推写上累进递增数量，验收完毕后，其最大数标在最外层。出库发货时，应按照由外向里次序递减。

5. 散装物资定量累进计量

大宗物资如煤、焦炭、散装水泥等就可以按照发放量，结合货场的具体情况，“五五化”堆码，按从左向右的次序累进计量堆放保管，从右到左递减发放。

综上可以看出，累进计量保管物资，使物资发放不必再进行检斤、点数，可以减少损耗和避免重复劳动，降低物资保管成本，还便于物资盘点，过目知数，提高保管工作效率。

操作要点

物资堆码累进计量法的应用包括：

- 各类棒、管材料分层累进计量
- 大型材料单件累进计量
- 小型和中型金属材料单捆累进计量
- 各类检尺物资累进计量
- 散装物资定量累进计量

第六节　苫垫

部分商品堆垛时需要垫垛；露天存放的商品，在货垛上有的还要苫盖。所以苫垫是保管商品的必要措施，它包括垫垛和苫盖。

1. 垫垛

在露天货场垫垛，首先要平整夯实货场的地面，以免堆垛后地面下沉而造成倒垛事故。然后再摆放水泥墩、石墩或建固定垛基，墩与墩之间留有一定的间距，促使空气流通，必要时在垫墩上铺上一层防潮纸，再放置存储商品。垫垛的高度，露天货场可保持在40厘米上下，库房和货棚内要根据地坪和商品防潮要求而定，如水泥地面一般只需垫仓板、枕木或水泥条，高度达20厘米以上即可。楼层干燥地面可以不垫，只需铺一层防潮纸。而对化工

●重点提示

重量较大，可适当增加垫衬物的密度，但仍需注意通风，且衬垫物的负重要均衡，以防货垛和商品变形。

材料、动植物制品以及易受潮霉变的商品，应尽可能加高垫层，使垛底通风良好。

2. 苫盖

（1）直接苫盖法。苫好之后用绳子拉紧固定，防止被风刮掉。如果垛大苫盖物小，需几块苫盖物时，在搭接的地方要保留一定宽度，上面在外，下面在内，以防雨水渗入。

知识链接

苫盖材料的选择应符合防火、安全、经济、耐用的要求。

常用的苫盖材料有：铁皮、芦席、竹席、油毡、塑料布、苫布、玻璃钢瓦等。在易燃易爆品仓库内，不得使用芦席、油毡纸等易燃的苫盖物。不论使用何种苫盖物，货垛苫盖时不要留空隙，垛底的垫木、垛基等不可露在苫盖物外面，以防雨水顺沿渗入垛内；苫盖物不能苫到地面，否则会阻止垛底通风。

（2）隔离苫盖法。此方法与其他苫盖法的区别在于苫盖材料与货垛商品不直接接触，而是采用隔离物使苫盖材料与货垛间留有一定空隙。其优点在于垛内通风散潮，便于排水，防止雨水渗透。

（3）活动棚架苫盖法。根据堆垛形状制成棚架，在棚架上面及四周铺围铁皮、玻璃钢瓦等物，并在棚柱底部装上轮子。整个货棚可沿着固定轨道移动，其外形与固定棚架相似。活动棚既是存储物资的棚子，也是苫盖物。

操作要点

苫盖技术包括：

- 直接苫盖法
- 隔离苫盖法
- 活动棚架苫盖法

第七节 商品编码

为了保证仓储作业准确而迅速地进行，必须对商品进行清楚有效的编码。当商品种类成百上千时，若不进行商品编码就容易管理混乱，特别是实现计算机管理后，商品编码必不可少。

1. 流水编码法

这是最简单的编码法。由 1 开始，按数字顺序一直编下去。又叫延伸式编码，多用于账号或发票编码。

例如：

编码	货物名称
1	香皂
2	肥皂
3	洗涤剂
⋮	⋮
n	牙膏

2. 数字分段法

把数字分段，每一段代表具有某一共同特性的一类货物。

例如：

编码	货物名称
1	6 支装牙膏
2	12 支装牙膏
3	牙膏预留编码
4	牙膏预留编码
5	佳洁士
6	高露洁

3. 分组编码法

按货物特性分成多个数字组，每个数字组代表货物的一种特性。

例如：

类别	形状	供应商	尺寸
07	5	006	112
饮料	圆筒	健力宝	100×200×400

4. 实际意义编码法

按照货物名称、重量、尺寸、分区、储位、保存期限等实际情况来编码。

例如：

FO 4915 B1

B1：表示B区第1排货架

4915：表示尺寸4×9×15

FO：表示FOOD，食品类

5. 后数位编码法

利用编码末尾数字，对同类货物进一步分析。

例如：

编码	货物类别
380	服饰
390	女装
391	上衣
391.1	衬衫
391.11	白色

知识链接

商品编码的作用：

增进商品资料的准确性；

提高商品管理的效率；

减小商品库存、降低成本；

防止各种商品舞弊事件的发生。

6. 暗示编码法

用数字和文字组合来编码，暗示了货物内容，方便记忆又不易让外人知道。

例如：

BY	05	W	B	10
自行车	型号大小5号	白色	儿童型	供应商代号

操作要点

商品编码的具体方法有：

- 流水编码法
- 数字分段法
- 分组编码法
- 实际意义编码法
- 后数位编码法
- 暗示编码法

第八节　货位编码

为了使存取工作顺利进行，必须对货位进行编码。货位好比货物的地址，有了相应的地址，存取才能迅速而准确。常见的货位编码方法有以下几种。

●重点提示

货位编码应符合标志明显易找、编排规律有序的要求。

1. 区段法

这种方法以区段为单位，区域大小根据物流量大小而定。这种方法适用于单位化货品和量大而保管期短的货品。进出货暂存区的货位编码可采用区段法。如图49：

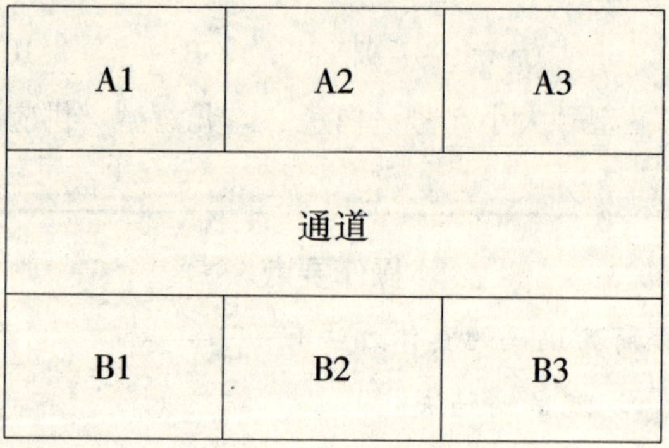

图49　区段法

2. 品项群法

把一些相关性货品集合后，区分成几个品项群，再对每个品项群进行编码。这种方式适用于容易按商品群保管的场合和品牌差距大的货品。如服饰群、五金群、食品群。

3. 地址法

利用保管区中现成的参考单位，如建筑物第几栋、区段、排、行、层、格等，按相关顺序编码，如同邮政地址的区、胡同、号一样。较常用的编号方法有“四号定位法”。

知识链接

“四号定位”是采用四个数字号码对库房（货场）、货架（货区）、层次（排次）、货位（垛位）进行统一编号。例如5－3－2－11就是指5号库房，3号货架，第2层，11号货位。

四号定位货位编码图例：

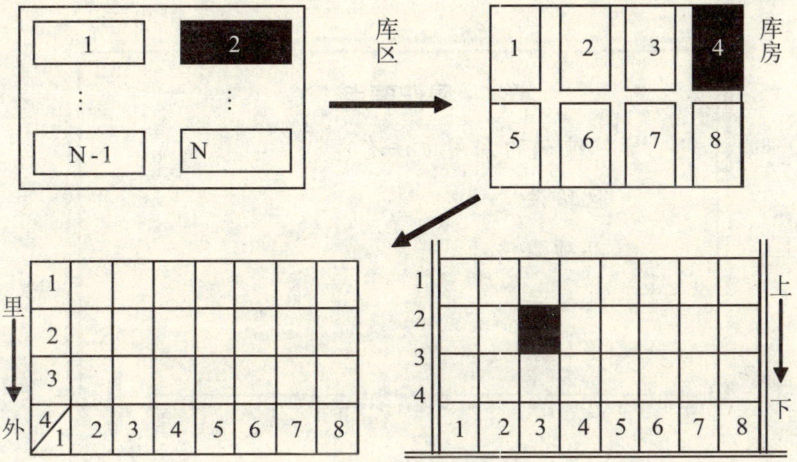

NO 24232

4. 坐标法

利用x、y、z空间坐标对货位进行编码。这种编码方式直接对每个货位定位，在管理上比较复杂，适用于流通率很小且存放时间长的物品。

知识链接

货位编码的作用：

保证储位资料正确性；

给计算机提供货位记录位置，以便识别；

为发货、拣货、补货人员提供存取货物位置依据，提高工作效率；

提高调仓和移仓的工作效率；

便于计算机分析处理；

方便盘点货物；

便于规划存储空间、控制货量、降低成本。

货位编码的注意事项：尽量不要在相同编码货位中存放几种不同的商品，如果必须在相同编码货位中存放几种物品时，可采用货位切割的方法，即用隔离板把货位空间分成小区，每小区按货品种类标明货号。

操作要点

货位编码的常用方法有：

⇨ 区段法

⇨ 品项群法

⇨ 地址法

⇨ 坐标法

第九节　盘点作业

商品在存储过程中，因其本身性质、自然条件的影响、计量工具的合理误差，或人为的原因，易造成商品数量和质量的变化。为及时了解和掌握商品在存储过程中的这些变化，就需要进行定期的盘点。

1. 准备工作

盘点作业前的准备工作十分重要，具体要做好如下工作：

（1）确定盘点的程序和方法；

（2）培训盘点人员；

（3）准备好盘点用表格以及库存资料；

（4）盘点人员熟悉盘点表格；

（5）配合会计决算进行盘点。

2. 确定盘点时间

视物品性质来确定周期：

（1）A 类物品，每天或每周盘点一次；

（2）B 类物品每 2 ~ 3 周盘点一次；

（3）C 类物品每月盘点一次。

●重点提示

盘点时间应选择在财务决算前或在销售淡季。

3. 确定盘点方法

（1）动态盘点法。动态盘点法是对处于动态过程的商品即收、发中的商品，及时核对该批商品余额是否与账、卡相符的一种方法。该方法有利于及时发现差错并及时处理。

（2）循环盘点法。循环盘点法是每天、每周按顺序一部分一部分地进行盘点，到了月末或期末则每项商品至少完成一次盘点的方法。采用循环盘点法时，日常业务照常进行，按照顺序每天盘点一部分。所需时间和人员都比较少，发现差错也可及时分析和修正。

（3）期末盘点法。期末盘点法是在期末一起清点所有商品数量的方法。期末盘点必须关闭仓库做全面性的商品清点，对商品的核对十分方便和准确，可减少盘点中的错误，简化存货的日常核算工作。缺点是关闭仓库、停止业务会造成损失，并且需要大量员工从事盘点工作，加大了期末的工作量，不能随时反映存货收入、发出和结存的动态，不便于管理人员掌握情况，容易掩盖存货管理中存在的自然和人为损失，不能随时结转成本。

知识链接

盘点分为账面盘点和现货盘点。账面盘点又称为永续盘点，就是把每天入库及出库商品的数量及单价，记录在电脑或账簿上，不断地累计加总算出账面上的库存量及库存金额。现货盘点也称实地盘点或实盘，也就是实地调查仓库内商品的库存数，再依商品单价计算出库存金额的方法。要得到最正确的库存情况并确保盘点无误，最直接的方法就是确定账面盘点与现货盘点的结果是否完全一致。如有账货不符的现象，就应分析寻找错误原因，划清责任归属。

操作要点

盘点作业的程序如下：

⇨ 准备工作

⇨ 确定盘点时间

⇨ 确定盘点方法

第二十一章　出库业务

出库作业是仓储管理中十分重要的一项工作，是整个仓储工作的结尾。出库业务水平的高低直接影响到整个仓储作业的效率与效益，进而影响到企业的客户服务水平，因此提高出库业务的管理水平十分重要。企业需要严格按照出库业务的一般程序进行出库作业，严格遵守出库的各项规定，正确处理出库业务中的各种问题，从而保证出库业务的高效、准确、低成本。

关键词　商品出库　拣货作业　货物装卸　数量检验　出库凭证　拣货效率分析

第一节　商品出库

为保证商品能够快速、准确、保质保量地出库，一定要严格遵守出库作业的一般程序。

1. 出库准备

仓库应根据出库凭证的要求，做好如下准备工作：

（1）确定发货的货区、货位；

（2）检查出库商品，拆除货垛苫盖物；

（3）安排好出库商品的堆放场地；

（4）安排好人力和机械设备；

（5）准备好包装材料。

2. 审核出库凭证

出库凭证（如提货单、领料单）到达仓库后，仓库管理人员要对出库凭证的以下内容进行审核：

（1）审核货主开出的提货单的合法性和真实性；

（2）核对商品的品名、型号、规格、单价和数量；

（3）核对收货单位、到站点、开户银行和账号是否齐全、正确。

3. 备货

备货时应注意以下事项：

（1）要按出库凭证所列的项目和数量进行，不得随意变更；

（2）一般根据商品入库验收单上的数量，不用再重新过磅；对被拆散、零星商品的备货应重新过磅；

（3）备好的货物应放于相应的区域，等待出库；

（4）出库商品应附有质量说明书和抄件、磅码单、装箱单等附件。

4. 复核

为避免出库商品出错，备料后应进行复核，复核的主要内容包括：

（1）商品名称、规格、型号、批次、数量、单价等项目是否同出库凭证所列的内容一致；

（2）机械设备的配件是否齐全，所附证件是否齐全；

（3）外观质量、包装是否完好。

知识链接

复核的主要方式有三种：由多个保管员交叉复核、由专职复核员复核、由运输员或包装员复核。不同企业可根据自己的管理模式选择相应的复核方式。

5. 包装

为保证商品在装卸搬运途中不受损坏，商品的包装一定要符合以下要求：

（1）根据商品的外形特点，选择适宜的包装材料。包装尺寸要便于商品的装卸和搬运。

（2）商品包装要符合运输的要求。

① 包装应实用。怕潮的商品应垫一层防潮纸，易碎的商品应垫软质衬垫物。

② 包装外要有明显的标志，标明对装卸搬运的要求及其他要求。危险品必须严格按规定进行包装，并在包装外部标明危险品的有关标志。利用旧包装时，应彻底清除原有标志，以免造成标志混乱，导致差错。

③ 不同运价的商品尽量不包装在一起，以免增加运输成本。

（3）严禁性能抵触、互相影响的商品混合包装。

（4）包装的容器应与被包装商品体积相适应。

（5）要节约包装材料。

6. 刷唛

刷唛，指在货物的外包装上注明收货人和货物内容的信息标志。包装完毕后，在包装上写明收货单位、到站点、发货号、本批商品的总包装件数、发货单位等，并在相应的位置印刷或粘贴条码标签。

●**重点提示**

刷唛时一定要注意字迹要清楚，书写要准确，标签或条码粘贴位置要明显。

7. 清点交接

出库商品经复核、包装后，要向提货员点交。点交的内容主要有：

（1）将出库商品及随行证件向提货人员当面点交；

（2）对重要商品的技术要求、使用方法、注意事项要交代清楚；

（3）商品移交清楚后，提货人员应在出库凭证上签名，保管员应作好出库记录。

8. 清理

商品出库后，要对仓库进行清理。具体工作主要有：

（1）要根据存储规划要求，对货物进行并垛、挪位，腾出新货位，以备新来货物使用；

（2）要清扫发货现场，保持清洁整齐；

（3）要清查发货设备和工具有无丢失、损坏；

（4）商品发货完毕，要整理商品出入库情况、保管保养情况及盈亏情况等数据，然后记入档案，妥善保管，以备查用。

操作要点

商品出库的主要程序如下：

- 出库准备
- 审核出库凭证
- 备货
- 复核
- 包装
- 刷唛
- 清点交接
- 清理

第二节　拣货作业

拣货就是按照订单的要求准确地拣选客户所需商品。为保证商品能够迅速、准确地出库，通常按以下程序进行拣货。

1. 确定拣货方式

通常拣货方式有摘果式、播种式两种，应根据出库商品的性质选择合适的拣货方式：

●重点提示

在进行拣货时，一般要遵循“先进先出”、“易坏先出”、“已坏不出”的原则。

（1）摘果式。摘果式是指分别针对每一份订单所列的商品品种和数量进行拣货。

以下情况一般采用摘果式方式拣货。

① 订单大小差异较大，订单数量变化频繁，尤其是对季节性商品的配送。

② 商品外形体积变化较大，商品差异较大。如化妆品、家具、百货、电器、高级服饰等。

（2）播种式。播种式是将多张订单集合在一起，按照商品品种类别加总后再进行拣货的方式。以下情况一般采用播种式方式拣货：

① 自动化、系统化程度较高的库房。

② 订单变化较小，订单数量稳定。

③ 商品外形较规则。

2. 制定拣货清单

根据所选择的拣货方式形成不同的拣货清单。

（1）摘果式：根据每一份订单形成一份拣货清单。

（2）播种式：将多张订单集合成一批，按照商品品种类别把多张订单上的商品进行加总，形成拣货清单。

3. 安排拣货路线

根据拣货清单上的商品储位来安排拣货路线，基本原则为选择使拣货人员行走最近的路线。

4. 分派拣货人员进行拣货作业

拣货员根据拣货清单，按照事先规划好的拣货路线巡回于仓库中，按照拣货清单所列商品及数量，把商品逐一从仓库储位或其他作业区中取出放在托盘或其他容器上，然后集中在一起与出货单放在指定位置，由出货验收人员检查。

操作要点

拣货作业程序包括：

⇨ 确定拣货方式

⇨ 制定拣货清单

⇨ 安排拣货路线

⇨ 分派拣货人员进行拣货作业

实用范例

播种式拣货的实例：

现要拣选订单 1 和订单 2 所列的货物。首先要将订单 1 和订单 2 进行汇总形成拣货清单，然后由拣货员按照“拣货总表”，到指定储位去拣货。从下表可以看出，拣货员总共需要拣 7 箱 355ml 可口可乐、5 箱太平苏打饼干、6 箱统一绿茶。货物拣好后放到指定位置，再按订单 1 和订单 2 进行分类，最后由验收人员进行检验。

出货单编号 1

品类号码	品类叙述	数量
101 – al	可口可乐 355ml	4
412 – 01	太平苏打饼干	5

出货单编号 2

品类号码	品类叙述	数量
101 – al	可口可乐 355ml	3
112 – 01	统一绿茶	6

拣货清单

品类号码	品类叙述	总数量	储位
101 – al	可口可乐 355ml	7	A431 – 4
412 – 01	太平苏打饼干	5	C123 – 2
112 – 01	统一绿茶	6	D320 – 3

第三节 实现货物装卸搬运合理化

装卸搬运作业不仅是仓储作业中投入劳动量最大的环节，也是货物残损高发的环节。通过以下措施，可以做到装卸搬运的合理化。

1. 减少装卸搬运次数

（1）准确掌握仓储物品的流通动向，根据仓储协议确定货物流通计划，合理选择仓位，必要时采用分点存放。

（2）防止出库货物压堵，避免货物倒仓。

（3）合理组织物流的各项活动，避免重复装卸搬运。

2. 采用托盘化、集成化等成组作业

将货物码放在托盘上，然后连同托盘一起进行装卸搬运。如能连同

托盘一起出库，货物全程的装卸搬运效率将会大大提高。此外，还可以采用其他器材，如绳网、货箱或其他较大容器进行成组集成，这也会大大提高装卸搬运效率。

●重点提示

在使用托盘等成组设备作业时，一定要使用标准化的成组设备。

3. 使装卸搬运移动距离最近

（1）尽可能使运载车辆、搬运工具接近货物存放的位置，或尽量使车辆进入装卸作业区。

（2）使装卸作业设备能够直接进入作业的位置，尽可能消除完全采用人力的搬运。

4. 省力化作业

省力化作业的主要方法有：

（1）充分利用重力。从卡车、铁路货车上卸物时，利用卡车与地面或小搬运车之间的高度差，采用滑板、溜槽等工具，依靠货物自身的重力自上向下作业。

（2）减少重力影响。

① 在装卸时要尽量配合简单的机具，尽量避免重物提升作业，从而降低重力的影响，减少体力的消耗，达到省力的目的。

② 在出库作业区建设与车厢同样高度的车辆作业平台。

5. 使装卸搬运作业衔接流畅

要尽量避免如货物先卸下，在地面堆放，然后再从地面装上车辆的这类装卸和搬运脱节的现象发生。

6. 提高货物装卸搬运的灵活性指数

在货物装卸搬运过程中避免把货物散落在地面上，尽可能把货物码放在托盘、送货小车上，或装载到车上，最好直接码放在传送带上，尽可能提高货物装卸搬运的灵活性指数，从而提高下一道工序的作业效率。

知识链接

装卸搬运灵活性指数是衡量不同货物装卸搬运灵活程度的指标。装卸搬运灵活性指数分为0~4共5个等级，如下表所示。货物的装卸搬运灵活性指数越高，其下一道工序越容易完成，装卸搬运的效率越高；灵活性指数越低，下一道工序越不容易完成，装卸搬运的效率越低。

装卸搬运灵活性指数表

编号	物品码放状态	灵活性指数
1	零散放在地面上	0
2	放入箱内	1
3	码放到托盘、送货小车上	2
4	装载到车上	3
5	码放到传送带上	4

操作要点

货物装卸搬运合理化的措施有：

- 减少装卸搬运次数
- 采用托盘化、集成化等成组作业
- 使装卸搬运移动距离最近
- 省力化作业
- 使装卸搬运作业衔接流畅
- 提高货物装卸搬运的灵活性指数

第四节　出库商品数量检验

为确保出库商品准确无误，对出库商品数量进行检验是十分必要的。

通过如下方法，可以检验出库商品的数量。

1. 商品条形码检验法

作业员用条形码扫描器读取条形码，并把扫描的数据导入计算机中，计算机可以自动把扫描信息与发货单信息进行对比，从而检查出商品数量是否有误。

知识链接

条形码是由一些规则排列的条、空和相应的数字组成，可以供机器识读的数据编码。目前使用频率最高的是 EAN、UPC、39 码、交叉 25 码和 EAN128 码。

条形码的优点：

可靠准确；

数据输入速度快；

成本低；

灵活、实用；

自由度大；

设备简单。

2. 声音输入检查法

作业员通过发声读出商品名称、代码和数量后，计算机接收声音并自动判断，转变成资料信息再与发货单信息进行对比，从而判断数量是否有误。

3. 重量计算检验法

这种方法是把发货单上的货品重量相加，然后称出货品的总重量，把两种结果相对比，可以检查发货是否正确。

●重点提示

对于损耗较大的货物，建议不要采用重量计算检验法。

操作要点

检验出库商品数量的方法有：

⇨ 商品条形码检验法

⇨ 声音输入检验法

⇨ 重量检验法

实用范例

某生产企业的成品仓库原来一直采用人工点数的方法进行出库检验，不仅工作效率低下，而且经常出现数量点错、货物丢失后作业人员相互扯皮推诿的现象。为此，该公司在条形码技术成熟后，及时对货物进行编码，购买了条码扫描仪器，通过对员工进行培训后这套系统很快就投入了使用。经过一段时间的观察发现，该公司不仅商品出库检验的效率得到了很大的提高，仓库管理中其他环节的效率也明显改善，货物丢失现象也消失了。

第五节　处理商品出库凭证问题

商品出库凭证作为商品出库的依据，一旦出现问题将会影响货物的准时、准确出库。可通过以下方法来解决关于出库凭证的各种问题。

1. 假冒、复制、涂改：及时报告

如果发现出库凭证有假冒、复制、涂改等情况，应及时与仓库保卫部门以及相关领导联系，妥善进行处理。

2. 出库凭证规格开错或印鉴不符：重新开票方可发货

如果发现出库凭证规格开错或印鉴不符，保管员不得擅自调换规格

发货，必须通过制票员开票方可重新发货。

知识链接

严禁无凭证的电话、口授发货；任何白条都不能作为发货凭证；任何人都不能强制保管员借用、试用库存商品。

3. 出库凭证超过提货期限：交足费用后方可发货

当出库凭证超过提货期限，用户前来提货，必须先办理手续，按规定缴足逾期仓储保管费，然后仓库才可以发货。

4. 商品进库时未验收，或者期货尚未进库：货到验收后方可发出

当收到商品进库时未验收或者期货还没进库的出库凭证时，一般应暂缓发货，并通知货主，等货物到了并验收后才能发货。

5. 出库凭证遗失：挂失后缓期发货

如客户因各种原因将出库凭证遗失，客户应及时与仓库发货员和账务人员联系挂失。如果挂失时货物已被提走，保管员不承担责任，但要协助报案，尽量帮助货主单位找回商品；如果货物还没被提走，保管人员和账务人员查实后，做好挂失登记，将原凭证作废，缓期发货。

操作要点

商品出库凭证问题的处理：

⇨ 假冒、复制、涂改：及时报告

⇨ 出库凭证规格开错或印鉴不符：重新开票方可发货

⇨ 出库凭证超过提货期限：交足费用后方可发货

⇨ 商品进库时未验收，或者期货尚未进库：货到验收后方可发出

⇨ 出库凭证遗失：挂失后缓期发货

实用范例

小张是一家仓库的保管员，主要负责电器电子产品存储保管工作。因为这些产品价值高，所以小张平时工作十分认真，坚持原则，生怕发生一丝一毫的差错。一次公司财务部门的经理想通过小张暂借公司库房里的一台电脑使用一周，并说好一定给小张打一张借条并按时完好归还，这使小张十分为难，一方面他不想得罪公司领导，另一方面他又不想违反商品出库的规定——没有出库凭证坚决不能让商品出库。经过再三考虑，小张决定坚持原则，没有答应公司领导的要求。

第六节 处理商品出库中的其他问题

商品在出库的过程中存在很多问题，正确处理这些问题可以挽回企业和客户的损失。针对各种不同的问题应该采取不同的方法进行处理。

1. 提货数与库存数不符

当遇到提货数量大于商品实际库存数量时，无论是何种原因造成的，都要和仓库主管部门以及货主单位及时取得联系后再处理。具体处理方式如下：

（1）如属于入库时记错账，则可以采用“报出报入”方法进行调整。

知识链接

报出报入法是指先按库存账面数开具商品出库单销账，然后再按照实际库存数重新入库登账，并在入库单上写明情况。

（2）如属于仓库保管员串发、错发而引起的问题，应由仓库方面负责解决库存数与提单数间的差数问题。

（3）如属于货主单位漏记账而多开出库数，应由货主单位出具新的提货单，重新组织提货和发货。

（4）如果是仓储过程中的损耗，需考虑该损耗数量是否在合理的范围内，并与货主单位协商解决。合理范围内的损耗，应由货主单位承担；而超过合理范围的损耗，则由仓储部门负责赔偿。

2. 串发货与错发货

在这种情况下，如果商品尚未离库，应立即组织人力，重新发货；如果商品已经提出仓库，保管人员要根据实际库存情况，同货主单位和运输单位共同协商解决。一般在无经济损失的情况下由货主单位重新按实际发货数冲单解决；如果形成了直接的经济损失，应按赔偿损失单据冲转调整保管账。

知识链接

串发和错发，主要是指发货人员对商品种类和规格不熟悉的情况下，或者由于工作中的疏漏，把一定规格、数量的商品错发出库的情况。

3. 退货处理

商品出库后，可能因出库时发生的差错导致商品退货。要对这部分商品进行妥善处理，才能树立企业形象，最大限度地挽回损失。退货处理一般按照以下程序进行：

（1）用户填写退货申请表，在收到同意退货的通知后，按规定的运输方式办理退货运输。

（2）仓库在收到客户的退货时，应尽快清点；如有异议，必须以书面形式提出。

（3）退回的货品与退货申请表是否相符，以仓库清点为准。

（4）仓库应将退入仓库的货品，根据其退货原因，分别存放，并予以标记。对属供应商造成的不合格品，应催促供应商及时提回。

（5）登记入账。对于已发放的货品和退回的货品，要及时入账，并按时向其他部门报送有关材料。

操作要点

商品出库问题的处理：

⇨ 提货数与库存数不符

⇨ 串发货与错发货

⇨ 退货处理

第七节　制订拣货效率分析指标

拣货作业的效率直接影响着整个物流中心的配送效率，因此要对拣货效率进行评价，使拣货效率不断提高。通常从以下六个方面对拣货效率进行分析评价。

1. 拣货人员

对拣货人员作业效率的评价指标如下：

（1）每人时平均拣取能力。

$$每人时拣取品项数=\frac{拣货单笔数}{拣取人数\times每日拣货时数\times工作天数}$$

$$每人时拣取次数=\frac{拣货单位累计总数}{拣取人数\times 每日拣货时数\times 工作天数}$$

（2）拣取能力。

$$拣取能力=\frac{订单数量}{拣取人数\times 每日拣货时数\times 工作天数}$$

（3）拣货责任品项数。

$$拣货责任品项数=\frac{总品项数}{分区拣取区域数}$$

（4）拣取品项移动距离。

$$拣取品项移动距离=\frac{拣货行走距离}{订单总笔数}$$

知识链接

拣货责任品项数越大，表示每位拣货员负责品项越多，必然影响分拣效率。所以为提高效率，应尽量减少责任品项数。

拣取品项移动距离用来衡量拣货规划是否符合动作效率，并可检查拣货区布置是否合理。指标太高，表示工作人员在拣货中耗费太多的时间和体力，影响整体效率。

2. 拣货设备

拣货设备的优劣，直接影响拣货效率。可用如下指标来分析拣货设备问题，从而可评估设备投资的合理化程度和拣货效率高低。

（1）拣货员装备率。代表拣货设备的投资合理化程度。

$$拣货员装备率=\frac{拣货设备成本}{拣货人员数}$$

（2）拣货设备投入与产出。表示已投入设备的拣货效率。

$$拣取设备投入与产出=\frac{发货品金额数}{拣货设备成本}$$

（3）每人时拣货金额数。

$$每人时拣货金额数=\frac{发出品金额数}{拣取人数\times 每日拣货时数\times 工作天数}$$

3. 拣货策略

拣货策略制定得是否合理对于拣货效率影响很大。通常采用以下指标来分析拣货策略：

（1）每批量包含订单数。

$$每批量包含订单数=\frac{订单数量}{拣货分批次数}$$

（2）每批量包含品项数。

$$每批量包含品项数=\frac{订单总笔数}{拣货分批次数}$$

（3）每批量处理次数。

$$每批量处理次数=\frac{发货数}{拣货分批次数}$$

（4）每批量拣取体积数。

$$每批量拣取体积数=\frac{发货体积}{拣货分批次数}$$

（5）每批量拣货时间。

$$批量拣货时间=\frac{拣货人数\times每日拣货时间\times工作天数}{拣货分批次数}$$

4. 拣货时间

拣货时间的长短可以反映拣货能力的强弱，从而影响拣货效率。具体评价指标如下：

（1）单位时间处理订单数。

$$单位时间处理订单数=\frac{订货数量}{每日拣货时数\times工作天数}$$

（2）单位时间拣取品项数。

$$单位时间拣取品项数=\frac{订单数量\times每日订单平均品项数}{每日拣货时数\times工作天数}$$

（3）单位时间处理次数。

$$单位时间处理次数=\frac{拣货单位累计总数}{每日拣货时数\times 工作天数}$$

（4）单位时间拣取体积数。

$$单位时间拣取体积数=\frac{发货体积}{每日拣货时数\times 工作天数}$$

5. 拣货成本

拣货成本主要由人工成本、拣选直接成本、拣选间接成本、拣选设备折旧成本、信息处理成本、耗材费用等组成。

拣货成本占物流成本的比例很大，因此要特别重视降低拣货成本。具体研究这些成本，应采用如下指标来评判分析：

（1）每订单投入拣货成本。

$$每订单投入拣货成本=\frac{拣货投入成本}{订单数量}$$

（2）每订单笔数投入拣货成本。

$$每订单笔数投入拣货成本=\frac{拣货投入成本}{订单总笔数}$$

（3）每拣货单位投入拣货成本。

$$每拣货单位投入拣货成本=\frac{拣货投入成本}{拣货单位累计总数}$$

（4）单位体积投入拣货成本。

$$单位体积投入拣货成本=\frac{拣货投入成本}{发货体积}$$

6. 拣货质量

拣货质量主要是指拣货的准确度。拣货质量差，会对后续工作造成较坏的影响。可采用以下指标对拣货质量进行分析：

$$拣误率=\frac{拣取错误订单笔数}{订单总笔数}$$

操作要点

拣货效率分析指标包括：

- ⇨ 拣货人员
- ⇨ 拣货设备
- ⇨ 拣货策略
- ⇨ 拣货时间
- ⇨ 拣货成本
- ⇨ 拣货质量

实用范例

某仓库通过计算仓库一段时间内的拣误率，发现仓库这段时间的拣误率很高，说明这一段时间仓库的拣货质量差、拣货效率低。为改变这种状况，工作人员具体分析了造成拣货质量差的原因，并针对不同的问题提出了相应的改进措施。下表是他们对造成商品拣取错误的部分原因的分析。他们根据造成错误的原因分别制定了相应措施，改善了仓库的拣货质量，提高了拣货效率。

拣货质量分析表

<table>
<tr><th colspan="2">结果</th><th colspan="2">原因分析</th><th colspan="2">对策</th></tr>
<tr><td rowspan="6">商品拣取错误</td><td rowspan="3">拣取数量错误</td><td rowspan="3">看错数字</td><td>照明不够</td><td rowspan="3">使用易见的显示器</td><td>光电管表示器</td></tr>
<tr><td>液晶显示不清</td><td rowspan="2">显示器应有箭号表示</td></tr>
<tr><td>视角问题</td></tr>
<tr><td rowspan="3">看错商品</td><td>代码接近</td><td rowspan="3"></td><td rowspan="3">使商品容易辨别</td><td>注意易错商品的陈列</td></tr>
<tr><td>形状相似</td><td>相似箱子的颜色管理</td></tr>
<tr><td>包装外形相似</td><td>相似箱子贴区分标志</td></tr>
</table>

第二十二章　仓储商务

仓储商务是仓储企业基于仓储经营而进行的对外的经济交换活动，是一种商业性行为，涉及商务磋商和签订仓储合同、合同履行等问题。实施有效的仓储商务管理，可以帮助企业更好地处理合同履行中的问题，规避风险，塑造企业形象，最大限度地获得经济效益，从而保持企业的可持续发展。

关键词　制作仓单　仓储合同欺诈　订立合同　解除合同

第一节　制作仓单

仓单是指保管人在收到仓储物时向存货人签发的表示收到一定数量的仓储物，并以此来代表相应的财产所有权的法律文书。

仓单上所记载的事项直接体现了仓储合同的主要权利和义务，因此制作仓单必然要有严格的要求。通常要按以下两大步骤来制作仓单。

1. 填写仓单的载明事项

（1）存货人的名称和住所。

① 仓单上所载名称，应当是存货人在工商行政管理机关登记注册的名称或由国家公安机关颁发的有效身份证件上的名称。

② 如果存货人是法人或者经济组织，仓单上应以其在工商行政管理机关登记注册的住所为记载的住所；如果存货人是个人，仓单应以其户籍所在地或者经常居住地为记载的住所。

（2）仓储物的名称、数量、包装、质量、件数和标记。保管人在接收存货人交付的仓储物时，应当认真验收，把上述内容详细明确地记载在仓单上，以确保持单人收取的仓储物与存货人交付的仓储物具有一致性。

① 仓储物的名称应当使用标准名称，避免因使用简称或别称而引起歧义，造成理解上的困难。

② 仓储物的数量应当使用标准计量单位，件数要核准，标记要清晰明了。

③ 仓储物的质量、包装要依国家标准或者主管部门规定的标准确定；如果没有国家标准或者主管部门规定的标准，也可依企业标准或行业标准进行确定。当然，如果标准无法确定，存货人和保管人之间应当协商必要的质量水平及合适的包装条件，使用标准计量单位计量。

（3）仓储物的损耗标准。仓单应明确标明仓储物的损耗标准。依主管部门的规定或者双方合理约定，确定必要的仓储物自然减量标准和合理磅差。

知识链接

货物在存储运输过程中，由于其本身性质和自然因素（如干燥、风化、散失、挥发、黏结等），或者由于度量衡的误差等原因，不可避免地要产生一定数量的货物减少、破坏或计量误差。

《仓储保管合同实施细则》第17条规定："货物在存储保管和运输过程中的损耗、磅差标准，有国家或专业标准的，按国家或专业标准执行，没有的按合同规定执行。"

（4）存储场所。仓单上明确仓储场所，一方面便于存货人或者仓单持有人能够及时、准确地在存储期满时提取仓储物，另一方面，当发生纠纷、引起诉讼时，对于确定诉讼管辖范围等方面也有重要作用。

（5）存储时间。存储时间是保管人履行保管义务的起止时间，又是存货人或者仓单持有人是否按时提取仓储物的一个期限。储存时间由保管人与存货人在签订仓储合同时做出约定，仓单上要明确记载。

（6）仓储费。仓储业作为一种商业经营业务，其目的就是获得相应的仓储费。仓单上应明确记载仓储费的数额、支付方式、支付地点、支付时间等。

（7）保险事项记载。如果存货人在交付仓储物时，已经就仓储物投了保险，那么，存货人应当将保险金额、保险时间以及保险人的名称告知保管人，由保管人将有关情况记载在仓单上。

（8）填发人、填发地和填发日期。保管人在签发仓单时，应当将自己的名称记载在仓单相应位置上，这是确定保管人承担义务的重要依据之一。仓单的填发地，一般为存货人交付仓储物的地点；仓单的填发日期，就是储存的开始时间。

●重点提示

只有保管人签字或者加盖了公章的仓单，才是法律意义上的有效仓单。

2. 保管人签字或者盖章

在填好仓单上应载明的事项后，保管人要在仓单上签字或盖章，一方面是对存货人已经交付仓储物这一事实的确认，另一方面又是对存货人做出履行保管义务的郑重承诺。

操作要点

制作仓单的两大步骤：

⇨ 填写仓单的载明事项

⇨ 保管人签字或者盖章

实用范例

某经销商将100吨猪肉存储于某冷库。由于当时仓单签发人与公章管理人均不在冷库，经销商因自己是老客户又与管库工人熟悉，遂将猪肉交由管库工人入库，虽有其他存货人在场，但仓单并未经过有效签字或者加盖公章。显然，这个仓单不是法律意义上的仓单。如果发生纠纷，经销商所持有的仓单并不能单独作为有效证据使用，它只能结合管库工人和其他存库人的证言，来证明经销商曾将100吨猪肉存入冷库这一事实。

第二节 处理仓单中的常见业务

仓单常见业务是发生在保管人与存货人之间的业务，是仓储业的日常管理工作，是保管人向谁提货、对存货人是否予以提货的依据。

1. 仓单的签发

当存货人将仓储物交给保管人，并要求保管人签仓单时，保管人需对仓储物进行检查，确认仓储物的状态，在全部仓储物收妥后，将所接收仓储物的实际情况如实记录在仓单上，特别是对仓储物的不良状况更是要准确批注。如果存货人不同意批注且仓储物的瑕疵不影响仓储物的价值或质量等级时，保管人可以接受存货人的担保而不批注，否则就必须批注或者拒绝签发仓单。

●重点提示

如果当事人双方约定不签发仓单，也可以其他事实来证明仓储合同关系的存在。

2. 仓单的份数

仓单一式两份：一份是正式仓单，交给存货人；另一份为存底单，由保管人保管。仓单可以有副本，可根据业务需要复制相应的份数，但需要注明“副本”字样。

3. 仓单的分割

仓单的分割不仅是单证的处理，还意味着保管人需要对仓储物进行分批，而分割的条件是仓储物必须能够被分批。分割后的仓单对其持有人有约束力。分割后的仓储物的总数与分割前仓储物总数相同。保管人对已签发的仓单进行分割后，必须将原仓单收回。

4. 仓单的转让

仓单持有人需要转让仓储物时，可以通过背书转让的方式进行仓储物的转让。背书过程填写完整后，要由保管人签署，受让人方可凭单提取仓储物。

知识链接

背书转让的出让人为背书人，受让人为被背书人。背书格式为：

兹将本仓单转让给×××（被背书人的完整名称）

×××（背书人的完整名称）

背书经办人签名、日期

仓单可以多次背书转让，背书的过程是相互衔接的完整过程，任何参与仓单转让的人均应在仓单的背书过程中有记载。

5. 凭单提货

在保管期满或者经保管人同意的提货时间内，仓单持有人将出示身份证明向保管人提货。

（1）核对仓单。保管人核对提货人所提交的仓单和存底仓单，确定仓单的真实性；对于转让的仓单要核查仓单的背书是否完整，过程衔接是否清楚；核对仓单上存货人或者背书人名称与其所出示的身份证明是否一致。

（2）提货人交纳费用。如果仓单记载由提货人交纳仓储费用，保管人根据仓储合同约定以及仓单上的记载，在对仓储物在仓储期间发生的仓储人的垫费、所有人利益的支出、对仓储人或其他人所造成的损害赔偿等费用进行准确核算后，要求提货人按约定交纳费用。

（3）保管人签发提货单证并安排提货。保管人在收取费用、收回仓单后，签发提货单证，安排货物出库。

（4）提货人验收仓储物。提货人根据仓单的记载，与保管人共同查验仓储物，签收提货单证，收取仓储物。如果查验时发现有仓储物状态与仓单记载不一致，提货人需要求保管人签字，必要时申请商品检验，以备事后索赔。

6. 无仓单的提货

仓单因故损毁或遗失，出现无单提货时，应采用以下方法来提货。

（1）通过人民法院公示催告：原仓单持有人持仓储合同向人民法院申请对仓单进行公示催告。当60天公示期满仍无人争议，人民法院可以判决仓单无效，申请人可以向保管人要求提货；若在公示期内有人争议，则由法院审理判决，确定有权提货人，凭借法院判决书提货。

（2）提供担保提货：提货人向保管人提供仓储标底物的担保后提货。由保管人掌握担保财产，将来另有人出示仓单而不能交货需要赔偿时，保管人可使用担保财产进行赔偿。该担保在可能存在的仓单失效后，方可解除。

操作要点

处理仓单中的常见业务有：

⇨ 仓单的签发

⇨ 仓单的份数

⇨ 仓单的分割

⇨ 仓单的转让

⇨ 凭单提货

⇨ 无仓单的提货

实用范例

金星汽车装配厂从国外进口了一批汽车零件，准备在国内组装销售。2002年3月5日，该厂与泉源仓储公司签订了一份仓储合同。合同约定：

泉源仓储公司提供仓库保管汽车配件，期限为10个月，从2002年4月15日起到2003年2月15日止，仓储费为5万元。双方还对存储物品的数量、种类，验收方式，入库、出库的时间和具体方式等作了约定。

合同签订后，泉源仓储公司为履行合同作了准备，清理了仓库，并且从此拒绝了其他人的仓储要求。3月27日仓储公司通知装配厂已经清理好仓库，可以开始入库。但装配厂由于转产需要，表示要把合同转让，而且已经找到买主，于是采用背书转让的方法，把仓单转让了出去。

第三节 防止仓储合同欺诈

仓储合同的欺诈形式多样。掌握防止仓储合同欺诈的方法，可以有效地防止仓储合同欺诈而给公司带来的损失。

1. 利用合同骗取货物

（1）特点。一些不法分子伪造或盗取法人营业执照、空白介绍信、合同专用章，利用存货人货物无存放地或存货不便、急于想找地方存放的心理，以及存货人基于此心理唯恐详细审查对方资格使对方不快而导致合同签订落空的弱势地位，顺利与存货人签订合同，并在货物交接以后，即携货逃之夭夭。

（2）预防策略。在签订合同之前，存货人应要求保管人提供工商机关出具的法人资格证书或营业执照副本；对法人授权委托书（或介绍信）等资料，进行审查时一定要全面、仔细，辨明有无伪造或更改的痕迹，审查资料是否规范、完备，审查保管单位的实际经营状况；有时间可以通过信函、电报、电话或直接派人到保管单位进行资信调查，或借助当地工商机关、公安机关、企业的政府主管部门等了解其信用及履约能力。

2. 利用货物检查进行欺诈

（1）特点。存货人利用合同往来的友好关系及保管人的疏怠，将与合同上写明的货物品种、规格、质量不一致的货物冒充合同上规定的货物交由保管人保管，或不交足合同约定的货物数量骗取保管人以足额数量签收。在货物全部签收后，以保管人调换货物、擅自动用货物为由，要求保管人承担违约责任，骗取违约金。另外还有一种情况：存货人通过种种手段躲过保管人对存储物的检验，从而将违禁品、非法所得物存储在仓库。

（2）预防策略。作为保管人首先工作态度要认真，验收时遵循这些原则：对有包装的货物，以包装上的品名、规格、数量和质量标记为准；外包装或货物上无标记的，以供货方提供的验收资料为准，质量按国家有关规定或合同约定验收。在验收中保管人可无需开箱拆捆直接验收，也可通过专业手段进行检验验收。

3. 第三人伪造、变更仓单来欺骗保管人

（1）特点。在仓储合同履行期间，保管人常代存货人发运货物，从而与第三人之间形成交付关系。第三人在熟知存货人、保管人的情况之后，伪造、变造仓单，借用存货人的名义，在保管人处提走货物。

知识链接

第三人指除存货人与保管人以外的，但与存货人和保管人有密切关系的工作人员或其亲属。

（2）预防策略。当第三人持合同提货时，保管人一定要提高警惕，对合同的条款、签名、印章审查时一定要全面、仔细，如合同书是否规范、完备，有无伪造或变造的痕迹，如有疑点，应暂缓提货，待证实后方可提货。

4. 利用合同条款进行欺诈

（1）特点。在签订合同中，故意误写或利用模糊的语言、计量单位

达到欺诈的目的。

（2）预防策略。合同应尽量周详、完备，签字前一定要对合同中的主要条款仔细审阅，确认合同语言是否明确，有无可能产生歧义，有无误写、漏写。确认无误后方可签字盖章。

5. 骗取违约金

（1）特点。存货人利用保管人攫取高额利润的心理，故意以高额仓储费为诱饵，使保管人签订超越其仓储能力的合同，并约定高额违约金，在保管人无力履行时追究其违约责任。

（2）预防策略。保管人对自己的仓储能力要有充分的认识，对高保额、高违约金的合同要更加慎重，量力而行。

6. 骗取定金或担保物

（1）特点。保管人在资金周转不灵、濒临破产时，以优惠的仓储费用与存货人签订合同，并要求存货人预先支付定金，在取得定金后无法履行合同。另一种为假冒企业名义伪造一些根本不存在的专用章、公章、介绍信，或利用一些单位制度不健全、管理不严的漏洞骗取存货人签订合同，在取得高额定金后逃走。

（2）预防策略。俗话说：贪小便宜，吃大亏。与保管人签订合同前，一定要考察保管单位现有的、实际的经营状况，在“知己知彼”后再决定是否签约。此外，要加强企业内部的管理，健全制度，使不法分子没有可乘之机。

知识链接

在合同的签订、变更、履行过程中，都可能存在欺诈。为避免欺诈，仓储合同双方当事人应加强合同管理，完善内部管理规章制度，在签订合同后应尽量送到公证机关公证，以取得对合同真实性、合法性的权威证明。

操作要点

仓储合同的主要欺诈形式：

- 利用合同骗取货物
- 利用货物检查进行欺诈
- 第三人伪造、变更仓单来欺骗保管人
- 利用合同条款进行欺诈
- 骗取违约金
- 骗取定金或担保物

实用范例

天马仓储物流公司签订了一笔电脑配件的仓储业务，存储量很大、对仓库的要求又很高。由于对方的报价很高，公司最近的生意又不景气，急需发展业务，因此承接了下来。但是由于公司的仓库年久失修，一场大雨使库中的物品损坏，不得不交付了高额的违约金和赔偿费。事后天马公司才获悉，这家台湾地区的电脑公司原来是个皮包公司，专门诱使保管人签订根本无法履行的仓储合同诈骗违约金。

第四节 订立仓储合同

订立合同是为企业带来利润的关键。通过下列方法，可以提高仓储合同的签约率。

1. 合理适当的要约

（1）要约的内容至少应当包括：标底物的数量、质量和仓储费用。即使没有文字上的表述，也应当通过具体的方式来确定这些内容。

（2）根据仓储合同的特点和现实环境，要约最好是书面发出。特别是对大批货物的存储与保管，在要约中要提出可行的存储计划。

2. 预约仓储合同

（1）预约仓储合同是有效要约的结果，而不仅仅是一种简单的意向声明。所以说一份合理、适当的要约是预约仓储合同的前提。

（2）依据预约仓储合同，存货人与保管人有订立合同的义务。在预约仓储合同成立的情形下，如果存货人或保管人不履行订立本仓储合同的义务，另一方完全有权请求法院强制对方订立仓储合同。

知识链接

所谓预约仓储合同是指当事人之间约定将来订立合同的合同，将来应签订的合同叫本约，而约定的合同叫预约。

预约仓储合同的成立和生效，是使当事人负有在将来按照预约仓储合同所规定的条件去订立仓储合同的法律责任。

3. 承诺

所谓承诺，就是在要约的有效期内，受要约人完全同意要约的意思表示。

（1）承诺必须在要约有效期内做出，并且与要约的内容完全一致。受要约人以外的任何人所做的承诺都不是法律上的承诺。

（2）保管人一经承诺，仓储合同即告成立，且同时生效。它发生效力的开始时间就是承诺时间。

操作要点

订立合同的三个步骤：

⇨ 合理适当的要约

⇨ 预约仓储合同

⇨ 承诺

实用范例

某渔业公司于2010年5月4日向某冷库发出一份函电称："我公司有50吨黄花鱼要存储于贵库，每天存储费用为2000元，如果同意，请在一周内答复。如无异议，一周后正式签订合同。"

此函电具有具体而明确的内容，因而是有效的要约。该冷库如果在一周内答复，则订立预约仓储合同。基于此预约，存货人和保管人可对本仓储合同的具体内容等做出详细的约定。

在上述事例中，存货人进行了清楚的意思表示，明确指出"如无异议，一周后正式订立合同"。足见存货人的目的十分清楚，所以该要约一经承诺，便产生预约仓储合同，即冷库答应成立预约仓储合同。如果渔业公司在函电中称："一周后可以考虑订立合同。"则不能成为预约仓储合同，而只是一种意向性声明，冷库对该声明的承诺并不形成合同，也不负担任何义务。

第五节　解除仓储合同

仓储合同订立后，在合同尚未履行或者尚未全部履行时，一方当事人提前终止合同，从而使原合同设定的双方当事人的权利和义务终止。通过下列方法，可以解除仓储合同。

1. 事后协议解除合同

（1）特征。存货人和保管人依据仓储合同成立后的有关情况而适时做出解除合同的决定。从性质上看，协议解除是存货人与保管人达成新的一致意思的表示，以此消灭存在的仓储合同关系。协议解除是合同自愿原则的体现。

（2）方法。双方通过相互协商并达成协议后，同意解除。

2. 约定解除合同

（1）特征。约定解除属于事前解除，存货人与保管人在订立合同中约定一定的合同解除条件，解除权人行使权利就会导致仓储合同的权利义务终止。解除权人行使解除权是单方法律行为，无需征得对方当事人的同意。

（2）方法。存货人与保管人在订立仓储合同的时候，就在合同中约定一定的解除条件。

3. 因不可抗拒力致使合同解除

由于不能预见、不可避免且不能克服的一些自然灾害或社会现象，而影响到仓储合同的正常履行，致使合同的目的不能实现时，存货人与保管人均有解除权。如地震、台风、洪水等毁坏了仓库，导致合同解除。

4. 一方当事人违约致使合同解除

一方当事人在履行合同期间，明确表示或者以自己的行为表示将不履行主要义务，致使另一方当事人的合同目的不能实现。

5. 一方当事人延迟履行义务致使合同解除

仓储合同的一方当事人延迟履行主要义务，经催告后在合理期限内仍未履行，另一方当事人享有合同解除权。

知识链接

仓储合同的法定解除是指仓储合同有效成立后，在尚未履行或尚未完全履行之前，当事人一方行使法律规定的解除权而使合同权利关系终止或合同失去效力。仓储合同一方当事人享有的这种解除权是由法律明确规定的，只要法律规定的解除条件成立，依法享有解除权的一方就可以单方行使法律行为，行使解除权。

仓储合同的解除权人应当在法律规定或者与另一方当事人约定的解除权行使期限内行使解除权。否则，其解除权将失效。

6. 解除合同的程序

仓储合同中享有解除权的一方当事人在主张解除合同时，必须以通知的形式告知对方当事人。只要解除权人将解除合同的意思通知当事人，仓储合同就可以发生即时解除的效力，无需对方当事人的答复，更无需其同意；对方有异议的，可以请求法院或者仲裁机构确认解除合同的效力，即确认行使解除合同权的当事人是享有解除权的。

操作要点

仓储合同解除的情况有：

- 事后协议解除合同
- 约定解除合同
- 因不可抗拒力致使合同解除
- 一方当事人违约致使合同解除
- 一方当事人延迟履行义务致使合同解除

实用范例

宏昌库存有限公司与宝立肉联厂在2010年4月签订了一份存储保管鲜肉300吨的合同，每天2000元存储费，期限为20天。在鲜肉交付的前三天，该冷库突然停业清库，要重新安装制冷设备，至少需要两周完成。在此种情况下，宝立肉联厂享有合同解除权。虽然宏昌库存有限公司没有明确表示不履行义务，但其行为足以证明违约，宝立肉联厂为保护自己的利益，可以行使合同解除权。

第二十三章　库存管理

科学的库存管理是公司经营和发展的基础。库存过多，会使资金占用过多、库存成本增加，易于陷入周转不灵的局面；而库存过少，不能及时满足生产需要，会使市场供应不足，从而失去销售机会。为此，要通过合理的库存管理维持适量的存货，从而保证公司能够合理地运用资金，借以提高生产效率，增加销售收入。

关键词　库存数量　安全库存量　经济订货批量　定量订货法　定期订货法　ABC 分类法　零库存管理　JIT 存货管理

第一节　确定库存数量

库存过多，会增加库存成本；库存过少，又会影响生产。通过如下方法，可以确定适当的库存数量。

1. 利用统计方法来确定

根据过去的统计数据来确定应有的库存数量，可分为三种情况：

（1）依据销售量或使用量。直接以使用量为统计依据，从而算出库存数量。

（2）依据出库量。

出库量＝使用量＋预备量

（3）依据过去库存数量。以过去库存数量为依据，适当考虑未来各种因素影响来决定库存数量。根据不同波动情况，可分别采用如下方法：

●重点提示

采用出库量为标准时，绝不能单纯以实际使用量为依据。

① 过去实际库存几乎没什么波动时，取其算术平均值；

② 过去实际库存略有波动时，取其加权平均值；

③ 过去实际库存有相当波动时，取其几何平均值；

④ 过去实际库存波动剧烈时，采用最小自乘法；

⑤ 过去实际库存的变动次数是正态分布时，采用标准偏差的计算式。

2. 利用概估法确定

先算出过去几年来的采购数量，再用最小自乘法（最小平方法）的公式，算出销售实绩，画出销售实绩曲线，然后根据销售实绩曲线概估其趋向，绘出一条趋势线（图中虚线）。借此图可预测出一年之间的需要量，但这并非是精确的数字。如图 50 所示：

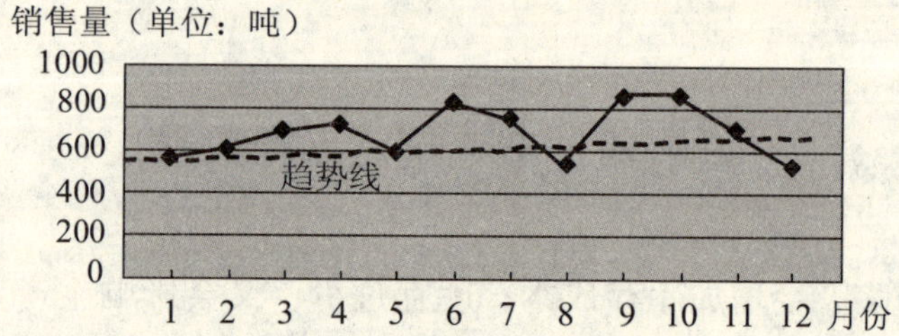

图 50　利用概估法来确定数量

3. 利用单纯平均法（算术平均法）确定

如果以月为单位来计算，就是用所取周期中的月份数去除各月库存实际数字之和，求出平均值，再根据近期库存量趋势确定合适的库存数量。

$$C_Y = \frac{\sum_{i}^{n} C_i}{N}$$

C_Y：预测库存量　　C_i：各月实际库存量　　N：所取月份数

4. 利用指数平均法来确定

将预测的月份往前推若干月份的平均值作为预测值，根据各个月份对预测值影响程度的不同，分别给每个月的实际库存量加权一指数，再用指数之和除以各月的库存量乘以相应的指数后求和的值，最后根据近期库存量趋势确定合适的库存数量。

$$C_Y = \frac{\sum_{i}^{n} C_i a_i}{\sum_{i}^{n} a_i}$$

C_Y：预测库存量　　C_i：各月实际库存量　　a_i：指数

5. 利用加权平均法来确定

当库存有若干波动时，采用此方法计算。首先列出所取期间内相同库存量出现的次数构成的次数分布表，然后由下列公式计算预测库存量：

$$C_Y = \frac{\sum f_i C_i}{N}$$

C_Y：预测库存量　　C_i：某一实际库存数量值　　N：同一库存量出现次数　　f_i：次数

6. 利用几何平均法来确定

当过去的实际库存量波动较大时，一般要采用此方法计算。先统计相同库存量出现的次数，列出次数分布表，然后利用下列公式计算几何平均值，即为预测库存数量。

$$g = \sqrt[n]{X_1^{f_1} X_2^{f_2} X_3^{f_3} L X_n^{f_n}}$$

g：几何平均数　　$n = f_1 + f_2 + \cdots + f_n$　　f_n：次数　　X_n：实际库存量

以上介绍的方法中，指数平均法、加权平均法、几何平均法要比其他方法更接近实际。

操作要点

确定库存数量的方法有：

- 统计方法
- 概估方法
- 单纯平均法
- 指数平均法
- 加权平均法
- 几何平均法

第二节　计算安全库存量

企业在生产的过程中，外界各种波动经常会使预备库存量难以满足需求，影响生产和销售，因此企业在预备库存时要保有一定的安全库存量。可以通过以下公式确定安全库存量：

$$定全库存量 = K\sqrt{最大订货提前期} \times 需求变动值$$

其中，安全系数 K 数值越大，安全度越高。

式中：K 为对缺货而设的安全系数，可根据缺货概率查安全系数表（表30）得出；最大订货提前期是指超出正常订货的提前时间；需求变动值可以用下列两种方法计算。

1. 统计资料期数较少时使用的公式

$$需求变动值 = \sqrt{\frac{\sum (y_i - \bar{y})^2}{n}}$$

y_i：各期需求量实际值　　$\bar{y}$：各期需求量实际平均值

2. 统计资料期数较多时使用的公式

$$需求变动值 = \frac{R}{d_2}$$

R：全距，即资料中最大需求量与最小需求量的差

d_2：随统计资料期数多少（样本多少）而变动的常数，查下表可得到

表 30　安全系数 *K* 值表

缺货概率（%）	30.6	27.4	24.2	21.2	18.4	15.9	13.6
安全系数值	0.5	0.6	0.7	0.8	0.9	1.0	1.1
缺货概率（%）	11.5	9.7	8.1	6.7	5.5	5.0	4.5
安全系数值	1.2	1.3	1.4	1.5	1.6	1.65	1.7
缺货概率（%）	3.6	2.9	2.3	1.8	1.4	0.8	
安全系数值	1.8	1.9	2.0	2.1	2.2	2.3	

表 31　随统计资料期数而变动的 d_2 值

n	2	3	4	5	6	7	8
D_2	1.128	1.693	2.059	2.326	2.534	2.704	2.847
$1/d_2$	0.8865	0.5907	0.4857	0.4299	0.3946	0.3098	0.3512
n	9	10	11	12	13	14	15
d_2	2.970	3.078	3.173	3.258	3.336	3.407	3.472
$1/d_2$	0.3367	0.3149	0.3152	0.3069	0.2998	0.2935	0.2880
n	16	17	18	19	20	21	
d_2	3.532	3.588	3.640	3.689	3.735	3.778	
$1/d_2$	0.2831	0.2787	0.2747	0.2711	0.2677	0.2647	

操作要点

确定安全库存量公式：

⇨ 安全库存 $= K\sqrt{\text{最大订货提前期}}\times$ 需求变动值

第三节　确定经济订货批量

经济订货批量（Economic Order Quantity，简称 EOQ）是指库存总成本最小时的订货量。本书所介绍的模型均是在确定条件下的模型，即每次订货量相同、订货提前期固定、需求率固定不变。

企业每次的订货量直接关系到库存水平和库存总成本。因此，企业希望找到一个合适的订货数量使它的库存总成本最小。采用经济订货批量模型可以做到这一点。

1. 基本的经济订货批量模型

只涉及一种产品，且年需求量已知，需求比例是常数，生产提前期不变，各批量单独运送和接收，没有数量折扣及不考虑缺货时的经济批量模型为基本的经济订货批量模型。此时：

$$\mathrm{EOQ}=\sqrt{\frac{2CD}{K}}$$

$$=\sqrt{\frac{2CD}{PF}}$$

C：单位订货成本（元/次）

D：某库存物品的年需求量（件/年）

K，PF：单位库存平均年库存保管费用（元/件・年）

P：单位采购成本（元/件）

F：单件库存保管费用与单件库存采购成本之比

知识链接

经济订货批量模型是在总成本最小的情况下得出的订货批量，因此，其模型是通过对库存物品的年度总费用（TC）中的每次订货批量 Q 求导得出的。年度总费用 = 采购成本（DP）+ 订货成本（DC/Q）+ 库存保管费用（$QK/2$）。

2. 有折扣时的经济订货批量模型

（1）考虑数量折扣的经济批量模型。供应商为鼓励大批量购买，通常规定购买数量达到或超过某一数量时提供优惠价格，在这种情况下，买方要通过计算来决定是否需要增加订货量去获得折扣。通常采用以下方法进行确定：

① 计算经济批量。通过基本经济订货批量模型 $EOQ=\sqrt{\frac{2CD}{K}}$ 或者 $EOQ=\sqrt{\frac{2CD}{PF}}$ 按原价计算出经济批量（EOQ）和按照折扣单价计算出经济批量（$EOQ_{折}$）。

② 计算总成本。通过公式 $TC=DP+\frac{DC}{Q}+\frac{QK}{2}$ 计算出采用原价所确定的经济订货批量（EOQ）采购时的总成本（TC）和享受折扣时的批量采购时的总成本（$TC_{折}$）。

③ 进行分析判断。若按照折扣单价计算出的经济订货批量（$EOQ_{折}$）小于可以享受批量折扣的数量时，说明此经济批量无效。然后把按原价采购的经济批量的总成本（TC）和享受折扣时的批量采购的总成本（$TC_{折}$）进行比较，若 $TC \geqslant TC_{折}$，则应该以商家提供的折扣数量为最佳采购批量。若计算出的经济批量（$EOQ_{折}$）大于可以享受此批量折扣的数量时，则应按经济批量采购。此时既可享受折扣优惠，又能使总成本最低，是最理想的情况。

（2）考虑运输数量折扣的经济批量模型。运输费用由卖方支付的情况下，一般不考虑运输费用对库存成本的影响；如果运输费用由买方支付，则会对库存成本产生较大的影响。当增加批量可以得到运价上的折扣时，就要考虑是否要加大购买批量。具体方法如下：

① 按经济批量计算总成本（TC）。

$$TC = DY + \frac{DC}{Q} + \frac{QK}{2}$$

DY：运输成本（元）　　Y：单位运输成本（元/件）

② 采用上述公式按折扣运价批量计算总成本（$TC_{折}$）。

③ 分析。若 $TC_{折}$ 小于 TC，则按折扣运价批量采购；否则按经济批量采购。

3. 允许缺货时的经济订货批量模型

在实际生产过程中，订货到达时间和每日耗用量不可能稳定不变，因此有时不免要出现缺货的情况，此时的经济订货批量模型为：

$$EOQ = \sqrt{\frac{2C_3D}{C_1}} \cdot \sqrt{\frac{C_1 + C_2}{C_2}}$$

C_1：单位保管费用　　C_2：单位缺货费

C_3：订货成本　　D：需求量

操作要点

确定经济订货批量的模型有：

⇨ 基本的经济订货批量模型

⇨ 有折扣时的经济订货批量模型

⇨ 允许缺货时的经济订货批量模型

第四节　定量订货法

定量订货法是在库存下降到预定的最低库存量（订货点）时，按规定数量（一般以经济批量 EOQ 为标准）进行订货补充的一种库存控制方法。它主要靠控制订货点和订货批量两个参数来控制订货，达到既最好地满足库存需求，又使总费用最低的目的。订货点和订货批量的确定方法如下。

1. 确定订货点

影响订货点的三个因素有：订货提前期、平均需求量、安全库存。确定订货点，具体方法如下：

（1）在需求和订货提前期确定的情况下，即不需要设立安全库存时，计算公式如下：

订货点 = 订货提前期（天）×全年需求量/360

（2）在需求和订货提前期都不确定的情况下，即需要安全库存时，计算公式如下：

订货点 = 平均需求量 × 最大订货提前期 + 安全库存

安全库存 = K $\sqrt{\text{最大订货提前期} \times \text{需求变动值}}$

●**重点提示**

订货点公式中安全库存采用前一技能点中介绍的安全库存计算方法计算得到。

2. 确定订货批量

在定量订货方式中，对于每一品种的商品每次订货批量都是相同的，所以每个品种都要确定一个订货批量，通常取经济订货批量为订货批量。计算公式为：

$$Q^* = \mathrm{EOQ} = \sqrt{\frac{2CD}{K}}$$

$$= \sqrt{\frac{2CD}{PF}}$$

C：单位订货成本（元/次）

D：某库存物品的年需求量（件/年）

K，PF：单位库存平均年库存保管费用（元/件（年）

P：单位采购成本（元/件）

F：单件库存保管费用与单件库存采购成本之比

3. 适用范围

因为定量订货法订货数量固定，所以在具有管理方便、便于采用经济订货批量进行订货等优点的同时，也具有不便于严格管理、事前计划比较复杂等一些缺点，所以有一定的适用范围。通常在以下几种情况下采用定量订货法比较适合：

（1）单价比较低，不便于少量订货的产品，如螺栓、螺母等；

（2）需求预测比较困难的维修材料；

（3）品种数量繁多、库房管理事务量大的物品；

（4）消费量计算复杂的产品；

（5）通用性强、需求总量比较稳定的产品等。

操作要点

定量订货方式的两个参数：

⇨ 确定订货点

⇨ 确定订货批量

第五节　定期订货法

定期订货法是基于时间的订货控制方法，它通过设定订货周期和最高库存量，从而达到库存控制的目的。因此，定期订货法需要确定以下三个量。

1. 订货周期的确定

订货周期实际上就是定期订货的订货时点，其间隔时间总是相等的。具体计算公式如下：

$$T^* = \sqrt{\frac{2C}{KR}}$$

T^*：经济订货周期

C：单位订货成本

K：单件库存平均年库存保管费用

R：单位时间内库存商品需求量（销售量）

2. 最高库存量的确定

定期订货法的最高库存量计算公式为：

$Q_{\max} = \bar{R}（T + \bar{T}_K）+ Q_S$

$Q_{\max}$：最高库存量

$\bar{R}$：（$T + \bar{T}_K$）期间的库存需求量平均值

T：订货周期

$\bar{T}_K$：平均订货提前期

Q_S：安全库存量

3. 订货量的确定

定期订货法每次的订货数量是不固定的，订货批量的多少都是由当时实际库存量的大小决定的。每次订货量的计算公式是：

$Q_i = Q_{max} + Q_{Ni} - Q_{Ki} - Q_{Mi}$

Q_i：第 i 次订货的订货量

$Q_{\max}$：最高库存量

Q_{Ni}：第 i 次订货点的在途到货量

Q_{Ki}：第 i 次订货点的实际库存量

Q_{Mi}：第 i 次订货点的待出库货数量

知识链接

在使用定期订货法确定订货批量时，要考虑去订货点时的在途到货量和已发出出货指令尚未出货的待出货数量。

4. 适用范围

定期订货法的订货时间固定，每次订货量不固定。根据其特点定期订货法适合在以下情况下采用：

(1) 消费金额高、需要实施严格管理的重要物品，如本章第六节中所述的A类物品；

(2) 需要根据市场的状况和经营方针经常调整生产或采购数量的物品；

(3) 需求量变动幅度大，但变动具有周期性，而且可以正确判断其周期的物品；

(4) 建筑工程、出口等时间可以确定的物品；

(5) 受交易习惯的影响，需要定期采购的物品；

(6) 多种商品一起采购可以节省运输费用的；

(7) 同一品种物品分散保管，同一品种物品向多家供货商订货，批量订货分期入库等订货、保管和入库不规则的物品；

(8) 取得需要很长时间的物品和定期生产的物品；

(9) 制造之前需要人员和物料的准备或只能定期制造的物品等。

操作要点

定期订货法需要确定的变量：

⇨ 确定订货周期

⇨ 确定最高库存量

⇨ 确定订货量

第六节 ABC 分类法

一般来说，企业库存物资种类繁多，每个品种的价格不同，库存数量也不等。由于企业资源有限，为了使有限的时间、资金、人力、物力等资源能得到更有效的利用，应对物资采用 ABC 分类法管理控制。

1. 制订 ABC 分类标准

知识链接

ABC 分类法就是根据库存物资重要程度的不同，分别进行不同管理的管理方法。

进行 ABC 管理，首先要根据库存中各种物资一定期间内消耗的金额对库存物资进行 ABC 分类，消耗金额高的划归 A 级，次高的划归 B 级，低的划归 C 级。具体步骤为：

（1）计算某种物资在一定期间内的消耗（供应）金额。公式如下：

消耗（供应）金额 = 单价 × 消耗（供应）数量

（2）按照消耗（供应）金额的大小顺序，排出品种序列。消耗（供应）金额最大的排在第一位，依次排列，然后计算各品种的供应金额占总消耗（供应）金额的百分比。

（3）按照消耗（供应）金额大小的品种序列计算消耗（供应）金额的累计百分比。把占消耗（供应）金额累计 70% 左右的物资作为 A 类，占接下来 20% 左右的为 B 类，剩下的分作 C 类。

知识链接

具体的划分标准及各级物资在总消耗金额中所占的比例没有统一的规定，要根据各企业、各仓库的库存品种的具体情况和企业经营者的意图来决定。但是根据众多企业运用 ABC 分类的经验，一般可按各级物资在总消耗金额中所占的比重来划分，具体参考数据为：

物资在总消耗金额中所占比重

级别	年消耗金额（%）	品种数（%）
A	60～80	10～20
B	15～40	20～30
C	5～15	50～70

2. 管理措施

（1）A类物资的管理。因为A类货物进出仓库比较频繁，对库存成本影响很大，所以要认真对待，投入更多的人力、物力，以提高管理水平。需要有详细的进出库记录，经常检查库存情况，精心做好货物的保管工作，随时提供准确的库存信息，在满足企业内部需要和客户需要的前提下维持尽可能低的安全库存量；在库存配置上，应把A类货物储存在靠近客户的配送中心，客户一订货就能马上送到客户手中，以便提供优质的服务。

（2）B类物资的管理。B类物资相对来说进出库不很频繁，因此一般对货物的组织和发送的影响较小，通常可采用定期订货法订货。在库存配置上，可以把这类货物放在工厂仓库和配送中心保管，库存的数量可以根据具体情况来决定。

（3）C类物资的管理。由于C类物资需要占用较多的货场资源，管理费用较高。因此C类物资管理的重点应该是简化管理。对很少使用的货物可规定最少出库的批量，以减少处理次数，同时储备必要的数量；对于数量大、价值低的货物可以不纳入日常管理的范围，减少对这类货物的盘点次数和管理工作。

表 32　ABC 货物库存管理表

分类 管理方法	A	B	C
库存配置	配送中心	仓库或配送中心	工厂仓库
定额的查定	技术计算法	现场查定法	经验估算法
检查	经常检查	一般检查	以季或年检查
统计	详细统计	一般统计	按金额统计
控制	严格控制	一般控制	金额总量控制
安全库存量	尽可能低	较大	允许较高

操作要点

ABC 分类法的具体实施步骤：

- 制订 ABC 分类标准
- 管理措施

实用范例

一家规模较大的连锁超市，运用了 ABC 分类法进行货物库存管理。其步骤如下：

第一，将货物的销售额进行统计，然后按销售额大小将货物进行排列，并算出每种货物占总销售额的比重。

第二，根据每种货物销售额的比重，计算出累计销售额比重，从而确定它们属于哪一类，填入 ABC 表格中。该超市将累计占到销售额比重 68% 的货物划为 A 类，又称做主力货物；将占销售额 25% 的货物划为 B 类，又称辅助性货物；将占销售额 6% 的货物划为 C 类，又称做附属性货物。

第三，进行货物 ABC 管理趋势分析。为使 ABC 管理法起到管理库存的作用，该超市还进行了一段时间的连续分析，调查每种货物的销售趋势，以供物流和采购决策之用。

某超市的货品 ABC 分析

商品名称	品种数统计	占品种数的百分比（%）	供货金额数（万元）	占供货金额百分比（%）
1	260	7.6	5800	69
2	68	2	500	6
3	55	1.6	250	3
4	95	2.8	340	4
5	170	5	420	5
6	352	10	410	5
7	2421	71	670	8
合计	3421	100	8390	100

该超市通过上述分析结果对各种货物进行了相应的库存管理。

第七节　零库存管理

存货就是浪费，它耗费空间、占用资金和时间，因此各企业都致力于实现本企业的零库存。在实践中各企业可根据自身情况选择以下途径来实现零库存。

1. 委托保管方式

将需要保管的货物委托给专业的仓库或物流组织保管，并向其支付一定的保管费用。由于专业的仓库或物流组织具有专业优势，可以实现较高水平和较低费用的库存管理，因而本企业可以不再设立仓库及购买相应设备，从而实现本企业的零库存，减去了仓库及库存管理的大量事务。

2. 协作、配套生产方式

这种方式多在制造业使用。生产企业通过与其上游供应商之间构筑起稳定的协作、配套生产关系，形成稳定的供货渠道。供货渠道稳定后，就可以免除生产企业在后勤保障工作上的后顾之忧，减少物资库存总量，甚至取消供应品库存，实现零库存。

3. 分包销售方式

生产企业通过集中设库储存产品，统一组织产品销售，并通过配额供货的形式将产品分包销售给经销商，这样在各个经销商处就实现了销售品的零库存。

4. 看板供货方式

在企业内部各工序之间，或在建立供求关系的企业之间，采用固定格式的卡片，由下一环节根据自己的生产节奏逆方向向上一个环节提出供货要求，上一环节则根据卡片上指定的供应数量、品种等及时组织供货，从而使需求者无需保有库存，最终实现零库存。

知识链接

看板主要有生产看板和取货看板。生产看板是在工厂内指示某工序加工制造规定数量工件时所用的看板，其中需包括加工工件的件号、件名、类型，工件存放位置，工件背面编号，加工设备信息等。取货看板是后道工序作者按看板上所列信息，到前道工序领取零部件的看板。其主要内容有工件的件号、件名、类型，工件存放位置，工件背面编号，前加工工序号、后加工工序号等。

5. 水龙头方式

此种方式像拧开自来水管的水龙头就可以取水一样无需自己保有库存，所以被称为“水龙头”式。

企业随时提出购入要求，需要多少就购入多少。供货者依靠自身拥有的物流设施和先进的物流设备，以自己的库存和有效的供应系统，通过多种方式配送来保证及时供应，从而使企业实现零库存。

操作要点

实现零库存的方法有：

- ⇨ 委托保管方式
- ⇨ 协作、配套生产方式
- ⇨ 分包销售方式
- ⇨ 看板供货方式
- ⇨ 水龙头方式

实用范例

宝洁公司与分销商的合作方式

宝洁公司在每一地区通常发展少数几个分销商，通过分销商对厂级批发商、零售商进行管理。分销商与宝洁公司签订合同，双方明确权利和义务，并进行合理分工。对分销商的选择标准主要包括：规模、财务状况、商业信誉、销售额及增长速度、仓储能力、运输能力和客户结构等指标。发展为分销商后，宝洁公司将协助分销商制订销售计划和进行促销设计，甚至派驻销售经理直接在分销商公司内办公。宝洁公司在分销商处投资建立分销商商业系统，该系统有助于分销商更有效地管理库存。宝洁公司的产品和促销品全部存储在分销商仓库里，由分销商负责仓储和配送，从而使宝洁公司实现了产品的零库存。

第八节　使用 JIT 存货管理方式

JIT（Just In Time）方式在库存管理中主要应用于订货管理，即采购管理中形成的一种先进的采购模式——准时化采购。JIT 采购不但可以减少库存，还可以加快库存周转，缩短提前期，提高进货质量，取得满意的交货效果等。通过以下步骤，可以实现 JIT 采购。

1. 创建准时化采购班组

准时化采购班组要由对JIT采购方法有充分了解和认识的人组成，其主要职责是寻找货源、商定价格、发展并不断改进与供应商的协作关系。通常采购班组可分为两个小班组：一组专门负责处理有关供应商的事务，比如认定和评估供应商的信誉、能力，与供应商谈判签订合同，向供应商发放免检证等；另一组负责监督准时化采购过程，不断消除采购过程中的浪费。

2. 制定采购策略

这是实施准时化采购关键的一步。只有采购策略制定得合理，才能充分发挥准时化采购的优势。在这一过程中要结合企业现状，应用准时化采购策略的核心思想，制定新的适合本企业的采购策略，从而改进原有的采购方式；在这一过程中还要与供应商保持信息交流与沟通，一起商定目标和相关措施。

3. 精选少数供应商，建立商业伙伴关系

要对供应商进行能力评估，尽量减少供应商的数量。选择供应商时应考虑供应商的产品产量、供货能力、应变能力、地理位置、企业规模、财务状况、技术、价格以及可代替性等；选定后要注意维护和供应商之间的战略联盟关系，建立良好的商业伙伴关系。

●重点提示

选择最佳的供应商，并对供应商实施有效的管理是JIT成功的基石。

4. 进行试点工作

选择公司的一种或两种货品，运用新制定的采购策略进行试点，观察运行结果，通过和预想结果进行对比，总结经验教训，待新策略能够顺畅运行时再正式对所有货品实施JIT采购。

5. 进行供应商的培训，确定共同目标

为得到供应商的支持和配合，需要对供应商进行有关JIT采购策略和

运作方法的培训，使供应商能够了解 JIT 采购的运作过程对供需双方的好处，让供需双方树立共同的目标，从而能够更好地协作开展 JIT 采购。

6. 向供应商颁发产品免检签证

对供应商提供的产品进行质量检查和评定，向能够提供质量合格产品并且信誉好的供应商颁发免检签证，这样就可以对拥有免检签证的企业产品省去烦琐的检验过程。

7. 实现配合节拍进度的交货方式。

为使 JIT 采购最终满足 JIT 生产方式的要求，交货方式要从预测交货向 JIT 交货方式转变，最终实现当需要某物资时，该物资刚好到达并立即投入生产的效果。

8. 继续改进，不断完善

为保证 JIT 采购的不断完善，在实施过程中要不断总结经验教训，要从降低运输成本，提高交货准时性和产品质量，降低供应商库存等各个方面进行改进，从而不断提高准时化采购的运作效率。

操作要点

实施 JIT 存货管理方式的步骤如下：

⇨ 创建准时化采购班组

⇨ 制定采购策略

⇨ 精选少数供应商，建立商业伙伴关系

⇨ 进行试点工作

⇨ 进行供应商的培训，确定共同目标

⇨ 向供应商颁发免检签证

⇨ 实现配合节拍进度的交货方式

⇨ 继续改进，不断完善

第五篇

物流服务管理

第二十四章 物流服务战略管理

战略是一种思维模式和思维方向，它决定企业如何审视周围的世界。在全球化和技术创新的时代，企业能否在激烈动荡的市场竞争中制定和执行正确的企业经营战略，已经成为企业能否立于不败之地的关键。可以说，战略是企业的命脉。物流服务战略作为企业经营战略的重要组成部分，其重要性正逐渐被企业所认同。

关键词 战略分析 物流服务环境 物流服务战略 物流服务水平 客户服务战略 战略联盟

第一节 物流服务战略分析

思考下面的几个问题：

消费者和工业市场的结构可能会发生什么变化？

这些变化将会对企业的物流服务管理产生多大影响？

主要竞争对手在细分市场上的策略是什么？

什么样的供应链结构最能够使实现成本最小化，并提供具有竞争力的服务？

应该实施什么样的客户服务战略？如何才能根据客户细分市场、产品类别和订货批量的特点使战略更有针对性？

当企业开始为上面的问题寻找答案的时候，物流服务战略分析就已经开始了。

知识链接

物流服务战略是通过对物流服务的未来需求进行预测和对整个供应链的资源进行管理，形成较高的客户满意度的长期规划。

面对激变的环境、多样的需求，企业只有全面审查现行的经营战略，才能赢得先机。物流服务战略是企业经营战略的重要组成部分，对企业的物流服务战略进行分析可以从以下几方面着手。

1. 是否满足高层次物流需求

物流需求不断向高层次发展是整个物流服务环境变化中最为重要的方面。现代物流服务必须真正达到5R的标准才有可能满足个性化、准时制（JIT）和高附加值的需求。原来那种大量生产、大量销售体制下产生的大量运输将会越来越少，从而对物流企业原有的利益格局产生冲击。在这种情况下，对物流服务战略的重新审订势在必行。

知识链接

现代物流服务的要求可以用5R，即5个“合适”来表示：将合适的产品（Right Product），以合适的数量（Right Quantity）、合适的价格（Right Price）在合适的时间（Right Time）送到合适的地点（Right Place）。

2. 是否满足激烈竞争的要求

●重点提示

其他一些因素(比如产品特征、物流成本、产品价格等）的重大变化，有时也会成为企业重新审订物流服务战略的推动力。

经营环境对战略的影响除了需求方面外，对供给方面也有相当大的作用。这一方面表现在参与物流服务竞争的企业越来越多，使竞争的范围越来越广；另一方面则表现在先进物流技术和手段的运用使物流服务竞争的程度也越来越深。企业的物流服务战略必须综合竞争对手的因素全面考虑。

3. 是否满足可持续发展的要求

在战略上合理安排、管理物流不仅关系到企业自身的效益，也关系到整个社会的可持续发展。企业对社会的发展是有责任的，如何选择运输工具，如何运用共同配送以减少物流活动对环境、交通等方面的负面影响等，都是在企业物流服务战略中应当涉及的。

从以上三个方面对物流服务战略进行分析，将有助于企业在变化的环境中做出正确的战略决策，为企业制定整体的、长期的经营战略提供重要的依据。

操作要点

对企业的物流服务战略进行分析可以从以下几方面着手：

- 是否满足高层次物流需求
- 是否满足激烈竞争的要求
- 是否满足可持续发展的要求

实用范例

经过50年的不懈努力，中外运已成为一家以运输为主业，全方位发展的跨地区、跨行业、跨国经营的大型企业集团。

近年来，中外运敏锐地认识到世界经济环境正在发生变化，随着经济全球化和信息技术的不断进步，客户对物流服务越来越“挑剔”，原有的服务方式已不能满足其需要，客户需要更高层次、更个性化的服务。2000年初，经过集团内外广泛和深入的论证，中外运制定并实施了面向21世纪的企业发展战略，即从传统的外贸运输企业转变为由多个物流主体组成的，按照统一的服务标准流程和规范体系运作的，国际化、综合性的大型物流企业集团。

随后中外运成立了物流发展部，将食品饮料、电子通讯产品、电子消费产品三大行业定为目标市场，为用户提供全新的物流服务。中外运以客户为中心，以降低客户成本为服务目标，以伙伴式双赢策略为准则，为客户提供完善的物流解决方案和全方位的物流服务。如今，中外运已经为明基、爱立信、夏普、联想、飞利浦、摩托罗拉、卡夫、柯达等一批知名跨国公司提供产品的库存管理、分拨和配送等服务，不断扩大自己的市场份额。

第二节　物流服务环境分析

企业在制定物流服务战略时必须以不断变化的环境背景为依托，准确把握物流服务的发展趋势。这就必须对物流服务环境有清醒的认识。可以从以下几个角度对物流服务环境进行分析。

1. 供应链角度

提供专业物流服务的第三方物流企业是整个供应链的一部分，在通常情况下，不可能向客户提供整个供应链的物流服务。即便是在供应链的某些环节的服务，第三方物流只能完成其中的部分内容。从为整个供应链服务的角度提出的第四方物流不但使物流服务的内容变得更加丰富，也为当前物流服务企业制定发展战略提供了新的思路。

知识链接

安盛咨询公司将第四方物流定义为：一个调配和管理组织自身的具有互补性服务提供商的资源、能力与技术，来提供全面的供应链解决方案的供应链集成商。

2. 零售业角度

从当今零售业物流服务系统的发展来看，最具有代表性的是24小时便民连锁店，其物流服务系统的设计、管理已经成为零售业物流发展的标志。怎样通过物流中心实现效率化？如何实现商品配送的计划化和集约化？怎样实现物流成本的合理分担？对这些问题的回答都是零售业提供物流服务的方向。

3. 批发业角度

现代的批发业开始从原来作为厂商销售代理人的角色向零售购买代理人的角色转变。同以前相比，他们的备货范围更广，配送行为更加快速，整个物流系统向柔性化方向发展。这必然产生对信息系统和物流中心的更高服务要求。

知识链接

看板是丰田汽车公司的生产计划系统，也是最著名的适时管理范例。看板卡片指示工作中心或供应商生产一定标准数量的某种产品，并要求将零部件或半成品运送到工作中心。公司就利用这些卡片来管理生产过程和物料流动。

4. 厂商角度

精益生产、准时制（JIT）、看板、制造资源计划（MRP）等现代生产方式对生产制造企业物流的影响日益深远。从物流服务角度看，这些现代方式对原来的配送管理和库存管理方式已经形成了明显的冲击。

越来越多的厂商不是让批发商来承担本企业产品的物流，而是通过构筑自身的物流系统，向零售商配送产品，由供应商管理库存（VMI），从而使厂商迅速把握产品销售情况。

对物流服务环境进行全面的分析，可以为企业制定物流服务战略提供许多重要信息，同时将拓宽企业的经营思路。

操作要点

可以从以下角度进行物流服务环境的分析：

⇨ 供应链角度

⇨ 零售业角度

⇨ 批发业角度

⇨ 厂商角度

实用范例

2001 年 1 月，北京西单华联超市有限公司的成立，揭开了华联超市全国发展战略的序幕。从 1995 年公司开始向发展加盟连锁店转变以来，不足十年的时间，华联超市已经建成覆盖了上海、江苏、安徽、北京、河南、山东等十余个省市的特许经营网络。

华联超市的优势可以归结为以下几个方面：

管理优势；

物流配送优势；

信息系统优势；

人才优势；

品牌优势。

华联超市决策层经过全国调研、反复论证，制定了华联超市五年发展战略。总体目标：计划用五年时间构建华东、华北、华中、华南、西部、东北地区等全国六大市场板块；在条件许可的情况下，跨出国门，开拓亚洲市场，力争到 2005 年门店规模达到 5 000 家，销售额达到 600 亿~700 亿元。业务方面，华联超市将拓展四个层面：第一，传统的食品超市，这是企业比较成熟的核心业务，为企业主要利润来源；第二，大型卖场，这是企业下一阶段的经济增长点；第三，便利店；第四，电子商务。华联超市根据不同地区的情况，开发不同的层面，形成了一个互补型的全国发展战略布局。

第三节　制定物流服务战略

物流服务战略的制定是企业经营管理活动中一项十分重要的职能，通过影响物效率效对客户满意度产生重大影响。科学、合理地制定物流服务战略主要有以下几个步骤。

1. 确定物流服务的要素

一般来讲，明确接受订货的截止时间、进货期、订货单位等要素是物流服务战略规划的第一步。只有清晰把握这些物流服务的要素，才能使以后的决策顺利进行，并得以控制。

2. 收集有关物流服务的信息

制定物流服务战略需要收集的信息主要包括客户对物流服务重要性的认识、客户的满意度以及与竞争企业的物流服务相比是否具有优势等。这种信息资源的收集可以通过问卷调查、座谈、访问等方式或者委托专业调查公司来进行。

3. 整理物流服务的信息

分析整理信息的日的是要明确：

（1）企业现有的物流服务水平与客户需求之间有什么差距，据此明确企业需要改善或提高的物流服务。需要注意的是，客户需求是有先后顺序的，一般位于优先地位的是企业物流服务的核心要素，而对于不同的细分市场，服务要素的先后顺序也不一样。

（2）企业现有的物流服务水平与竞争对手或其他优秀企业的服务水

平有什么差距。要找出企业物流服务的不足，可以运用定点超越的方法。

4. 划分客户群

由于客户需求受到客户思维方式、行动模式以及地区差异等多种因素影响，因此以什么样的特性为基础来区分客户群成为制定物流服务战略的重要问题。同时，在划分客户群的过程中，应当充分考虑不同客户对企业的贡献度以及客户的潜在能力。

●重点提示

客户群的划分和相应的服务组合不是一成不变的，应当定期核查以确保物流服务的效率。

5. 确定物流服务组合

对客户群进行划分后，首先要做的就是针对不同的客户群制定相应的物流服务基本方针，确保将企业资源优先配置给重点客户群。此后，在对企业物流服务水平预算分析和对主要竞争对手的物流服务水平分析的基础上，针对不同的客户群确定相应的物流服务组合。

物流服务战略的制定是一项系统工作，应当按照上述步骤综合考虑企业外部和内部的影响因素，有序进行，只有这样才能使制定的战略成为企业朝正确方向前进的有力保障。

操作要点

制定物流服务战略的主要步骤：

⇨ 确定物流服务的要素

⇨ 收集有关物流服务的信息

⇨ 整理物流服务的信息

⇨ 划分客户群

⇨ 确定物流服务组合

实用范例

为了确保21世纪的竞争优势和可持续发展，1998年，中外运总公司开始进行发展战略的研究。经过一年多深入、广泛的调研和论证，中外运确定了面向21世纪的发展战略，并制定了《中国对外贸易运输（集团）总公司发展战略纲要》，明确了把中外运从一个传统的对外贸易运输企业建成由多个物流主体组成的，按照统一的服务标准流程和规范体系运作的现代化、国际化、综合性的大型物流企业集团。

2000年，中外运总公司已经开始贯彻实施《纲要》，与此同时，总公司物流部又提出了《中外运物流营销体系建设方案的设想》、《中外运物流作业体系方案的设想》和《中外运物流仓储信息系统实施方案的设想》等实施方案，形成了一套相对完善的物流服务战略。

第四节　确定物流服务水平

一定的物流服务水平是构筑物流服务体系的基础，应当从战略高度予以重视，在整个公司中统一思想，达成共识。物流服务水平应当根据客户需要什么和什么将使公司的利润最大化而确定，而不应当仅仅是根据行业标准、管理判断和以往的实践经验来确定。

确定物流服务水平可以按照以下方法进行。

1. 明确物流服务水平与物流成本的关系

根据特定的物流服务组合，　定的物流服务水平都有相应的成本水平。在对公司销售与成本的大致关系进行分析的基础上，就可以将成本与服务对应起来：随着物流服务水平的提高，成本则会加速增长。不同服务水平下，收入与成本之差就决定了利润曲线（参见图51）。利润曲线上有一个利润最大化点，该点一般在服务水平最低和最高的两个极端点之间。我们要做的工作就是找到这一理想的服务水平。

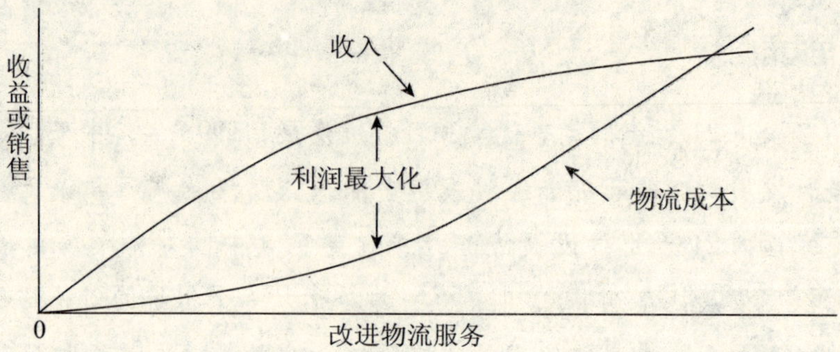

图 51　不同物流服务水平下，成本—收入悖反关系示意图

2. 确定最优服务水平

知道各物流服务水平下的收入和成本后，就可以通过数学方法找到这个利润最大点。

假定企业目标是利润最大化，即物流服务有关的收入与成本之差的最大化。在经济学上，最大利润在收入变化量与成本变化量相等的点上实现，也是边际收入等于边际成本之时。设已知的销售—收入曲线为 $R=0.5\sqrt{SL}$，其中 SL 是服务水平，表示订货周期为五天的订单所占的比重。绘制出曲线图（参见图 52）。相应的成本曲线已知为 $C=0.00055SL^2$。最大化利润的表达式就是：

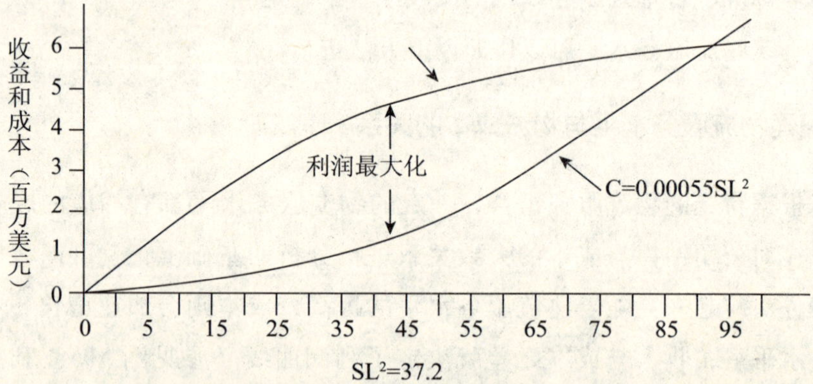

图 52　收入、成本曲线的利润最大点

$P = 0.5\sqrt{SL} - 0.00055SL^2$

P：利润

用微积分方法，求出在利润最大化条件下，服务水平的表达式为：

$$SL^* = \left[\frac{0.5}{4\ (0.00055)}\right]^{2/3}$$

因此，$SL^* = 37.2$，也就是约37%的订单应该有五天的订货周期。

3. 确定服务水平的最佳波动范围

传统上人们认为只要服务水平的波动始终在可以接受的范围之内，就是令人满意的，不会有惩罚成本（参见图53）。但是按照田口玄一的损失函数理论，当没有达到预定的服务水平时，就会产生费用浪费、声誉损失、机会丧失等情况。随着服务偏离目标值，损失会增加，递增的速度可以用以下公式表示：

$L = k\ (y - m)^2$

L：单位损失（惩罚成本）

y：服务水平变量值

m：服务水平的目标值

k：常数，取决于服务水平在财务上的重要性

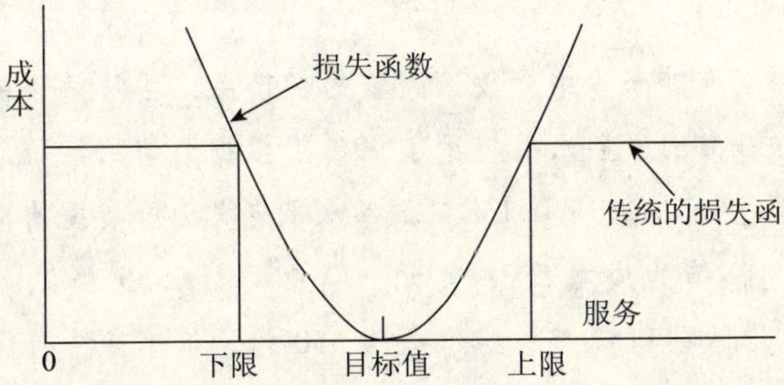

图53　适用于物流服务的田口损失函数

如果已知损失函数，在服务目标没有满足时，函数就会有一个值。将调整流程以满足不同服务质量要求的成本考虑进来，就可以得到服务

水平的最佳波动范围。

上面介绍的方法是理论上的最优解。在确定物流服务水平时还应当注意下面一些问题：

应当站在客户的角度考虑物流服务水平；

对不同客户应当确定不同的物流服务水平；

确定物流服务水平时，应当考虑如何形成自己的特色，形成竞争优势；

应当本着科学、经济的原则，不能盲目追求高水平。

●重点提示

不要将服务水平的确定看作微笑服务的问题，而要当作一门生财的艺术来对待。

操作要点

确定物流服务水平的方法：

⇨ 明确物流服务水平与物流成本的关系

⇨ 确定最优服务水平

⇨ 确定服务水平的最佳波动范围

实用范例

美国某公司在其仓库中存放了大量的畅销品，可以保证4年内都不缺货，此时该产品的服务水平超过了99%。根据公司的经验，服务水平每变化1%，毛收入就变化0.1%。服务水平定义为补货提前期内仓库有存货的概率。每箱的成本5.38美元，销售毛利0.55美元，年销售量59904箱，平均每周1152箱，标准差为350箱。年库存持有成本估计为25%，补货提前期为1周。

收入变化量 ΔR = 销售毛利 × 销售反应系数 × 年销量

= （0.55 × 0.001 × 59 904） = 32.95（美元）

已知安全库存的变化：

$$\Delta C = \text{年库存持有成本} \times \text{产品成本} \times \text{订货周期内需求的标准差} \times \Delta Z$$

$$= 0.25 \times 5.38 \times 350 \times \Delta Z = 470.25 \Delta Z$$

Z：现货供应概率的正态分布曲线系数（正态偏差）

计算出对应不同 ΔZ 值的安全库存成本的变化 ΔC 值，按照描点法绘制出在不同服务水平下 ΔR 和 ΔC 的曲线，两者的交点就是最优服务水平（SL^*），为93%，现有的库存服务水平超过了最优水平。

该公司以多个仓库的数千种产品为大样本进行了类似的分析，预计可以节约库存成本数百万美元。

第五节 策划物流客户服务战略

物流客户服务是指物流企业为促进其产品或服务的销售，发生在客户与物流企业之间的相互活动，该活动使交易的产品或服务升值。一流的客户服务是高水平物流服务企业的标志。客户服务不仅决定了现有的客户是否会继续与企业合作，而且也决定了有多少潜在的客户会成为现实的客户。

策划物流客户服务战略可以根据交易前、交易中和交易后的客户服务要素进行，具体应当涉及以下几个方面的内容。

1. 物流客户服务政策

给客户提供书面的声明，可以避免客户对某些不切实际的服务存有期望。客户服务政策的声明应当基于客户需求，有明确的服务标准，同时应当是切实可行的。当服务没有达到既定的服务水平时，声明必须为客户提供与公司沟通协调的方法。

2. 物流客户服务的组织结构

为保证客户服务政策的顺利实施，公司应当选择一种有利于职能部门之间沟通与合作的组织结构形式，并且明确各职能部门的权责范围。

3. 应急服务方案

一般而言，管理人员的规划和控制工作是为了保证物流系统在正常情况下的高效运作。但是，对于客户服务，还要准备处理可能的意外事件导致的系统瘫痪或系统运行在短时间内剧烈变化的情况。

4. 增值服务方案

增值服务是企业保障竞争力的重要武器。客户服务的增值方案有很多形式，比如计划一项用来帮助客户提高库存管理水平的培训活动。

知识链接

一项对美国塑料行业、办公系统和家具行业的调查表明：物流客户服务是营销组合中不可分割的组成部分，它在客户的心目中是最重要的。在代表产品、价格、促销以及实物分拨的100余个变量中，前18个重要变量中有9个与客户服务有关。其中最重要的服务因素是送达速度。

5. 交易过程要素控制方案

（1）缺货水平。缺货时，可以通过加速发货或者安排合适的替代产品来维持与客户的关系。为了找出引起缺货问题的环节，缺货情况应当根据产品和客户来进行登记。

（2）订货周期。虽然客户主要关心的是订货周期的总体时间，但是控制和管理好组成订货周期的订单传递、输入、处理、分拣、包装和交付等每一个组成部分，可以用来确定订货周期变动的原因，对于客户服务来说是非常重要的。

（3）订货信息。应该找出那些需要立即处理的订单，并建立相应的订单处理程序。

（4）加急发货。尽管加急发货的成本要比正常发货的成本高出许多，但是可能仍然比失去客户的成本要低。客户服务战略的策划应当考虑这些客户应当得到的服务。

6. 售后服务方案

售后服务是物流客户服务中最容易被忽略的环节。客户服务政策应当规定如何进行索赔、投诉和退货的处理。同时，在设计物流系统时，售后服务所形成的逆向物流也是需要特别引起重视的。

客户服务对于公司的市场份额大小、物流总成本高低以及最终的赢利水平具有直接的作用。因此，客户服务战略的策划对于企业来说是不可缺少的。

操作要点

物流客户服务战略应当包含的内容：

⇨ 客户服务政策

⇨ 客户服务的组织结构

⇨ 应急服务方案

⇨ 增值服务方案

⇨ 交易过程要素控制方案

⇨ 售后服务方案

实用范例

贝恩公司直销各类专用商品，1998 年公司的年销售额超过了 10 亿美元。公司能够吸引并留住顾客的直接原因是对客户服务的重视，比如，“善待你的顾客”“提供最优质的个人服务”等服务信条的确定。事实上，贝恩公司的服务核心是“百分之百的保证”，即如果有顾客出于任何原因对一件产品表示不满，公司都会承诺对商品进行调换或全额退款。

公司的客户服务部门除了帮助顾客解决他们关于订单情况、退货及特殊要求的问题，客户服务代表还向顾客提供能满足特定要求的装备清单。

贝恩公司还设有一家专门处理客户退货的物流中心，大多数的退货原因是由于尺寸不合适。为了保证快速送货，大多数商品由联邦快递公司承接运送任务，公司的产品可以投递到世界上除了古巴和朝鲜以外的任何国家。

第六节　建立物流战略联盟

近年来，越来越多的公司将物流活动外包出去或是与其他公司结成物流合作关系共享其物流系统。组建物流战略联盟成为强化企业核心竞争能力，实现高速增长的重要战略之一。那么，如何建立一个有效的物流战略联盟呢?

1. 兼容性是联盟能否成功的基石

兼容性是保持联盟双方良好关系的首要因素。如果两个进行合作的企业缺少兼容性，那么不管他们的业务在战略上多么重要，也不管他们各自拥有的资源多么丰富，都将很难经受时间的考验。

> **重点提示**
> 联盟的业务应当是合作双方的核心产品范围或核心业务范围，否则联盟就不会得到足够的投入。

要考察联盟的兼容性，可以从软件和硬件两个方面进行。

公司战略文化、管理模式等都是在选择战略合作伙伴时要考察的重要方面。相互之间的信任则是软件因素中最为重要的，管理层上的分歧和不信任对整个战略联盟来说将是致命的。

硬件因素主要包括公司的经营规模、业务范围、生产能力、组织结构、财务变动状况等。应当寻找与自己规模实力接近的公司作为合作伙伴，与一个比自己强大得多的公司结成联盟就好像与狼共舞。在所有的硬件因素中，合作伙伴的能力是至关重要的，它是实现联盟目标的保证。

2. 从现有的客户中寻找合作伙伴

选择战略合作伙伴，最好的办法就是在已经与自己存在业务关系的客户中寻找。公司对对方的能力、商业理念、企业文化都有了一个比较清楚的认识，双方的业务流程和人员都已经彼此熟悉，所以，同选择新的公司相比，用这种方法建立伙伴关系就会容易许多。此外，以前相互往来的经历还可以为双方能否友好相处提供最具说服力的参考信息。

知识链接

合作伙伴的选择方法有：

直观判断法、招标法、协商选择法、采购成本比较法、层次分析法、神经网络法等。

不同方法各有优缺点，企业可以根据实际情况做出选择。

3. 寻找更多途径

尽管从现有的客户中挑选联盟伙伴有上述好处，但若是把自己的视线局限在狭小的范围内，同样有可能丧失寻找到更佳合作者的机会。新的公司可能在技术和能力上更加适合成为联盟伙伴。当然，寻找这样的公司需要投入更大。

4. 制定合作伙伴退出联盟的规章

联盟面临的危机之一就是：当合作一方把物流战略联盟纳入公司发展战略，并且已经投入大量的资源时，另一方却突然要求退出联盟。为了避免类似的风险，公司在决定是否组建战略联盟时必须对此可能性做出评估，并且制定退出联盟的规章。

除了上面提到的要点之外，一个有效的物流联盟还应当包括有利于促进物流运作的信息共享计划、高于各自独立经营时赢利水平的具体目标、各合作伙伴都要遵循的基本操作章程等要素。

操作要点

建立物流战略联盟应当：

⇨ 充分考虑合作双方的兼容性

⇨ 立足于现有客户寻找合作伙伴

⇨ 放开视野寻求新的合作

⇨ 制定合作伙伴退出联盟的规章

实用范例

NIKE公司2000年初开始了从电子商务网站直接到消费者的产品销售，UPS就是实现NIKE从虚拟世界到消费者家中的快递服务公司。

UPS在路易斯维尔的仓库里存储了大量的NIKE产品，在接受了nike.com的订单后，每隔一个小时进行一次送货，将这些NIKE产品装上卡车运到航空枢纽。这样NIKE公司不仅节约了成本，还加速了资金周转。

在NIKE的物流外包业务中，其中的一个物流合作伙伴是MENLO公司。该公司是美国一家从事全方位物流服务的大型公司，其客户包括50多家大型国际公司，如IBM、NCR、惠普、AT&T、陶氏化学等。

在日本，NIKE的合作伙伴是全球500强之一的岩井公司。该公司每年的贸易额高达715亿美元，主要负责日本地区NIKE产品的生产、销售和物流业务。

第二十五章　物流服务营销管理

物流服务营销，是物流服务企业开拓市场的有力保证，它使企业能够有效地把握市场需求、提高客户服务水平。加入WTO，对我国的物流服务企业来说同样是一把双刃剑。与我国企业竞争的跨国性物流企业，不但实力雄厚，而且无不是营销的高手。对于我们的物流服务企业来说，要想在竞争中胜出，甚至是将产品市场扩大到整个世界范围，不仅要有能够令客户满意的产品，而且还需要有丰富的营销手段和技巧。

关键词　营销流程　需求预测　目标市场　设计服务产品　制定定价策略

第一节　设计物流服务营销流程

同其他产品的市场营销类似，物流服务的营销也应当有一个完整的流程，通常可以按照以下几个步骤进行设计。

知识链接

在新型服务经济的前沿，一往无前、迅速、富有革新精神和为顾客定制的服务是至高无上的战略要求。

1. 信息收集与目标客户需求分析

进行物流服务营销，首先应当依据收集到的客户信息对目标客户进行需求分析。信息的获取可以通过统计资料、媒体报道、上市公司报表等一般的渠道，也可以通过电话调查、现场收集、回访等方式进行。

信息的收集要围绕物流服务的市场现状和走向、客户的物流模式和水平、客户现有的合作伙伴等情况进行，为分析和预测客户需求打下基础，进而确定与客户接触的最佳时机。一般而言，目标客户面临流程重组、新项目启动或客户服务危机时，对专业物流服务是比较欢迎的。

2. 意向洽谈

在进行初步意向洽谈时，市场人员应当着重介绍公司的实力和相关经验，同时进一步了解客户信息，确定双方合作的可行性，尽量避免在没有进行深入接触的情况下做出不必要的承诺。

在进行了初步接触后，如果有必要，应当安排专家同客户的研讨。通过专家的参与，争取同客户达成初步的合作意向，签订保密协议，准确了解客户需求和运作状况。

3. 组建项目团队

以项目团队的形式将相关人员组织到一起来制订方案，一般需要的人员包括：物流服务策划专家、物流管理和操作人员、成本预算人员、信息系统支持人员、客户方配合人员等。

4. 制订物流服务方案

一个完整的物流服务方案应当包括设计方案和实施方案两部分。很多企业只重视设计方案，造成实施过程困难重重。可以建立

●重点提示

如果客户是采用招标的方式选择物流服务的企业，制订方案时要根据客户的招标文件进行，还要为投标现场答辩做相应的准备。

专门的项目实施小组负责项目的实施，并在实施过程出现问题时，及时调整物流服务方案。

5. 项目运作平稳后交给运作团队

物流服务项目的实施涉及众多方面的因素，一般要经过一个比较长的时间才可能运作平稳。在结合了运行情况对物流服务方案进行最后的修订后，该项目可交给公司的运作团队。

上面介绍的物流服务营销流程是合理的参考模型，实际操作中可能有更多环节，也可能简化。

操作要点

物流服务营销的完整流程：

⇨ 信息收集与目标客户需求分析

⇨ 意向洽谈

⇨ 组建项目团队

⇨ 制订物流服务方案

⇨ 项目运作平稳后交给运作团队

第二节　物流服务需求预测

可以用于需求预测的方法有很多，比如小组调查法、臆想预测法、历史类比法、指数平滑法、谱分析法、回归模型、投入—产出模型、生命周期分析法、神经网络法、动态模拟法等。不同的预测方法，其适用范围、复杂程度和预测精度是不同的。

一般来说，物流服务的管理者没有必要直接掌握现有的大量预测方法。因为需求预测活动通常是集中在企业的营销、规划或者是经济分析部门的，也就是说，中长期的预测结果常常是由其他部门提供的。对物流经理有实际意义的中短期需求预测方法主要有：

1. 指数平滑法

指数平滑法是移动平均法的一种，被认为是在同类预测方法中最为精确的。该方法只需要很小的数据量就可以连续使用，当预测数据发生根本性变化时还可以进行自我调整。该方法将所有历史因素的影响都包含在前期的预测值内，只是会给过去的观测数据不一样的权数，近期观测数据的权数比远期观测数据的权数要大。

指数平滑法基本的表达式为：

$F_{t+1}=\alpha A_t+(1-\alpha)F_t$

F_{t+1}：第 $t+1$ 期的预测值

F_t：第 t 期的预测值

A_t：第 t 期的需求值

α：权数（又称为指数平滑系数），其值介于 0 和 1 之间

指数平滑法被认为是在短期预测中最有效的方法。在需求有明显的趋势或季节性变化的情况下，还可以运用一些相关模型对利用上述表达式计算出的预测值进行修正，以获得更加令人满意的预测效果。

●重点提示

总体看来，预测模型复杂程度的提高并不会增加预测的精度。

2. 经典时间序列分解法

经典时间序列分解法将历史的销量模式分解为四组成分：趋势、季节波动、周期性变化和随机波动。趋势代表销售的长期变化，原因主要是市场对企业产品和服务的接受程度的根本性变化；季节性波动是指时间序列中规律性的高峰和低谷；周期性变化是需求模式长期的（超过一年）起伏变化；随机波动则是导致销售量变化的其他一些因素。

知识链接

在理想情况下，如果供应链的流程非常灵活，可以对需求做出快速

反应，就没有必要进行预测。因此，改善供应链的结构使它对每个客户的需求灵活有效地做出反应，可以成为解决预测问题的另一种思路。

3. 多元回归分析法

多元回归分析法是一种统计技术，它将时间以外的其他影响需求的因素作为变量进行考虑，用来判断那些选定的变量和需求之间的相关程度。根据这一方法可以利用多个变量建立预测模型，进行需求预测。

物流经理在不了解需求的情况下进行的决策不会是优化的，因而很难做到在物流活动之间合理分配资源。需求预测受到诸如预测技术、历史数据、不规律需求等因素的影响，预测的误差可能很大，甚至使预测失去实际意义。但是，大多数的需求是有规律可循的，按照预测的需求水平组织物流服务仍然是首选的做法。

操作要点

可以运用下列方法对物流需求进行预测：

- 指数平滑法
- 经典时间序列分解法
- 多元回归分析法

实用范例

一家电子元件生产企业去年各季度的对某元件的需求情况是：一季度 3500 件，二季度 2800 件，三季度 3150 件，四季度 3200 件。

该企业运用指数平滑法对其今年第一季度的需求情况做出了预测。根据对历史数据的经验判断，企业选择的指数平滑系数 α 为 0.11。将去年四个季度的平均需求数量作为前期预测值，即：，

$F_0 =（3500+2800+3150+3200）/4=3162$

今年第一季度的预测需求值为：

$$F_1=0.11A_0+(1-0.11)F_0$$
$$=0.11\times3200+0.89\times3162$$
$$\approx3166\text{（件）}$$

第三节　物流服务能力与需求的一致

需求的大幅度变动给很多物流服务企业造成了麻烦：在需求高峰时，他们不得不拒绝顾客；在需求低谷时，他们的设施又闲置起来。

消除物流服务需求波动的影响有两种基本的方法：一种方法是让供给能力满足变化的需求；第二种方法是对需求进行有效管理，运用营销策略消除高峰、填补低谷，从而使服务能力与需求达成一致。

1. 管理和调节供给能力以适应需求

一个设计和管理良好的物流服务过程中，设备、场地和人员的能力应当是平衡的，服务过程中任何环节都不应该成为运作的瓶颈。但这是一种理想状况。管理人员可以采用以下几种方法，调整供给能力以适应需求的波动：

（1）在需求的低谷时期安排停工期。为了确保高峰时期能够获得100%的供给能力，在需求水平预计较低的时候，可以安排维修活动，让员工休假。

（2）使用兼职的人员。可以在公司最繁忙的时候雇佣额外的工作人员，尤其是当需求高峰期很短的时候，这种方法可以为公司降低许多固定成本。

（3）租用或分享更多的设施。为了减少对固定资产的投资，公司可以在高峰期采用租用的方式从社会寻找更多的支持，需求模式互补的企业之间还可以签订正式的共享协议。

（4）跨岗位的培训。在整个物流服务系统看起来满负荷运转的时候，某些岗位可能仍然处于利用不足的状态。如果能够对员工进行跨岗位的培训以执行不同的任务，那么就可以把他们转移到需要人手的环节来提高整个系统的供给能力。

2. 使用营销管理手段来构建需求模式

营销组合中的所有要素都可以用来影响需求，在需求管理工作中往往需要同时改变两个或两个以上的要素。

知识链接

1960 年，美国麦卡锡教授将市场营销的内容概括为 4P，即产品（Product）、分销（Place）、促销（Promotion）和价格（Price）四大要素。

（1）价格手段。价格是需求管理中用来平衡供求关系的一个常用工具。对不同目标市场设定不同的服务等级、制定不同的价格，使每个细分市场的收益达到最大化。但是，在需求超过供给能力的情况下，企业的目标就应当是对最具赢利能力的细分市场确保供给能力，这时可以利用价格手段降低其他细分市场的需求。

（2）有效沟通。要想得到顾客对营销组合要素变化的具体反应，企业必须把价格和服务特征发生变化的信息清楚地传递给目标顾客，并告诉他们可以选择的服务有哪些。这样，顾客就可以在一定范围内选择服务时间，从而使企业达到平衡需求的目的。

（3）通过排队和预订存储需求。虽然物流服务企业同所有的服务性企业一样，几乎无法对供给进行存储，但是它们往往可以存储需求。这个工作可以通过以下两种方法完成：要求顾客根据先到先服务的原则排队等候；提供给顾客提前预订服务的机会。

制定有效的需求管理策略，将营销管理手段和所需要的信息系统相结合，物流服务企业将很有希望获得成功。同在固定资产上进行大量的投资相比，成功的需求管理还能为顾客提供更高质量的服务，提升客户满意度。

操作要点

物流服务企业的需求管理可以运用以下方法：

- 在需求的低谷时期安排停工期
- 使用兼职的人员
- 租用或分享更多的设施
- 跨岗位的培训
- 价格手段
- 有效沟通
- 通过排队和预订存储需求

第四节　选择物流服务目标市场

任何物流服务企业都必须认识到一个重要的营销问题：不同的细分市场为企业提供了不同的发展机会，而且某些细分市场提供的机会可能要好于其他细分市场。企业不仅要根据市场的利润潜力来选择目标市场，而且还要考虑本企业是否有能力向同样的细分市场提供与其他竞争对手同等的或者更好的服务。

选择物流服务的目标市场的过程可以有以下四个阶段。

1. 评估物流服务细分市场

细分市场是指一组拥有共同特征、共同需求、共同购买行为或消费形态的购买者。有效的市场细分应当将购买者分为不同的细分群，使得每个细分群在相关特征上的相似点尽可能多，而各个细分群之间在这些特征上的不同点也尽可能多。在评估物流服务的细分市场时，应当考虑以下几个方面的因素：

（1）细分市场的容量和发展趋势。

（2）市场的赢利能力。

（3）现有竞争的激烈程度。

（4）潜在竞争对手的情况。

（5）竞争对手的预期反应。

（6）是否存在替代服务。

（7）实现差异化服务的可能性。

（8）供应商和购买者的议价能力。

（9）撤出市场的壁垒。

2. 明确企业的经营目标和资源状况

企业选择的细分市场必须能够为实现企业的经营目标服务，细分市场的规模和发展潜力应当成为企业实现战略目标的保证；同时，企业自身拥有的技术、资金和其他资源也必须满足细分市场竞争的要求。这两方面因素都是企业在进行目标市场的选择时必须考虑的。

3. 确定物流服务的目标市场

在进行了上面两步分析之后，企业就可能发现一个或几个理想的细分市场。下面提供的一些方法可以帮助企业进一步确定物流服务的目标市场：

知识链接

一家企业要取得成功，就必须界定和推动自己成为某些产品或服务的最佳提供者，而这产品或服务对于目标市场的顾客非常重要。

（1）填补市场空位。企业所发现的细分市场可能不存在竞争对手，企业将服务定位于市场的空白处，这样可以避免激烈的竞争，为企业提供从容发展的机会。

（2）集中选择市场。企业将全部力量集中于一个或者极少数最为有利的细分市场，提供能够满足这些细分市场需求的服务，以期在竞争中获得优势。大多数的中小型物流服务企业选择这种方式。

（3）全面市场覆盖。企业为众多的细分市场同时提供服务，通过这种方式分散企业的经营风险。只有少数实力雄厚的企业适合采用这种方法。

4. 清晰表述企业在市场上的定位

把上面三种分析整合起来就是一种定位的表述，它清晰地表明了企业在市场上的定位以及提供的每一种服务。在这种认识的基础上，营销人员就可以制订出具体的营销行动计划了。

物流服务需求是多样的，物流服务环境也在不断地变化。因此，企业在进行物流服务营销策划时，应当充分重视目标市场的选择。

操作要点

选择物流服务的目标市场的过程为：

⇨ 评估物流服务细分市场

⇨ 明确企业的经营目标和资源状况

⇨ 确定物流服务的目标市场

⇨ 清晰表述企业在市场上的定位

实用范例

大荣货运与东源物流各自以其独特的竞争优势，成为领衔台湾地区物流业的“双子星座”。

大荣货运（T. JOIN）是台湾目前最大的物流公司，无论仓储、配送、流通、加工以及快递服务，都在同业中具有较大的竞争优势，尤其在快递服务上更是台湾地区唯一一家能够提供该项业务的本土物流企业。大荣还能为客户提供物流整体解决方案，针对每家厂商不同的产品特性，规划出不同的仓储设施、配送路线以及代收货款等一揽子服务。2000 年大荣货运营业额高达 45 亿新台币。

东源物流是台湾地区最早成立的专业物流公司。与大荣不同，东源除了综合经营仓储、货代、配送等业务外，较为特别的是为居民提供搬运服务，目前在市场上已创立了很好的品牌。此外，共同配送也是东源的差异化服务之一。2000 年东源营业额达 10 亿新台币。

第五节　设计物流服务产品

专业物流服务企业将物流服务视为它们的产品。物流服务，这是以前用来表述制造业产品的专用词语。通常情况下，一项物流服务产品的开发与设计要经过以下三个主要阶段。

1. 物流服务产品的需求分析

产品的需求分析是进行物流服务产品设计的基础，需求分析是否准确也在很大程度上决定了产品在市场上能否取得成功。在进行物流服务产品设计时进行的需求分析，其侧重点应当是需求的动因。要明确客户选择物流服务产品，也就是将物流业务外包的目的，进而更加有针对性地提供服务。

●重点提示

在讨论开发新服务产品的时候，应当阐明所设计产品的创新程度。创新的程度越高，可以借鉴的经验就越少，风险和费用就越高，管理工作也就越困难。

2. 确定物流服务产品组合

从产品的角度来看，专业物流服务企业可以为客户提供的服务主要有：

（1）运输配送类服务。包括运输网络的设计与规划、制订运输计划、门到门的一站式运输配送、提供运力、管理运力等。

（2）仓储库存类服务。包括物流系统规划、库存管理、仓储管理服务、提供仓库设施等。

（3）信息服务。包括提供信息平台、订单处理、物流信息系统开发、运输过程跟踪等。

（4）其他服务。包括供应商管理、包装与流通加工服务、费用代收、咨询服务、售后服务等。

对于不同的细分市场，企业提供的产品组合是不同的，这要根据需求分析的结果确定。

知识链接

在美国最常使用的物流服务产品中，排在前五位的分别是：仓库管理、合同配送、信息系统、车辆管理、订单履行。

3. 制订物流服务产品的改进方案

在明确了产品组合之后，还应当考虑该服务组合改进的可能性，既可以从完善服务体系的角度，又可以从拓展服务内容的角度制订物流服务产品的持续改进方案。

物流服务产品的开发与设计是物流服务营销过程当中非常重要的环节，应当按照上面提到的三个主要步骤，综合考虑方方面面的因素慎重进行。

操作要点

进行物流服务产品的开发与设计应当：

⇨ 进行物流服务产品的需求分析

⇨ 确定物流服务产品组合

⇨ 制订物流服务产品的改进方案

实用范例

在中国市场上掀起“速递旋风”后，美国快递业巨头UPS又将目光瞄准整个亚洲市场。据《亚洲华尔街日报》报道，公司旗下的UPS物流集团已开始实施一项庞大计划，向以出口贸易为主的亚洲企业提供物流链和上门服务。

UPS如此打算，正是看准了亚洲物流服务业存在的不足：包装粗劣、效率低下，由于货运标签上信息不详，往往还要付出额外的人工成本。

UPS的新计划不同以往，他们将建立一个连接来往货物的超级中枢，为此需要建设许多地区性的仓储站。作为这项计划的第一步，他们已经与加利福尼亚州的国家半导体公司合资，在新加坡建起了一个崭新的仓储站。他们的最终目标是为亚洲的四大支柱产业——计算机、半导体、医药和电子——提供类似的物流中枢服务。

第六节　制定物流服务产品定价策略

物流服务营销管理的另外一个内容就是制定定价策略。这项工作可以按照以下步骤进行。

1. 明确定价策略的依据

定价策略的依据通常被形象地描述为一个三角凳（参见图54），三个凳脚分别表示成本、竞争者和对顾客的价值。产品价格的底限是由成本确定的，上限则是由产品对顾客的价值确定的，而竞争者的因素则是确定实际价格时必须考虑的重要因素。

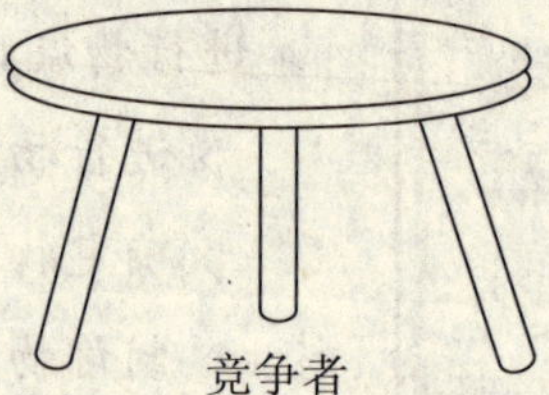

图54　定价三角凳

2. 明确定价的导向

物流服务企业的目标对定价策略起着指引方向的作用。定价可以有以下三种导向：

（1）以利润最大化为导向。企业以利润最大化为目标是一种最常见的情况。在这个目标下对服务产品定价，必须在对物流成本有清晰的认识前提下，通过盈亏平衡分析进行。

（2）以平衡需求为导向。在需求变动幅度过大时，企业以平衡需求为导向进行定价是有必要的。在前面的章节中已经有所涉及。

（3）以顾客为导向。为了吸引顾客，企业制定的产品价格可能低于其竞争对手，甚至可能会短时间低于自身的运营成本。

3. 制定定价策略

一个完整的价格策略应当明确以下信息：

（1）收取的价格是多少。

（2）定价的依据是什么。

（3）应当由谁来收款。

（4）应当何时、何地、怎样付款。

（5）如何把价格告诉目标市场。

●重点提示

在任何一种既定的情况下，顾客都会判断作为对他们所付出的东西的回报——他们得到了什么。

4. 确定价格

制定物流服务策略的最后一个步骤就是确定产品的价格。在所有的产品定价方法中，下面一些方法是值得物流服务管理者注意的：

（1）F. o. b 定价法。F. o. b（Free on board）代表“船边交货价格”。在实践中，这一方式仅指价格有效的地点。其中，F. o. b 定价体系中有多种价格表示方法。F. o. b 工厂价和 F. o. b 目的价是最常见的。

① F. o. b 工厂价。指在工厂所在地的单一价格。客户在工厂取得商品所有权，并负责由该点开始的运输。在实际的操作过程中，客户可能要求供应商安排运输，因为供应商可能有更好的运输设备，或者可能与其他客户的货物共同运输来获得更低的运输成本。运输完成后，再向供应商支付实际的运费。

② F. o. b 目的价。指到客户所在地或其附近地区的价格。在这种定价方式中，运输成本已经包含在价格内，供应商要负责所有的运输。

（2）分区定价法。分区定价法在一个较广的地域范围内实行单一价格，可以有效地降低管理的复杂性，从而降低成本。根据企业所需要的地区价格的差异，可以划分多个区。

（3）单一定价法。最简单的定价方法就是不考虑客户所在的位置，对所有客户采用同一价格。这种定价方法掩盖了产品分拨到不同客户的成本差异。

（4）数量折扣。一次交易的商品越多，单位成本就越低。许多企业利用给大批量采购的顾客许以低价的办法增加自身的销售额，进而获得更高的利润。

一个完整的定价策略不仅仅是确定货币价格本身，还包括许多其他的内容。制定物流服务企业的定价策略要在了解企业目标和其他相关要素的基础上有步骤地进行。

操作要点

制定物流服务产品的定价策略的步骤是：

- ⇨ 明确定价策略的依据
- ⇨ 明确定价的导向
- ⇨ 制定定价策略
- ⇨ 确定价格

第二十六章　物流服务客户管理

客户是企业最宝贵的财富。一个忠诚的客户不但可以直接为企业带来长期的效益，而且还会成为企业最有说服力的推销员。然而，激烈的竞争使客户有了更多的选择，也使企业的客户管理工作面临着新的挑战。对现代企业来说，通过采取有效的措施、科学的方法改善物流服务的客户管理，是企业巩固客户、提高竞争力的重要途径。

关键词　收集客户信息　提升客户价值　开发新客户　巩固客户　客户管理

第一节　收集与整理物流客户信息

充分、及时、准确地收集客户信息并加以整理是企业客户管理的基础，将有助于企业更加有针对性地开展物流服务，改善物流作业环节。

1. 客户信息的收集

（1）收集到的信息内容应当完整。企业应当及时掌握有关内部客户与外部客户的合作程度、物流服务的质量、需求的满足程度、价格水平的适用性等相关信息。具体来看，应当从以下方面收集客户信息：

① 市场占有情况；

② 对客户需求的响应情况；

③ 价格水平的适用情况；

④ 客户的投诉和抱怨情况；

⑤ 处理投诉的时间及质量情况；

⑥ 对客户需求的响应情况；

⑦ 内部职能的协调与流程响应情况；

⑧ 客户关系状况；

⑨ 客户结构变化情况及原因；

⑩ 员工服务态度与技能状况。

（2）收集方法应当多样。收集客户信息的方法可以粗略地分为现有资料分析法和实地调研法两大类，企业可以根据实际情况有选择地使用。

① 现有资料分析法。收集客户信息可以利用的现有资料包括各种统计资料、公开发表的研究报告、向咨询机构购买的调查结果、企业内部的相关记录、客户提供的信息等。

② 实地调研法。通过实地调研收集客户信息可以采用的方法包括电话回访、会议调查、现场观察、邮件调查、实验模拟等。

2. 客户信息的整理

收集到的客户信息是零散孤立的，必须进行深入分析和加工整理才能为企业所用。对客户信息的整理可以从以下两个角度出发：

●重点提示

在收集和整理客户信息的过程中，应当充分重视信息的真实性和时效性问题。

（1）提供客户服务。整理后的信息应当满足客户服务的要求，包括产品的特点、产品升级情况、是否有现货、安装调试、保修、合同条款以及货物跟踪查询等。

（2）提供决策支持。收集和整理客户信息的主要目的是为了向企业的管理人员提供决策支持。比如：与客户使用经历有关的信息可以帮助企业进行产品改进和新产品的开发；与客户需求有关的信息可以帮助企业有效调节库存；与客户地理位置有关的信息可以帮助企业进行合理的物流系统规划等。因此，根据不同的使用目的对客户信息进行整理是非常有必要的。

企业应当重视对物流服务客户信息的收集和整理，可以通过建立信息中心或者成立客户咨询小组的方式加强这项工作。

操作要点

收集与整理客户信息应当注意：

- 收集到的信息内容完整
- 收集信息的方法多样
- 整理后的信息满足客户服务的要求
- 整理后的信息能给企业决策提供支持

实用范例

IBM 公司每年接到全球超过 50000 个客户的投诉（不包括向公司的免费技术支持系统打进的电话）。IBM 从整个公司不同领域抽调员工组成小组，每一个小组都被赋予必要的立即采取措施的权力，来解决客户投诉问题。IBM 公司的客户会收到含有关于产品质量和客户满意度的 10 个具体问题的调查问卷，这些小组对客户反馈的调查问卷进行研究。

IBM 公司将研究中心的 1200 多位员工分配去与具体的客户一起工作，让他们长驻在客户办公的地方，了解并反馈客户信息，提供解决方案。

每年，IBM 公司在 71 个国家进行 40000 次客户访问，利用一个中央数据库对得到的数据进行分类，并使经理们能够获得这些结果，从而采取全公司范围内的行动，对客户的问题做出快速反应，及时解决这些问题。

第二节 提升物流服务客户价值

在构成客户价值的诸多因素中，物流服务的生产成本以及顾客获得服务的货币、时间、精力等成本的趋同，使得改善客户服务成为提升客户价值的最有效途径。

1. 为关键客户提供增值服务

每个企业都有自己的关键客户，企业应当给予这些客户特别的关注。按照“20/80 法则”，企业 80% 的经营收入是由 20% 的关键客户带来的。因此，通过提供增值服务让关键客户更加满意，是提升企业总客户价值的最有力保障。

2. 实行差异化服务

企业不能把精力和成本平均分摊到每个客户身上，因为每个客户价值的大小是不一样的。对于忠实的客户和具有潜力的新客户来说，企业有必要通过个性化和增值的服务手段来提升他们的客户价值；而对于普通的客户而言，标准化的服务就足够了。

3. 提供特殊服务

企业只有不断关注细节才能使服务到位，才能让客户真正感动。在面对强大的竞争对手时，唯有尽力在不同的方面为客户提供特殊的服务，才有可能争取主动。

4. 增强客户体验

增强客户体验的关键是强化有形服务在客户服务中的作用：企业所提供的产品应当能够满足客户的需要；产品的价格对客户来说应当是合理的；企业给客户留下的印象应该是不断追求完美和值得信赖的。在任何时候，企业予以客户额外的关心都不会是多余的。

5. 重视客户抱怨

任何一个企业都不可能没有客户的抱怨，事实上，抱怨是一种反馈信息的方式。正是因为信任，客户才会对企业服务中存在的问题产生抱怨，而处理好客户抱怨让客户满意的过程，也正是企业的客户价值提升的过程。从这个意义上讲，客户的抱怨往往比赞美对企业有更大的帮助。

●重点提示

企业不能够以任何借口剥夺客户对服务的斤斤计较。

6. 协助客户成功

客户同样是渴望成功的。如果能在向客户提供服务的同时协助客户成功，取得双赢，那将是提升客户价值非常有效的手段。

企业应当站在客户需求的角度，为客户着想，最有效地提升客户价值，这样才能使企业获得更大收益。

操作要点

提升客户价值的方法：

⇨ 为关键客户提供增值服务

⇨ 实行差异化服务

⇨ 提供特殊服务

⇨ 增强客户体验

⇨ 重视客户抱怨

⇨ 协助客户成功

实用范例

“终止一批、保留一批、发展一批”是中国储运公司的客户价值管理方针。2000年，中国储运公司对公司的经营状况进行了细致的分析，通过对原有货主企业的商业信誉、经营规模、支付能力以及发展前景等方面进行认真全面的调研、分析，在取得广大客户理解和支持的基础上，中国储运公司制定了上面的方针。

对一些商业信誉不佳、产品附加价值低、作业成本高、经济收益较低的货主企业，采取终止和限期终止合同的办法，为吸纳和发展新客户腾出空间。根据这一原则，中国储运公司终止了与海泰公司的合同，腾空库房12000平方米，为新科安达公司进驻提供了条件。

对商业信誉良好、前景广阔、与公司要求相符的企业，采取在原有基础上进一步提高服务水平和服务质量的办法，尽可能扩大业务范围，增加收入。仅对上海包杭一家客户的全年创收就达362万元。

“发展一批”是积极发展有潜力的新客户。仅2000年，中国储运公司就先后发展新客户45家，其中有5家是全国造纸行业前十位企业，3家位列全国前五名。

中国储运公司通过实施客户价值管理方针，使得公司仓储服务的收入不断上升，提高了“中储股份”的知名度。

第三节　开发物流服务新客户

吸引和争取更多、更有潜力的新客户对于任何企业来说都是发展的头等大事。开发物流服务新客户可以从以下两个方面着手。

1. 利用完备的物流服务体系吸引客户

完整的物流服务体系是进行客户开发的基础。只有具备了满足开展物流服务所需要的设施和作业体系，才能使企业具有足够的吸引力。

（1）优化物流服务设施配置。物流服务设施包括房屋建筑、各类机械设备、运输工具、通信设备以及信息系统和网络等。企业在进行设施配置的时候，一定要与物流活动需要、发展目标相适应，同时要考虑能够形成技术和资源优势，达到吸引客户的目的。

（2）完善物流服务作业体系。企业在锁定了目标市场之后，要尽力通过完善的服务作业体系吸引客户。企业应当建立相应的服务人员管理、服务质量保证和客户投诉处理等规章制度，规范服务作业流程，进行必要的培训以提高员工的整体素质。

2. 利用多样的促销手段争取客户

当把物流服务视为产品的时候，对它进行形式多样的促销活动是非常必要的。对物流服务的促销应当明确产品的范围、促销的价值、持续的时间以及受益者。物流服务促销可以利用的手段有：

> **●重点提示**
> 只有与客户同步，并有效地反映出客户的“模式”，才能取得客户的认同。

（1）广告。广告具有直观、宣传面广、渗透力强等优点，可以起到传达信息和说服顾客的作用。对于物流服务产品的广告宣传来说，应当做到：

① 强调客户将会获得的利益而不是技术性的细节。

② 以简洁、准确的表述明确服务的内容、质量和特色。

③ 把握承诺的适度性，避免客户产生过高的期望。

（2）人员推销。在物流服务产品的促销手段中，人员推销是经常采用的方法。人员推销具有灵活、富有人情味、易于沟通等优点，在人员推销的过程中，应当注意：

① 努力与客户建立和发展良好的个人关系。

② 推销人员应当具备一定的专业知识。

③ 塑造并维持良好的个人和企业形象。

（3）公共关系。公共关系是由第三者进行的对企业或产品的有利报告或展示的促销手段。传播的信息具有一定的新闻性，能够给顾客一种权威、公正、可靠的感觉，因而往往比较容易被相信和接受。企业应当重视通过这种方法来塑造企业形象和进行产品宣传。

开发物流服务客户一定要根据企业自身的特点，运用营销学的原理，通过完善服务体系吸引客户与运用促销手段争取客户相结合的方法进行。

操作要点

开发物流服务客户的途径：

- ⇨ 优化物流服务设施配置
- ⇨ 完善物流服务作业体系
- ⇨ 利用多样的促销手段争取客户

第四节　巩固物流服务客户

巩固现有的客户，提高客户的忠诚度往往被许多企业所忽视。巩固客户是一项长期、复杂的任务，物流服务企业可以采用下面的方法巩固客户。

1. 提高员工的忠诚度

企业要想提高外部客户的忠诚度，首先要做的就是使自己的内部客户——员工——变得更加忠诚。只有忠诚的员工才能为客户提供最有效率的服务，才能提高客户的满意度。要让员工更加忠诚，就应当重视员工的需求，创造良好的环境，建设企业文化，让他们更加满意。

2. 塑造物流服务品牌

塑造服务品牌是物流服务企业扩大市场、实现发展的有效途径，对巩固客户具有战略性的意义。企业应当让客户充分理解品牌的含义，让他们确切地知道所选择的品牌对他们意味着什么；同时，运用有效的手段赋予品牌新的活力，维护品牌的地位，提高品牌的知名度。

3. 实施忠诚客户计划

知识链接

忠诚客户计划也称为老主顾营销计划，是对重复购买特定产品或服务的消费者给予回报的计划。通过长期相互影响的增加价值的关系，以确定、保持和增加来自最佳顾客的产出。

在出现下面的情况时，企业有必要考虑实施忠诚客户计划：

（1）提供服务的企业增多，竞争加剧；

（2）销售额增长速度放慢；

（3）需求的多样化、个性化给企业带来压力；

（4）宏观经济环境不景气，物价指数负增长。

忠诚客户计划应当在了解客户与产品之间的相互影响和客户价值的主要影响因素的前提下进行，可以采用的具体方法包括折扣，赠送礼品、奖品等。

4. 开发新的物流服务产品

企业提供的服务不可以是一成不变的，应当不断地进行调整：淘汰已经没有市场的产品；完善具有发展潜力的产品；开发客户需要的新产品。提供一项新的服务，不但可以为企业带来新的客户，还可以使现有的客户更加忠诚。

巩固客户的关键就是不断让客户满意。只有这样，才能够使企业立于不败之地。

操作要点

巩固客户的方法有：

- 提高员工的忠诚度
- 塑造物流服务品牌
- 实施忠诚客户计划
- 开发新的物流服务产品

实用范例

美国联邦快递公司在2003年推出逆向物流服务，该服务主要面向每天退货在150件以上的零售商，接受这项服务的客户可以把退货放在联邦快递全球服务中心或授权运送中心，存放成本根据货物重量和运输距离而定。

退货经过整理后，由联邦快递地面运输公司运到联邦快递加工中心。在那里，来自同一个零售商的所有商品被放在一起，并运到零售商指定的地点。零售商可以随时在联邦快递的网站上跟踪退货情况。

通过对市场的敏锐观察，联邦快递公司不断开发出能够满足客户需求的产品，从而巩固了原来的老顾客，因此联邦快递公司始终牢牢占据着快递行业的领先位置。

第五节　将CRM运用到物流服务客户管理

客户关系管理（Customer Relationship Management）是企业以客户关系为重点，通过开展系统化的研究，不断改进与客户关系相关的全部业务流程，使用先进的技术优化管理，提高客户满意度和忠诚度，实现电子化、自动化运营目标，提高企业效率的过程。客户关系管理是企业从“以产品为中心”模式向“以客户为中心”模式转变的产物，已经受到企业广泛关注。物流服务企业实施CRM可以按照以下程序进行。

1. 明确实施必要性

虽然 CRM 已经是一种潮流，但并不是每个企业都需要。企业应当根据自己的实际情况进行决策。

对于产品单位价值较低、客户终身价值（CLV）低、规模小、业务流程简单、供应商不多、下游客户明确的企业来说，应用 CRM 不但成本过高，而且收效可能并不显著；对于产品种类多、拥有众多贵宾客户、业务流程中需要处理大量信息、产品持续升级、拥有雄厚资产的企业来说，客户关系管理则是不可缺少的。

2. 审查实施基础

CRM 是一种工具。作为工具要发挥作用，必须有平台作为支撑。实施 CRM 之前应当对企业的管理水平、运作流程、员工的素质、客户数据库的管理、信息系统结构、客户信息的处理能力等基础条件进行全面的审查。

●**重点提示**

客户信息存储是实施 CRM 的先决条件。

知识链接

CRM 的内涵包括：CRM 是一种现代的经营管理理念；CRM 包含的是一整套解决方案；CRM 意味着一套应用软件系统。

3. 制定实施目标

实施 CRM 是一项长期复杂的系统工程，企业应当在认真研究和反复论证的基础上，制定出长期、中期和短期的阶段性目标。

4. 梳理业务流程

梳理业务流程是每一个准备实施 CRM 的企业必须要做的。企业应当着重从现有的销售和客户服务体系进行业务流程的分析，找出存在的问题，以便更有针对性地选择需要的技术。

5. 进行结构设计

CRM 体系的结构包括：客户支持平台、客户交互平台、企业生产平台以及信息技术支持系统。在进行结构设计时，应当充分重视与企业原有的采购、库存、财务等管理系统相契合，实现各系统之间的无缝连接。

6. 全面实施

对许多企业来说，实施 CRM 最困难的不是技术，而是来自企业内部方方面面的阻力。企业可以通过宣传沟通、技术培训等手段，统一全体员工的认识，激励他们投入到变革中去。

7. 绩效评价

在实施 CRM 的过程中，企业还应当适时地对实施进程和实施效果进行准确的评价，并利用评价结果进行改善。为此，完善的信息反馈系统就显得尤为重要。

物流服务企业实施 CRM 应当借鉴其他行业优秀企业的成功范例，但是不能生搬硬套，最好能够聘请有成功经验的咨询公司协助完成。

操作要点

物流企业实施 CRM 的基本程序：

- ⇨ 明确实施必要性
- ⇨ 审查实施基础
- ⇨ 制定实施目标
- ⇨ 梳理业务流程
- ⇨ 进行结构设计
- ⇨ 全面实施
- ⇨ 绩效评价

第二十七章　运输与配送服务管理

运输服务是将货物长距离、大批量地由生产地运送到客户或物流中心的活动；配送服务是指完成货物的门到门运输，将货物短距离、小批量地交给客户。配送服务完善了整个运输体系，是运输服务的一种特殊形式。随着开展运输与配送服务的环境趋于复杂化，实现运输与配送服务的合理化，达到降低服务成本的目的，成为物流服务管理必须解决的问题。

关键词　服务合理化　运输路线　配送服务　共同配送体系　降低配送成本

第一节　选择运输方式

选择经济、合理的运输方式是开展物流运输服务的首要环节。运输方式的选择应当在准确把握各种现代运输方式的分类和特点的基础上，根据产品的特点、运输成本、质量、时效等方面综合权衡，做出决策。

1. 把握现代运输方式的特点

现代运输有五种基本的方式，即公路运输、铁路运输、水路运输、航空运输和管道运输。在此基础上，还衍生出了多式联运的运输方式。

各种运输方式的特点如下：

（1）公路运输。公路运输的主要优点有：机动灵活、运送速度快、货物损耗小、可以提供“门到门”服务、投资少、短距离运费较低。缺点主要有：运输能力小、能耗高、长途运输成本高。公路运输主要承担中、小批量货物的近距离运输以及铁路和水运难以到达地区的长途大批量货运。

（2）铁路运输。铁路运输是陆地长距离运输的主要方式。优点主要有：运输能力大、运行速度较快、通用性能好、受自然条件限制小、时间准确性较高、安全平稳、长距离运费低。缺点主要有：投资大、建设周期长、短距离运费高、灵活性差。铁路适于在内陆地区运输中长距离、大运量、时间可计划性强的一般货物。

（3）水路运输。水路运输主要有沿海、近海、远洋以及内河运输四种主要形式。运输能力大、运费低是水路运输的主要优点。其缺点主要有：受自然条件影响大、运输速度慢、安全性和准时性较差。水路运输的综合优势较为突出，适用于长距离、大批量、时间性不太强的各种大宗货物的运输。

（4）航空运输。航空运输的主要优点有：速度快、受地形因素影响小、时间效益好、对货物包装要求简单。缺点主要有：运输能力小、单位成本高、能耗大。适用于价值高、运费承担能力强的贵重货物或紧急需求的物资。

（5）管道运输。管道运输是利用管道输送气体、液体或粉末状固体的一种运输方式。其主要优点有：运量大、设施占地少、能耗小、安全可靠、费用低廉。缺点主要有：专用性强、投资大、无机动性。主要适用于石油、天然气的运输。近年来用于输送煤和精矿的管道也有很大发展。

（6）多式联运。多式联运的组合方法有很多种，其中最常用的是铁路运输和公路运输的组合（“驼背运输”）以及公路和水路运输的组合（“鱼背运输”）。多式联运可以充分发挥不同运输工具的优势，提高运输速度，节约成本，还可以简化运输手续，方便客户。

知识链接

多式联运是使用同一运输凭证，由不同运输方式或不同运输企业通过有机衔接，利用每种运输手段的优势组织货物运输的一种形式。

2. 选择运输方式的依据

选择运输方式应当依据货物的特性、批量、运输距离、时间要求和运输成本五个方面的因素，结合各种运输方式的特点进行。

（1）货物的特性。所选择的运输方式，首先必须满足货物自身特性的要求。应当根据货物的形状、体积、单件重量、货物对运价的承担能力以及货物在运输过程中有无其他特殊要求来选择运输方式。

（2）货物批量和运输距离。货物批量的大小和运输距离的长短对各种运输方式能否充分发挥其优势和效率有着重要的意义。

（3）运输的时间要求。运输的时间要求对选择运输方式的影响正日益显著。快速、准时的运输已经成为企业实现精益化和准时制（JIT）生产的有力支持，同时也是物流服务企业提升竞争力的有效手段。

（4）运输成本。不同的运输方式具有不同的成本结构。在运量、运距以及时间要求一定的情况下，可以根据运输方式的成本结构选择最合适的运输方式。

●重点提示

运输成本和运输时间两个因素是此消彼长的关系。

总的来说，选择运输方式应当在满足物流服务总体要求的前提下，达到成本最低的目的。

操作要点

选择运输方式的依据有：

- ⇨ 货物的特性
- ⇨ 货物批量和运距
- ⇨ 运输的时间要求
- ⇨ 运输成本

第二节　实现运输服务合理化

运输服务的合理化是企业降低物流成本、挖掘第三利润源的重要手段，也是物流服务管理人员的一项重要工作。

知识链接

合理运输服务就是按照交通条件，以最少的里程、最少的运力、最快的速度、最低的成本，经最少的环节为客户提供服务。

运输服务合理化的目的是要消灭运输过程中存在的不合理情况，提高运输效率，节约运输成本。不合理运输大多是由于运输路线选择不当或对运输作业缺乏统一的计划和安排，其主要表现形式有：对流运输、迂回运输、倒流运输、过远运输、重复运输、无效运输以及空载运输等。

实现运输服务的合理化可以从运输线路、运输环节、运输工具以及运输费用等角度考虑。具体讲，实现运输服务合理化的途径有以下几个。

1. 选择最佳的运输线路

最佳运输线路的选择是缩短运输里程，提高运输效率，降低运输成本的有效途径。科学地选择运输线路，可以运用运筹学和数学方法，这在后面的章节中会介绍到。

2. 采用直达运输

直达运输就是把产品从起运地直接运到目的地，以减少中转仓储、搬运、装卸等中间环节和相关手续。

3. 采用“四就”直拨运输

“四就”直拨运输有：就厂直拨、就站（车站、码头）直拨、就库直拨和就车（船）过载四种直拨形式。直拨运输一般距离较短，批量较小，需要注意协调各方关系，通过相互合作，使各方受益。

4. 采用合装整车运输

合装整车运输就是物流企业将客户需要发运的零担货物集中起来，以整车发运的方式组织运输，到合适的地点后，再对货物进行中转分运。

运输服务的合理化应当在科学管理的基础上，应用先进的科学技术和运输设备作为支持。

> **操作要点**
>
> 实现运输服务合理化的途径有：
>
> ⇨ 选择最佳的运输线路
>
> ⇨ 采用直达运输
>
> ⇨ 采用“四就”直拨运输
>
> ⇨ 采用合装整车运输

第三节　确定最佳运输路线

选择最佳的运输路线是实现运输服务合理化的重要途径，也是企业开展运输服务时应有的义务。通过选取最佳路线，可以有效地缩短运输时间，降低运输成本。

确定运输路线可以简单地划分为起讫点不同的单一路线选择和多起讫点路线选择两种类型。

1. 起讫点不同的单一路线选择问题

起讫点不同的单一路线选择问题，通常情况下被称为最短路线问题。这类问题有多种解法，下面给出其中最简单、最直接的一种方法。其步骤如下：

令

$S=\{v_1\}$，$i=1$，$\bar{S}=\{v_2, v_3, \cdots\cdots v_n\}$

并令

$P(v_1)=0 \quad T(v_j)=\infty \quad j\in\bar{S}$

(1) 对 $V_j\in\bar{S}$，求出 $min\{T(v_j), P(v_j)+1_{Ij}\}$，并将结果仍记为 $T(v_j)$。其中，1_{ij} 为 V_i 点到 V_j 点的距离。

(2) 求出 $\min\limits_{v_j\in\bar{S}}\{T(v_j)\}$ 得到 v_k，使 $T(v_k)=\min\limits_{v_j\in\bar{S}}\{T(v_j)\}$，令 $P(v_k)=T(v_k)$。

(3) 若 $v_k=v_n$，则已经找到 V_1 点到 V_n 的最短距离 $P(v_k)$；否则令 $i=k$，从 $\bar{S}$ 中删去 v_i，转 (1)。

经过有限次（不超过 n 次）迭代，可以求出 V_1 点到 V_n 的最短距离。

知识链接

运输问题可以理解为：某种产品有若干个产地和销地，要在已知各产地的产量、各销地的销量以及各产地到各销地的单位运价（或运输距离）的情况下，寻找使总运费（或总的运输距离）最小的调运方案。

2. 多起讫点路线选择问题

多起讫点的路线选择问题通常被称为运输问题。

这类问题通常发生在多个工厂或仓库同时服务多个客户的情况下。运输问题又可以划分为产销平衡的运输问题和产销不平衡的运输问题。其中产销不平衡的问题可以通过适当变换，转化为产销平衡的运输问题，用一种特殊的线形规划——运输问题求解方法（表上作业法）求解。该方法的步骤如下：

(1) 编制供需平衡表。在供需平衡表中应当明确各产地的产量、各销地的销量以及各产地到各销地的单位运价（或运输距离）。

(2) 初始基本可行方案的确定。

① 在供需表中任选一个单元格，取产地产量和销地销量的最小值，满足该单元格的运量。

② 根据上面确定的运量，在对应的产地和销地的总产量和总销量中减去该运量。

③ 若调整后的产地产量或销地销量为零，则划去相应的行或列。

④ 供需平衡表中所有的行和列全部被划去时，则结束；否则，在剩下的供需平衡表中选择下一个单元格，转②。

在上面的方法中，对单元格的选择方法没有加以限制。如果在每次调整后的供需平衡表中选取最左上角的单元格，则称为左上角法（或称西北角法）；如果在每次调整的供需表中选取单位运费最小的单元格，则称为最小费用法。

●重点提示

最优运输路线的选择方法中，涉及许多运筹学的知识，可以参阅相关书籍。

（3）最优性检验。最优性检验就是判断所得到的初始基本可行方案是不是最优方案。最优性检验有闭回路法和位势法两种方法。下面介绍闭回路法的步骤。

① 根据初始方案。以任意一个没有被分配运量的单元格为一个顶点，沿水平和竖直方向，组成一个以其他已分配运量的单元格为其余顶点的多边形，即闭回路。

② 用闭回路上奇数次顶点单位运价之和减去偶数次顶点单位运价之和，计算出检验数。

③ 如果所有的检验数均大于等于零，该方案是最优方案；否则，应当进行方案调整。

（4）方案调整。

① 找到闭回路上偶数次顶点被分配运量的最小值。

② 沿闭回路，对奇数次顶点单元格加上该最小值，偶数次顶点单元格减去该最小值，得到新方案。

③ 对新方案进行最优性检验。如果满足最优条件，则新方案为最优；否则，继续进行方案调整，直到寻找到最优方案为止。

总之，确定运输路线是较为复杂的问题，尤其是当存在众多限制条件或运输网络结构过于复杂时，人工求解往往是不现实的，必须借助于计算机寻求优化的方案。

操作要点

选择运输路线的方法：

- 最短路算法
- 运输问题求解方法（表上作业法）

第四节 实施合理化配送服务

配送服务是直接面向最终客户提供的物流服务，它需要将少量的货物在较短的时间内交付给众多的客户。合理化的配送服务能够提高整个物流服务的水平。

实施合理化配送服务主要有以下几个步骤。

知识链接

有一些企业已经开始通过运用配送资源计划（DRP）来将合适的产品及时送达客户手中。配送资源计划（DRP）是将物料资源计划（MRP）的相关技术运用到分销配送环境，在配送环境下统一物料的配送需求的一种动态方法。

1. 明确配送要求

实施合理配送服务首先应当以订货合同为主要依据，明确客户订货的品种、数量、规格，交货方式、交货时间、交货人、交货地点以及有无其他特殊要求等信息。

2. 制订配送方案

在明确配送要求之后，应当根据交通状况、各配送点的运力以及库存情况，制订出配送方案，以保证客户的配送要求得到满足。配送方案的内容包括：配送方式、配送线路、配送时刻表、运力调配计划等。如果就近的配送点库存货物无法满足需求，还应当制订货物调配计划或进货计划。

3. 下达配送方案

将制订好的配送方案下达给各配送点，使配送点按照方案准备配送。配送点应当按照配送方案的要求对库存情况及运力情况进行核查，确保有足够的货物和运力完成配送服务。否则，应当组织进货。

将配送方案中确定的到货时间、到货品种、规格和数量及时告知客户，以便客户组织接货。

4. 明确配送任务

配送点需要将配送方案细化，确定必要的作业流程，形成具体的配送任务下达给运输、保管、分拣、财务等部门，由各部门进行配送的各项准备工作。

5. 发货

在对货物进行分拣、配货、包装等作业之后，根据客户订单为客户打印出货单据、标签、货物清单、出货批次报表以及包装标志和标志等。调度人员决定车辆大小和数量、装车方式，并调派人员。

6. 送货

送货是配送服务的最后环节，应当按照计划的配送线路和交货时间将货物安全地移交给客户。

> **重点提示**
> 送货完成后，必须及时进行货款或费用的结算工作。

完整的配送服务几乎包括了物流的全部职能，是物流服务中作业最为复杂、牵涉部门最广的一项业务。因此，配送服务过程的合理化对整个物流服务水平的提高有极为重要的意义。

操作要点

实施合理化配送服务主要有以下几个步骤：

⇨ 明确配送要求

⇨ 制订配送方案

⇨ 下达配送方案

⇨ 明确配送任务

⇨ 发货

⇨ 送货

第五节 确定合理配送路线

配送车辆送货后又需要取货，或者每个站点只允许在特定的时间到达等情况下，选择行车路线就变得更加困难。确定合理配送路线是选择运输路线问题的扩展，可以用节约里程法或观察法找到满意方案。

知识链接

车辆排程系统（Vehicle Scheduling System，简称 VSS）已经被一些发达国家和地区的企业使用。该系统通过对输入的交通状况、配送设施网络、客户信息、运力等数据的处理，可以自动生成配送区域划分、配送路线和配送时刻表等信息。

1. 节约里程法

节约里程法是一种处理能力较强也较为复杂的方法，它可以包含许多实际存在的重要约束条件。在获得行车路线的同时，还可以确定经过各站点的顺序。

节约里程法的目标是使所有配送车辆的总行驶距离最短，同时使得配送车辆的数目最少。该方法的基本原理如下：

以 S 表示配送中心，向位于 A 点和 B 点的两个客户配送货物，如图 55 所示。d_{SA}和 d_{SB}表示 S 到 A、B 两点的距离。

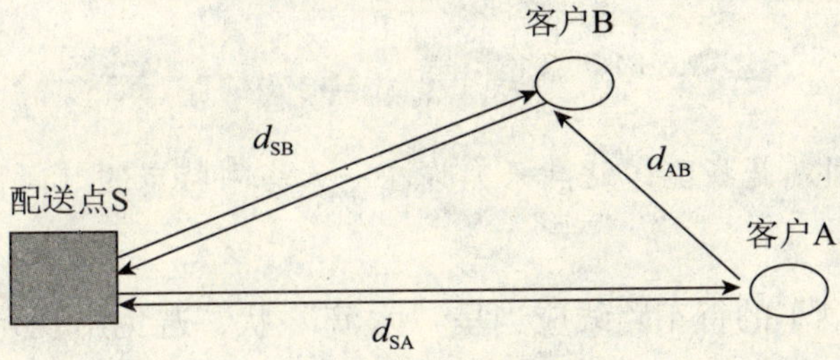

图 55　节约里程法示意图

在使用两辆车分别对 A、B 客户往返送货的情况下，总的行驶里程为：

$L=2(d_{SA}+d_{SB})$

若改为一辆车为两客户巡回送货，则总行驶里程为：

$L=d_{SA}+d_{AB}+d_{SB}$

计算出节约的里程：

$\Delta L=d_{SA}+d_{SB}-d_{AB}$

（1）对每一对站点都进行这样的计算，并把节约里程最多的一对站点合并在一起。

（2）按照这样的原理继续合并。在车辆装载能力的范围内，将单个的站点按照节约距离最大的原则合并成为包含多个站点的线路。

（3）重复这一过程，直到所有站点的行车路线全部确定。

这样，在确定了配送路线的同时，也确定了配送的顺序。运用节约里程法可以找到非常接近最优解的配送路线。

2. 观察法

在对配送路线的最优性要求不很严格或需要在很短的时间内确定配送路线的情况下，可以运用一些基本原则，通过观察法直接在地图上找到较为合理的配送路线。观察法的基本原则有：

（1）在站点较多的条件下，尽可能使用运输能力大的配送车辆为多个站点进行配送，这样将减少总的行驶里程。

（2）避免窗口时间过短。窗口时间过短会给确定合理的配送路线造成很大的困难，最好能够通过协商的办法放宽该限制。

知识链接

窗口时间就是指配送站点只允许在一天当中特定的时间内开放。

（3）每辆车的行车路线应当呈“水滴”状，避免出现行车路线的交叉，同时应当兼顾取货和送货的混合安排。

（4）从距离最远的配送点开始划分站点群。划分的站点群应当使一辆车能够负责相互靠近的几个站点的配送。

（5）对配送量小且相对孤立的站点，可以采用其他的配送方式。

上面介绍的两种确定合理配送的路线的方法都很有实用价值。确定合理的配送路线是整个配送服务过程的重要环节，同时也是降低服务成本、提高配送服务水平的有效保证。

操作要点

确定合理配送路线可以运用的两种方法：

- 节约里程法
- 观察法

第六节　构筑共同配送体系

共同配送是配送服务合理化的一个重要手段。通过共同配送体系的构建，企业可以达到减少配送网点设施、缩短配送车辆行驶里程、降低配送成本的目的，从而为缓解社会的交通压力、改善环境做出贡献。企业应当在条件允许的情况下，积极寻求合作伙伴，共同构建一个完备的共同配送体系。

共同配送体系的构建可以按照以下步骤进行。

1. 共同配送可行性研究

共同配送虽然有众多的优点，但是同样有可能给企业带来一些风险。在构筑共同配送体系之前，企业必须根据自身的特点，深入研究实行共同配送的可行性，做出准确的判断。

（1）确定可能构建的共同配送体系类型。共同配送体系有多种形式，按照主导企业的性质可以划分为：

① 生产制造企业主导型。这种类型的共同配送体系是由相同产业或不同产业的生产制造企业，采用共建配送中心或相互承担配送任务的方式，实现产品的集中，提高配送效率的方式。对企业来说，构建这种类型的共同配送体系可能会带来商业机密的泄露、配送成本分担不明确或企业物流系统缺乏独立性等风险。

② 批发企业主导型。这种类型的共同配送体系是由大型批发企业或中小型批发企业组建联盟，通过配送中心集中多数企业的产品，向一定地域范围内的零售店及便利店进行配送。

③ 大型零售企业主导型。这种类型的共同配送体系是由大型零售企业建立自己的配送中心或由批发企业建立零售企业专用的配送中心，将所有供应商的产品全部集中起来，再通过配送中心向所有的连锁店进行配送。

④ 物流服务企业主导型。这种类型的共同配送体系是参与合作的生产制造企业或批发企业将产品交给物流服务企业负责，由物流服务企业组织产品的配送过程。

（2）挑选合作伙伴。在确定了企业可以构建的共同配送体系类型后，就应该开始挑选可能的合作伙伴。由于构建共同配送体系会对企业的经营战略产生影响，因此，对合作伙伴的情况应当进行透彻的分析。分析的内容包括企业的商圈范围、产品特征、物流体系运行状况、物流服务水平、配送点分布情况等。

2. 确立运营主体

确立运营主体就是要与可能的合作伙伴进行充分的沟通，明确构建的共同配送体系的组织形式和规章制度，实现各参与企业的思想统一和决策统一，从根本上保证共同配送体系的正常运营。运营主体通常可以有两种形式：一种是由参与企业共建一个专门的组织，负责整个系统协调工作；另一种是由参与企业委托一家物流服务企业对组建的共同配送体系进行管理。

●重点提示

参与企业的决策不统一，往往是导致共同配送体系最终解体的直接原因。

3. 体系方案设计

成功的共同配送体系必须能够保证各合作企业的物流服务水平。系统方案设计就是要通过对体系的运作进行规划，从而保证企业构建共同配送体系的目的能够实现。系统方案设计的内容包括：共同配送的信息系统设计、集配方式的确定、共同配送的作业流程设计、人员及岗位配置、系统运行的保障措施等。

4. 方案实施与评价

接下来，就可以筹措资金，成立相应的组织，进行共同配送体系的方案实施工作。合作企业应当始终注意协调各方面关系，统一决策，遵守订立的规章制度。在实施的过程中，应当定期对系统运行状况做出评价，主要包括以下三个方面：

（1）企业的服务水平是否达到要求。

（2）企业的配送成本是否降低。

（3）企业的商业机密是否泄露。

总之，企业构建共同配送体系应当按照上述步骤，与各合作伙伴紧密配合、通力协作，从而使所有的参与企业从中获益。

操作要点

构建共同配送体系可以按照以下步骤进行：

⇨ 共同配送可行性研究

⇨ 确立运营主体

⇨ 体系方案设计

⇨ 方案实施与评价

实用范例

著名的零售企业美国沃尔玛公司取得了令全世界注目的销售业绩，其成功的主要秘密之一就是拥有庞大并且高效率的配送体系。这个体系不仅大大降低了商品的配送成本，而且加速了存货周转，形成了沃尔玛的核心竞争力。

沃尔玛的配送中心有六种，分别是：干货配送中心、食品配送中心、山姆会员店配送中心、服装配送中心、进口商品配送中心和退货配送中心。整个公司销售 8 万余种商品，85% 由这些配送中心供应。相比之下，其竞争对手只有约 50% ~65% 的商品能够实现集中配送。集中配送的方式为各连锁店提供了更快捷、更可靠的配送服务，60% 的配送车辆可以在一次配送过程中完成送货和取货两种作业。

沃尔玛前任总裁大卫·格拉斯说："如果说我们有什么比别人干得好的话，那就是配送中心。"

第七节　降低配送成本

为客户提供高水平的配送服务有助于提高客户的满意度，增强企业在市场上的竞争力。然而，配送成本的居高不下也令物流企业的每一位管理人员深感苦恼。

企业必须在服务水平与配送成本之间做到平衡：或者在配送成本一定的条件下尽量提高服务水平；或者在服务水平一定的条件下寻求最低的配送成本。通常情况下，由于市场竞争的因素，企业的服务水平是既定的，也就是说，必须通过有效的措施控制配送成本。

以下一些措施有助于企业降低配送成本。

知识链接

现代化的技术为改进订单处理程序提供了有力的支持，比如电子邮件、电子数据自动交换系统（EDI）、电子自动订货系统（EOS）、射频识别系统（RF/ID）等。

1. 改进订单处理程序

企业的客户订单往往需要经过烦琐的处理程序。改进订单处理程序的目的就是为了简化从订单准备、订单传输、订单录入到订单履行和订单跟踪等各个环节，实现订单处理过程的优化，从而缩短处理时间，降低处理费用。

改进订单处理程序必须在信息准确无误和单据正式可查的前提下进行，一方面可以给一线的操作人员适当的审核权，另一方面应当实现企业内部相关部门共享订单信息。

2. 优化配送作业过程

配送作业成本是配送成本的主要组成部分。配送作业过程得到优化，无疑会对降低配送成本做出重大贡献。加强配送活动的计划性、选择最佳配送路线、提高车辆满载率、合理调配司机或配送人员等措施都可以使配送作业更加合理。

3. 采用混合策略

在企业产品品种较多、销售量不等、规格不一等情况下，可以考虑将一部分配送业务外包给物流服务企业完成。这样做有助于企业降低配送的复杂程度和管理难度，使企业更好地完成自己的配送业务，降低总配送成本。

4. 采用合并策略

合并策略包含两种方式：一是配送方法上的合并，二是共同配送。共同配送在前面的章节中已经有较为详细的描述；配送方法上的合并是指装车时应当充分利用配送车辆的容积和载重量，做到满载满装。

●重点提示

在配送活动中运用差别服务和标准化原理会对降低配送成本有所帮助。

5. 采用推迟策略

推迟策略的基本原则就是将产品的组装、加工、配送等活动推迟到接到客户订单之后再确定。运用推迟策略可以解决由于预测误差导致的库存过量或不足的问题，避免不必要的运输及配送成本。

总之，配送是一项复杂的活动，应当对成本发生的所有环节进行优化，才能在保证服务水平的前提下，降低配送成本。

操作要点

有助于企业降低配送成本的措施有：

⇨ 改进订单处理程序

⇨ 优化配送作业过程

⇨ 采用混合策略

⇨ 采用合并策略

⇨ 采用推迟策略

第八节　电子商务中的配送服务

全球信息基础设施委员会（GIIC）将电子商务定义为：电子商务是运用电子通信作为手段的经济活动，通过这种方式，人们可以对带有经济价值的产品和服务进行宣传、购买和结算。

电子商务的迅猛发展，改变了传统的商贸观念和形式，也给物流服务带来了新的挑战和机遇。作为电子商务的网外主体，配送服务活动是电子商务从虚拟到现实的重要保障，它可以提高电子商务的效率，扩大电子商务的市场范围，实现基于电子商务的供应链集成。

1. 构建电子商务环境下的配送体系

在电子商务环境下，企业可以通过三种方式构建配送体系来保证电子商务活动的开展。

（1）与传统商务活动共用配送体系。对已经拥有一定规模配送体系的企业来说，开展电子商务活动首先应当考虑利用原有的配送体系来承担电子商务的配送活动。也就是说，要实现电子商务的配送与传统商务的配送共同化。这样，不但可以避免重复投资造成的浪费，还可以提高现有物流系统的利用率。

一些大型的制造企业和批发商、零售商在这方面是有优势的，它们需要做的就是对原有系统进行必要的调整和完善，使原有系统能够满足电子商务对物流服务的要求。

知识链接

电子商务成为处理库存的新方法。在企业与企业之间交易的电子市场上，也有为处理库存而进行的交易。在一般情况下，卖剩下的产品很难处理，但企业可以利用因特网开展各种销售活动，从而减少产品的库存积压。

（2）自建配送体系。电子商务的网络接入供应商（ISP）和网络信息服务商（ICP）可以自己投资组建物流公司，建立完整的物流服务体系。当然，这样做不但需要雄厚的资金作为保证，还会面临着巨大的投资风险，而且由于信息服务和物流服务有着本质的区别，这样做势必会削弱企业的核心竞争力。因此，必须慎重决策。

（3）采取外包方式。控制电子商务交易中的信息流、商流和资金流，而将物流活动外包给专业的物流服务企业，是许多开展电子商务的企业采取的一种有效模式。这样，企业可以充分利用社会资源，用专业的物流服务实现对电子商务交易的支持。

2. 实现符合电子商务要求的配送服务

从总的作业流程来看，电子商务中的配送服务和传统的配送服务没有太大的区别。电子商务对物流配送服务的影响主要体现在下面几个方面：

（1）快速反应的配送服务。在电子商务环境下，少批量、多批次的配送要求配送服务的提供者能够对上下游的配送需求快速做出反应。这种快速反应的要求，使得多数企业必须对配送活动的全过程，甚至是整个物流系统进行优化。

●**重点提示**

完备的信息系统对开展电子商务环境下的配送服务是至关重要的。

（2）系列化的配送服务。在电子商务环境下提供配送服务，除了传统的储存、运输、包装、流通加工等服务内容外，还必须提供更加丰富的增值服务。比如货款回收与结算、培训、维护、设计或安装、咨询、24 小时营业、代办业务等等。这对配送服务人员的素质提出了更高要求。

（3）低成本的配送服务。由于电子商务带来了小批量配送增多、需求预测困难、配送计划性差等问题，较之传统的配送服务，电子商务环境下的配送服务成本居高不下。低成本的配送服务将给企业带来更大的优势。降低配送服务成本除了应该在配送作业过程上下工夫外，共同配送的运作方式也是很好的选择。

总之，电子商务的出现和发展，对物流配送服务提出了许多新的要求。企业必须结合电子商务的特征，制订有效的配送服务方案，保证电子商务的顺利进行。

操作要点

进行电子商务下的配送服务应当：

- ⇨ 构建电子商务环境下的合理的配送体系
- ⇨ 能够提供快速反应的配送服务
- ⇨ 能够提供系列化的配送服务
- ⇨ 能够提供低成本的配送服务

实用范例

全球最大的网上书店亚马逊，通过因特网在约160个国家销售各种商品，包括图书、音像制品、玩具、游戏、电子产品、应用软件、药品和其他日用品等。

亚马逊拥有自己完整的配送体系，在美国、欧洲和亚洲共建立了多个大规模的配送中心，通过它们实现世界范围内的商品配送服务。在收到网上订单后，按照客户的要求，亚马逊在1~14个工作日内就可以将商品送到客户的手中。时间的长短主要是由距离远近和客户选择的送货方式决定的，如果是在美国国内，客户选择空运，通常只需要1~3个工作日。

亚马逊的配送体系得以高效率的运转，与管理人员的高素质是分不开的。亚马逊聘请了沃尔玛公司的前任物流总裁怀特先生，负责公司物流系统的规划与管理工作。凭借怀特在物流管理方面丰富的经验和其他高水平管理人员的努力，亚马逊的配送体系已经可以和以配送著称的沃尔玛公司的配送体系媲美。

第二十八章　仓储与库存服务管理

仓储服务是以维持货物的价值为目的，在保证货物数量和质量的前提下，对货物进行的一系列管理活动；库存服务是以控制合理的库存货物数量为目的，在服务水平和库存成本之间做出平衡的管理活动。加强仓储与库存服务管理对企业提高客户满意度、减少资金占用、加速物资周转和实现整个物流服务系统的合理化有着极其重要的意义。

关键词　仓储服务管理　公共仓库　储位管理　经济订货批量　安全库存　库存服务管理　零库存

第一节　决定是否租用公共仓库

仓储服务管理的一项重要内容就是对自营仓库还是租用公共仓库进行选择。自营仓库与租用公共仓库各有利弊，那么在决策过程中究竟需要考虑些因素呢？

1. 成本因素

成本因素是在进行决策时首先要考虑的。

公共仓库一般是根据存储或处理的数量或重量来收取费用的。所以，当企业的库存周转率足够大时，从长期来看，自营仓库的成本就会比长期租用公共仓库低许多。

知识链接

库存周转率是指一定时间内库存周转的速度，可以用一定时间内出库金额与同一时间内平均库存金额的比值来表示。

租用公共仓库的优势之一，就是可以省去企业在建筑物、土地以及仓储设备等固定资产上的投资，减少资金占用，同时节省了维持仓库运转和雇佣人员的成本。如果企业规模较小、产品的市场占有率不高，却将有限的资金投入兴建仓储设施，那么就会带来巨大的投资风险。而租用公共仓库则可以同其他企业一起，共享公共仓库的规模效益。

在成本因素中还有一点值得注意：与自营仓库相比，租用公共仓库更加有利于企业进行仓储成本的核算和控制。

2. 需求因素

自营仓库的规模决定了仓库的最大存储能力。如果企业产品的需求受季节影响有较大的波动，那么在需求高峰，企业对仓储的需求会超出自有仓库的能力，相反在需求低谷，企业自有仓储能力得不到充分的利用，造成浪费。

在这种情况下，许多企业采取了自营仓库与租用公共仓库相结合的办法，即自营一些适度规模的仓库以满足正常需求水平时的存储要求，而在需求高峰时租用一部分公共仓库。

3. 对仓储活动的控制要求

如果由于产品或原材料的特殊性，企业必须对整个仓储活动的作业环节进行严格的控制，那么自营仓库就是比较好的选择。公共仓库提供的服务通常是标准化的，往往无法达到企业高水平的控制要求。

此外，自营仓库会使企业更加容易控制整个物流系统。租用公共仓库可能会面临的一个问题就是信息能否有效传接，而信息不畅将会严重阻碍企业物流系统的正常运转。

●重点提示

自营仓库有一个潜在的好处，就是有利于企业在客户心目中形成稳定和可以信赖的良好形象。

4. 灵活性因素

投资兴建自营仓库，不但长期占用资金，而且从物流网络的角度来看，也限制了企业物流网点布局的灵活性。如果仓库选址或设计规模与实际需求情况出现较大偏差，将会给企业带来巨大损失。

相比之下，租用公共仓库不但可以满足企业改变经营地点或开拓新市场的需要，还可以作为企业规划或完善物流网络的一种实践检验方式。

进行自营仓库与租用公共仓库的选择，应当结合企业自身特点，全面考虑以上四个方面的因素。

操作要点

选择自营仓库与租用公共仓库应当考虑的因素有：

⇨ 成本因素

⇨ 需求因素

⇨ 对仓储活动的控制要求

⇨ 灵活性因素

第二节 货物储位管理

储位管理就是企业为能够时刻掌握货物数量和去向的变动情况，而对货物在仓库中的存储位置进行的管理。有效的储位管理是物流仓储服务管理的重要内容，同时也能够为配送服务的顺利开展奠定良好的基础。储位管理的目的就是要对货物进行随时跟踪，掌握货物数量和去向的变动情况，缩短找货时间和行走距离。进行有效的储位管理应当明确以下内容。

1. 储位管理的基本要求

储位管理有三个基本要求，分别是：

（1）储位必须有明确的标示。应当对仓库或其他具有保管功能的物流中心的存储区进行合理的划分，并给每一个存储区以明确的编码。

（2）货物储位应当合理。为货物安排的储位应当是合理的。首先应当满足保管的要求，防止货物损坏、灭失、变质等；其次应当满足仓储作业的要求，做到有利于提高作业效率。

（3）变动情况必须及时记录。对所保管货物的数量及储位的变动情况必须及时进行记录，使实际情况与所掌握的信息能够一致。

2. 不同存储区的特殊要求

按照作业方式的不同，可以将仓库或其他物流中心的存储区分为三种类型，每一类存储区对储位管理都有其特殊要求。

（1）保管型存储区。这类存储区中的货物滞留时间较长，因此，应当通过有效的储位管理手段提高存储区的利用率。

> ●**重点提示**
> 通过型存储区的储位管理容易被忽视，应当引起足够重视。

（2）通过型存储区。货物在这种类型的存储区中只停留较短的时间，对货物进行的作业通常是分拣、包装或流通加工。所以，储位管理应当以满足缩短拣货时间和拣货距离，降低拣错率的要求为目的。

（3）移动型存储区。移动型存储区主要是指装载货物的配送车辆。货物在配送车辆上的摆放顺序和方法会对配送服务的质量产生影响，特别是在共同配送或送货与取货混排的情况下，货物在车辆中的摆放顺序和位置是否合理，将直接关系到配送作业效率的高低。

3. 储位管理的原则

（1）先进先出原则。这一原则是指先入库的货物应当先发货送出。主要适用于保质期较短的货物，比如感光材料、食品等，以避免出现老化、变质、损耗等情况。

（2）面向通道原则。即为了使货物上的标志、名称等信息便于查找，方便对货物的搬运、拣选等作业，应将货物面向通道保管。

（3）周转率对应原则。它是指按照货物的周转率来确定货物的储位，周转率越高的货物应当越靠近出口。

（4）产品相关性原则。它是指应当把同一类型或具有互补性的相关货物安排在相互靠近的储位上。

（5）重量对应原则。指应当按照货物重量的不同决定其储位的高低。通常情况下，重的货物应当安排在货架的下层，而轻的货物则应安排在货架的上层位置。

（6）形状对应原则。它是指应当考虑货物的外形及尺寸来进行储位的安排。包装标准化的物品应当放置在货架上保管；非标准化的货物应当依据其形状，考虑整批数量，分配特殊储位。

（7）产品特征原则。储位的分配必须考虑产品的特征。对危险品、化学品及易腐品应当隔离放置，以免对其他货物产生影响；对其他易受影响的货物，也应当采取相应的隔离措施。

（8）明确表示原则。它是指对货物的品种、数量以及存储位置进行清晰、准确的表示，以方便查找，提高作业效率。

总的来说，仓储服务的储位管理应当依据以上原则，结合不同类型存储区的特殊要求，做到储位标示明确、货物储位合理。此外，要及时记录货物的变动情况。

操作要点

进行有效的储位管理应当明确：

- 储位管理的基本要求
- 不同存储区的特殊要求
- 储位管理的原则

第三节 实现配送中心作业合理化

配送中心各环节的作业是否合理，直接关系到配送中心能否高效率地运作。配送中心的作业大体上可以分为进出货作业、分拣配货作业和包装与流通加工作业。下面分别介绍它们的优化途径。

1. 进出货作业

进货作业的主要内容包括订单核对、信息录入和验货等；出货作业主要包括出货检验、捆包和装车等。

优化进出货作业，首先应当考虑的是采用交叉作业方式。在条码扫描、自动传输装置、打印机等设备的支持下，可以在进货作业的同时，完成按照客户进行分货的作业。

此外，通过把检验作业交给供货方的方式，可以免除配送中心的检验环节，或者利用POS系统简化检验作业过程，有效缩短进出货作业时间，提高作业效率。

2. 分拣配货作业

分拣配货作业是按照订单或出货单的要求，从存储场所选出货物，按照客户进行分组并放在指定地点的作业。优化分拣配货作业应当尽量缩短找货、行走以及将货物取出的时间，避免无用的运动。

（1）选择合理的拣选方法。按照作业顺序的不同，可以将货物拣选的方法分为两种，即播种式和摘果式。

① 播种式。将不同客户的订单集中起来，按货物品种做成拣选数量明细表，从货架上选取货物后，再按照客户进行配货。这种方式主要适用于客户数量多，需求的种类有限，需求量不大，货物体积较小的情况。如果作业量非常大，则可以由自动分拣机进行后续的分货作业。采用这种拣选方法可以提高配货速度，尤其是当客户数量很多时，可以节省大量的劳动消耗。

② 摘果式。按照每一个客户的订单拣选货物，每次作业完成一个客户（或少数客户）的配货。这种方式主要适用于客户数量不多，每个客户需求的货物种类多，每种货物的需求量大或客户有加急需求的情况。采用摘果式拣选方法可以保证配货的准确性，便于后续的检验、流通加工以及包装等工序的衔接，可以按照客户时间要求的不同，调整配货的先后次序，满足客户加急或追加订单的需要。

拣选方式要根据多种因素综合考虑，选择最合适的方法，以达到提高效率和降低成本的目的。

（2）加强储位管理。储位管理对缩短拣选作业的时间有重要的意义。最好是在分拣配货单上输入货位编码，按照货位编码进行分拣。

（3）采用先进设备。在分拣配货作业量繁重的大型配送中心，在条件允许的情况下，可采用自动分货机、传动运输带、回转货架等先进的拣选设备，辅以完善的信息处理系统进行分拣配货作业。

3. 包装与流通加工作业

包装与流通加工作业的优化主要体现在设备的选用上。应当根据货物的主要特征，选择能够达到包装与流通加工目的的高效率设备，尽量减少搬运和处理环节。

总之，实现配送中心作业的合理化，不但要在作业的流程设计上下工夫，还要注重优化各个作业环节，使配送中心可以高效率、低成本地运转。

操作要点

优化配送中心作业的途径有：

- 采用交叉作业的进出货作业方式
- 简化或免除检验环节
- 选择合理的拣选方法
- 加强储位管理
- 采用先进设备

实用范例

安利公司的产品主要是各种清洁剂、个人保养用品以及厨房调理器具，多达140个大类500多个品种，在全世界范围内销售。

在日本，安利公司拥有多个配送中心。由于产品种类繁多，需求量不一，提高配送中心的作业效率是每个配送中心都必须解决的问题。其中八王子物流中心建筑面积29000平方米，日发货量约为8000箱。该中心的统计数字表明，分拣线和自动分拣系统保证了分拣配货作业的高效率和准确性。

每一条数字分拣线约可以分拣400种商品，实现了无纸化分拣。它按照货物的重量、尺寸大小以及高度等分别进行分拣，工作人员检查显示器所显示的编码与到达的货物包装编码是否一致，确认后根据货架号及显示数量拣选到纸箱中。

自动分拣系统按照订单将货物自动拣出并投入纸箱，可以处理120种小商品的自动分拣，在3秒钟内完成一个客户的订单。

第四节　确定经济订货批量

经济订货批量（EOQ）就是由库存持有成本与订货成本所构成的总成本最小时的订货批量。作为库存服务管理的重要内容，企业应当能够运用经济订货批量模型，实现企业库存持有成本和订货成本的总成本最小化，确定最佳的订货策略。

总成本与库存持有成本和订货成本之间的关系可以用图 56 中的曲线表示，确定经济订货批量就是要寻找图中总成本曲线最低点（A 点）所对应的订货批量。

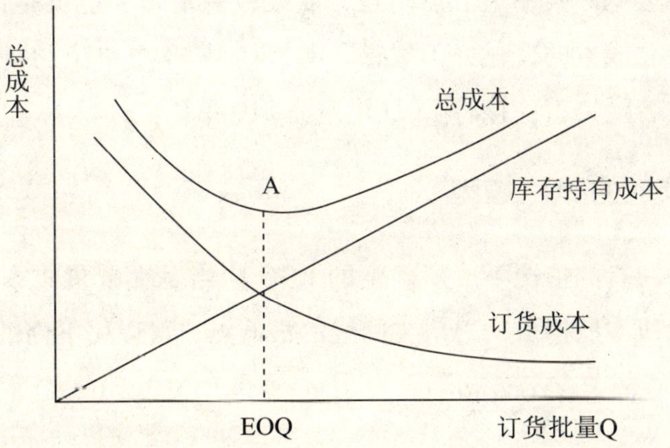

图 56　经济订货批量模型

经济订货批量模型的假设条件有：订货提前期已知并且固定不变；需求连续、稳定和已知；每次订货的订货量相同。

1. 基本的 EOQ 模型

在不考虑采购的数量折扣或运费折扣的情况下，基本的 EOQ 可以采用下面的公式进行计算：

$$\text{EOQ}=\sqrt{\frac{2PD}{CF}}$$

P：订货成本（元/次）

D：库存货物的年需求量或使用量（单位/年）

C：每单位库存的平均成本（元/单位）

F：单位库存保管费用与单位库存采购成本的比率

下面通过一个简单的例子对公式作进一步解释。

某企业每年需要1000单位某种物资，每单位价值150元，每次的订货成本为520元，单位库存的年保管费用与采购成本的比率为15%。运用上面的公式可以计算出：

$$\mathrm{EOQ}=\sqrt{\frac{2\times 1000\times 520}{150\times 15\%}}=214$$

由于总成本曲线的最低点附近，曲线较为平坦，也就是说对EOQ的微小变动，总成本的变化并不敏感。那么如果30个单位的货物正好符合一个托盘的容量，就应该将EOQ设定为210单位。

2. 允许缺货时的EOQ模型

在允许缺货的情况下，所确定的EOQ应当是在缺货成本、库存持有成本与订货成本所构成的总成本曲线的最低点，可以用下面的公式计算：

$$\mathrm{EOQ}=\sqrt{\frac{2PD\ (CF+S}{CFS)}}$$

S：缺货成本

3. 考虑折扣时的EOQ模型

大批量的采购往往可以享受到一定比例的数量折扣和运输折扣。通过对基本EOQ模型进行改进，可以将折扣的影响考虑到模型中。考虑折扣的EOQ模型需要进行复杂的数学推导，在实际运用当中可以采用下面的简单办法替代。

这种方法的基本思想是对有折扣和无折扣两种情况的总成本进行比较，找出可以使总成本最低的EOQ。步骤如下：

（1）按照不享受折扣时所确定的 EOQ 计算出总成本；

（2）计算出享受折扣时的总成本；

（3）计算出在折扣价条件下的 EOQ；

（4）比较两项总成本，确定 EOQ。

运用上面三种模型，可以在不同情况下计算出经济订货批量，从而为企业的库存管理提供重要的依据。

操作要点

确定经济订货批量的三种模型：

⇨ 基本的 EOQ 模型

⇨ 允许缺货时的 EOQ 模型

⇨ 考虑折扣时的 EOQ 模型

第五节　确定安全库存

安全库存又称为保险库存，是为防止由于不确定因素（订货期间需求率增长、到货期延误等）引起的缺货而设置的一定数量的库存。企业产品的市场需求情况和原材料的供给受许多不确定因素的影响，这给库存服务管理工作带来了许多困难。通常可以采取设置一定安全库存的办法来应对可能出现的意外情况。

企业设置的安全库存水平是同希望达到的满足率紧密相关的。满足率表示缺货的情况。根据统计分析的结果，保证获得 100% 满足率所需要的库存水平是相当高的，企业必须为此付出高昂的成本。这就需要物流服务管理人员运用科学的方法，在允许存在一定缺货现象的基础上，确定出最佳的安全库存量。

安全库存量的计算是统计技术在物流领域中的应用，需要收集统计上有效的、最近的需求量和订货提前期样本，获得两项参数的均值和标准差作为计算的基础。在此，假定这些数据是已知的，同时假定需求量和订货提前期的变动情况是服从正态分布的。当获得的样本数据不服从正态分布时，可以参阅其他的统计书，做相应处理。

1. 一般情况的安全库存量计算

在需求量和订货提前期都是变化的，并且二者的变化是相互独立的情况下，计算安全库存量的公式一般为：

$$S = z\sqrt{\sigma_D^2\overline{L} + \sigma_L^2\overline{D}^2}$$

S：一定满足率下的安全库存量

z：一定满足率下的安全系数

$\overline{D}$：平均的需求量

σ_D：需求量的标准差

$\overline{L}$：平均订货提前期

σ_L：订货期的标准差

知识链接

安全系数可以根据满足率通过正态分布表查出。常用的满足率与对应的安全系数如下：

正态分布表

满足率	0.99	0.98	0.95	0.9	0.8
安全系数	2.33	2.05	1.65	1.29	0.84

下面给出一个简单的例子。

某电子元件厂产品的日需求量均值为500箱，标准差为20箱/天，订货提前期的均值为3天，标准差为1天。需求量和订货提前期的变化均服从正态分布，且相互独立。请确定该厂满足率为95%时的安全库存量。

将已知条件代入上面的公式，可以得到：

$S=1.65\times\sqrt{20^2\times3+500^2\times1^2}=827$（箱）

也就是说，在给定的条件下，要达到满足95%的客户服务水平，应当设置827箱的安全库存。

2. 两种特殊情况的安全库存量计算

一般的安全库存量的计算公式是应用在需求量和订货提前期都变化的情况下的。当其中的一个变量不发生变化而一个变量的变化服从正态分布的时候，公式就可以相应简化。

（1）订货提前期固定，需求量变化的情况。

这时的安全库存计算公式可以表示为：

$S=z\sigma_D\sqrt{L}$

（2）需求量固定，订货提前期变化的情况。

这时的安全库存计算公式可以表示为：

$S=zD\sigma_L$

（注：各符号的含义同前。）

●重点提示

确定安全库存量还可以运用边际分析的办法，但必须掌握大量的经验数据。

安全库存量的科学设定对企业降低库存成本有着重要的意义。企业的物流服务管理人员应当熟练掌握上面介绍的方法，并积极地运用到管理实践当中去。

操作要点

安全库存的计算方法：

⇨ 一般情况的安全库存量计算

⇨ 两种特殊情况的安全库存量计算

第六节 选择库存服务管理方式

物流服务管理常用的库存服务管理方式有两种：定量订货管理方式和定期订货管理方式。在选择库存服务管理方式的时候应当根据各种管理方式的特点，结合企业的实际情况进行决策。

1. 定量订货管理方式

定量订货方式就是当库存量降到一定水平（订货点）时，按照预先设定的经济订货批量（EOQ）进行订货的方式。

如图 57，企业的经济订货批量为 220 个单位。由于货物的消费速度不同，库存水平分别在第 10 天、第 20 天和第 33 天下降到订货点处，企业开始组织订货，订购的数量等于经济订货批量。考虑到有 5 天的订货提前期，也就是说，在发出订单 5 天之后才能够保证到货，那么企业在这期间就有可能动用安全库存（安全库存水平没有在图中标出）。

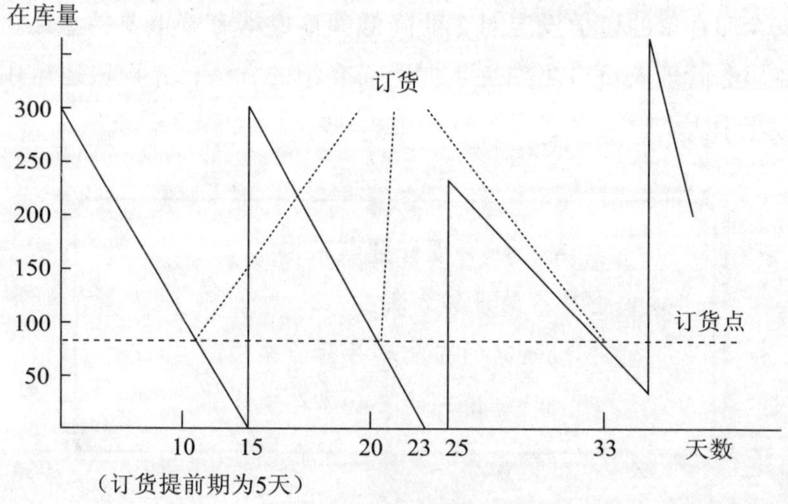

图 57 定量订货方式

从图中可以发现，定量订货管理方式每次订货的批量大小是固定的，而订货的时间间隔是随着消费速度的变化而变化的。由于订货时间和订货量不受人为判断的影响，采取这种管理方式有助于保证库存管理的准确性，能够控制库存水平，同时便于进货时库内作业活动的安排。

定量订货方式主要适用于一些不便少量采购的低价值产品、通用性强和需求稳定的货物的库存服务管理。

2. 定期订货管理方式

定期订货管理方式又被称为定期盘点订货方式。与定量订货管理方式不同，它是指每隔一定的时间进行订货，订货时间固定，而订货量不固定。如图 58 所示，企业在第 15 天、第 30 天、第 45 天，每间隔 15 天发出订单，每次的订货量要通过预测确定。即有必要在第 15 天预测从第 20 天到第 35 天的需求，在第 30 天预测从第 35 天到第 50 天的需求。

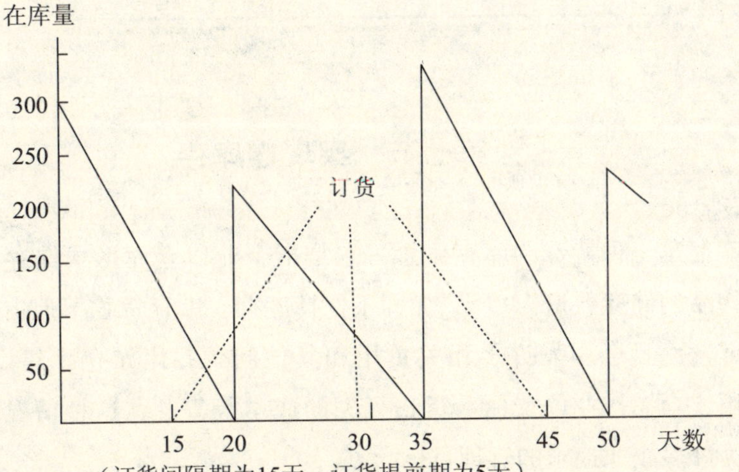

（订货间隔期为15天，订货提前期为5天）

图 58　定期订货方式

这种库存管理方式通常是对存货的定期盘点，确定已经达到最低限额的货物种类后进行补货。这种方式不能够随时监控库存量，在整个订货间隔期内都可能发生缺货的现象，因此，管理的重点是确定合理的订货周期。运用这种管理方法所需要的安全库存往往比定量订货管理需要的要多。

定期订货管理方式主要适合于需要进行严格库存管理的重要货物以及需求变动具有周期性、需求量容易预测的货物。它有利于将需要采购的各种货物的订单集合起来，从而有可能获得采购的数量折扣，同时便于运用联合运输降低成本。

通过上面的描述可以看出，这两种常用的库存管理方式各有优缺点，企业应当结合产品的特征以及企业对库存量的控制要求进行选择，同时应当确定合理的安全库存量，尽可能避免发生货物短缺的现象。

操作要点

常用的库存服务管理方式有：

⇨ 定量订货管理方式

⇨ 定期订货管理方式

第七节　实现零库存

零库存是一种特殊的库存概念，它是指企业以仓库形式储存的某种或某些物品的储存数量为“零”，即不保持库存。库存货物不但占用着大量的资金，而且会引发许多相关费用和其他问题，比如仓库建设成本、管理费用、仓储作业的费用、货物灭失的成本等等。在这种情况下，零库存成为许多企业追求的管理目标。

知识链接

实现零库存的三个前提条件：

良好、稳定的协作关系；

获得准时、有保障的供应；

具备高水平的控制、协调能力。

从社会角度来说，零库存是不可能也不应该实现的。企业的零库存是在有充分的社会保障的前提下的一种特殊形式，它可以通过以下途径实现。

1. 采取货物的委托保管方式

委托保管在国外是比较常见的方式，即企业通过委托营业仓库代存代管货物的方式实现零库存。这时，企业可以不再保有库存，由受托方提供专业的库存管理服务，企业则按照一定的标准向受托方支付一定的费用；而货物的所有权并没有转移，仍然属于企业。这种方式主要是通过转移库存货物实现零库存的，并不能减少库存总量。

2. 推行协作分包的经营方式

协作分包主要是处于供应链主导地位的大型生产制造企业实现零库存的方式。通常情况下，由一家规模很大的主导企业和众多的小型分包企业组成牢固的协作体系，通过若干小型分包企业的柔性生产和准时供应，保证主导企业获得稳定、及时的原材料供应，使主导企业减少库存总量，甚至取消安全库存。同时主导企业的集中销售库存又可以使分包销售企业的销售产品库存为零。

3. 实行准时制（JIT）

如果企业可以获得准时供货并组织准时生产，自然不必保有库存。日本丰田公司的“看板生产”和索尼公司的“水龙头方式”在准时制方面是最著名的。在供应和生产的各个环节，按照生产流程的逆方向，由下 环节根据自己的生产节奏，向上一环节提出供货要求，以此做到协调同步，实现供应的零库存。

4. 运用现代配送方式

配送中心具有集货的功能，它的库存可以被视为众多客户的集中库存。通过自身高水平的库存管理和“少批量，多批次”、“即时配送”等现代的配送方式，配送中心能够按照客户的需求实现即时供应，使客户的库存水平降低或实现零库存。

实现零库存有着诸多优点，但是也会遇到许多问题。对此，企业应当有清醒的认识，不能盲目追求零库存，必须结合企业的内外部环境，慎重决策。

操作要点

实现零库存的途径：

⇨ 采取货物的委托保管方式

⇨ 推行协作分包的经营方式

⇨ 实行准时制（JIT）

⇨ 运用现代配送方式

实用范例

在竞争激烈的家电市场，美的集团多年来始终占据着空调产业的前三位。美的取得的骄人业绩同它致力于实现零库存的努力是分不开的。2002年，美的销售量比2001年度增长50%～60%，成品库存降低了9万台，赢得了丰厚的利润。

美的在2002年度开始导入供应商管理库存（VMI）。美的生产所需零配件共有三万多种，由三百多家较为稳定的供应商负责供货。当美的需要用到这些零配件的时候，就会通知供应商。供应商通过互联网接收到美的订单，掌握品种、型号、数量和交货时间等信息。大多数的供货商是在美的总部顺德周围，通过即时配送为美的供货；少数的外地供应商，则把零配件放到美的在顺德总部建立的仓库中，从那里组织供货。在收到美的的订单之前，库存货物是归供应商所有的。通过这种方式，2002年，美的零部件库存周转速度加快，库存成本直线下降，资金利用效率显著提高。

在经销商环节上，美的希望能够推动经销商的信息化。通过订单集成和系统集成，直接掌握每个经销商每个品种的销售情况和库存情况。经销商一旦缺货，美的立刻将合适的产品送过去。美的作为经销商的供应商，为经销商管理库存，实现经销商的零库存。

第八节　改善库存服务管理

库存是占用企业资金的重要环节，库存货物数量的大小直接影响着企业的赢利能力。库存服务管理主要是对货物库存数量进行控制，确定重要性不同的货物的订货时间及订货量。改善库存服务管理可以运用下面一些方法。

知识链接

库存服务管理的目标在于增强企业的赢利能力，预测公司政策对库存水平的影响以及使物流活动的总成本实现最小化。

1. ABC 分析法

企业物流中心的货物品种繁多，每一种货物对企业收益的贡献程度是不同的。因此，必须运用科学的管理方法进行有重点的管理，才能收到良好的效果。

ABC 分析法是“20/80 法则”在库存管理中的应用，它的思想是找出“关键的少数和次要的多数”货物，实行不同的管理方法。进行 ABC 分类管理的一般步骤如下：

（1）收集数据。在确定了需要应用 ABC 分析法进行库存管理的货物范围后，就应当对货物的特征数据进行一段时期（通常需要半年或一年）持续的收集，数据的内容包括：货物的种类、名称、单价、平均库存量以及平均库存时间等。

（2）整理数据。根据收集到的数据，经过统计分析，计算出货物的平均资金占用额。按照平均资金占用额多少的顺序列出库存货物种类，计算出每一种货物品种数的累计百分比和平均占用金额的累计百分比。

●重点提示

物流中心的POS系统使ABC分析法的数据收集和整理工作变得更加容易。

（3）货物分类。按照计算出的每一种货物数量的累计百分比和平均占用金额的累计百分比，将所有货物分成三类：A类是仅占货物品种数的10%～20%，占总平均占用金额的60%～80%的货物；B类是占货物品种数的20%～30%，占总平均占用金额的15%～40%的货物；其余为C类货物。

（4）绘制ABC分类图。以平均占用金额百分比为纵坐标，品种数百分比为横坐标绘制出ABC分类图（如图59所示），以便更加清晰地表示货物的分类情况和各类货物的重要程度。

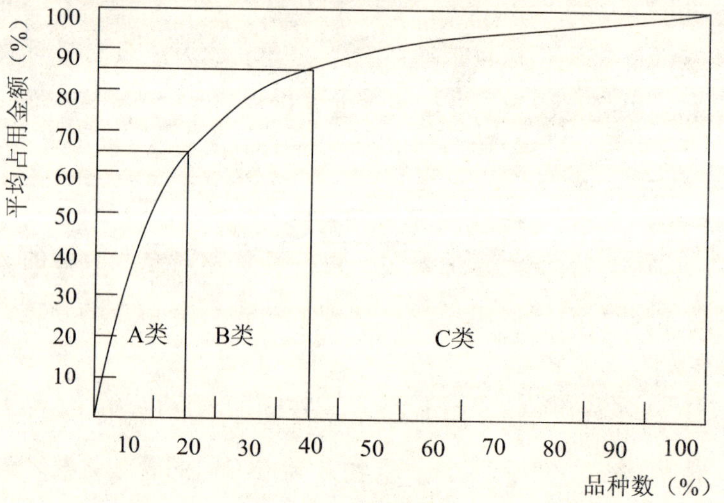

图59　ABC分类图

（5）制订管理办法。运用ABC分析法的目的就是对货物进行有重点的库存管理。对A类货物，应当通过严格的控制，尽量降低库存水平，同时应当精心保管，保证货物的质量；对B类货物，也应当进行较好的管理，可以维持一定的库存水平；而对于 C 类货物，则可以保持较高的安全库存水平，进行一般管理。

上面介绍的 ABC 分析法是通常情况下的标准模式，还可以结合实际情况，按照不同的目的进行多指标、多层次的 ABC 分析，获得不同的分类结果。

2. 提高预测能力

提高企业对产品需求的预测能力，将会有效地改善库存服务管理。企业应当根据产品的特征，选择科学的预测方法，确定合理的预测期，提高预测的准确性。当然，预测不会没有误差，企业必须有应对预测误差的能力。

3. 改进订单处理系统

完善的订单处理系统可以减少信息传递的误差和意外的时间延误，有利于提高企业之间的协调能力，缩短订单处理需要的时间，从而缩短补货周期并减小补货周期的变动。这样，通过改进订单处理系统，就可以降低企业的安全库存水平，减少资金占用，达到库存服务管理合理化的目的。

企业可以根据自身的实际情况，运用上面提到的一种或多种办法，改善现有的库存管理状况。

操作要点

改善库存服务管理可以适用：

⇨ ABC 分析法

⇨ 提高预测能力

⇨ 改进订单处理系统

第二十九章　包装与流通加工服务管理

包装与流通加工服务是物流服务的两个组成要素。有人说包装是生产的终点、物流的起点，包装管理的目的就是要实现包装的合理化，使之成为物流合理化的基础。作为物流服务组成要素的流通加工与生产制造活动中的加工是有本质区别的，其目的是为了提高物流系统对客户的服务水平，提高物流效率，使物流服务增值。

关键词　设计包装　包装方法　包装合理化　流通加工服务管理

第一节　包装设计

包装有营销和物流两种基本功能。在营销方面，包装是一位“无言的推销员”，它可以向顾客提供产品的相关信息，并通过外观、颜色等宣传产品；在物流方面，包装可以起到组织、保护、识别产品的作用，它是运输、配送、仓储等物流服务的重要环节。

物流服务的包装设计应当依据产品的品质特征和性能特点，针对物流活动的需要，以满足保护功能为基础，在实用和节约的指导原则下进行。设计包装应当满足以下要求。

1. 满足产品特性要求

不同的产品由于种类、性质、状态以及功能的不同，对包装有着不同的要求。包装的设计首先应当考虑产品的特性，满足产品在物流作业过程中不被损坏、不变质、不滴漏的要求，防止异物混入和污染，通过包装实现对产品的保护。包装所用的材料也应当和产品的特性相适应，不至于影响产品的质量和使用寿命。

2. 具有足够的强度

在物流作业过程中，产品或物料的包装会直接受到冲击、碰撞、震动、挤压等外力作用，尤其是在装卸、搬运和运输的过程中，这些现象是不可避免的。这就要求包装必须牢固可靠，防止包装出现严重变形和破损，保证货物不受破坏。

3. 满足物流作业要求

包装的设计必须考虑物流作业的要求，包装内货物的有关信息（如品名、数量、重量、保管要求、装运方法等）应当清楚地标明，以便于查找和识别；包装应当有合适的尺寸和重量，既要有利于提高作业效率，又要考虑机械和人力的作业能力。

●重点提示

设计包装时应当考虑是否能够将包装的营销功能和物流功能相统一。

4. 满足标准化要求

包装形状式样应当规范化，外形尺寸应当符合标准，满足托盘、集装箱等容器和运输工具的要求，充分利用运输工具的空间，达到提高运输效率的目的。

5. 满足制作简单和低成本的要求

包装的制作、加工和拆卸不能过于复杂，要便于操作，方便使用。应当选用合适的包装材料和包装方法，减少包装材料的消耗，尽可能地降低包装成本。

合理的包装设计应当满足上述五个方面的要求，既要起到对产品应有的保护作用，又要便于物流活动的开展。

操作要点

包装设计应当：

- ⇨ 满足产品特性要求
- ⇨ 具有足够的强度
- ⇨ 满足物流作业要求
- ⇨ 满足标准化要求
- ⇨ 满足制作简单和低成本的要求

第二节 选择包装方法

包装设计中的一个重要环节就是选择适当的包装方法。选择包装方法的主要依据是产品特性以及对包装成本的负担能力，同时应有利于提高物流作业效率。

1. 一般包装方法

通常情况下，可以按照包装的形态将包装方法分为逐个包装、内包装和外包装三种。逐个包装是交付用户的最小包装；内包装是将逐个包装的物品合并为两个或两个以上的较大单位，放进中间大小的容器中；外包装则主要是从运输作业角度的考虑进行的再包装。

托盘包装和集装箱包装是两种能够显著提高物流作业效率的成组化包装方法。托盘包装可以采用平托盘和箱形托盘作为包装的主体。平托盘的四周是开放的，可以用绳子、角柱、钢带或采用拉伸包装、收缩包装的方法将堆垛的货物固定起来。集装箱包装是以集装箱这种特殊的刚性容器作为包装主体，它几乎适用于所有货物的包装与运输，能够与多种运输工具结合使用，具有安全、简便、节约等优点，已经被广泛使用。

2. 几种具有代表性的包装方法

（1）防震包装。防震包装是应用非常普遍的一种包装方法，它是为了防止在运输、保管、装卸以及堆码过程中震动、冲击而造成内装物品机械性损伤的一种保护性包装，通常是在内装物与外包装之间填入各种防震材料，以减缓外力冲击。对于某些贵重易损的物品，还可以采用将物品用绳、带或弹簧等悬吊在坚固的外包装容器中的悬浮式防震包装方法。

（2）危险品包装。危险品可以分为易燃、易爆、有毒、有放射性、有腐蚀性等十余类。每类危险品都有特殊的包装要求，必须按照国家相关的包装标准和有关规定进行包装。同时，必须在包装上标明不同类别和性质的危险品标志，危险品标志应当按照国家颁布的《危险货物包装标志》制作。

知识链接

联合国海事协商组织制定的《国际海运危险品标志》，目前已经被许多国家采用。

（3）防潮包装。对有防潮要求的货物，必须使用防潮包装。防潮包装是为了防止物品在储运过程中因空气中的水蒸气而出现锈蚀、变质、潮解、凝结等现象。通常是将物品用透湿度低的材料密封起来；如果有更高的防潮要求，还应当预先排除湿气或在包装中封入干燥剂。

（4）防锈包装。防锈包装是为防止被包装的金属制品发生锈蚀现象而采用的包装方法。典型的防锈包装方法是使用防锈油或气化性防锈剂将金属表面与空气隔绝，达到防止金属锈蚀的目的。其余的防锈包装方法包括：可剥性塑料封存包装、干燥空气封存包装、茧式包装等。

（5）防虫包装。在包装中放入具有驱虫、灭虫作用的药物或利用经过特殊处理的防虫包装材料进行包装，以防止虫害。使用这种包装方法，应当尽量避免有毒材料或药物直接接触货物。

总之，选择的包装方法必须满足货物自身的特点和对包装的内在要求，并在可能的范围内降低包装成本。

操作要点

可选择的包装方法：

⇨ 一般包装方法

⇨ 防震包装法

⇨ 危险品包装法

⇨ 防潮包装法

⇨ 防锈包装法

⇨ 防虫包装法

第三节　实现包装合理化

包装的强度不足、过度包装、材料不当、成本过高以及包装尺寸不标准是包装管理中常见的问题。随着新型包装技术和包装材料的不断出现，通过包装的合理化，可以使上述问题得到有效的解决。实现包装的合理化主要有以下途径。

1. 协调包装模数与物流模数

包装尺寸的确定不但要考虑保护内装物品的要求，还要从物流系统的角度出发，使包装模数与物流基础模数统一起来，将实现整个物流活动的合理化作为包装合理化的目标。鉴于包装系统与物流系统二者的不同特点，必须以托盘或其他成组包装的容器作为媒介，使包装模数与物流模数协调起来，提高物流运作效率。

知识链接

国际标准化组织（ISO）认定的物流基础模数尺寸为600mm×400mm；日本等国家使用的物流基础模数尺寸为1100mm×1100mm。

2. 采用机械化包装作业

实行机械化包装作业，可以提高包装作业效率，减轻人工包装作业强度，有利于保证包装质量，降低包装成本。

3. 采用大型化和集装化包装

大型化和集装化包装有利于在物流活动中使用装卸机械，节省装卸、搬运的时间，提高物流全过程的效率。同时，采用大型化和集装化包装还可以减少单位包装，节约包装材料。

4. 采用轻薄化包装

在满足包装的强度、时间要求以及成本的前提下，应当尽可能采用轻薄的包装材料，这样不但可以减轻货物的重量，还可以在一定程度上减少废弃物。

5. 实行标准化包装作业

标准化的包装作业一方面包括包装作业流程的标准化，另一方面还包括包装材料的种类、规格应当尽可能地统一，以满足标准化作业的要求，提高包装作业的效率。

6. 实现包装的循环利用

包装的循环利用是降低包装成本非常有效的方法。包装中使用的大量瓦楞纸箱、木箱、塑料容器等包装材料要消耗大量的自然资源，应当循环多次使用或实现包装的阶梯利用，以达到节约自然资源、降低包装成本的目的。

7. 采用周转包装

如果企业的产品有固定的流通渠道和一定的数量规模，就可以采用周转包装。一种较为常见的周转包装形式是企业根据产品流通的速度、渠道和批量确定一定数量的周转托盘，通过多次反复的利用实现包装合理化，降低总的包装成本。

总之，包装合理化是包装管理的重要内容，也是企业开展物流服务必须重视的环节。

操作要点

实现包装合理化的途径有：

- 协调包装模数与物流模数
- 实行机械化包装作业
- 采用大型化和集装化包装
- 采用轻薄化包装
- 实行标准化包装作业
- 实现包装的循环利用
- 采用周转包装

第四节　流通加工服务管理

流通加工服务是指物品从生产地到使用地的过程中，为适应需要而施加的分割、计量、组装、配套、拴标签等简单作业的总称。物流服务过程中的流通加工活动通常是在配送中心或流通加工中心内完成的，它的形式虽然同生产制造活动中的加工环节相类似，但两者的目的却有本质的区别。流通加工服务是以强化流通阶段的保管功能、提高商品的附加值、满足客户需求的多样化和提高物流活动的效率为目的的。对流通加工服务的管理应当从以下几个方面进行。

1. 流通加工的计划管理

流通加工的计划管理主要有两个方面的内容。

（1）流通加工是对生产制造加工的补充，流通加工的计划管理首先应当明确是否需要流通加工，需要哪种类型的流通加工。通常的流通加工服务有以下类型：

① 为满足需求多样性的加工。这种类型的流通加工是由物流服务企业承担一些对产品或原材料的初级加工工作，以减少客户的加工环节。比如，按照客户的要求预先将平板玻璃切割成合适的尺寸，再进行配送。

② 为提高物流效率的加工。对一些本身不利于物流作业的物品，通过分割、液化、解体、冷冻等办法使之变成容易进行物流操作的形态，以提高物流作业的效率。比如对大型设备、家具的拆解使之便于装卸和运输。

③ 为促进销售的加工。通过流通加工可以起到一定的促销作用。比如将大包装货物分装成小包装货物，以满足消费者对不同包装规格的要求，将精选后的蔬菜、肉类洗净切块以方便消费者，等等。

企业应当结合需求情况，综合考虑技术、设备、成本等因素，对开展流通加工服务的可行性进行必要的分析。

（2）提供流通加工服务的企业应当制订合理的加工计划，通过加工计划对整个加工活动进行组织、协调和控制。加工计划包括加工方式、种类、流程、时间、人员配备计划以及质量控制和成本预算等具体控制指标。

> **●重点提示**
>
> 确定合理的流通加工能力是非常重要的，应当尽可能避免由于加工能力过剩或不足而产生不必要的损失。

2. 流通加工的生产管理

不同类型流通加工的生产管理的侧重点是不同的，但基本上都会涉及劳动力、设备、动力、财务、物资、安全等方面的管理。从加工活动本身看，流通加工与生产制造活动中的加工是相同的，所以生产制造企业的一些有效的管理方法在这里是同样适用的。

3. 流通加工的质量管理

流通加工的质量管理是对加工产品的质量控制。在提供流通加工服务的过程中，应当全面控制影响产品质量的各种因素，制定相关的质量控制标准，建立严格的质量责任制和质量检查体系，使流通加工产品质量符合客户要求。

4. 流通加工的费用管理

流通加工的费用包括设备费、材料费、人工费以及电力、燃料、油料等费用。由于流通加工的特殊性，其费用应当单独管理、单独核算，以便检查和分析流通加工费用的使用情况，确定流通加工的经济效益。

5. 流通加工的绩效管理

流通加工不同于生产制造活动中的加工，因而不能将生产企业的技术经济指标在这里全部套用。在考核流通加工的绩效时，除了可以使用一些通用的指标，比如劳动生产率、成本利润率等，还应当运用能够反映流通加工特征的经济指标进行考核。这些指标包括：反映流通加工后单位产品的增值程度的增值指标；反映资源利用情况的出材率、利用率；反映产品规格品种情况的品种规格增加率等。

总之，同物流服务的其他内容相比，流通加工服务是有其特殊性的。在物流服务管理的过程中应当给予充分重视，提高流通加工环节的效率，进而保证整个物流活动的顺利进行。

操作要点

流通加工服务管理应当从以下方面进行：

- 流通加工的计划管理
- 流通加工的生产管理
- 流通加工的质量管理
- 流通加工的费用管理
- 流通加工的绩效管理

第六篇

物流成本管理

第三十章 物流成本管理模式

在新的成本理念、新的管理方式和管理观念的推动下，物流成本管理模式不断发展。现代物流成本管理模式多种多样，从初级的成本节省模式到高级的成本改善模式，从日常的质量管理到项目投资的成本效益分析等等。必须注意，“二律背反”现象在物流活动中随处可见，因而树立总成本意识是物流成本管理的关键。此外，还应形成消灭一切物流浪费的现代成本意识。

关键词 现代成本意识 成本效益模式 成本节省模式 总成本模式 成本避免模式 物流质量管理 供应链管理 物流外包

第一节 贯彻现代物流成本意识

现代成本意识：企业管理人员对成本管理和控制给予足够的重视，不受“成本无法再降低”的传统思维定式的束缚，充分认识到成本降低的潜力是无穷无尽的。随着市场经济的不断发展，企业间的竞争日益加剧，从而对成本管理也提出了越来越高的要求。传统的成本理念已不再适应激烈的市场竞争，企业必须形成现代成本意识。

在物流成本管理中，贯彻现代成本意识可以从以下几方面进行。

1. 从战略布局的高度定位

物流是企业经营战略的一部分。企业生产营销战略决定了物流系统的运行模式，产品种类、服务项目和营销策略的改变都将导致物流成本的变化。为此，在进行各项战略决策时，需要将各项决策对物流的要求和对物流成本的影响纳入考虑范围。

2. 以理想物流成本为目标

要打破传统的“成本无法再降低”等观念的束缚，就必须以理想的物流成本为目标，时刻将理想物流成本作为行动指南，树立“物流成本降低无止境”的观念。例如，在库存管理中，以零库存为目标；在运输作业中，不出现空载现象。

3. 形成全员式的降低物流成本格局

要最大限度地降低物流成本需要从事物流工作的全体员工的参与，每个员工都要具有降低物流成本的愿望和意识，并进行自我控制。另外，物流成本的发生不仅应由物流部门负责，也涉及供应、生产、销售等部门，因此物流成本的降低还需要各部门通力合作，以确保从总成本角度来降低物流成本。

4. 不断降低物流成本

降低物流成本不应作为权宜之计，应一以贯之。而且随着经济环境的变化，理想的物流成本也会不断变化，因此物流成本管理必须适时调整，才能满足现代成本管理的要求。

物流现代成本意识本质上就是要企业最大限度地降低物流成本，消灭一切物流浪费。

知识链接

精益物流体现了现代成本意识。它追求的目标是尽善尽美，力图以最小的投入获得最大的产出，以最快的速度进行设计和运作，不断降低物流成本，追求零库存以及全面、高效、灵活、优质的服务。精益物流的特点是对消灭物流浪费的无限追求。

操作要点

贯彻现代物流成本意识需要做到：

⇨ 从战略布局的高度定位

⇨ 以理想物流成本为目标

⇨ 形成全员式的降低物流成本格局

⇨ 不断降低物流成本

实用范例

据估计，未来6年内，美国国内一半的零售企业将要倒闭。这种危机感促使萨克斯第五大道百货公司将其销售规划与物流结合起来。该公司采用在孟加拉国裁剪，在意大利缝制成衣的生产模式，最后将成品运到美国的豪华商店进行销售，收益十分显著。对旺销的产品来讲，赢利与亏损之间可能只是7～10天的差别，所以必须依靠高效的物流服务使这些产品恰好在最需要的时候出现在卖场。

第二节　应用成本效益模式进行决策

在物流活动中，需要经常进行投资，支出高昂的费用。采用何种投资方案才能为企业带来最大的效益呢？应用成本效益方法进行分析评价，就能做出正确决策。

1. 提出各种投资方案

对市场进行深入细致的调查，充分了解企业的内部条件和外部环境，对这些信息资料进行分析研究，由各部门协商合作，提出各种备选的投资方案。

2. 分析各方案的相关现金流量

现金流量包括现金流入量、现金流出量以及二者相减所得净现金流量。根据现金流量状况的不同，投资类型可以分为新建项目投资和更新项目投资。

（1）新建项目的现金流量。新建投资是全新的项目，例如为开发新的物流服务而进行的投资。根据投资方案，选择需要的设备设施和人员的种类和数量，再结合预计的经营状况，分析计算出投资年限内每年的现金流入量、现金流出量和净现金流量。

（2）更新项目的现金流量。在经营过程中，企业常需更新设备设施，如购买新运输工具，将原来传统仓库改造为现代自动化仓库等。更新项目的现金流入量极少，一般只有少数残值收入。因此，需要根据新旧设备情况，分别确定它们的变现价值、年运行成本和残值收入。其中，新设备的变现价值是它现在的购置费；旧设备的变现价值是它现在拿到市场上出售可以获得的收入；年运行成本是新旧设备在未来可使用的年限中，为了正常运行，每年需要付出的各种成本的总和，如对于装卸搬运设备，即为每年的燃油费、修理费等的总和；残值收入是新旧设备报废时，残余部分在当时出售可以获得的收入。

3. 评价和选择方案

新建项目与更新项目的现金流量特点不同，评价和选择方法也不同。

（1）新建项目的评价和选择。新建项目的评价和选择有净现值法、现值指数法和内含报酬率法。

知识链接

净现值：未来现金流入的现值与未来现金流出的现值之间的差额。

现值指数：未来现金流入现值与未来现金流出现值的比率。

内含报酬率：能够使未来现金流入量现值等于未来现金流出量现值的贴现率。

① 净现值法。净现值法决策时，先将第二部分介绍的第二步中得出的各年现金净流量折现，然后按以下公式求出净现值（NPV）：

净现值＝现金流入量现值总和－现金流出量现值总和

净现值越大则未来收益越多。所以应在得出的净现值中，选择净现值最大的方案作为投资方案。

② 现值指数法。这种方法与净现值法的不同在于，不求现金流入量现值与现金流出量现值的差，而是计算它们的比值，公式为：

$$现值指数=\frac{现金流入量现值总和}{现金流出量现值总和}$$

现值指数越大意味着投资报酬率越高。应在得出的各方案现值指数中，选择现值指数最大的方案作为投资方案。

③ 内含报酬率法。内含报酬率的计算，通常采用“内插法”。先为该方案分别估计两个贴现率，使得出的净现值一正一负，然后利用以下公式计算内含报酬率：

$$\frac{\text{正净现值内含报酬率}-\text{待求内含报酬率}}{\text{正净现值}-0}=\frac{\text{正净现值内含报酬率}-\text{负净现值内含报酬率}}{\text{正净现值}-\text{负净现值}}$$

内含报酬率越大，投资报酬率越高。在公司可接受的投资收益率基础上，选择内含报酬率最大的方案作为投资方案。

（2）更新项目的评价和选择。这类投资一般采用平均年成本法进行决策，其公式为：

$$平均年成本=\frac{变现价值+年运行成本总现值-残值收入现值}{使用年限的年金现值系数}$$

分别计算出新方案和旧方案的平均年成本，平均年成本小的方案为最优方案。

对物流活动的各项投资，利用成本效益法进行分析决策，将给企业带来最大的经济效益。

知识链接

在商品经济中，有这样一种现象：现在的1元钱与1年后的1元钱相比，其经济价值要大一些。这是因为，如果将现在的1元钱存入银行，1年后可得到1.10元（假设银行存款利率为10%）。1元钱经过1年的投资增加了0.10元，这就是货币的时间价值。由于货币时间价值的存在，为了便于不同时点的货币进行比较，需要将以后的货币值转化为现在的货币值，这个过程叫折现。在折现过程中，将以后年度的货币值乘以相应的复利现值系数就得到它的现值。复利现值系数一般可从“复利现值系数表”中查到。例如想知道在存款利率为10%时，5年后的复利现值系数，则到“复利现值系数表”中找到期数为5，利率为10%的行列交叉处的数值0.6209，就是它的复利现值系数。这里的存款利率有时还被称为贴现率、资金成本、最低报酬率等等。如果以后每一年度的货币值都相等，则称它为年金。若干个年金的现值等于年金乘以年金现值系数，年金现值系数可以从“年金现值系数表”中查到，方法与查找复利现值系数一样。在任何一本关于财务管理的教材后都附有“复利现值系数表”和“年金现值系数表”。

操作要点

按成本效益模式进行投资决策的步骤：

⇨ 提出各种投资方案

⇨ 分析各方案的相关现金流量

⇨ 评价和选择方案

实用范例

某公司有一包装设备尚可使用4年，目前的变现价值为600元，最终残值为200元，年运行成本为700元。现欲购买一新设备代替旧设备。新设备价格为2400元，预计可使用10年，最终残值为300元，年运行成本为400元。假设公司最低报酬率为15%，年金现值系数是5.019（新设备）、3.784（旧设备）。在进行更新决策时，公司计算出新、旧设备的年平均成本分别为863元和836元。通过计算比较，公司决定继续使用成本较低的旧设备。

$$\text{新设备平均年成本}=\frac{2400+400\times5.019-300\times0.247}{5.019}=863\text{（元）}$$

$$\text{旧设备平均年成本}=\frac{600+700\times3.784-200\times0.432}{3.784}=836\text{（元）}$$

第三节　应用成本节省模式降低物流成本

日常的物流作业往往存在着浪费和效率不高的现象，这种情况可以通过成本节省模式加以改进。物流成本节省可从以下两方面入手。

1. 物流成本维持

物流成本维持即从日常物流作业中，消除不必要的物流浪费，提高作业环节的效率。物流成本维持可以采取以下措施：

（1）库存成本方面的措施。

① 维持合理库存量；

② 提高保管效率；

③ 防止偷盗、毁损。

（2）运输成本方面的措施。

① 通过分流，缩短运输距离；

② 减少运输次数；

③ 提高车辆装载率；

④ 选择最佳运输方式；

⑤ 开展集运、直运、共同运输等。

（3）包装成本方面的措施。

① 使用价格便宜的包装材料；

② 包装作业机械化、标准化；

③ 回收利用旧包装。

（4）装卸成本方面的措施。

① 减少装卸次数；

② 装卸作业灵活化、省力化；

③ 利用信息引导系统。

2. 物流成本改善

物流成本改善即通过规模经济效益和学习效益，扩大经营规模，提高劳动效率，降低单位成本。现代作业成本法（Activity - Based Costing）应用于物流成本计算和作业成本管理（Activity - Based Management），以及物流作业分析与控制，是更科学、更深入的物流成本改善技术。

成本节省贯穿于物流活动的全部领域和整个过程。为了成本维持和成本改善，在日常工作中需要对各环节的物流工作予以关注和思考，这样才能发现问题，加以改进。

知识链接

中国的物流业与欧美发达国家相比，还有相当的差距。1999 年，中国物流总成本约占 GDP 的 18%，而美国这个比率仅为 8.99%；中国企业产品的周转周期为 35 ~ 45 天，货车空载率高达 37%，每年因包装、运输损坏的商品价值达人民币 500 亿元。中国物流领域的管理水平和效率还比较低，物流成本的节约空间非常大。在“十五”期间，如果中国物流成本占 GDP 的比例降到 15%，每年将为全社会直接节约 2400 亿元物流成本，并为企业和社会带来极为可观的经济收益。

操作要点

物流成本节省可从两方面入手：

⇨ 物流成本维持

⇨ 物流成本改善

第四节　应用总成本模式降低物流成本

物流成本管理是企业经营管理的子系统，对物流成本进行管理需要以整个企业经营为立足点。企业经营中存在着许多“二律背反”现象，为保证经营利润的实现，必须从总成本角度管理物流成本。

从总成本角度降低物流成本的过程如下。

1. 制订物流系统运作的备选方案

为实现某目标，要先制订出可达到这一目标的各种备选方案。例如，为了减少销售缺货损失，可以制订方案有二：第一，设置大量安全库存，将商品用火车运输到销售市场仓库并储存；第二，销售市场仓库只保存一定量库存，紧急缺货时，从中心仓库空运商品到销售地。

2. 计算出各个方案的相关总成本

上面论述中，第一个方案的相关总成本包括多余安全库存的储存成本和火车的运输成本，第二个方案的相关总成本是空运费用。

3. 比较、选择总成本最小的方案

对计算得出的各个方案的相关总成本进行比较，得出总成本最小的

方案，并选择该方案。假设第一个方案的相关总成本为4000元，第二个方案的相关总成本为1000元，则应选择方案二。

树立总成本意识是物流成本管理的关键，物流经理要善于从总成本角度来考虑问题。

操作要点

从总成本角度降低物流成本的过程：

⇨ 制订物流系统运作的备选方案

⇨ 计算各备选方案的相关总成本

⇨ 选择总成本最小的方案

实用范例

美国布鲁克林酿酒厂在本国经营业绩平平。从1989年11月开始，该酿酒厂通过航空运输将啤酒运到日本出售。这样的物流作业可以在啤酒酿造后的1周内将啤酒直接运达顾客手中，而海外装运啤酒的平均订货周期为40天。航空虽然运费高，但速度快，减少了流动资金占用，节省了大量库存成本。而且啤酒的价格日本比美国高5倍。空运啤酒到日本的物流总成本虽比海运啤酒到日本的物流总成本高，但考虑到空运啤酒的价格卖得高，从整个企业经营的角度看，空运啤酒无疑是有益的。事实上，虽然布鲁克林酿酒厂在美国还没有成为知名品牌，但在日本却开辟了一个年销售额200亿美元的市场。

第五节　应用成本避免模式降低物流成本

在开发新产品或新服务项目时进行物流作业、物流系统设计，要考虑新项目对物流支持的要求、对现有物流活动的影响以及对物流成本大小的影响。从设计阶段就避免过多物流成本的产生，这就是物流成本避免的思想。成本避免立足于预防，从源头挖掘成本降低潜力，避免一些成本的发生，是成本降低的高级形态。

物流成本避免的实施，应从以下方面入手。

1. 把握物流服务与物流成本的关系

物流活动的产出是物流服务，产出的多少与好坏可以用服务水平的高低来衡量。为物流服务所消耗的活劳动与物化劳动表现为物流成本。物流服务与成本之间存在着“二律背反”关系，高水平物流服务必然导致高物流成本。因此在设计物流系统时，以最低的成本达到所要求的物流服务水平即可，不必一味地追求高标准的服务，致使无谓物流成本的发生。

2. 考虑产品特性对物流成本的影响

不同的产品具有不同的特性，它们也会影响物流成本。包括：

（1）产品密度。产品密度大，能充分利用运输空间和仓储空间，因而会降低库存和运输成本。

（2）产品形状和大小。形状古怪、尺寸特异的产品通常会因为不能很好地积载而浪费运输空间。一般说来，具有标准矩形的产品要比形状古怪的产品更容易积载，因而所需的运输成本更少。

（3）产品安全。有些产品容易损坏、腐蚀，因而它们对物流各环节工作提出了更高的要求，需要投入更多物流费用。

（4）特殊要求。有些物品对储存和运输有特殊要求，如有些物品在储存时需要制冷，大宗物品的搬运需要特殊的装载工具等。

在设计新产品时，要考虑产品的这些特性对物流成本的影响，尽可能设计物流成本小的产品。

3. 考虑空间因素对物流成本的影响

空间因素对物流成本的影响也是显而易见的，特别是在物流系统选址中。

（1）距离。物流系统中各物流节点的位置以及物流节点与供应商、目标市场的距离都会影响物流成本。在物流选址中，应充分考虑距离因素，优化布局，减少运输成本。

（2）交通运输条件。在物流选址中，企业要考虑可以利用的现有交通运输条件，以便采取适当的运输方式，优化运输路线，实现合理化运输。

4. 考虑发展要求对物流成本的影响

在新项目开发设计之初，就考虑日后的发展需要，使物流选址具有扩建的空间；对其他设施、设备也应考虑扩充的可能，避免扩充时的浪费。

成本避免首先需要战略决策层的支持，对物流活动形成先导性影响。因此，企业高级管理者需要具备足够的成本避免意识。

操作要点

物流成本避免的实施，可从以下方面入手：

- ⇨ 把握物流服务与物流成本的关系
- ⇨ 考虑产品特性对物流成本的影响
- ⇨ 考虑空间因素对物流成本的影响
- ⇨ 考虑发展要求对物流成本的影响

实用范例

最近，某食品配送厂拒绝了一个本来可以完全令人满意的仓库选址方案。该仓库位于一段总水管末端的附近，在全天大多数时间里，该厂商可以获得充足的供水来应付作业之需和紧急需要。但在早上6：30—8：

30之间，可能没有足够的水来处理紧急之需，而在此时段产品线对水的需求量很大。通过对收益与成本的权衡比较，该厂商只好放弃了这个仓库选址。

第六节　通过物流质量管理降低物流成本

完善的物流质量管理可以提高顾客对服务的满意度，增强顾客信任感和忠诚度，可以为企业赢得市场、扩大经营规模、降低成本创造良好的条件，可以减少物流过程的消耗，逐步消除各种差错事故，提高物流效率。

进行物流质量管理，可以从以下方面着手。

1. 保证与改善商品质量

在物流过程中，要保证商品质量的合格，不变质，不破损；同时通过分装、贴标签等流通加工活动改善商品质量。进行商品质量控制时，可以利用包括统计方法在内的各种质量管理方法。

2. 保证物流服务质量

物流服务既服务于企业的生产经营，也服务于购买企业产品和服务的顾客。所以应了解和掌握用户需求，为他们提供差别服务。另外，还应及时根据用户需求变化，不断更新完善物流服务质量标准。

3. 制订物流工作质量标准

为了保证物流作业各个具体环节的工作质量，需要制订各环节工作质量标准，进行内部控制。可以采用的物流工作质量指标有运输工作质量指标、仓库工作质量指标、包装工作质量指标等。

4. 制订物流工程质量标准

物流工程质量对物流活动有着决定性影响，它属于物流系统设计的范畴，例如物流网点的规划设计等。对物流工程质量的管理需要利用系统论的观点和方法，对物流系统中的相关因素进行分析、计划和控制。可以采用的物流工程质量指标有运输工程质量指标、仓库工程质量指标、包装工程质量指标等。

物流质量管理是一个系统工程，上述四个方面的工作都是必需的，也可以通过改善其中某一方面工作质量达到降低物流成本的目的。

知识链接

“5S”活动是提高物流工作质量的一种方法。“5S”活动是指对物流中心，仓储现场管理和流通加工现场等各要素所处状态不断进行整理、整顿、清扫、清洁和提高素养的活动。具体内容和要求是：

整理（Seiri）。区分需要和不需要的物品，将不需要的坚决清理出现场。

整顿（Seiton）。对整理后现场所需物品进行合理摆放，实行定置管理。

清扫（Seiso）。把工作场所打扫干净；设备有异常时马上修理，使其恢复正常。

清洁（Seikeetsu）。认真维护工作现场，保持其最佳状态。

素养（Shitsuke）。努力提高员工素质，使他们形成遵守规章制度的习惯和作风。

操作要点

实施物流质量管理须做到：

⇨ 保证商品质量

⇨ 保证物流服务质量

⇨ 保证物流工作质量

⇨ 保证物流工程质量

实用范例

Lands' End 是美国最有名的邮购公司之一，该公司能够在 24 小时内交付顾客订货。为了实现这个目标，Lands' End 公司与其供应商和承运人一起把精力集中在物流质量上。在与供应商合作方面，Lands' End 公司承担了产品出库时的质量检验工作，派作业队到供应商处评定其作业水平，并提出改进建议；在承运人方面，Lands' End 公司控制了所有产品运输的动向，与关键承运人共同安排，通过统一流量和远距优化降低成本。

第七节　通过供应链管理降低物流成本

供应链是围绕核心企业，通过对信息流、物流和资金流的控制，从采购原材料至产品送到消费者手中的全过程，即将供应商、制造商、分销商、零售商直至最终用户连成一体的功能网链结构模式。21 世纪的竞争是供应链的竞争。物流成本管理不应只着眼于本企业，而应把控制成本的领域扩展到与企业相关的外部环境，通过加强供应链管理来降低物流成本。

加强供应链管理的步骤如下：

比较企业业务目标和现有能力及业绩，找到现有供应链的显著弱点，加以改善和提高；

与供应商和关键客户一起研究、评估新经济、新技术和竞争的影响，制定供应链的远景目标；

制订实现上述远景目标的过渡计划；

评估企业的现实条件，制订切实可行的方案，恰当把握过渡时机；

实施供应链新计划。根据改进的长期供应链计划，重构供应链组织关系，使企业在供应链中处于正确位置。重组供应链业务流程，优化企业内外部产品、信息和资金流。提高供应链中库存、运输等环节的效率。

通过加强与下游商家的合作关系，能掌握商品销售动态，对市场变化做出快速、正确反应，减少不适销商品库存，消除过剩库存；与上游商家合作，可保证原材料供应，减少原材料库存，最终减少与之相关的运输、装卸搬运等物流成本。总之，通过改进供应链关系可减少经营风险，降低物流成本。

操作要点

进行供应链管理的步骤：

⇨ 比较企业目标、现有能力及业绩

⇨ 制定供应链远景目标

⇨ 制订供应链行动计划

⇨ 确定可行方案并把握时机

⇨ 实施新计划

实用范例

美国沃尔玛公司和宝洁公司的合作是供应链管理的典范之一。宝洁公司借助数据库，除了能够迅速知道沃尔玛物流中心所需的商品情况外，还能及时了解自己的商品在沃尔玛各店铺的销售量、库存量和价格等。这不仅能使宝洁公司及时制订适应市场需求的生产和研发计划，同时也能对沃尔玛做到及时补货，沃尔玛只需要决定进货数量即可。反过来，沃尔玛向宝洁公司反馈市场和消费信息，有利于宝洁公司调整产品结构，改进产品质量。双方是一种双赢的合作关系。

第八节　通过物流外包降低物流成本

物流公司的专业性，使它们往往能提供比企业自营物流更好的服务，且成本更低。物流外包不失为降低成本的有效手段。那么企业如何判断是否需要进行物流外包呢？可以从以下方面分析。

1. 经营战略

企业受资源、资金和技术水平的限制，将物流外包，可使主要精力集中于主营业务与核心竞争力上。但如果物流外包会泄露企业商业秘密，则应选择自营。

2. 产品特性

当企业产品存在以下情况，一般将物流外包会取得更好的经济效益：产品季节性波动大而经营量小；产品品种少，标准化程度高；产品销售市场广阔，地区变化较大；产品寿命不长等。

3. 物流作业类型

（1）运输。需要专业技术的国际运输、笨重物资运输、长距离干线运输等一般都选择外包。此外，如果运输量少，波动大或运输时不兼做销售、收款工作的，也一般使用外包。

（2）仓储。频繁出入库的货物，装卸费用占物流成本的比例高。营业性仓库通常拥有先进的装卸设备和装卸技术，可大大降低装卸搬运成本。因此对频繁出入库的货物可考虑外包。若仓库是合理化物流系统的关键设施，作为核心支柱发挥作用，则不应外包。

（3）包装。对于工业包装的制成品，若需要特殊包装技术或该工业包装足以保证产品的其他功能环节都能合理进行，可以将其包装委托给专业包装公司，效率更高。

不同企业具有不同经营特点和经营规模，生产的产品也不相同，因此要结合各方面因素进行综合分析，才能做出物流是否外包的正确决策。

知识链接

第三方物流企业

第三方物流是由作为物流供需双方以外的第三方，承担货主企业的物流活动的经济实体。第三方物流企业具有五大优势：第一，专业优势。第三方物流企业专业从事物流服务，专业化作业能力强。第二，服务质量优势。第三方物流企业具有较高的服务水准和质量保证。第三，信息优势。第三方物流企业具有强大的信息网络、丰富的信息资源、先进的信息硬件和软件系统、稳定的信息渠道等。第四，管理和人才优势。第三方物流企业具备高水平的管理人才和先进的管理技术，能帮助委托方正确分析和解决在物流管理方面存在的问题。第五，规模优势。第三方物流企业可以组织客户群体开展共同运输，可以与其他物流企业合作，实现物流集约化、效率化。

操作要点

判断是否需要进行物流外包要考虑：

⇨ 经营战略

⇨ 产品特性

⇨ 物流作业类型

实用范例

东大集团自建立以来，一直由公司车队承担原材料运输。车队 26 名员工，18 辆大货车，附加修理厂，运转费用不菲，效率却不高。由于运输不是集团的战略要点，东大集团决定将运输外包。先是面向社会公开竞价招标，年节约运费 390 万元，然后又对运量相对集中的几条线路公开招标买断，吨公里运价由 0.44 元降到 0.2 元，前后节约支出 1431 万元。

第三十一章　物流成本计算方法

物流成本计算是物流成本管理的基础，物流成本数据是制订物流计划、控制物流作业以及评价物流业绩等活动不可缺少的资料。物流成本计算科学、准确与否影响着物流成本管理水平的高低。新兴的物流作业成本法从作业与成本之间的因果关系出发计算物流成本，是最有发展前途的物流成本计算方法。

关键词　物流成本计算　成本动因　成本分配　成本对象

第一节　确定物流成本计算对象

成本计算对象：企业或成本管理部门为归集和分配各项成本费用而确定的，以一定时期和空间范围为条件而存在的成本计算实体。进行物流成本计算，要先确定物流成本计算对象。成本计算对象的选取方法不同，得出的物流成本结果也就不同，从而也就产生了不同的成本评价对象与评价结果。因此正确确定物流成本计算对象是进行物流成本计算的基础。

确定物流成本计算对象需从以下三个方面进行。

1. 物流成本计算期间的确定

物流活动是持续不断进行的，必须截取其中的一段时间作为汇集物流经营费用、计算物流成本的时间范围，这个时间范围就是物流成本计算期间。物流成本计算期间可以以年、季、月为周期，也可以是某项作业周期，应当视具体情况而定。

2. 物流成本计算范围的确定

物流成本计算范围是物流成本计算的具体内容，即选取哪些成本费用项目来进行物流成本计算。从物流活动范围的角度看，供应物流费、企业内物流费、销售物流费、回收物流费和废弃物物流费中的哪些应纳入物流成本计算范围；从物流功能范围的角度看，在运输、搬运、存储、包装、流通加工等物流功能中，应选取哪些功能作为物流成本计算对象。

3. 物流成本承担者的确定

成本承担者是指发生并应合理承担各项费用的特定经营成果的体现形式。物流成本承担者根据实际情况，可以是某一客户，某一作业种类，也可以是物流责任中心乃至整个企业。

从上述三个方面确定了物流成本计算对象以后，就可以收集物流成本数据，计算物流成本了。

知识链接

美国物流成本的计算范围包括三部分：

库存费用。指花费在保存货物上的费用，包括仓储费用、合理损耗费用、人力费用、保险、税收和库存占压资金的利息。其中利息是当年美国商业利率乘以全国商业库存总金额得到的；仓储成本既包括公用仓库费用，也包括私人仓库费用。

运输成本。运输成本包括公路运输费用、其他运输方式费用与货主费用。公路运输费用包括城市内运送费用和区域间卡车运输费用；其他运输方式费用包括铁路运输费用、国际国内空运费用、货运代理费用、燃油管道运输费用；货主方面的费用包括运输部门运作及卸货费用。

物流管理费用。按照美国的历史情况由专家确定一个固定比例，乘以库存费用与运输成本之和得出物流管理费用。美国的物流管理费用占物流总成本的4%左右。

操作要点

确定物流成本计算对象包括三个方面：

⇨ 确定物流成本计算期间

⇨ 确定物流成本计算范围

⇨ 确定物流成本承担者

第二节　计算物流作业成本

物流作业成本计算是以作业成本计算为指导，将物流间接成本更准确地分配到物流作业、运作过程、产品、服务及顾客中的一种成本计算方法。它立足于成本对象与物流作业耗费的因果关系，因此是一种更准确也更有发展前途的物流成本计算方法。物流作业成本的计算步骤如下。

1. 分析和确定物流资源

物流资源是物流作业得以进行的基础，是成本消耗的源泉。物流资源有场地、设备、动力等。物流作业成本计算首先要分析各项物流活动都耗费了哪些资源。

2. 分析和确定物流作业构成，建立物流作业成本库

知识链接

作业中心：成本归集和分配的基本单位，由一项作业或一组性质相

似的作业所组成。作业消耗了资源，因而作业中心也叫作业成本库。

物流活动由一系列基本作业构成，这些基本作业是一个个易于理解的操作环节。可以采用业务职能分析法、作业流程法、价值链分析法等确定各项作业构成，在此基础上对各项物流作业进行筛选和整合，将同质物流作业合并，形成物流作业中心。

3. 分析和确定物流成本动因

成本动因：是指诱发企业成本的各种因素，也是引起成本发生和变化的原因，可分为资源动因和作业动因。物流资源动因反映了物流作业与资源耗费间的因果关系，说明资源被各作业消耗的原因、方式和数量。因此，物流资源动因是把资源分摊到作业中去的衡量标准。作业成本计算要观察、分析物流资源，为每项物流资源确定动因。例如仓库面积、体积是仓库折旧的资源动因。

物流作业动因是最终成本对象耗费物流作业成本的原因和方式，反映成本对象使用物流作业的频度和强度。例如，商品检验活动的作业动因是商品检验的次数，它是分配、计算商品检验成本的依据。

4. 分配物流成本至成本对象

物流资源是物流成本耗费的基础。分配计算物流成本从分配计算物流资源开始。确定好物流资源后，根据资源动因，把物流资源分配至各物流作业中心，形成物流作业成本库；然后根据作业动因，将各作业成本库中的物流成本分摊至各成本计算对象。

5. 计算各成本对象物流总成本

将成本对象中分摊的各物流作业成本加总，即得成本对象负担的间接物流成本。再加上直接物流成本，就是各成本对象的物流总成本，并可据此计算单位物流成本。

物流作业成本法深入到作业，为对间接成本和辅助资源进行更为合理的分配和计算，提供了更科学、更准确的物流成本数据。

知识链接

直接成本与间接成本

成本按其计入成本对象的方式分为直接成本和间接成本。直接成本是与成本对象直接相关的那一部分成本。所谓“与成本对象直接相关”是说该成本与某一特定的成本对象存在直接关系，它们之间有明显的因果或受益关系。间接成本是与直接成本相对应的，指与成本对象相关联的成本中不能用一种经济合理的方式追溯到成本对象的那一部分成本。一项成本可能是直接成本，也可能是间接成本，要根据成本对象的选择而定。

操作要点

物流作业成本计算的步骤：

⇨ 分析和确定物流资源

⇨ 分析和确定物流作业构成，建立物流作业成本库

⇨ 分析和确定物流资源动因

⇨ 分配物流成本至成本对象

⇨ 计算各成本对象物流总成本

实用范例

某企业有一个生产支持中心仓库，其年成本（主要是人工成本）为50万元。企业有一批产品A，年产量为1000单位，耗用直接人工1000小时。企业直接人工总时数为400000小时。该仓库有12名员工，其中6名负责外购部件的接运，3名负责原材料的清点、入库和记账，3名负责将材料送至

生产地点。据仓库负责人介绍，决定接、送料的关键因素是接、送料的次数。所以仓库资源动因是接、送次数。作业成本法的作业中心成本分配如下：

作业中心成本分配

作业中心	人数	总成本（元）
接收外购部件	6	250000
接收原材料	3	125000
发送材料	3	125000

该企业当年共接收了25000次外购部件，10000次原材料，进行了5000次生产运送。由此仓库每项作业的单位成本如下：

各项作业单位成本

作业中心	分配标准（次）	单位成本（元/次）
接收外购部件	25000	10
接收原材料	10000	12.5
发送材料	5000	25

假定A产品需要耗用200次外购部件，50次原材料接收，10次生产运送，则A产品应负担的物流成本为：$10\times200+12.5\times50+25\times10=2875$ 元。

第三节　规范物流作业和建立物流作业中心

使用作业成本法计算物流成本，必须对企业的各项物流作业尤其是主要物流作业进行清楚、正确地辨认、描述和确认，并建立物流作业中心。

1. 辨别物流作业

物流作业主要有以下几种：

（1）原材料的接收、储存或劳务分配，如原材料搬运、车辆调度等。

（2）生产物流活动，如材料准备、设备测试等。

（3）产品集中储存和销售，如库存管理、送货车辆管理、订单处理等。

（4）产品或服务营销，如报价、定价等。

（5）仓库、物流设备设施投入等活动，企业物流管理、物流会计等活动。

2. 合理确认物流作业

必须在合理范围内确认物流作业，范围太大或太小，都不利于物流成本计算。确认物流作业时必须注意遵循以下原则：

（1）不同人员的作业是不同的。

（2）一项作业一般不多于 15 个密切相关的操作。

（3）把一项作业中不相关的操作分解出去。

（4）不分解只有一项投入或产出的作业。

（5）每个职能部门中，功能明确的作业一般是 2 ~ 10 个。

（6）不分解不能改变的作业。

（7）不分解对决策意义不大的作业。

3. 建立物流作业成本库（物流作业中心）

确认了物流作业后对它们进行合并、整合，就可以建立物流作业成本库。建立物流作业成本库时，需考虑以下方面：

（1）核算目的。若为获得相对准确的物流成本信息，则应对质相似和量相关的物流作业进行高度合并；若为加强物流作业管理，则应以利于部门管理为目的，在作业质相似的前提下，将次要物流作业合并到主要物流作业中。

（2）作业重要性。对于重要的物流作业，应将它单独设为一个物流作业中心。

（3）作业相似性。根据实际情况，合理合并作业动因相同或相似的物流作业。

正确确定物流作业并建立物流作业中心，是进行物流作业成本计算必不可少的环节，应当引起企业足够的重视。

知识链接

一个普通的制造企业物流作业过程可以描述如下：

一般物流作业过程

业务职能部门	主要作业
物资采购部	获取采购信息、签订合同、完成交易
储运部	收货、验货、存储、发货、运输
生产部	材料准备、包装
质量控制部	检验
会计部	审核开具发票、收款、付款、制单

操作要点

确认物流作业和建立物流作业中心的步骤：

⇨ 辨别物流作业

⇨ 合理确认物流作业

⇨ 建立物流作业成本库（物流作业中心）

第四节　确认物流成本动因

进行物流作业成本计算时，物流成本动因的确认是难度最大也是最关键的。物流成本动因如果确认不当，会影响物流成本的计算。

1. 辨别物流成本动因

物流成本动因分为：

（1）作业批次数量。它引发了物流作业计划的制订、机械设备的调试成本。

（2）购货单数量。它引发了采购、收货部门的物流成本。

（3）发货单数量。它引发了发货部门的物流成本。

（4）销货单和用户的数量。它引发了销售部门的物流成本。

（5）物流员工人数和工作通知单的数量。它是后勤服务和管理部门物流成本发生的原因。

明确成本动因种类，以此确定适当的物流成本动因。例如，生产准备部工人的工资分配，以人工小时为资源动因，以生产准备次数为作业动因；采购部员工的工资分配以员工人数为资源动因，以采购合同为作业动因。

2. 确定物流成本动因数量

确定物流成本动因数量时，应考虑以下因素：

（1）成本计算的精确度。物流成本计算的精确度要求越高，则需要的成本动因数量越多。

（2）成本对象的多样性。物流成本计算对象越多，则需要越多的成本动因来描述物流成本的发生过程。

（3）各作业的相关性。物流活动中，关键物流作业的数目越多，非同质物流作业的数目越多，需要越多的成本动因。

（4）作业批量的复杂性。进行不同批量的生产、运输、包装等活动的边际成本和平均成本不同，需要用不同的成本动因来反映。因此批量越复杂，成本动因越多。

（5）作业的关联度。成本动因与实际物流作业的关联度越高，所需的成本动因越少；同一物流作业的不同成本动因关联度越高，所需的成本动因越少。

（6）物流组合复杂度。物流服务种类越少，作业成本项目的数量越少，作业成本更易于与具体作业相联系，因而所需的成本动因越少。

3. 恰当选择物流成本动因

选择物流成本动因时，应考虑以下因素：

（1）计量的难易度。根据成本系统中已存在的资料，尽可能选择那些能直接使用现有资料的成本动因，即选择容易获得、成本更低的成本动因。

（2）与实际成本的相关度。如物流成本动因计算出的作业消耗与实际消耗相差大，则成本计算不准确。因此，应重新选择相关度大的成本动因，这样的物流成本的计算才更准确。

（3）对组织行为的影响。某些成本动因可能会影响人们的行为。这种动因若与组织目标一致，则能提高员工工作效率；反之，可能导致员工工作效率低下。所以，应选择对员工的行为产生有利影响的物流成本动因。

物流成本动因的确认，需深入工作现场观察、分析，并与物流作业人员交流，选择那些具有代表性和重要影响的成本动因，以便减少成本动因数量，降低计算复杂性。

操作要点

确认物流成本动因包括：

- 辨别物流成本动因
- 确定物流成本动因数量
- 恰当选择物流成本动因

第五节　将物流成本分配至成本对象

物流作业成本法中，消耗的物流成本最初以资源的形态出现，最后转化到成本计算对象中去。

1. 物流资源分摊

按物流资源消耗的特点，有三种分摊方法：

(1) 若一项资源只为某一特定物流作业所消耗，则直接计入该成本对象；

(2) 若某项资源从发生区域上来看被不同物流作业所消耗，则可根据发生区域直接计入各物流作业成本库；

(3) 若资源同时被多个物流作业所消耗且呈混合状态，则需选择合适的资源动因作为划分依据，据此将它们分解到各物流作业中心去。

资源分配率的计算如下：

$$某物流资源分配率=\frac{某物流资源成本总额}{该资源成本动因量化总和}$$

其中，成本动因量化根据物流资源动因确定，所依据资源动因可以是存货体积、物流职工人数等，将它们加总就是量化总和。例如，将工资分配到仓储部门时，仓储部职工人数就是资源动因，仓储部的总职工人数就是它的量化总和。

求出物流资源分配率后，将它与各物流作业中心的资源量化总和相乘，就可得到分配到各物流作业中心的物流资源数额。例如，将工资分配率乘以仓储部职工人数，就可得到仓储部应分摊的工资额。

2. 计算物流作业中心成本分配率

物流资源分摊到作业中心后，形成物流作业成本库中的成本。对这些成本需根据物流作业动因，计算某项物流作业的分配率。其公式为：

$$某物流作业中心成本分配率=\frac{某物流作业中心成本总额}{该中心成本动因量化总和}$$

其中，成本动因量化根据物流作业动因确定，所依据作业动因可以是作业次数、机器小时和单据数量等，将它们加总就可得到量化总和。例如，对质量检验的量化，检验次数是作业动因，量化总和就是检验的总次数。

3. 计算物流成本总额

得出物流作业中心成本分配率后，就可以计算分摊至各物流成本对象的物流成本总额了。其公式为：

某成本对象的物流总成本 = ∑（该成本对象消耗的该项物流作业量总和 × 该项物流作业成本分配率）

知识链接

作业成本核算包含两种观点：一种是成本分配观或叫成本分解观，另一种是过程分析观。前者进行纵向分析核算，提供关于资源、作业量、作业与产品等成本对象的成本信息；后者进行横向分析核算，提供关于作业对顾客价值的满足程度、效率等非财务方面的信息。这两种观点在物流作业成本核算中被合称为二维成本核算观。

操作要点

物流成本分配步骤：

⇨ 物流资源分摊

⇨ 计算物流作业中心成本分配率

⇨ 计算物流成本总额

实用范例

某钢铁厂核算期内三种钢铁甲、乙、丙的运输量分别为10000吨、5000吨和8000吨，总成本为484000元，各运输的等效系数分别为1.2、1和0.9。三种产品的运输成本计算如下：

甲应分配的运输成本：$20 \times 1.2 \times 10000 = 240000$（元）

乙应分配的运输成本：$20 \times 5000 = 100000$（元）

丙应分配的运输成本：$20 \times 0.9 \times 8000 = 144000$（元）

第三十二章　物流成本分析与控制

物流成本管理不是要管理物流成本，而是要以成本为手段进行物流管理。物流成本分析与控制是物流成本管理的关键环节。物流成本分析与控制就是要构筑物流管理会计系统，利用物流成本预算、物流成本控制标准、物流作业成本管理等方法进行物流管理。

关键词　编制成本计划　弹性预算　零基预算　标准成本　成本差异　物流责任控制　目标成本　成本测算　成本管理

第一节　编制物流成本计划

物流成本计划通过事先确定计划期内的成本项目和数额，明确降低成本的具体目标，是进行物流成本控制的重要手段之一。物流成本计划编制的步骤如下。

●重点提示

物流成本计划是企业计划的有机组成部分，要与其他计划相结合进行编制。

1. 收集和整理相关资料

制订科学合理的计划，需要收集和整理各方面的资料，包括物流活动的历史资料、未来预测的资料以及行业内其他企业相同物流活动的资料等。

2. 分析上期物流成本计划的执行结果

对上期物流成本计划执行情况进行全面分析，找出实际结果与计划成本存在差异的原因，弄清存在的问题，并对计划编制工作的科学合理性做出评价，为编制新计划提供借鉴。

3. 确定物流成本费用的控制限额

对上期物流成本计划完成情况进行分析后，结合未来降低成本的目标，确定可行的物流成本费用控制额度。将物流成本费用限额下达各职能部门，各部门根据实际情况加以修正，再上报汇总，由计划制订者统一协调，最终确定供执行的限额。

4. 编制物流成本计划

在最高管理层的领导下，成本计划部门与各部门相互配合，以物流成本计划总目标为指导，考虑特殊要求，编制计划，并落实物流成本计划的具体措施。

物流成本计划为实施物流成本控制、制订成本控制标准提供了重要依据，也是进行物流成本分析和考核的参照标准。

知识链接

编制物流成本计划非常重要，原因在于：

它反映了企业进行物流资源配置的一般性要求；

它是确定物流成本控制标准的重要尺度；

它是监测物流成本运作过程的工具；

它突出了各部门成本工作的重点。

操作要点

物流成本计划编制步骤：

⇨ 收集和整理相关资料

⇨ 分析上期物流成本计划的执行结果

⇨ 确定物流成本费用的控制限额

⇨ 编制物流成本计划

第二节　编制物流成本弹性预算

在编制费用预算时，预先估计计划期内业务量可能发生的变动，编制出一套能适应业务量变化的费用预算，以反映在不同业务量情况下的费用水平。

物流活动在实际经营过程中经常会发生变化，为适应变化，编制物流成本弹性预算就显得非常必要。

1. 物流成本弹性预算的编制过程

（1）确定各物流成本费用的成本依存度。所谓成本依存度是指成本总额对业务量的依存关系。弹性预算的编制以成本依存度的划分为基础，因此必须先确定各物流成本项目的成本依存度。可将成本划分为变动成本、固定成本和混合成本。变动成本是随业务量增长而正比例增长的成本，如运输中的燃油费，包装消耗的直接材料费；固定成本是不受业务量影响的成本，如物流设施和设备的折旧费；混合成本是随业务量增长而增长，但与业务量增长不成正比例的成本，如物流机械设备的修理费。

（2）选取适当的业务量计量对象。编制弹性预算要随业务量水平的变化，计算出不同的计划成本。因此，应选择代表性强的业务量作为计量对象，并要求所选计量对象与预算中的变动部分有直接联系。经常选取的业务量有直接人工工时、运输距离、作业工人工资、机械运转时数等。

（3）确定各项物流成本与业务量之间的数量关系。逐项研究、确定各项物流成本与业务量之间的数量关系。固定成本一般不随业务量变化而变化；对于变动成本，需确定单位业务量的变动成本即增加一单位业务量而增加的成本；将混合成本分解为固定成本和变动成本，分别确定。

（4）选择表达方式，计算预算物流成本。

① 列表式。先确定业务量变化范围，划分出若干个业务量水平，再分别计算各项物流成本项目的预算成本，汇总列入一个预算表格。确定业务量变动范围时应满足业务量实际变动需要，确定的方法有以下几种：

a. 把业务量范围确定在正常业务量的70% ~110%之间。

b. 把历史上的最低业务量和最高业务量分别作为业务量范围的下限和上限。

c. 对企业预算期的业务量做出悲观预测和乐观预测，分别作为业务量的下限和上限。

② 公式法。将所有物流成本项目分解为固定成本和变动成本，确定预算成本计算式 $y = a + bx$ 中的系数。其中 a 为混合成本中的固定部分与固定成本之和，b 为混合成本中的单位业务量变动成本与变动成本之和，x 为业务量。利用这个公式可计算出任一水平业务量的预算物流成本。

2. 物流成本弹性预算的应用

（1）控制物流支出。物流成本固定预算只编制一个业务量水平的预算物流成本，一旦业务量发生变化就不再适用；物流成本弹性预算给出了不同业务量水平下的预算物流成本，各水平业务量都有成本限额，在成本发生时就能进行控制。

（2）考核物流业绩。计划期末，将物流成本执行情况与预算进行比较，分析成本差异的原因，并评价各部门物流成本的执行情况。

物流成本弹性预算为不同水平的业务量提供了物流成本预算，在实践中应用广泛。

知识链接

混合成本分解

进行混合成本分解的过程：

第一步，设 $y = a + bx$。其中：y 为混合成本；a 为混合成本中的固定部分；b 为混合成本中单位业务量变动成本；x 为业务量。

第二步，将已知的两个业务量和相应的混合成本代入方程，联立方程组，求解得出 a 与 b。

例如，已知某汽车修理费在运行600小时时是600元，在运行540小时时是544元。

设方程：$y = a + bx$

代入数据，$\begin{cases} 600 = a + b \times 600 \\ 544 = a + b \times 540 \end{cases}$

解得：$\begin{cases} a = 40 \\ b = 0.93 \end{cases}$

操作要点

编制物流成本弹性预算的步骤：

⇨ 确定各物流成本费用的成本依存度

⇨ 选取适当的业务量计量对象

⇨ 确定各项物流成本与业务量之间的数量关系

⇨ 选择表达方式，计算预算物流成本

实用范例

以下是一仓库流通加工组的列表式弹性预算：

列表式弹性预算

业务量（直接人工工时）及其占正常作业能力百分比	4200（70%）	4800（80%）	5400（90%）	6000（100%）	6600（110%）
变动成本（元）					
电力（$b=1.0$）	4200	4800	5400	6000	6600
消耗材料（$b=0.1$）	420	480	540	600	660
合 计	4620	5280	5940	6600	7260
混合成本（元）					
修理费	440	490	544	600	746
油料	1800	2200	2200	2200	2400
合计	2240	2690	2744	2800	3146
固定成本（元）					
折旧费	3000	3000	3000	3000	3000
管理人员工资	1000	1000	1000	1000	1000
合计	4000	4000	4000	4000	4000
总计（元）	10860	11970	12684	13400	14406

第三节　编制物流成本零基预算

零基预算：以零为起点，从实际需要出发，结合企业资源情况，通过逐项审议各项成本费用支出的必要性、合理性以及支出数额的大小而编制的预算。物流成本弹性预算的编制以历史的成本数据为基础，其缺点是容易忽略过去支出中不合理的部分。零基预算则解决了这个问题。

物流成本零基预算编制的基本步骤：根据计划期的目标和任务，各部门提出预算期内完成各自任务需要的各项成本费用开支的性质、目的及数额；对各项物流成本费用进行成本—效益分析，权衡利弊得失，评价成本费用的合理性；将各项物流成本费用按轻重缓急的先后顺序排序，考虑可动用的资金，先保证实施顺序在前的项目，依此类推，落实预算。

零基预算能消除不合理的物流成本费用支出，减少浪费，有利于改善整个物流成本控制效果和提高预算管理的效率。

操作要点

物流成本零基预算编制的基本步骤：

⇨ 提出物流成本费用项目

⇨ 进行成本—效益分析

⇨ 排序和分配资金，落实预算

第四节　制定物流标准成本

标准成本：经过仔细调查分析和运用技术测定等科学方法制定的、在有效经营条件下应该实现的成本。进行物流成本控制，先要制订物流成本控制标准。物流标准成本是物流成本控制标准中最常见的一种。

物流标准成本主要有三个方面，包括直接材料、直接人工和物流服务费用的标准成本。三个数据相加可得单位物流服务标准成本。

1. 物流直接材料标准成本的制定

物流直接材料标准成本由物流直接材料价格标准和物流直接材料用量标准决定。计算公式如下：

物流直接材料标准成本 = 价格标准 × 用量标准

直接材料标准成本常见于物流活动中的包装和流通加工，因为这些活动往往需要使用各种材料。直接材料价格标准应能反映当前市价、未来市场的走势以及批量采购的优势。直接材料价格应包括发票价格、运费、检验费用和正常损耗等，所以需要在征询采购部门的意见后制定。用量标准应根据企业物流作业流程状况和管理要求等制定。

2. 物流直接人工标准成本的制定

物流直接人工标准成本由物流工资率标准和物流人工用量标准决定。计算公式如下：

物流直接人工标准成本＝标准工资率×工时标准

物流直接人工标准成本的制定基本上涉及物流活动的各环节，例如流通加工工人的工资标准和铲车司机的工资标准的确定。在制定标准成本时，如果是计件工资，标准工资率就是计件工资单价；如果是计时工资，标准工资率是单位工时工资，由标准工资总额除以标准总工时得到。工时标准需要根据现有物流运作技术条件，测算提供某项物流服务所需的时间，包括调整设备时间、直接服务操作时间、工间休息时间等。

3. 物流服务费用标准成本的制定

物流服务费用标准成本分为变动物流服务费用标准成本和固定物流服务费用标准成本。

（1）变动物流服务费用标准成本。变动物流服务费用标准成本由变动物流服务数量标准和变动物流服务价格标准决定。数量标准可采用单位物流服务直接人工工时标准、机械设备工时标准或其他标准，但需与变动物流服务费用存在线性关系；价格标准即每小时变动物流服务费用的标准分配率，由变动物流服务费用预算除以数量标准总额得到。在采用单位物流服务直接人工工时标准时，变动物流服务费用标准成本用公式表示为：

变动物流服务费用标准成本＝单位物流服务直接人工标准工时×每小时变动物流服务费用的标准分配率

其中，

$$每小时变动物流服务费用的标准分配率=\frac{变动物流服务费用预算总额}{物流直接人工标准总工时}$$

变动物流服务费用标准成本的例子很多，例如装卸搬运活动中使用的润滑油和配件的标准成本。在各部分变动物流服务费用标准成本确定后，将它们加总就得到变动物流服务费用的单位标准成本。

（2）固定物流服务费用标准成本。固定物流服务费用标准成本由固定物流服务数量标准和固定物流服务价格标准决定。数量标准和价格标准的确定与变动物流服务费用相同。在采用单位物流服务直接人工工时标准时，固定物流服务费用标准成本用公式表示为：

固定物流服务费用标准成本 = 某物流服务直接人工标准工时 × 每小时固定物流服务费用的标准分配率

其中，

$$每小时固定物流服务费用的标准分配率=\frac{固定物流服务费用预算总额}{物流直接人工标准总工时}$$

固定物流服务费用标准成本的例子很多，例如仓库租赁费和仓库管理人员工资。在各部分固定物流服务费用标准成本确定后，将它们汇总就得到固定物流服务费用的单位标准成本。

将所得的物流直接材料、直接人工和服务费用的标准成本汇总，就可以确定有关物流服务的完整物流标准成本。

操作要点

物流标准成本的制定包括：

⇨ 物流直接材料标准成本的制定

⇨ 物流直接人工标准成本的制定

⇨ 物流服务费用标准成本的制定

实用范例

以下是某物流流通加工中心对某项服务的直接人工标准成本计算表：

标准	第一流通加工组	第二流通加工组
月标准工资总额（元）	84240	65520
工人人数	50	35
月工时	164	164
出勤率	95%	95%
月人均可用工时	156	156
月标准总工时	7800	5460
小时工资率	10.8	12
单位服务工时标准	0.5	0.4
直接人工标准成本（元）	5.4	4.8
单位服务直接人工标准成本（元）	10.2	

第五节　分析物流成本差异

物流成本差异是指实际发生的物流成本与标准物流成本相比较出现的差异。要对这种差异进行分析，以便找出差异原因，采取有效措施加以纠正。

应从以下方面对物流标准成本差异进行分析。

1. 物流直接材料成本差异分析

物流直接材料成本差异由物流直接材料价格差异和物流直接材料用量差异组成。可用公式表示为：

物流直接材料成本差异 = 物流直接材料实际成本 − 物流直接材料标准成本

物流直接材料用量差异＝（材料实际用量－材料标准用量）×材料标准价格

物流直接材料价格差异＝（材料实际价格－材料标准价格）×材料实际用量

多种原因可能造成物流直接材料用量差异，如采用了新的包装技术，但用料标准未随之改变，操作工人技术不过关、责任心差等。这类差异的责任一般应由操作部门承担。导致价格差异的原因也很多，如没有按经济批量进行采购，采购时舍近求远等。这类差异的责任一般在采购部门。

2. 物流直接人工成本差异分析

物流直接人工成本差异由物流直接人工效率差异和物流直接人工工资率差异组成。可用公式表示为：

物流直接人工成本差异＝物流直接人工实际成本－物流直接人工标准成本

物流直接人工效率差异＝（实际人工工时－标准人工工时）×标准工资率

物流直接人工工资率差异＝（实际工资率－标准工资率）×实际人工工时

物流直接人工效率差异的形成原因是多方面的，如用人不当，作业工人经验不足，路况差引起额外运输时间，物流机械设备陈旧、低效等。这类差异的主要责任在操作部门。导致工资率差异的原因，有工资制度的变动，临时工的变动等等，劳动人事部门一般应对这类差异负责。

3. 物流服务费用成本差异分析

物流服务费用成本差异，分为变动物流服务费用成本差异和固定物流服务费用成本差异。

（1）变动物流服务费用成本差异分析。变动物流服务费用成本差异由变动物流服务费用效率差异和变动物流服务费用耗费差异构成。用公式表示为：

变动物流服务费用成本差异＝变动物流服务费用实际成本－变动物流服务费用标准成本

变动物流服务费用效率差异＝（实际工时－标准工时）×变动物流服务费用标准分配率

变动物流服务费用耗费差异＝（变动物流服务费用实际分配率－变动物流服务费用标准分配率）×实际工时

引起变动物流服务费用效率差异的原因与引起物流直接人工效率差异的原因基本相同。变动物流服务费用耗费差异的形成往往是因为变动物流服务费用开支额或工时耗费发生变化，责任一般在物流操作部门。

（2）固定物流服务费用成本差异分析。固定物流服务费用成本差异由固定物流服务耗费差异、闲置能量差异和效率差异组成。用公式表示为：

固定物流服务费用成本差异＝固定物流服务费用实际成本－实际物流作业量的标准成本

固定物流服务费用耗费差异＝固定物流服务费用实际成本－固定物流服务费用标准成本

固定物流服务费用闲置能量差异＝（计划物流作业量标准工时－实际物流作业量标准工时）×标准费用分配率

固定物流服务费用效率差异＝（实际物流作业量标准工时－实际物流作业量实际工时）×标准费用分配率

固定服务费用效率差异产生的原因与人工效率差异的原因大致相同。引起闲置能量差异的原因往往是开工不足、车辆开动率和仓容利用率低，责任往往在管理部门。耗费差异的原因比较复杂，如标准成本制定得不切实际，实际物流服务量少于计划等。对这类差异要进行深入分析，才能分清责任部门。

●重点提示

上述公式中的标准工时是指实际产量下的标准总工时。

通过分析标准成本差异产生的原因，找到责任部门，就可以采取积极有效措施，控制过大差异，降低物流成本。

操作要点

物流成本差异分析包括：

⇨ 物流直接材料成本差异分析

⇨ 物流直接人工成本差异分析

⇨ 物流服务费用成本差异分析

第六节 物流责任控制

责任控制在各类企业中应用广泛，也是物流成本控制的有力措施。物流责任控制的过程如下。

1. 合理划分物流责任中心

根据企业经营管理的需要，划分若干责任中心，对各自的物流成本负责，并明确各中心应承担的经济责任和拥有的经济权利。例如运输部门负责运输费用，仓储部门负责仓储费用。

2. 确定物流责任目标

把物流成本目标分解到每一责任中心，确定其相应的责任目标，各责任中心只对各自的可控成本负责。确定物流责任目标既明确了责任中心的工作任务，也为责任中心提供了业绩考核标准。

3. 建立物流责任计算系统

为考核物流成本履行情况，需要建立一套完整的日常记录系统，计算和考核有关责任预算执行情况，评价和考核各有关责任中心的工作并及时反映存在的问题。

4. 建立内部协调制度

各责任中心都有自己的部门利益，为此往往需要建立监督与协调机制来规范各责任中心的运作。例如，运输部门的经理就不会赞同为了降低库存成本而增加运输成本的观点，因为库存成本并不在他的预算考核范围内，他的业绩是通过运输成本的降低来衡量的。

5. 定期编制物流业绩报告

业绩报告是有关责任中心在一定期间内经营情况的集中反映，是责任中心预算执行结果的概括说明。定期编制物流业绩报告能使各责任中心发现存在的问题，从而采取措施降低物流费用。

6. 考评物流工作业绩

物流工作业绩的考评也是物流责任控制的重要一环。只发生物流成本费用的责任中心只对范围内的可控成本负责，它的考评指标是成本节约额和成本节约率；而除了发生物流成本费用外，还向企业内部其他部门或外部顾客收取服务费用的物流责任中心，它的考评指标是毛利和营业利润。

物流成本涉及范围广，内容多，物流责任控制既有利于将物流成本落到实处，又有利于物流成本的计算、控制和考核。

知识链接

由于物流各项活动间存在“二律背反”关系，对各项物流活动的规划和控制要加以协调。可采取的措施有：

不同部门间就物流服务互相收费或转移成本。各部门在结算时可以采用市场价格或以市场价格为基础的协调价格等。

建立某种形式的物流成本节约的分享机制。物流成本互相冲突的各责任中心将各自节约的费用集中在一起，按预先确定的分配比例制作一个清单，对节约的物流成本重新分配。

设立物流协调委员会。委员会的成员来自各个重要的物流责任中心的管理部门。委员会通过交流协商来协调管理，制订协调方案。

操作要点

物流责任成本控制过程：

⇨ 合理划分物流责任中心

⇨ 确定物流责任目标

⇨ 建立物流责任计算系统

⇨ 建立内部协调制度

⇨ 定期编制物流业绩报告

⇨ 考评物流工作业绩

实用范例

为了降低运输费用，运输部门愿意等待大批量的集中运输，但是这样，就会导致出库更慢，运输成本降下来了，库存成本上升了。为协调由此产生的库存成本与运输成本的冲突，某公司库存管理部门经理与运输管理部门经理协商后达成以下协议：库存管理部门允许库存水平比期望的高，但只要库存成本超过了期望的水平（可以根据库存目标精确计算出来），高出的成本就计入运输部门。

第七节 制定物流目标成本

目标成本控制是一种现代成本管理方法，同样适用于物流成本控制。制定物流目标成本的步骤如下。

1. 设置物流总目标成本

最高管理层结合企业发展战略和企业的实际情况，确定计划期要实现的物流服务利润，确定物流成本总目标。这个总目标要分解到各级职能部门，分解到最基层。

2. 明确物流组织结构

根据物流组织结构要求，对每个目标和子目标，建立责任中心，明确责任中心应完成的任务、应承担的责任与应享有的权利。

3. 设置下级物流目标成本

根据物流资金、人力资源等情况，上下级协商、合作，拟定考核下级的目标成本。在这个过程中，可能需要修改总目标成本。

4. 研究物流目标成本可行性

物流目标成本的制定不可能一次就成功。要对初步设置的物流目标成本进行分析、判断，对不可行目标成本还要从头开始重新制定，直到可行为止。在反复循环的过程中，物流目标成本得以完善。

5. 分解物流目标成本

对物流目标成本的分解，需从三方面进行：

知识链接

目标成本分解：对设立的目标成本通过可行性分析后，将它按照企业的组织结构自上而下逐级分解，落实到有关的责任中心。

（1）将物流目标成本分解为材料费用目标、人工费用目标等；

（2）将物流目标成本分解到各级具体责任中心或责任人；

（3）将物流目标成本分解为年度目标成本、季度目标成本、月度目标成本等。物流目标成本的分解也需要不断改进。

物流目标成本控制是成本控制与目标管理的有机结合，能及时反映实际物流成本与物流目标成本的差异，以便采取有效措施加以纠正。

知识链接

常用目标成本分解方法：

按管理职能分解。例如，运输部门负责运输费用，仓储部门负责仓储费用等。

按服务形成过程分解。按物流服务设计、物流材料采购、物流服务提供等过程分解成本，形成各项目标成本。

按管理层次分解。将目标成本按公司、部门、个人进行分解，是一个自上而下的过程。

操作要点

物流目标成本的制定步骤：

⇨ 设置物流总目标成本

⇨ 明确物流组织结构

⇨ 设置下级物流目标成本

⇨ 研究物流目标成本可行性

⇨ 分解物流目标成本

实用范例

某公司运输司机发现近两日柴油用量大增，原先每天用 100 公升，而现在是 120 公升，超出了预算的目标用量，而同期的运输量和运输路径等条件都未发生明显变化。最后司机找到了原因，原来是汽车发动机出了故障，耗油量增大了。司机马上将发动机送去修理，避免了更多的成本浪费。

第八节　物流目标成本测算

在进行物流目标成本控制时，首先需要测算物流目标成本。物流目标成本的测算包括两方面：物流总目标成本测算和物流单项目标成本测算。

1. 物流总目标成本测算

物流目标成本等于服务收入与目标利润之差。只要测算出物流目标利润，物流目标成本也随之确定。测算物流目标利润的方法有：

（1）目标利润率法。目标利润率法使用经营相同或相似业务的物流企业的平均报酬率来预计本企业利润。计算公式如下：

目标利润 = 预计服务收入 × 同类企业平均服务利润率

= 本企业净资产 × 同类企业平均净资产利润率

= 本企业总资产 × 同类企业平均资产利润率

（2）上年利润基数法。本年利润是上年利润的延续，但随着竞争环境的改变和企业自身的进步，管理层会提出利润增长率的要求。计算公式为：

目标利润 = 上年利润 × 利润增长率

这样测算出的目标成本只是初步的设想，在物流目标成本制定过程中，需要不断进行修正。

2. 物流单项目标成本测算

测算各项服务、作业目标成本时，可按以下方法进行。

（1）倒扣法。倒扣法是根据市场调查确定的顾客或服务对象可接受的单位价格，扣除企业预期达到的单位服务利润和单位税金以及预计单位服务期间费用，倒算出单位服务目标成本的方法。

倒扣法用公式表示为：

物流单位服务目标成本 = 预计单价 − 单位服务目标利润 − 预计单位服务税金 − 预计单位服务期间费用

知识链接

期间费用：不能直接或间接归入某种服务的费用，包括物流行政管理部门发生的费用，物流营销活动发生的费用等。

（2）比价测算法。比价测算法是将新服务或作业与原来相似服务或作业进行对比。对与原来一样的环节，按原成本指标测定；对新的环节，按新的标准成本、作业工时标准等加以估算测定。

与物流总目标成本一样，物流单项目标成本的测算也需不断修正。

目标成本测算是进行目标成本控制的基础，物流目标成本测算的准确与否，关系着物流目标成本控制效果的好坏。

操作要点

物流目标成本测算包括：

⇨ 物流总目标成本测算

⇨ 物流单项目标成本测算

实用范例

开运物流公司 2002 年底着手制订来年成本控制计划。该公司估计 2003 年业务量为 50000 件，服务价格为 20 元/件。假设同类物流企业的平均服务利润率为 20%，则：

企业目标利润 = 预计服务收入 × 同类企业平均利润率 = 50000 × 20 × 20% = 200000（元）

目标总成本 = 预计服务收入 − 目标利润 = 500000 × 20 − 200000 = 800000（元）

目标单位成本 = 800000/50000 = 16（元）

于是，开运物流公司 2003 年以 800000 元作为总目标成本，以 16 元/件作为单位目标成本。

第九节 物流作业成本管理

作业成本管理深入到作业过程，对各作业状况进行分析，对各作业成本进行控制，具有传统成本管理方法无法比拟的优势。将作业成本管理应用到物流作业管理中，可以发挥作业成本管理的优势。

1. 确认物流作业的增值性

增值作业能给客户带来利润，非增值作业不但不会带来利润，而且还是一种资源浪费。对物流作业的增值性应从两方面进行考察：一是对客户是否必要，二是对物流运营是否必要。若对客户是必不可少的，或对物流成功运营是必要的，则是增值作业，否则为非增值作业。

2. 物流作业流程重构

在分析作业增值性后，重构物流作业流程，消除非增值作业。如果非增值作业一时不能完全消除，也要努力探究深层原因，提高非增值作业的工作效率。重构后，要使物流流程更加合理。

3. 瞄准物流标杆

在详细了解自己物流作业的基础上，与同行业中一流企业的物流作业或其他行业优秀企业的物流作业相比较，思考本企业怎么做才能达到优秀企业的水平，对存在问题的作业进行改进。改进的方式有：

（1）减少物流作业时间，努力提高物流作业效率。

（2）以优秀企业为参照，根据本企业现有资源选择适合本企业的物流活动成本项目，并重新制订各项成本标准。

（3）重新分配未使用资源。可将富余资源重组、出租、出售等。

4. 建立绩效评估系统

为反映各物流作业的贡献，及时反馈、改进物流活动，需要建立绩效评估系统。

（1）确定目标。确立使客户满意和物流成功运营的目标。根据实际情况可以设立短、中、长期目标。

（2）将目标落实到个人。参与物流活动的每一个人都应该了解目标，并且知道自己的职责和权利。

（3）采用适当的计量方法。对每项物流作业采用适当的计量方法，正确反映各项作业的贡献，作为改进和奖励的依据。

物流作业成本管理的四个环节是一个有机整体，应持续进行，才能不断推动物流活动的改进。

知识链接

对美国运输与物流企业的相关调查显示，29%左右的企业用作业成本法代替了传统成本方法，超过50%的企业使用作业成本法作为传统方法的补充，另外还有15%的企业用作业成本法作为辅助成本系统和成本分析的工具。专家分析，作业成本法在物流组织中应用前景广阔，今后将会在物流系统管理中充分发挥作用。

操作要点

物流作业成本管理过程：

⇨ 确认物流作业的增值性

⇨ 物流作业流程重构

⇨ 瞄准物流标杆

⇨ 建立绩效评估系统

实用范例

某公司原有的原料处理物流作业流程（如下图），包括了计划生产、存储原料、处理购货单、检验和付款等环节。

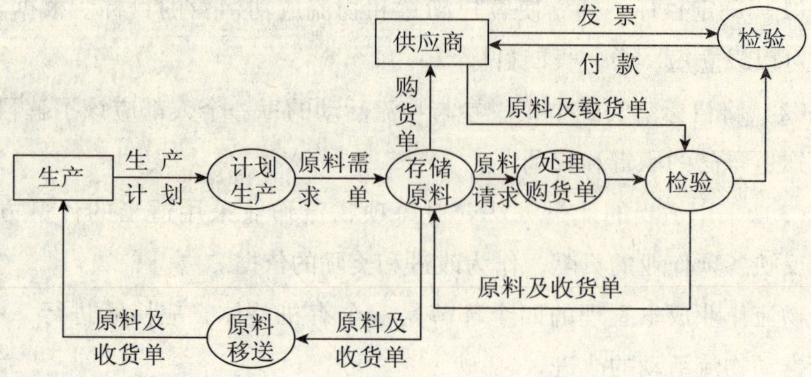

重构前的物流作业流程图

公司后来对这个原料处理过程进行了重构：将生产计划直接送达供应商，供应商根据生产计划发送原料，物流部门则根据收到的原料每周付款给供应商。这样就消除了除计划和付款外的其他一些非增值作业。重构后的作业流程图如下：

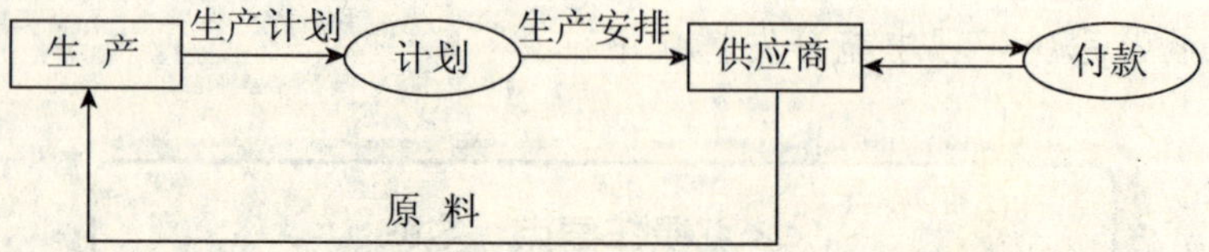

重构后的物流作业流程图

第三十三章　仓储成本管理

仓储成本管理是物流成本管理的主要领域之一。仓库战略决策是仓储成本管理的重要组成部分，缺货成本与安全库存量的设置相联系。对货物进行重点管理的ABC法能有效地减少资金占用，压缩库存，降低仓储成本。防止货物损坏、防偷盗和事故损失也是仓储成本管理不容忽视的内容。

关键词　仓库战略选择　缺货成本　缺货损失　仓储成本管理　损坏变质损失　偷窃和事故损失

第一节　选择仓库战略

企业需要用仓库储存存货，仓库可自建也可租用。在这两者中怎样选择，才能使制定的仓库战略既经济又合理？进行仓库战略选择可从以下方面考虑。

1. 仓库满仓率

一般来说，仓库全年满仓的可能性很小，大概有75%～85%的时间仓库不能满仓。而仓库往往按满仓的要求来设计，于是未满仓的部分就浪费了。因此，自营仓库只要能满足75%左右的需求即可，在仓库使用高峰期，租用仓库更经济。

2. 作业灵活性

自营仓库由企业完全控制，故具有更大的灵活性；而租赁仓库往往对所有客户都采用同一仓储政策和作业程序，灵活性差。所以当仓库作业灵活性要求高时，应选择自营。

3. 地点灵活性

地点灵活性包括：在需要时，能使用到所需仓库；在淡季，可以不必负担额外的仓储费用；改变仓库位置时，基本不产生转换成本。租赁仓库具有更大的地点灵活性，不需要企业投入大量资金，在需要时支付租金即可。

4. 规模经济效应

高流量的仓库更可能利用先进技术来降低材料搬运和储存成本，发挥规模经济效应。租赁仓库一般拥有更大规模，具有这方面的优势。

5. 特殊仓储技术

有些产品（如药品、化学品）储存时需要有专业存储人员或专门设备。这时自营仓库可能是唯一可行的选择方案。

6. 其他因素

选择仓库战略还要考虑其他因素，如：拥有自营仓库可能产生增值收益；仓库空间在未来某个时间可转为他用，如改为生产设施；仓库还可作为销售部门、自营车队、运输部门和采购部门的服务基地等。

一般而言，企业既有自建仓库、又适当租赁仓库比较好，这样既满足各方面需求，又能节省成本。

操作要点

仓库战略选择要考虑：

⇨ 仓库满仓率

⇨ 作业灵活性

⇨ 地点灵活性

⇨ 规模经济效应

⇨ 特殊仓储技术

⇨ 其他因素

实用范例

某企业生产季节性产品。每年的销售旺季是5、6月份，库存量高达40万件，而平时只要有25万件库存就能满足需求。该企业自建的仓库，能够储存30万件产品。当销售旺季即将来临时，该企业租借靠近销售市场的仓库储存产品。这样，只在需要时支付租金，不仅解决了仓库问题，大大减少了运营成本，而且所租用的仓库靠近市场，增强了对市场的反应能力，销售量也因此获得增长。

第二节　计算仓储成本

仓储成本在财务会计中没有直接对应的科目，而是与其他部门发生的费用混合在一起。因此，计算仓储成本既要分析其构成，也要考虑仓储成本与其他费用分离的方式。计算仓储成本可从以下方面着手。

1. 材料费计算

仓储成本中的材料主要是仓储过程中使用的衬垫、苫盖等材料。材料费根据材料出入库记录中各种材料的领用数量乘以单价后的数额计入仓储成本。

2. 人工费计算

仓储成本中人工费包括仓库管理人员和仓库作业人员的工资、奖金和福利等费用。人工费根据工资和福利分配表中有关仓储人员的部分计入仓储成本。

3. 物业管理费计算

物业管理费包括水、电、气等费用，可以从安装在仓库设施上的用量记录装置获得相关数据，也可以按其他比例推算，如仓库建筑设施的比例、仓库工作人员的比例等。

4. 管理费计算

管理费无法从财务会计处直接得到相关数据，可按仓库工作人员比例推算。

5. 营业外费用计算

仓储成本营业外费用包括折旧费用、利息等。折旧费用根据仓库中设施设备确定的折旧方法计算，利息根据购置相关资产的贷款利率计算。

6. 对外支付保管费用计算

对外支付的保管费用应全额计入仓储成本。

总之，仓储成本主要包括上述六个方面的内容。此外还有仓库内的装卸搬运成本，这部分内容第三十五章将重点介绍，这里不再赘述。计算仓储成本时，将各项成本分离出来，加总就可得到总仓储成本。如果采用一定的分配方法，还可计算出单位仓储成本。

知识链接

美国仓储成本计算方法

(1) 固定成本计算。仓储成本中的固定成本是相对固定的，与库存数量无直接关系，主要包括租赁费、照明费、设备折旧费等。

(2) 变动成本计算。计算一种库存商品的仓储变动成本的步骤为：

① 确定库存商品的成本。

② 估算每一项仓储成本占库存商品价值的比例。其中：仓库租金、仓库折旧和税金、保险费的比例是3%～10%；搬运装卸费、设备折旧费、能源消耗和人工费的比例是1%～5%；资金占用成本、库存商品损坏变质损失的比例为5%～25%。

③ 用全部存储成本占库存商品价值的比例乘以商品价值，就可估算出保管一定数量商品的年仓储成本。

操作要点

仓储成本的计算包括：

⇨ 材料费计算

⇨ 人工费计算

⇨ 物业管理费计算

⇨ 管理费计算

⇨ 营业外费用计算

⇨ 对外支付保管费用计算

第三节　确定缺货成本

缺货成本对企业的影响较大，存货供应中断，可能造成停工损失，使企业丧失销售机会。确定缺货成本可按以下步骤进行。

1. 分析缺货成本类型

（1）延期交货。如果顾客不转向其他企业，待企业恢复存货供应后再来购买，则不发生缺货成本。但如果企业为了不失去顾客而进行紧急加班生产，利用速度快、收费高的运输方式运送货物，则这些成本就构成延期交货成本。

（2）失去某次销售机会。某些客户在缺货时转向企业竞争者，下次再回头购买本企业商品。这时缺货成本是未售出商品的利润损失，也包括不可计量的机会损失。

（3）永远失去某些顾客。有些顾客在本企业缺货时，永远转向了其他供应商。这时缺货成本最高，由企业每年从该顾客身上获得的利润和该顾客与企业将来可能的合作时间决定。

2. 计算缺货成本

（1）某次缺货成本。按上述分析，确定缺货类型后，将缺货造成的损失成本相加即可。

（2）平均一次缺货成本。

① 进行市场调查，分析确定三种缺货成本的比例；

② 计算三种情形下的缺货成本；

③ 利用加权平均法计算平均缺货成本。

计算缺货成本的目的，是为了确定在既定服务水平下安全库存的数量。

操作要点

缺货成本类型分为：

⇨ 延期交货

⇨ 失去某次销售机会

⇨ 永远失去顾客

实用范例

某公司向300名顾客询问他们遇到缺货时的态度，发现10%的顾客会推迟购买；70%的顾客会去购买其他生产商的商品，但下次有货时会再购买该企业商品；20%的顾客将永远转向其他供应商。企业又计算出三种情况下的缺货成本分别为：0元，50元，1200元。因此该企业的平均一次缺货成本为：$0\times0.1+50\times0.7+1200\times0.2=275$（元）。

第四节　减少缺货损失

缺货给企业造成了许多方面的损失。为减少这些损失，可以从以下方面入手。

1. 科学预测库存量

库存量设置得科学与否对缺货成本有很大影响。库存量设置过低，会使缺货发生的频率增大，带来较多的缺货损失。进行库存预测的方法有很多，例如判断预测法、时间序列法、因果预测法等等。企业应根据实际情况，选择合适的库存预测方法，并定期分析预测方法和预测结果，以总结经验，改进预测工作，不断提高库存预测的科学性。

2. 合理设置安全库存

安全库存是为了应对订货点发生短期的随机变动的储备量。设置安全库存是减少缺货损失的有力手段。安全库存的设置与需求量、采购提前期的情况紧密联系。需求量、采购提前期不同，安全库存的计算方法也不相同。

安全库存量的大小主要由顾客服务水平来决定。顾客服务水平指对顾客需求的满足程度，用公式表示为：

$$顾客服务水平P（\%）=\left(1-\frac{年缺货次数}{年订货次数}\right)\times100\%$$

根据顾客服务水平查“顾客服务水平表”，可以找出相应的 Z 值。Z 值是一定顾客服务水平下的安全系数。常见的顾客服务水平 P 与相应的安全系数 Z 如表 33 所示：

表 33　安全系数表

P	99.88%	99%	98%	95%	90%	80%	70%
Z	3.5	2.33	2.05	1.65	1.29	0.84	0.53

现在，可以计算安全库存了。

（1）需求发生变化，提前期固定。因为提前期固定，可以直接求出提前期内需求分布的均值和标准差，取得这些数据后，利用下式计算安全库存：

$SS = Z\partial\sqrt{L}$

SS：安全库存

L：提前期的长短

∂：提前期内，需求的标准方差

Z：一定顾客服务水平的安全系数

（2）提前期变化，需求固定。这种情况下，需要先计算提前期的标准差，然后用下式计算安全库存：

$SS = Zd\partial$

d：提前期内的日需求量

∂：提前期的标准差

（3）需求和提前期都随机变化。需求和提前期都随机变化的情况比较常见。假设顾客需求和提前期是相互独立的，则安全库存计算公式为：

$SS = Z\sqrt{\partial_D^2\sqrt{L}} + \sqrt{d^2\sqrt{\partial_L^2}}$

L：平均提前期水平

d：提前期内的平均日需求量

∂_L：提前期标准差

∂_D：提前期内顾客需求的标准差

安全库存的提高会使库存成本增加，因而必须在缺货成本和安全库

存仓储成本两者之间进行权衡。

3. 应急措施的制定

出现缺货情况时，处理及时、得当，将减少缺货带来的损失。因此，必须事先制定应对缺货的各种方案。例如，为某销售区的库存中心制定缺货应急措施，包括规定从哪个库存中心调运，缺货调运指令的发出者，调运所用的运输工具、运输路线等等。这样当缺货发生时，就能有条不紊地进行处理。

为减少缺货损失所进行的各项工作都要花费成本。这些成本要与缺货可能带来的损失相比较，不能超过缺货带来的损失。

知识链接

在下列情况下，为减少缺货要保持较高的安全库存：

缺货成本较高或服务水平要求较高；

需求量的波动较大；

前置时间较长；

前置时间的波动较大。

操作要点

减少缺货损失的措施包括：

⇨ 科学预测库存量

⇨ 合理设置安全库存

⇨ 应急措施的制定

实用范例

某公司某种原材料平均日需求量为100件，并且原材料需求情况服从标准方差为2的正态分布。如果提前期是固定常数9天，则满足95%

的顾客服务水平的安全库存量是：$SS = Z\partial\sqrt{L} = 1.65 \times 2 \times \sqrt{9} = 9.9$（件）。

第五节　运用库存ABC法降低仓储成本

企业的库存物资种类繁多，特点不一。对所有库存品种都同等看待和管理，不仅不可能，而且浪费时间、人力和物力，造成物流成本增加。ABC库存管理法既能保证需求，又能降低成本，是实践中广泛应用的库存管理方法。

1. 划分ABC三类物资

知识链接

库存ABC法：根据库存种类数量与所占资金比重之间的关系，将库存分为A、B、C三类，并按各类物资重要程度采取不同的管理方法。

（1）收集有关物资的单价、需用量、库存量等数据。

（2）用单价乘以供应物资的数量计算出每种物资在一定期间（如1年）的供应金额。

（3）按供应金额的大小排序。供应金额最大的品种排在第一位，以此类推。计算各品种供应金额占总金额的百分比。

（4）按供应金额大小的品种序列计算供应额的累计百分比。把占供应总金额累计前70%左右的物资作为A类；占随后累计金额20%左右的物资划为B类；余下的为C类。

（5）考虑各种物资的单价和重要性等因素。对单价高，或一旦短缺将威胁正常经营的重要物资，也要严格控制，加强管理。

2. ABC分类管理

（1）A类物资。

① 定期订购，定期盘点和查看；

② 一次购买量不要多，经常进货，用完再买；

③ 控制、减少每次发料的数量；

④ 与用户及时联系，掌握生产或经营动态，掌握需求时间，避免过早进货积压资金；

⑤ 严密监视库存量变化，采取各种措施，防止缺货。

（2）C 类物资。

① 该类物资品种多，占用资金少，可以增加安全库存、减少订购次数，以节约订购费用；

② 采用双仓法以简化管理手续；

③ 对积压物资，除有特殊作用的需保留外，应清仓处理。

（3）B 类物资。

该类物资介于 A 类和 C 类物资之间，采用常规管理法。

库存 ABC 法对占资金主要部分的 A 类物资进行重点控制管理，有利于节约库存积压资金；对 C 类物资简单管理，有利于减轻库存管理人员的工作量。这种库存管理法在节约成本的同时保证了各种库存的供应，也保证了生产经营活动的正常进行。

知识链接

ABC 分类库存管理表

	A 类	B 类	C 类
定额的综合程度	按品种或者按规格	按大类品种	按该类总金额
消耗定额	技术计算法	现场查定法	经验估算法
周转库存定额	按库存量不同条件下的数学模型计算	按库存量不同条件下的数学模型计算	经验统计法
检查	经常检查	一般检查	季度或年度检查
统计	详细统计	一般统计	按总金额统计
控制	严格控制	一般控制	按金额总量控制
安全库存量	较低	较大	允许较高

操作要点

ABC库存管理的要点：

- 收集数据
- 计算各物资供应金额
- 按供应金额排序
- 计算累计供应金额百分比并分类
- 对A类物资重点管理
- 对B类物资常规管理
- 对C类物资简化管理

实用范例

以下是某公司对库存物资进行ABC分类的供应金额百分比计算表：

供应金额百分比计算表

名称	供应金额数（元）	构成比例（%）
a	400000	40.0
b	20000	2.0
c	200000	20.0
d	30000	3.0
e	70000	7.0
f	80000	8.0
g	100000	10.0
h	30000	3.0
i	60000	6.0
j	10000	1.0
合计	1000000	100.0

第六节　仓储成本管理

仓储成本由仓储材料费、仓储人工费等组成，对这些费用进行管理不容忽视。仓储成本管理的措施有以下几个方面。

1. 仓储材料成本管理

仓储成本中，衬垫材料费用占很大比重，节约衬垫和苫盖材料成本支出是降低仓储成本的主要方法。要积极开展技术革新和技术改造，节约仓储材料费用，充分挖掘设备潜力。同时实行责任成本管理，加强经济核算，促使仓储成本不断降低。

2. 仓储人工费管理

仓储人工费由仓库管理人员和仓库作业人员的工资、奖金和福利等组成。应尽量减少仓库管理人员工资支出，不断提高仓库作业人员的劳动生产率，降低仓储成本中的人工费。

3. 其他仓储费用管理

其他仓储费用包括燃料、电力、低值易耗品等方面的费用，这些费用占仓储成本的比重较小，但也要加强管理。

4. 利用在途存储

在途存储品是正在运输途中的物品。在途存储费用已包含在运输成本中，如果运输时间长就可以减少在仓库存储的时间和成本。不同运输方式运送时间不同，选择适当的运输服务能大幅度减小甚至消除对常规仓储的需求。

5. 适度集中库存

以适度集中库存代替分散的小规模储存，实现库存合理化。集中储存的成本远远低于分散储存总量的成本，并且在不同地方需要库存物资时，还可以互相调剂使用，既降低了安全库存，又保证了供应。但若过分集中，则会使储存点与用户距离拉大，增加运费，增加周转储备。所以适度集中库存，需在储存费和运输费之间进行权衡，选择最佳结合点。

6. 强调成本效益

推行仓储成本管理，控制成本费用支出，应注意：

（1）在仓储活动的重要领域和环节上对关键因素加以管理；

（2）仓储成本控制要能起到降低成本、纠正偏差的作用，并具有实用、方便和易于操作的特点；

（3）仓储成本管理系统应具有灵活性，对各种突发情况能做出积极反应。

仓储成本管理是一项基础性工作，需要从日常成本费用核算、现场管理和物流活动组织做起。

操作要点

仓储成本管理包括：

⇨ 材料费用管理

⇨ 人工费用管理

⇨ 其他费用管理

⇨ 利用在途存储

⇨ 适度集中库存

⇨ 强调成本效益

实用范例

联合加工公司在美国南部和西部的农场收获并加工各种蔬菜和水果。由于气候等因素的影响，美国东部和中西部地区在当地生长期到来之前对该公司加工的某些产品有很强的需求，因此，公司需在这些地区收获季节来临之前就收获这些农产品，并在销售旺季到来之前形成供应能力。从前，公司将农产品用卡车运往销售地之前，先在产地进行存储。后来改用运送时间较长的铁路运输，在作物收获以后立即装运，而产品抵达市场时需求旺季刚好开始。铁路运输的过程起到了仓库的作用，使仓储成本和运输成本都大大降低。

第七节　减少仓储品的损坏变质损失

仓储保管的作用之一就是要保持物品原有的质量和使用价值，防止由于不合理的保管措施引起物品磨损和变质。为此，需要注意：

危险品和非危险品、性质互相抵触的物品，应该区分放置，不得混淆；

在库位不紧张时，尽量避免物品堆码覆盖和拥挤；

定期检查和养护仓储物品，特别是对易变质或对储存环境要求比较特殊的物品更应注意；

保持适当的温度和湿度，预防因储存环境不合适造成物品损坏和变质；

编制装卸搬运作业指导书，对装卸搬运作业进行控制，防止搬运过程中的损坏；

重物、大件物品放下层，轻物、小件物品放上层；

物品存放位置便于检查、搬运；

配备保管设备如测温仪、红外线装置、空气调节器和测试、化验使用的仪器和工具；

物品入库验收，应注明接收日期；

对有贮存期要求的物品，应建立贮存品周转制度；

对接近保质期的物品，应及时通知有关人员进行质量检验，一旦发现物料变质，要书面呈报上级。

仓储物品的保管方法和措施，因物不同，因环境不同。应经常总结物品保管经验，不断改进工作。

知识链接

为维护存储物品品质，仓储设计时应考虑：温度、湿度、光线等自然因素对物品的影响；灰尘、公害、虫害等问题；邻近物品或物料之间的相互影响；物品重量影响和卡片放置情况；有效存储期及其保证；防水、防火、防盗措施及设备；除锈措施以及对酸、碱、盐的防护；物品搬运是否方便；照明设备。

操作要点

防止仓储品损坏、变质注意事项：

⇨ 区分放置不同性质物品

⇨ 避免覆盖和拥挤

⇨ 定期检查和养护

⇨ 保持适当存储环境

⇨ 对装卸搬运作业进行控制

⇨ 正确放置物品

⇨ 配备保管设备

⇨ 建立贮存品周转制度

⇨ 及时检验接近保质期的物品

第八节　减少仓储品的偷窃和事故损失

储存物品的偷窃和事故造成了无谓的仓储成本损失，很多情况下它们都是人为因素引起的。因此加强仓库作业管理，减少物品偷窃和事故，是仓储成本管理的重要环节。减少储存物品偷窃和事故的措施有：

每一个仓库都必须制定仓库规章制度，工作人员要严格遵守，做到防患于未然；

任何人必须经过许可才能进入仓库及周围场地，并严格使用一个大门进出货物；

除非有出库单证，否则仓库不发放任何物品；

销售人员有权使用的储存样品，应该与其他存货隔开；

仓储管理人员定期进行岗位轮换；

详细的存货记录应由未得到存货移动或存货保管授权的员工进行；

存货明细的记录应当反映原材料、包装材料、在制品、成品和样品等存货的数量和金额；

高价、易被偷窃或限制性物品应储存于安全地区，并只限授权的人员接触；

送领物料的资料手续不全或缺损时，如无特别批准，严禁收发；

不允许有明火进仓，下班前应关好门窗及电源；

对危险化学物品和易燃易爆品要放入指定区域，由专人保管；

定期检查电线绝缘功能是否良好；

按消防部门颁布的标准配备消防设施，每季度定期检查一次，以确保正常使用；

设置安全防范系统，如警卫服务、仓储安全监视系统等；

减少仓储品的偷盗和事故损失必须长期进行，常抓不懈。

操作要点

减少仓储品偷盗和事故的措施包括：

- 制定并严格遵守仓库规章制度
- 任何人须经许可方能进入仓库
- 有齐备的出库手续才能发货
- 岗位轮换
- 由专人记录存货
- 高价、危险品专人管理
- 消防设施齐全
- 配备安全防范系统

实用范例

一家公司的防窃条例规定，私人车辆不允许进入库场，但办公室里的两位残疾雇员可以不遵守此项规定。一天夜里下班后，一位雇员发现一辆汽车的挡泥板下用胶布粘牢了一捆东西。随后的检查发现该汽车已变成了一辆名副其实的送货卡车。最后逮捕归案的几名案犯（包括那两名残疾雇员）供认，他们已偷取了公司价值10万美元的商品。于是公司规定以后残疾人也同样必须遵守规定，并购买了一辆小型汽车，专为残疾雇员提供从停车地点到办公室的交通服务。

第三十四章 运输成本管理

运输成本是物流成本的一大要素。选择合理的运输方式，提高运输工具的装载效率，通过直达运输、直拨运输、减少动力投入、先行流通加工等方法，都能有效地降低运输成本。利用现代运输技术和运输工具，如集装箱运输，对降低运输成本的作用也不容忽视。另外，减少运输事故损失也是运输成本管理的重要内容。

关键词 运输成本核算 降低成本方法 优化运输路线 减少运输事故

第一节 运输成本核算

运输成本占物流成本的30%左右，运输成本计算是物流成本计算的重要组成部分。下面是汽车运输成本的计算方法。对其他运输形式，公司一般外购，直接将支付的价款作为运输成本即可。

1. 计算对象

如果公司车型多，根据管理需要，可以按不同燃料和不同类型分类，作为成本计算对象；如果车型少，可以一并计算。

2. 计算单位

汽车运输成本是实际运送的货物吨数与运距的乘积。为计量方便，运输成本计算单位常用“吨公里”表示，也可以使用“千吨公里”。

3. 计算内容及方法

汽车运输成本包括的内容广泛，各成本项目及计算方法如下：

（1）工资和福利费。指按规定支付给运营车辆司机的基本工资、工资性津贴、奖金和按比例计提的福利费。工资和福利费根据工资和福利费分配表中有关运输的部分计入运输成本。

（2）燃料。指运营车辆所耗用的汽油、柴油等。燃料费根据行车路单或其他有关燃料消耗报告所列的实际消耗量计算，计入成本。需要注意的是应使燃料实际消耗量与当月车辆行驶总车公里数和所完成的运输周转量相符合。

●重点提示

自动倾卸车辆卸车时所耗用的燃料也在燃料项下计算。

（3）轮胎费用。指运营车辆耗用的外胎、内胎、垫带的费用支出以及轮胎翻新费和零星修补费。轮胎费用按实际领用数和发生数计入成本。如外胎一次领用较多，可在一年内分月摊入运输成本。

（4）修理费。指运营车辆进行日常维修所发生的工料费、修复旧件费用和车辆大修费用。修理费按维修时领用的各种材料费、配件费，直接计入运输成本。对车辆大修费用，应分月计入运输成本。

（5）车辆折旧费。指运营车辆按规定方法计提的折旧费。车辆折旧费按车辆使用年限或车辆行驶里程计算；也可查找财务会计中相应车辆的折旧费直接引用。

（6）养路费、税金及运输管理费。指按规定向管理部门交纳的相应费用。养路费按实际交纳数计入运输成本。

（7）车辆保险费。指向保险公司交纳的运营车辆的保险费用。如存在车辆保险费，按实际支付的投保费用和投保期，按月分摊计入运输成本。

(8) 事故费。指运营车辆在运行时，因行车肇事所发生的修理费、求援费、赔偿费等。事故费在扣除保险公司的赔偿和其他人的赔偿后，计入运输成本。

(9) 其他运营费。如随车工具费、篷布绳索费、车辆牌照费和检查费等。其他运营费根据实际领用数或发生数计入运输成本。

4. 运输总成本和运输单位成本计算

将计算期内各运输成本计算对象的运输成本加总即得运输总成本。如果需要，将各计算对象的运输成本除以相应的计算单位的数量，就得到相应的单位运输成本。

如果公司存在对外支付的运输费用，直接加到公司内部运输成本上，即可得到公司总运输成本。

知识链接

运输成本核算时要注意：

建立健全汽车运输记录、车辆维修作业记录、车辆设备利用记录、财产物资变动记录、管理信息记录等记录制度；

根据市场行情，企业应对各种原材料、燃料、轮胎、工具制订计划价格，定期调整价格差异；

经常进行运输成本检查，认真审查成本计划和各项费用开支标准；

确保记录健全，计量准确，加强成本核算管理，确保运输成本核算真实；

实行全面运输成本管理，对燃油消耗、配件购买等环节落实责任。

操作要点

运输成本计算包括：

- 确定计算对象
- 确定计算单位
- 选择计算内容及方法
- 计算总成本和单位成本

实用范例

某公司物流成本计算标准规定：每月都预提车辆修理费 200 元，以平衡车辆大修月份的运输成本。2003 年 7 月对公司所有的 15 辆汽车进行了检查和维修，其中：5 辆没有发现问题；8 辆进行小维修，共花费 300 元；2 辆进行大修，共花费 3000 元。公司的处理如下：将小维修成本计入当月运输成本；对发生的大修费用先冲销已计提的 1200（200×6）元，余下 1800 元在剩余月份按每月每辆车分摊 150（1800÷2÷6）元的方式计入运输成本。

第二节　选择恰当运输方式降低运输成本

运输方式有公路运输、铁路运输、水路运输、航空运输和管道运输。选择恰当的运输方式有利于节约运输成本。

1. 明确各种运输方式的特点和适用范围

（1）铁路运输。适用于大量货物的集中、迅速运输。优点：中远距离运输时，运费比较低；受气候条件影响小；在既定轨道上运输，事故少，安全性较高；铁路运输遍及全国，可向各地进行运输。缺点：近距离运输费用较高；长距离运输时还需配车，中途停留时间可能较长；不适合紧急运输。

（2）汽车运输。适用于小中批量商品的近距离运输，运费较便宜；可进行门到门运输；运输途中，很少装卸，包装可相对简单。但不适合大量、远距离运输。

（3）水路运输。适用于大量、远距离、运费受限制的商品运输，运费较低；也适于重量大、体积大的商品运输和散装货物的专用船运输。但缺点是：运输速度较慢；在码头、港口的装卸费用高；受天气影响较大；运输安全性和准确性较差。

（4）航空运输。适用于运费限制少，小批量商品的中远距离运输。运输速度快，货物包装比较简单；但运费高，不适合运输低价值和大批量的货物，不适合运送较重或体积较大的货物。

（5）管道运输。适用于气态、液态货物运输。运输效率高，占用土地少；但运输对象受到限制，管道铺设费用高。

2. 量化运输方式选择

运输的快速性、准确性、安全性和经济性之间是相互制约的。在选择运输方式时，应综合考虑运输的各种目标要求，采用综合评价法进行量化选择。

（1）确定运输方式的评价因素。运输方式的评价因素有快速性、经济性、安全性和准确性等，分别用 S_1、S_2、S_3 和 S_4 表示；如这些因素在选择时的重要性不同，可加上四个评价权数 a_1、a_2、a_3 和 a_4，则运输方式的综合评价价值 S 用以下公式表示：

$$S = a_1S_1 + a_2S_2 + a_3S_3 + a_4S_4$$

（2）建立运输方式的综合评价公式。如分别用 $S(R)$、$S(T)$、$S(F)$ 表示可供选择的运输方式，如铁路、公路和水运。则有：

$$S(R) = a_1S_1(R) + a_2S_2(R) + a_3S_3(R) + a_4S_4(R)$$

$$S(T) = a_1S_1(T) + a_2S_2(T) + a_3S_3(T) + a_4S_4(T)$$

$$S(F) = a_1S_1(F) + a_2S_2(F) + a_3S_3(F) + a_4S_4(F)$$

（3）评价各因素。

① 快速性。运输方式的快速性由运输时间决定。设三种运输方式的运输时间为 $H(R)$、$H(T)$、$H(F)$，求其平均值：

$$H=\frac{H(R)+H(T)+H(F)}{3}$$

然后分别求三种运输方式快速性的相对值：

$$S_1(R)=\frac{H(R)}{H} \quad S_1(T)=\frac{H(T)}{H} \quad S_1(F)=\frac{H(F)}{H}$$

② 用类似的方法求出其他因素的相对值

经济性：$S_2(R)=\frac{C(R)}{C}$ $S_2(T)=\frac{C(T)}{C}$ $S_2(F)=\frac{C(F)}{C}$

安全性：$S_3(R)=\frac{V(R)}{V}$ $S_3(T)=\frac{V(T)}{V}$ $S_3(F)=\frac{V(F)}{V}$

便利性：$S_4(R)=\frac{D(R)}{D}$ $S_4(T)=\frac{D(T)}{D}$ $S_4(F)=\frac{D(F)}{D}$

（4）综合评价和选择。综合评价时，先结合运送的货物特点，并听取实际工作者的意见，确定各评价因素的权数大小。将权数和第三步中的各因素的评价值带入第二步建立的各种运输方式综合评价价值公式求解，最后选取结果最大的运输方式进行运输。

合理的运输方式不仅能降低物流成本，也能提高物流服务满意度。

操作要点

恰当选择运输方式的过程：

⇨ 明确各种运输方式的特点和适用范围

⇨ 确定运输方式的评价因素

⇨ 建立运输方式的综合评价公式

⇨ 评价各因素

⇨ 综合评价和选择

第三节　通过合理装载降低运输成本

在运输费用一定时，通过改善装载方式，提高装载水平，充分利用运输车辆的容积和额定载重量，可以降低单位运输成本，最终减少总运输费用。合理装载的方式有如下几个方面。

1. 拼装整车运输

整车运输和零担运输运价相差较大，进行拼装整车运输可以减少一部分运输费用。拼装整车运输的做法有：

（1）零担货物拼整车直达运输；

（2）零担货物拼整车接力直达或中转分运；

（3）整车分卸；

（4）整装零担。

2. 轻重配装

将重量大、体积小的货物与重量小、体积大的货物组装，可充分利用运输工具的装载空间和载重定额，提高运输工具使用效率。

3. 解体运输

对体积大、笨重、不易装卸、易损坏的货物，可拆卸装车，分别包装。这样既缩小占据的空间，又易于装卸和搬运，可以提高运输效率。例如将自行车之类的商品以零件的形式进行运输，到了消费地再进行组装和销售。

4. 多样堆码

根据运输工具的货位情况和所运载货物的特点，采取不同的堆码方式，例如骑缝装载、多层装载、紧密半截等，以便提高运输工具的装载率。

5. 避免空载

运输中经常存在回程空载现象。这样，运送同一批货物到同一地点，就多花了一倍费用。在运输工具回程前，通过各种方式安排好回程的货物，尽可能利用回程车辆进行运输，可以减少运输成本。

总之，通过充分利用运输工具的空间容量和承载能力，可以减少单位运费，提高运输效率。

操作要点

通过合理装载降低运输成本的措施包括：

- 拼装整车运输
- 轻重配装
- 解体运输
- 多样堆码
- 避免空载

实用范例

日本花王公司通过商品组合运输系统解决了货车往返途中的空载问题。开始，花王公司主要与其原材料供应商进行组合运输，即花王公司将商品从工厂或总公司运抵销售公司后，与当地供应商联系，将生产所需的原材料装车运回工厂。后来，商品运输组合的对象范围逐渐扩大，其他企业都可以利用花王公司的车辆运载商品。例如静冈花王每天早上8点钟卸完货后，就装载清水公司的拉面或电机零部件运到清水公司位于东京的客户批发店。现在参与花王组合运输的企业达100多家，花王工厂与销售公司之间近80%的商品都进行了组合运输。

第四节　优化运输方式

在日常运输活动中，采取一些优化运输方式的措施也能极大地降低成本。

1. 分区产销，合理运输

分区产销指在组织物流活动中，使某种货物的生产区固定于一定的消费区，并根据产销情况和交通运输条件，按近产近销的原则组织货物运输，使运输路程最短。这种方法适合品种单一、规格简单、生产集中而消费分散或生产分散而消费集中、调运量大的货物。

2. 直达运输

在组织货物运输时，越过批发商等中转环节，把货物从产地或起运地直接运到目的地，以减少中间的作业环节，降低运输成本。

3. 直拨运输

企业在组织货物调运时，对当地生产或由外地调达的货物，不运到批发仓库，而把货物直接分拨给市区基层批发店、零售店或用户。具体做法有：

（1）就厂直拨；

（2）就车站（码头）直拨；

（3）就库直拨；

（4）就车（船）过载。

4. 加工后运输

有些产品由于形态和特性不同于一般产品，不适合直接运输。在对这些产品进行运输前，先经过适当加工，可以减少体积、重量，提高装载率，实现运输合理化。

5. 计划运输

对运输时间和路线等事先做出计划安排，选择最佳运输路线和最佳运输时间，避开交通高峰期及交通拥挤地段，可以降低运输成本。

以上所列是基本的优化运输的措施。根据企业经营特点、产品特征和运输状况，企业可形成适合自身特点的优化运输方式。

操作要点

优化运输方式的措施包括：

⇨ 分区产销，合理运输

⇨ 直达运输

⇨ 直拨运输

⇨ 加工后运输

⇨ 计划运输

实用范例

日本花王公司为避免交通阻塞，提高物流作业效率，针对每个销售公司的地理环境、交通道路状况和经营特点，安排了不同的运输时间和运输路线。例如，静冈花王销售公司的货车一般在夜里 2 点钟从东京出发，走东名高速公路，于早上 7 点钟到达静冈花王，从而避开交通高峰，顺利地实现商品配送。

第五节　应用现代技术降低运输成本

科技发展日新月异，各种新技术在实践中不断得到应用。新技术在运输领域的应用也不少，有力地降低了运输成本。

1. 综合一贯制运输

综合一贯制运输：把卡车的机动灵活和铁路、海运的成本低廉以及飞机的快速等特点组合起来，完成门到门运输的运输形式。通过综合一贯制运输，可以形成优势互补，实现运输的效率化，降低运输成本，缩短运输时间。

2. 托盘化运输

全程以托盘作为货载单元进行运输，可以缩短运输中转时间、加快中转速度，同时可以增强实际操作的可靠性，提高机械化程度。

3. 集装箱运输

集装箱作为现代运输的重要载体，既是一种包装容器，又是一种有效的运输工具。通过集装箱运输可以提高装载效率，减轻劳动强度，同时节约大量商品包装费用和检验费用，并防止货物损坏。

4. 特殊运输工具和运输技术

新运输技术和运输工具的运用，解决了运输的许多难题。如专用散装罐车，使粉状、液状物运输损耗大、安全性差等问题得到解决，集装箱高速直达车船加快了运输速度等。善于利用现代先进的运输方式和技术，可以大大降低物流成本。

知识链接

推行托盘化运输的要点

为使一贯制托盘化运输取得成功，需要发货单位、物流业者和托盘租赁业者共同努力。

公正地分配有关投资费用和收益。

寻求防止货物散落崩塌的对策。

设立共同回收机构。

提高装载率。

采用标准托盘。

普及叉车，提高收货单位的作业效率；对于订货单位则要求以托盘单元或面积单位的形式订货。

促使运输车辆改变形态，使之适用于一贯制托盘化运输。

统一物流机器设备规格，使机具相互配套。

操作要点

应用现代技术降低运输成本的措施包括：

⇨ 综合一贯制运输

⇨ 托盘化运输

⇨ 集装箱运输

⇨ 特殊运输工具和运输技术

实用范例

日本花王公司为实现工厂仓库和销售公司仓库自动机械化连接，开发了特殊车辆。这种特殊车辆是能装载 14.5 吨货物的重型货车，能装载 20 个 TⅡ型平托盘，并在货车货台配置了起重装置。后来花王公司又开发了能装载 19 吨货物、装载 24 个平托盘的新型货车，即特殊架装车和集装箱运输车。特殊运输工具的开发对花王公司运输系统的成功运作发挥了重要作用。

第六节　优化运输路线

不合理运输如重复运输、迂回运输的存在，造成了运力浪费，增加了不必要的运输成本。而优化运输路线可减少不合理运输，降低运输成本。优化运输路线的方法有以下几个。

1. 线性规划法

线性规划法是在运价已知、路程已知的条件下，对 m 个商品生产地和 n 个商品销售地的商品运输建立数学模型，求出最佳运输路线，以使满足条件的总运费最小。可分为供需平衡模型和供需不平衡模型。

2. 图表分析作业法

图表分析作业法分为图表分析法和图上作业法两种。两种方法都是先在图上标注出货物运出地、运入地、调运量及两地距离，然后根据就近供应原则，在图上制订商品调运方案，并不断判优、调整，使运输总路程最短，最后将结果填入商品调运平衡表。

●重点提示

图表分析法适用于产销区域小、产销点少、产销关系比较简单的情况。

3. 表上作业法

表上作业法是已知各地单位运价和各产销地供需量，在表上求出使总运费最低的调运方案。初始调运方案可根据最小费用（运价）法编制，然后进行判优、调整，直到找到总运费最低的方案。

4. 节约里程法

根据巡回送货总路程小于为每个客户单独送货总路程的原理进行。首先计算各目的地相互间的最短距离，接着计算各目的地的节约里程，并按节约里程大小排序，进而组合成配送路线，然后进行调整得出最优调运方案。

运输路线受道路状况、停留时间等许多因素的影响，最终确定的调运方案还需要征求司机和现场工作人员的意见可实施。

知识链接

不合理运输的种类有：

对流运输。将A地货物运到B地，同时B地货物正运往A地。对流运输是不合理运输中最突出、最普遍的一种。

迂回运输。因选择路线不当，比最优路线多走路程。也存在因道路施工、事故等因素被迫绕道的情况。

重复运输。可以直线运输的货物经过了不必要的中转，这增加了货物损耗和出入库手续，造成物流时间延长，运费增加。

过远运输。即长距离运输。一般存在于木材和建筑材料的运输上。

无效运输。即不必要运输。由于货物本身的性质，浪费了大量的运输资源。无效运输可通过先行流通加工得到解决。

操作要点

优化运输路线的方法包括：

- 线性规划法
- 图表分析作业法
- 表上作业法
- 节约里程法

实用范例

某公司需从a、b、c、d四个仓库运输商品到A、B、C、D、E五个销售公司。a、b、c、d的发运量分别为1000件、3000件、6000件、8000件，A、B、C、D、E的需求量分别为2500件、3000件、3500件、4000件和5000件。两两之间的单位运价如下：A—a、A—b、B—b、C—a、D—b和E—a都是30元；A—c、C—d、D—d是70元；A—d和D—a是50元；B—a、D—c、E—c是20元；B—c和E—d是80元；B—d、C—c

和 E—b 是 40 元；C—b 是 10 元。公司开始的调运方案总运费为 64000 元，利用表上作业法求得新的调运方案总运费为 60000 元，节约了 4000 元。

第七节　减少运输事故损失

运输途中，有可能发生货物丢失、货物变质，甚至出现运输事故，这些都造成了运输成本不必要的增加。因此对运输事故的关注十分必要。

1. 日常防范

在运输管理中，要做好事故防范工作。例如使用合格的司机，避免司机疲劳驾驶，定期检查、修理运输工具等。

2. 购买保险

运输事故风险是客观存在的，它导致经济损失甚至是人身伤亡。购买保险是风险转移的最佳途径。可以购买的运输保险有：水上货物运输保险、陆上货物运输保险、航空货物运输保险和特种货物运输保险。一旦发生事故，可以得到保险公司的赔偿。

3. 积极索赔

（1）向保险公司索赔。当投保的财物发生损失或者发生人身伤亡事故，可以要求保险公司赔款或者支付保险金。向保险公司索赔的具体过程包括：

① 事故发生后应立即以最快的方式，通知保险公司或其代理人。

② 向保险公司提供运输货物的发票、提货单、装箱单、修理单等。

③ 等待保险公司对事故进行审核、赔偿。

④ 在此期间经常与保险公司保持联系。

（2）向承运人索赔。向承运人索赔的具体过程包括：

① 向承运人要求货运事故赔偿的，一般应在收到货运记录次日起180天内提出索赔。

② 提交货物运单、货物损失清单、价格证明文件；保价运输物品还需附声明价格的物品清单，要求退还运费的还应附运杂费收据。

③ 对货物发生损坏、丢失的情况进行事故检查或鉴定，判明发生原因和损坏程度。

④ 铁路索赔一般在对方收到书面赔偿要求次日起30日内（跨及两个铁路局以上的运输货物为60日）得到答复；公路和水路理赔一般在对方收到书面赔偿要求次日起60天内得到答复。

减少运输事故损失重在预防，所以应做好日常预防工作。如果事故发生了，也要积极索赔，以减少损失。

知识链接

机动车辆的车辆损失险和第三者责任险

车辆损失险包含以下情况：碰撞、倾覆、火灾、爆炸、雷击、暴风、龙卷风、洪水、破坏性地震、地陷、冰陷、崖崩、雷灾、雹灾、泥石流、隧道坍塌、空中运行物体坠落、全车失窃在3个月以上、载投保车辆的渡船遭受自然灾害或意外事故。

第三者责任险：投保人或投保人允许的驾驶人员在使用保险车辆过程中发生意外事故，致使第三者遭受人身伤亡或财产损失的，投保人依法应当支付的赔偿金额。

操作要点

减少运输事故损失的措施包括：

⇨ 日常防范

⇨ 购买保险

⇨ 积极索赔

第三十五章　装卸搬运成本管理

装卸搬运活动是物流活动中出现频率最高的活动，对装卸运活动进行成本管理，同样需要计算它的成本。装卸搬运设备和配套工作是影响装卸搬运成本的重要因素。装卸搬运作业合理化、安全化是从工作环节上降低装卸搬运成本的具体措施。

关键词　装卸搬运成本　分拣配货方法　经济比较

第一节　装卸搬运成本计算

在车间、站台和仓库都存在着装卸搬运活动，装卸搬运活动是物流各项活动中出现频率最高的一项作业。因此，对其成本计算要给予重视。

1. 计算对象

装卸搬运成本的计算对象视具体情况而定，如：以机械装卸作业为主、人工作业为辅，可不单独计算人工装卸成本；以人工装卸作业为主、机械装卸作业为辅，可不单独计算机械装卸成本。当然，有时也可将两者分别计算。

2. 计算单位

装卸搬运活动的计算单位有装卸自然吨和装卸操作吨。1 装卸自然吨是指1吨货物不论经过几个操作过程，均以1吨计算；1装卸操作吨是指一个完整操作过程所装卸、搬运的1吨货物。

3. 计算内容及方法

装卸搬运成本包括的内容与运输成本类似。各成本项目及计算方法如下：

（1）工资和福利费。指按规定支付给装卸搬运工人、装卸机械司机的计时工资、计件工资以及按工资总额计提的职工福利费。工资福利费根据工资和福利费分配表中有关装卸搬运的部分计入装卸搬运成本。

（2）燃料和动力费。指装卸机械在运行和操作过程中所耗用的燃料、动力和电力的费用等。燃料费用在月末根据领用燃料记录，计算实际消耗数量和金额；电力费用则根据收费单或企业分配单直接计入装卸搬运成本。

（3）轮胎费用。指装卸搬运机械领用的外胎、内胎、垫带及轮胎翻新费和零星修补费。轮胎费按实际领用数和发生数计入成本。如一次领用轮胎数较多，可在一年内分月计入成本。

（4）修理费。指为装卸机械和装卸工具进行日常维修所发生的工料费和大修费用。其中属于专职装卸机械维修工进行维修的工料费，直接计入装卸搬运成本；其他情况需要通过分析将有关装卸搬运的部分计入装卸搬运成本；对耗用的机油、润滑油等在月末时按领料单直接计入装卸成本。

> **●重点提示**
> 装卸搬运机械在运行过程中耗用的润滑油费用也计入修理费。

（5）折旧费。指装卸搬运机械按规定方法计提的折旧费。可直接按照财务会计的相应装卸搬运机械设备的折旧费计入装卸搬运成本。

（6）工具和劳保费用。指装卸机械耗用的工具费和使用的劳动保护用品以及劳保案例等发生的各项费用。工具和劳保费用在领用时按实际数一次计入成本。

（7）事故费。指在进行装卸搬运作业时，为发生的货物破损、货物差错损失和装卸搬运设备损坏所支付的修理费。事故费应将由本计算期负担的净损失计入成本。

（8）其他费用。属于装卸搬运基层直接开支的费用。在发生和支付时直接列入成本。

4. 总成本和单位成本计算

将计算期内各装卸搬运成本计算对象的成本加总即得总成本，再除以计算单位的数量，就得到单位装卸搬运成本。

公司可能存在外付装卸费，这种情况将实际发生数直接计入公司装卸成本即可。

知识链接

装卸搬运工资计算

在实行计件工资时，应付工人的计件工资等于工人装卸搬运完成的合格品数量与计件单价的乘积。作业中发生的货损货差，如果是因工作不慎造成的，不支付相应工资。如果工人在一月内进行了多种作业，各单价不同，须逐一计算相加。如果实行班组集体计件工资按每人贡献大小进行分配的制度，通常先算出工资分配率，再乘以某工人的日工资率和出勤数，计算出该工人的工资。

操作要点

装卸搬运成本计算包括：

- 计算对象
- 计算单位
- 计算内容及方法
- 总成本和单位成本计算

实用范例

某公司一台装卸搬运设备原值200000元，预计全部工作时数为191000小时，预计净残值率为原值的4.5%，本月统计该机器工作时数为500小时，则该设备按工作量法计算的本月折旧额为：200000×（1－4.5%）/191000×500＝500（元）。

第二节 选择恰当的分拣配货方法

不同的分拣配货法的特点和适用范围不同。同一作业采用不同的分拣配货法，会产生不同的分拣配货成本。因此选择恰当的分拣配货方法进行作业是降低装卸搬运成本的途径之一。

1. 认识不同分拣配货法的特点

（1）拣选式配货法。拣选式配货作业是拣选人员或拣选工具巡回于各个储存点将所需的物品取出，完成货物配备的方式。拣选式配货作业按单拣选，一单一拣，准确率高，不容易发生货差等错误，且具有灵活机动的特点。

（2）分货式配货法。分货式配货法是分拣人员或分货工具从储存点集中取出各个用户共同需求的货物，再将这些货物按各用户需求量分配。当所需货物全部分配完毕，也就同时完成了多个用户的配货工作。这种方法需要较强的计划性，容易发生货物差错，但具有规模效益的优点。

（3）分拣式配货法。分拣式配货法是分拣人员或分货工具从储存点集中取出各个用户需要的多种类货物，然后巡回于各用户的货位间，按用户需要的种类和数量分配，同时完成多个用户的配货工作。这种方法是拣选式和分货式一体化的配货方法，综合了两者的优点。

（4）自动分拣式配货法。自动分拣式配货法建立在信息化的基础上，由控制装置、分类装置、输送装置和分拣道口组成。自动分拣式配货法因采用自动化、无人操作分拣作业，所以误差小，且不受环境、时间、体力等因素限制，能够连续作业，工作效率最高。

●重点提示

超薄、超重、易变形、易破损、不能倾覆的货物不能使用自动分拣配货法。

2. 分析各分拣配货法的适用范围

（1）拣选式配货法。拣选式配货法适用于以下情形：

① 用户不稳定，不能建立相对稳定的用户分货货位；

② 用户间需求差异较大，共同需求少；

③ 用户需求种类太多，统计和共同取货难度大；

④ 用户要求的配送时间不同。

（2）分货式配货法。分货式配货法适用于以下情形：

① 用户稳定且数量较多，可建立稳定的用户分货货位；

② 用户需求有很强的共同性，差异较小；

③ 用户需求的种类有限，易于统计，分货时间不长；

④ 用户要求的配送时间没有严格限制。

（3）分拣式配货法。分拣式配货法适用于以下情形：

① 需配备的货物掺杂；

② 从上一级物流中心或大的配送中心进货，为若干个用户配备不同种类货物。

（4）自动分拣式配货法。自动分拣式配货法适用于以下情形：

① 货物底部平坦有刚性；

② 货物包装和分拣设备符合标准化要求；

③ 有较大的作业量。

3. 选择适当的分拣配货法

根据四种分拣配货法的特点和适用范围，结合某次作业特点和需要，选择恰当的方法进行分拣配货。

合理、恰当的分拣配货方法能够节约人力和作业时间，提高工作效率，带来更高的物流服务水平，并降低物流成本。

知识链接

企业装卸搬运活动按作业场所的不同大体可分为：

车间装卸搬运。指在车间内各道工序间进行的各种装卸搬运活动，如原材料、半成品、产成品的取放、分拣、堆码、输送等作业。

站台装卸搬运。指在企业车间或仓库外的站台进行的各种装卸搬运活动，如装车、卸车等。

仓库装卸搬运。指在仓库、堆场、物流中心等进行的装卸搬运活动，如堆码取拆、分拣配货、挪动、移位等。

操作要点

选择恰当的分拣配货法的过程包括：

- 认识不同分拣配货法的特点
- 分析各分拣配货法的适用范围
- 选择适当的分拣配货法

实用范例

某物流公司的小型配送中心，每天下午将从上级物流中心运到的货物先放到货架，第二天早上再进行配货、送货。后来，该配送中心采用了分拣式作业方法，在上一级物流中心到货时，就直接进入分拣线进行分拣，第二天一早就可发货。这种方法减少了货架需求量，减少了劳动消耗，提高了工作效率，并获得了可观的经济效益。

第三节　计算装卸搬运设备购置费用

装卸搬运设备的选择、购置与装卸搬运设备作业时发生的费用存在很大关系，如设备引发的折旧费、运行费等。购置装卸搬运设备时，需要考虑以下费用。

1. 装卸搬运设备投资费用

用公式表示为：$S_C = \dfrac{S_t}{365G}$

S_C：装卸机械设备投资费用

S_t：平均每年装卸机械设备的总投资（下同）

G：装卸机械平均每日装卸作业量

平均每年装卸机械设备的总投资由装卸机械的购置费用、安装费用和与机械设备直接有关的附属费用构成。用公式表示为：

$S_t = (S_j + S_z)K + S_fK$

S_j：装卸机械的购置费

S_z：机械安装费

K：各项设备的基本折旧率

S_f：附属设备费用，包括车库、充电设备、起重运行轨道等的费用

2. 装卸搬运设备运作费用

设备运作费用是指在某一装卸机械作业现场，一年内运营总支出和机械完成装卸量之比。用公式表示为：

$$S_y = \frac{S}{S_n}$$

S_y：装卸每吨货物支出的运营费用

S_n：装卸机械年作业量

S：一年内运营投资总费用（下同）

运营投资总费用包括有关装卸搬运活动的维修费用、工资费用、燃料、动力费用及照明费用等。

3. 装卸作业成本

装卸作业成本是指某一作业现场，装卸机械每装卸 1 吨货物所支出

的费用。它用每年平均设备投资支出和运营费用支出总和与每年装卸机械设备作业现场完成的装卸总吨数的比值表示：

$$S_b = \frac{S_t + S}{G_n}$$

S_b：装卸1吨货物的作业成本

G_n：装卸机械每年完成的总吨数

不同装卸搬运设备具有不同的投资费用、运作费用和作业成本。因此在购置装卸搬运设备时，要综合考虑各种费用水平，在保证质量的前提下，选择花费少的设备，从而降低装卸搬运成本。

知识链接

装卸搬运机械设备的选择原则：

根据不同类物品的装卸搬运特征和要求，合理选择具有相应技术特性的装卸搬运机械设备。

根据物流过程运输和储存作业的特点，合理选择装卸搬运机械设备。

根据运输和储存的具体条件和作业的需要，正确估计和评价装卸搬运机械设备的使用效益。

根据现场具体作业情况不同，选择合适的装卸搬运机械设备。

在同样作业效能的前提下，应选择性能好、节省能源、便于维修、有利环境保护、利于配套的装卸机械设备。

操作要点

计算装卸搬运设备购置费用应考虑：

- 装卸搬运设备投资费用
- 装卸搬运设备运作费用
- 装卸作业成本

第四节 装卸搬运系统经济比较

装卸搬运作业往往需要不止一台的机械设备协同工作，这样对装卸搬运系统的运作成本大小、占用资金多少的分析，就显得十分必要。

1. 综合费用比较法

综合费用比较法的原则是选择综合费用最低的装卸搬运系统作为最优系统。

（1）计算各装卸搬运系统中各设备的作业成本，并求出各装卸搬运系统作业总成本 C。

（2）计算各装卸搬运系统的总效益或总利润 L。

（3）将总成本和总利润进行比较。方案多时可采用两两比较法，比较两个方案的 C 和 L 最后得出最优方案。当 $C_1<C_2$ 且 $L_1=L_2$ 时，方案一好；当 $C_1<C_2$ 且 $L_1<L_2$（$C_1/C_2>L_1/L_2$），则方案二好。

2. 资金利润率法

当有些数据难以确定时，可采用资金利润率法进行分析。由于装卸搬运系统占用的主要是固定资金，流动资金少，因此，在具体比较时，可以用固定资金代替资金总额。资金利润率法用公式表示为：

$r=L/（V_{设备}+V_{设施}）$

r：资金利润率

L：装卸搬运系统年利润和税收支出总和

$V_{设备}$：设备的投资总额，包括运输、保管等附属费用

$V_{设施}$：设施的投资总额，如作业场、轨道等的投资

上式中：$L=QK-D$

Q：年作业量　　K：费率

D：年总支出，由设备和设施的维修费、工人年工资总支出、年动力

总支出和年管理费及其他杂费组成

r 值越大，说明装卸搬运系统的经济效益越好，所以应选择 r 值大的装卸搬运系统。

无论采用哪种方法进行装卸搬运系统的经济比较，都以利润最大、总成本最低为原则。

知识链接

俄罗斯装卸搬运业通过计算基建投资、运营费、作业成本来确定是否追加投资回收期，回收期小于国家规定标准的方案都是可行的。可行方案中，标准回收期内折现支出（基本投资和标准回收期内运营费总和）或年折现费用最小的方案是最优的。西方国家对于大型和服务期限长的装卸搬运系统采用动态分析法，将系统服务期限内各年度发生的费用都折算到计算基点来进行比较；对于小型和服务期限短的装卸搬运系统则采用静态法。比较的对象都是收益、成本、投资利润率和投资回收期。

操作要点

比较装卸搬运系统经济性的方法包括：

⇨ 综合费用比较法

⇨ 资金利润率法

第五节　优化装卸搬运作业

影响装卸搬运作业合理化的因素有作业次数、作业距离、货物活性等。从这些方面改善作业，可大大减少装卸搬运费用。

1. 减少次数

减少装卸搬运作业次数，也就减少了装卸搬运作业量，不但可以减少装卸搬运成本，而且还能加快物流速度，减少场地占用和装卸搬运事故的发生。

（1）厂房、库房等建筑物的结构类型、结构特点及建筑参数与装卸搬运设备相匹配时，能减少作业次数；

（2）如果各种物流设备配套好，适用性强，能减少作业次数；

（3）装卸搬运作业组织调度工作水平越高，就越能减少作业次数。

2. 缩短距离

货物发生的水平位移由搬运作业完成，垂直位移由装卸作业完成。位移距离短，能节省劳动量，缩短搬运时间，减少作业损耗。缩短装卸搬运距离的方法有：

（1）车间、库房、铁路专用线、主要通路的布局处理得好，物流顺畅、便捷，能缩短作业距离。

（2）在平面布局一定时，高水平的组织工作能缩短作业距离。

3. 提高可运性

装卸搬运可运性是指装卸搬运作业的难易程度，可用物品马格数值来表示。物品马格数值由货物的密集度、形状、状态、价值等因素决定。马格数值降低意味着装卸搬运作业可运性提高，作业容易度增加。

知识链接

所谓“1个马格”，是指可以方便地拿在手中，相当密实，形状规则并可以码垛，不易损伤以及相当清洁、坚固、稳定的物品。任何一种物品的马格数可用公式表示为：

$$M = A + \left[\frac{1}{4}A\ (B + C + D + E + F)\ Y \right]$$

其中：M 表示某种物品的马格数；A 表示某种物品的基本马格数值；B、C、D、E、F 分别表示物品的笨重程度、形状、损伤可能性、所处状态、价格。

4. 实现省力化

减少劳动力和其他能源的消耗，实现装卸搬运作业的省力化应遵循以下原则：

（1）将重力转化为促使货物移动的动力；

（2）设法将物体的重力所产生的阻力减至最小；

（3）按最经济原则制订作业动作标准。

5. 提高货物活性

散放在地面上的货物活性程度为 0；货物成捆或装入箱内的活性程度为 1；货物置于托盘内的活性程度为 2；货物置于搬运机械上的活性程度为 3；货物处于搬运状态的活性程度为 4。活性程度越高，装卸搬运作业越容易。根据实际需要与可能条件，选择货物放置的适当方式，能提高货物活性。

6. 选择恰当的作业机械、作业方式和作业方法

装卸搬运作业成本也受作业机械、作业方式和作业方法的影响。选择恰当的作业机械、作业方式和作业方法应遵循以下原则：

（1）根据物流速度、劳动强度、经济合理性选择相应的自动化机械；

（2）根据货物种类、性质、形状等确定以分块、散装还是以托盘、集装箱的形式进行作业；

（3）利用排队论、网络技术等方法改进装卸搬运的顺序、路线。

采取各种措施优化装卸搬运作业，可提高装卸搬运作业效率，减少

各种耗费，降低装卸搬运成本。

操作要点

优化装卸搬运作业的措施包括：

- 减少次数
- 缩短距离
- 提高活性
- 实现省力化
- 提高可运性
- 选择恰当的作业机械、作业方式和作业方法

实用范例

某机械工厂需采购金属作为原材料，采购煤作为锅炉房燃料。从前，采购的货物先卸下，再过秤，然后装入仓库和燃料场。后来，工厂使用了动态电子秤，将它装在卸载设备上，在装卸作业的同时就完成了检斤作业，省去了单独的检斤作业环节，减少了装卸作业次数。

第六节　减少装卸搬运损失

装卸搬运是比较容易发生货损和事故的环节。对装卸搬运作业的安全管理，可以防止货物损坏、人员伤亡事故，减少装卸搬运的事故损失成本。装卸搬运的安全管理可以从以下方面着手。

1. 统一现场指挥

在装卸搬运作业现场应统一指挥，有明确、固定的指挥信号，防止

作业混乱。现场操作人员要严守纪律，服从指挥。非作业人员不得在作业区逗留。

2. 机械安全

在装卸搬运机械安全方面有以下注意事项：

（1）机械运转前，必须认真检查。如果发现问题，必须修理完好后才能使用。

（2）装卸搬运作业人员应明确工作任务，并参与制订作业程序。

（3）严格按设备规定作业，不超载，不超速。

（4）禁止起重机械将人和物一同吊运。

（5）遇到停止信号时，不论是谁发出，都应立即停止作业。

（6）对某些装卸搬运机械配备安全保险装置。

（7）采取有效的技术措施，采用使用与维修相结合的做法，保证装卸搬运机械一直处于良好状态。

3. 货物安全

在货物安全方面有以下注意事项：

（1）在工序之间运送或搬运时，对易磕碰的关键部位提供适当的保护（如保护套、保护罩等）。

（2）对精密、特殊产品要防止装卸搬运过程中的振动和温度湿度等环境因素的影响。

（3）对易燃、易爆或危害人身安全的产品，装卸搬运作业应有严格的控制程序。

（4）对有防振、防压等特殊要求的物品，装卸搬运作业中要采取专门的防护措施，并加以明显的识别标记。

（5）发现货物包装有渗漏损坏时，必须立即进行修补。

（6）严格注意稳挂稳吊、轻抬轻放，以免造成物品变形、残损、散失或包装损坏。

4. 人员安全

在人员安全方面有以下注意事项：

（1）对装卸搬运人员进行培训，使他们掌握必要的作业规程和要求。

（2）作业人员应根据装卸搬运的货物特性，使用相应的防护用具。作业前，由专人对防护用具进行检查；完工后进行清洗和消毒。

（3）在进行危险品搬运时，不得进食和吸烟；完工后必须淋浴、漱口。

（4）遇到有中毒情况时，应立即将中毒者送至空气新鲜处休息，重者应立即送往医院。

（5）夏季作业应避开高温时段，冬季作业应注意防滑。

安全装卸搬运是安全生产的重要环节。减少装卸搬运过程的货物损坏和事故损失，对降低装卸搬运成本具有重要意义。

操作要点

减少装卸搬运损失的措施包括：

⇨ 统一现场指挥

⇨ 机械安全

⇨ 货物安全

⇨ 人员安全

实用范例

某商店仓库的装卸搬运工人为了赶时间，经常一次从食品站台上搬运四个托盘，因此，常发生托盘倒塌事件，造成的损失往往超过商店两个工作日的利润。针对这种情况，管理层制订了装卸搬运标准作业程序及奖惩措施。很快，由于装卸搬运疏忽造成的物品损坏情况得到很大程度的改善。

第三十六章　包装与流通加工成本管理

包装与流通加工在物流企业中较为常见，在一般工商企业中也有存在。包装与流通加工成本管理是物流成本管理不可缺少的一环。如何准确计算，如何设计包装，如何改进包装，如何安排包装或流通加工作业顺序，如何分配包装或流通加工任务，都关系到包装与流通加工成本的控制问题。

关键词　包装费用计算　流通加工成本　流通加工作业流程

第一节　计算包装费用

包装是一种物流活动。有些企业的包装物流费用所占比例较大，因此对包装成本的计算应予以重视。

1. 包装材料费

（1）购入材料成本确定。包装材料大多是外购，外购材料成本按购买价款加上材料入库前发生的各种附带成本（如保险费、运输中的合理损耗等）计算。附带成本可能直接计入材料成本，也可能需要对购买的各种材料进行分配后计入相应的材料成本。

（2）发出材料成本确定。企业购买的材料批次不同，单价不同，因此，在发出材料时，应按不同方法确定发出的材料成本。例如：先买入的材料先发出，在确定发出材料成本时，用先购入材料的成本作为发出材料的成本；也可以把1个月内购入材料总成本除以购买的总数量得到平均单价，再用平均单价乘以当月发出的材料数量确定当月发出材料的成本。

2. 包装技术费

（1）包装技术设计费用。

① 设计人员工资。包括设计人员的标准工资、奖金、津贴、补助、加班加点工资和特殊情况下支付的工资。设计人员工资应根据考勤记录和个人工资标准计算。

② 设计用材料或试验用产品成本。设计用材料成本与企业当期领用的材料（包装材料）成本相同；试验用产品成本与企业计算的产品成本相同。

③ 其他与设计有关的费用以实际支出额计入设计费用。

（2）包装技术实施费用。

① 内包装材料费。常见如塑料泡沫、干燥剂、防潮纸等。内包装材料费在期末时按实际发生数计入设计费用。

② 其他费用。指不属于内包装材料费的其他费用，如电费、水费。其他费用按实际耗用数量和单价计算计入成本。

3. 包装机械费

包装机械费主要是包装机械的折旧费和维修费。折旧费受包装机械原值、折旧期限、净残值和计提折旧年限影响。包装机械的折旧费可以直接引用财务会计的相应数据计入包装成本。中小维修费用直接计入当期包装成本，大修理费用应分期计入包装成本。

4. 包装人工费

包装人工费指支付给包装工人和其他有关人员的工资总额。包装人工费根据工资和福利费分配表中有关部分计入包装成本。

通过以上四个方面的计算，加以汇总就是包装总成本。如果需要，还可进一步计算单位包装成本。

知识链接

包装材料的种类：金属包装材料、玻璃包装材料、木制包装材料、纸质包装材料、塑料包装材料、草制包装材料、纤维包装材料、陶瓷包装材料和复合包装材料。

包装机械的种类：填充包装机械类，包括装箱机械、装盒机械、装袋机械、灌装机械和填充机械；裹包和捆扎机械类，包括裹包机械、捆扎机械、封条与加标机械和封口机械；产品包装技术机械类，包括收缩包装机械、热成形包装机械和拉伸包装机械。

包装技术的种类：缓冲包装技术、防潮包装技术、防锈包装技术、防虫鼠害包装技术、防霉包装技术、危险品包装技术、气体置换包装技术和真空包装技术。

操作要点

包装成本包括：

- 包装材料费
- 包装技术费
- 包装机械费
- 包装人工费

第二节　包装设计降低包装成本

包装设计的合理与否对包装成本的高低有着重要影响。包装设计时应考虑以下几方面的因素。

1. 产品设计

在产品设计初期就应该考虑产品的包装要求对包装成本的影响。尽可能利用现有的包装技术和包装设备，尽可能利用标准模数尺寸设计包装。

2. 被包装物的形态、特性

被包装物可能是固体、液体或气体。设计包装时，根据被包装物各自的特性，充分利用各种简易包装形式，甚至无包装物流，如散装水泥的管道运输。

3. 包装形态区别

在设计包装形态时，外包装、内包装、个体包装都有明显的区别。设计外包装和内包装时，除设法降低包装形态所能降低的包装环节的费用外，还必须考虑这种包装能否降低其他物流环节的费用。

4. 包装材料经济性

包装材料成本占包装成本的比例最大。当存在多种包装材料可供选择时，在保证包装质量的基础上，使用低价、轻薄的材料，以降低包装成本。

5. 防止包装过剩

防止由于包装强度设计过大、包装材料价格过高、包装技术过复杂、体积过大导致包装成本过高。例如，对价值低的商品允许适度破损率，仍是可行的。商品的价值和特点不同，包装设计也应不同。

6. 其他物流活动

包装只是物流活动的一个环节，在进行包装设计时还应考虑对其他物流活动的影响。采用标准模数尺寸制作包装，使用集装箱、托盘等集装单元容器，都可降低总体物流成本。

好的包装设计，不仅可以节约包装成本，还能对整个物流活动，对营销战略发挥积极作用。

知识链接

适当包装是合理、恰当的包装，是使其内装物品在物流过程中不受到任何损害的最低限度的包装。在日本JIS标准中，适当包装意思是“合理、恰当的包装。工业包装物在流通过程中，由于振动、冲击、压缩、水渍、温湿度等会产生破损。为了不降低其价值，解决商业包装过大、过剩的问题，同时排除包装缺陷，在包装设计时，考虑其保护性、安全性、容积、包装费、废弃物处理等的包装称为适当包装。”

操作要点

包装设计要考虑的因素包括：

⇨ 产品设计

⇨ 被包装物的形态、特性

⇨ 包装形态区别

⇨ 包装材料经济性

⇨ 防止包装过剩

⇨ 其他物流活动

实用范例

某豆腐厂在规定冷冻豆腐的尺寸时，同时也将包装的箱子标准化，固定了几种大小不同的规格，使之装在铁路集装箱（5吨装）里时不留一丝空隙。尺寸的倍数化产生的降低运输成本的效益非常可观，且有利于促进销售和缩减库存费用。

第三节　优化包装降低包装成本

要降低包装成本，不仅可以从包装设计入手，也可以在包装生产、包装作业等方面做一些改进。

1. 包装尺寸标准化

包装尺寸标准化不仅能有效联结物流各作业环节，提高作业效率，而且由于标准化，可进行大批量生产，发挥规模经济效益，降低生产单位包装物的成本，从而降低产品的包装成本。

2. 包装作业机械化

劳务费在包装成本中所占比例仅次于材料费。机械化具有省力化、自动化的特点，可大大提高劳动生产率，大大缩减工资费用，有利于包装费用的减少。

3. 回收和利用旧包装

包装回收是将使用过的商品容器和包装辅助材料，通过各种渠道和各种方式收集起来，然后由有关部门进行处理；旧包装利用则是将回收上来的旧包装，经修复、改制再次投入使用的过程。包装物的回收使用可以相对节约包装材料，节省包装加工劳动，减少因包装而造成的能源、电力的损耗等。

4. 包装改造和创新

包装改造和创新需要经常对包装材料进行市场调查，分析其性能和价格，以便使用新的物美价廉的材料代替价高质次的材料；需要采用新的包装技术和设备、更合理的包装工艺，利用价值分析法从品质、实用性、外观和耐用性等方面考虑降低包装费用的可能。利用价值分析法分析商品包装时，专业人员必须对以下内容进行调查分析：

（1）必要性。通过逐项必要性检查，找出不必要的部分。

（2）效果。包装的各种功能是否增强。

（3）成本与用途是否相称。

（4）与物品本身的性能是否相适应。

（5）价格是否合理，能否降低。

（6）规格尺寸是否恰当，够不够标准。

（7）包装生产时，是否经济，是否高效。

（8）包装的安全性。

（9）成本各项构成是否合理。

对上述内容详细检查分析，以求达到最佳的包装效果。

知识链接

近年来，人们越来越强调环保包装，即采用节省资源、用后可回收利用、焚烧时无毒害气体、填埋时占地少并能生物降解和分解的包装。可用 4R 进行归纳：

Reduce，减少包装材料消耗量；

Refill，大型容器可再次填充使用；

Recycle，可循环使用；

Recovery，可回收使用。

具体如限制包装材料的重金属含量，不在纸箱上使用柏油、沥青等外刷涂料等。

操作要点

优化包装作业的措施包括：

⇨ 包装尺寸标准化

⇨ 包装作业机械化

⇨ 回收利用旧包装

⇨ 包装改造和创新

实用范例

某公司生产小型汽车用的电机。原来外包装使用瓦楞纸，内包装使用塑料袋，缓冲材料用硬化蔗渣压制板。其包装成本如下：

包装成本

材料费	72%
直接人工费	12%
管理费	13%
运输费	3%
总包装费	100%

其中材料费：

材料费

硬化蔗渣压制板	47%
瓦楞纸	33%
平面板	10%
各种捆扎带	8%
塑料带	1%
缝合针	1%
合计	100%

通过价值分析，设计了六个改善方案：

（1）提高瓦楞纸的材料质量。

（2）将上部和下部的硬化压制板材料以发泡聚苯乙烯代替。

（3）将上部硬化压制板替换为增强片面板，使它兼有硬化板的构造。

（4）将上部硬化压制板替换为与产品外形相符合的冲孔瓦楞纸板。

（5）停止增强平板的使用。

（6）以瓦楞纸取代黏糊法。

试验结果表明，采用（1）、（2）、（5）、（6）四个方案，包装材料费用降低了15%。

第四节 计算流通加工成本

物流中心，配送中心，甚至仓库有时也提供各种各样的流通加工服务。流通加工成本的计算对它们而言至关重要。

1. 流通加工材料费用

流通加工材料费用是指流通加工过程中消耗的辅助材料、包装材料等的费用。

（1）流通加工材料费用的归集。流通加工材料费用由材料消耗数量和材料消耗价格决定。

① 数量确定。根据领料单、限额领料单、退料单等原始凭证，及时记录材料消耗数量。

② 价格确定。购入流通加工材料成本的计算与包装材料成本计算相同，也包括材料购买价款和材料入库前发生的各种附带成本。由于不同批次材料购进的单价不同，与包装材料类似，必须选择恰当的方法计算发出材料的价格。

●重点提示

只有严格管理材料发出的凭证和手续，才能正确计算和确定材料消耗的数量。

（2）材料费用的分配。按全部领料凭证汇总并编制“耗用材料汇总表”。对能直接分配至某一加工对象的材料成本直接计入该加工对象成本，否则，应选择合理、简便的分配标准分别计入各加工对象成本。

2. 流通加工人工费用

流通加工人工费用是指直接进行加工生产的工人的工资总额（包括计时工资、计件工资、奖金、补贴等）和按工资总额提取的职工福利费。

（1）流通加工人工费的归集。根据工资结算单按人员类别汇总编制“工资结算汇总表”和“职工福利费计算表”来计算人工费用。工资结算单应当依据职工工作卡片、考勤记录、工作量记录等原始凭证编制。

（2）流通加工人工费的分配。计件工资形式的工资成本一般直接计入所加工对象的成本中；计时工资形式的工资成本，如果只加工一个对象则计入该对象成本，如果加工多个对象，需要按加工工时分别计入各对象成本中去。

3. 流通加工制造费用

（1）制造费用归集。通过编制“折旧费用计算汇总表”得出各生产单位的折旧费，再依此得出流通加工部门的折旧费用。修理费用一般计入当月的成本中；一次发生的费用数额较大时，可分期计入制造费用。其他费用一般按会计期间编制制造费用预算，控制总额即可。

（2）制造费用分配。制造费用的对象是当期进行加工的全部产品。如果只加工一个对象，则全部计入该对象成本；如果加工多个对象，可采用生产工时分配法、机器工时分配法等在各加工对象间进行分配。

4. 流通加工费用在完工产品和在产品之间的分配

就像生产过程一样，流通加工也存在完工产品和在产品。流通加工费用在它们之间的分配方法，与传统生产过程中生产成本在完工产品和在产品间分配方法类似。

流通加工成本的计算与产品生产成本计算相似，只是内容、程序更简单些。

知识链接

流通加工有多种形式，主要有：

以保存产品为目的的流通加工。如水产品的保鲜、保质加工。

为满足需求多样化的流通加工。如平板玻璃开片加工。

为提高物流效率，降低物流损失的流通加工。如气体的液化。

为实现配送的流通加工。

操作要点

流通加工成本包括：

⇨ 流通加工材料费用

⇨ 流通加工人工费用

⇨ 流通加工制造费用

⇨ 流通加工费用在完工产品和在产品之间的分配

实用范例

某流通加工中心的加工车间，对甲产品进行流通加工，其工艺过程为单步骤流水线加工。该流通中心另设有供水、机修两个辅助生产车间，为基本加工车间及其他部门提供产品及劳务。该中心采用品种法计算流通加工成本。加工产品计算单如下：

加工产品计算单

产成品：100 件

在产品：20 件

加工产品名称：甲产品　　单位：元

成本项目	月初在产品	本月费用	成本费用合计	分配率（%）	流通加工成本	月末在产品加工成本
材料费	100	3000	3100	31	2480	620
人工费	400	17600	18000	163.64	16364	1636
制造费用	258.50	31041.5	31300	284.55	28455	2845
合计	7658.50	51641.5	52400	448.19	44819	5101

第五节　流通加工成本管理

流通加工如同生产活动一样，需要进行管理。流通加工活动的管理水平越高，越有利于降低流通加工成本。

1. 选择适当的加工方式和加工深度

流通加工成本受不同加工方式和加工深度的影响。应根据服务对象和服务需要，选择适当的加工方式和加工深度，并进行经济核算和可行性研究，合理确定加工费用的支出。

2. 均衡加工批量和数量

流通加工成本与加工批量和加工数量成正比：批量越大，数量越多，流通加工成本越高。批量的均衡、数量的稳定，能使加工能力得到充分、有效利用。加工能力不足和加工能力过剩，都将引起费用增加。

3. 全面管理

流通加工就像生产作业一样，需要对劳动力、设备、动力等进行全面管理。

（1）计划。计划涉及加工作业和技术经济方面的内容。可制定标准成本、目标成本等制度。

（2）组织。主要内容包括流通加工时间组织、空间组织和劳动组织。难点在于满足用户需求，按时按量按规格低成本同步作业。

（3）控制。表现在加工进度控制、成本控制和质量控制三个方面。

4. 单独核算

流通加工活动不同于其他物流活动，流通加工成本的形式与运输成本等存在很大区别。为检查和分析流通加工费用的使用情况，分析流通加工的经济效益，应对流通加工费用单独管理，单独核算。

5. 制定经济指标

流通加工只是生产过程的补充。为更好反映流通加工的经济效益，需要根据流通加工对象、流通加工方式等的特点，制定反映流通加工的经济指标。

流通加工作业管理对流通加工成本的降低，发挥着重要作用。

知识链接

与生产加工相比较，流通加工具有以下特点：

流通加工对象是进入流通的商品，生产加工对象是最终产品；

流通加工一般是简单加工，是对生产加工的一种辅助及补充；

流通加工目的在于完善使用价值，并在不作太大改变的情况下提高价值；

流通加工组织者是从事物流工作的人；

流通加工是为促进消费而进行的加工，有时也以流通自身为目的。

操作要点

流通加工成本管理的措施包括：

⇨ 选择适当的加工方式和加工深度

⇨ 均衡加工批量和数量

⇨ 全面管理

⇨ 单独核算

⇨ 制定经济指标

第六节　优化流通加工作业流程

同样的加工任务，采用不同的加工作业次序，将产生不同的生产效率和经济效益。优化作业流程，可缩短加工周期，节约加工费用，减少延期交货和违约损失，降低物流成本。

优化流通加工作业流程的方法包括以下几个方面。

1. 最短加工时间

最短加工时间法按所需加工时间的长短排列各加工任务，加工时间最短的排在最前，加工时间最长的排在最后，依此顺序进行加工。采用这一方法可使平均流程时间最短，滞留在制品平均占用最少，有利于减少流动资金占用，减少厂房、仓库及加工作业占用面积，节约保管费用；但这种方法忽视了交货期，可能存在着延期交货问题。

2. 最早预定交货期

最早预定交货期法按预定交货期的先后顺序进行排序，交货期最早的排在最前，交货期最晚的排在最后进行加工。这种方法减少了延期交货现象，减小了支付违约金和企业信誉损失的可能性，但使平均流程时间增加，在制品和流动资金占用增加。

3. 最短加工时间和最早预定交货期综合法

最短加工时间和最早预定交货期综合法按以下步骤处理：

（1）先根据最早预定交货期法确定一个最大延期量最小的加工方案；

（2）计算所有加工任务的总流程时间；

（3）查出初始方案中预定交货期大于总流程时间的加工任务，按最短加工时间规则，把加工时间最长的排在最后；

（4）反复调整，最终排定加工顺序。

这种方法不但消除了延期现象，还减少了加工流程时间。

优化流通加工作业流程的作用是综合的。根据客户需求，及时调整作业排序，将取得良好的经济效益。

知识链接

评价加工顺序安排的主要指标：

最大流程。完成各项加工任务所用时间之和。最大流程要求最短。

平均流程。完成各项加工任务平均所需时间。平均流程也要求最短。

最大延期量。延期完成任务时，延期时间最长环节的时间。

平均延期量。完成各项任务的延期量的平均值。

操作要点

优化流通加工作业流程的方法包括：

- 最短加工时间
- 最早预定交货期
- 最短加工时间和最早预定交货期综合法

实用范例

设某流通加工中心欲进行六项加工任务。

所需时间及预定交货期如下表所示：

时间及预定交货期

单位：天

任务	W_1	W_2	W_3	W_4	W_5	W_6
所需时间 t_i	5	8	2	7	9	3
预定交货期 d_i	26	22	23	8	34	24

该流通中心管理层按最短加工时间进行排序：

最短加工时间

任务	W_3	W_6	W_1	W_4	W_2	W_5	合计
所需时间 t_i	2	3	5	7	8	9	–
计划完成时刻 F_i	2	5	10	17	25	34	93
预定交货期 d_i	23	24	26	8	22	34	–
交货延期量 D_i	0	0	0	9	3	0	12

最大加工流程时间：93 天　　　　平均加工流程时间：15.5 天

最大交货延期量：9 天　　　　平均交货延期量：2 天

加工排序方案：W_3—W_6—W_1—W_4—W_2—W_5

附录

附录一　国内采购合同

商业合同

合同号：

日　期：

买方：

电话：＿＿＿＿＿＿＿＿

卖方：

电话：＿＿＿＿＿＿＿＿

按本合同条款，买方同意购入，卖方同意出售下述货品，谨此签约。

1. 品名、规格

单位：＿＿＿＿＿＿＿＿＿＿＿＿＿＿＿＿＿＿＿＿

数量：＿＿＿＿＿＿＿＿＿＿＿＿＿＿＿＿＿＿＿＿

单价：＿＿＿＿＿＿＿＿＿＿＿＿＿＿＿＿＿＿＿＿

总价：＿＿＿＿＿＿＿＿＿＿＿＿＿＿＿＿＿＿＿＿

总金额：＿＿＿＿＿＿＿＿＿＿＿＿＿＿＿＿＿＿＿

2. 原产国别和生产厂

原产国别：＿＿＿＿＿＿＿＿＿＿＿＿＿＿＿＿＿＿

生产厂：＿＿＿＿＿＿＿＿＿＿＿＿＿＿＿＿＿＿＿

3. 包装

须用坚固的木箱或纸箱包装，以宜于长途海运、空运，适应气候的变化，并具备良好的防潮抗震能力。由于包装不善而引起的货物损坏或由于防护措施不善而引起的货物锈蚀，卖方应赔偿全部损失费用。包装箱内应附有完整的维修保养、操作使用说明书。

4. 装运标记

卖方应在每个货箱上用不褪色油漆标明箱号、毛重、净重、长宽高并书以“防潮”、“小心轻放”、“由此向上”等字样和装运唛头。

5. 装运日期

________年____月____日

6. 装运港口

港口：______________________________

7. 卸货港口

港口：______________________________

8. 保险

装运后由买方投保。

9. 支付条件

分下述三种情况：

（1）采用信用证。买方收到卖方交货通知后，应在交货日前 15 ~ 20 日内，由________银行开出以卖方为受益人的与装运金额相同的不可撤销信用证。卖方须向开证行出具 100% 发票金额即汇票并附装运单据（见本合同第 10 款）。开证行收到上述汇票和装运单据即予以支付（电汇或航邮付汇）。信用证于装运日期 15 天内有效。

（2）接收。货物装运后，卖方出具即期汇票，连同装运单据，通过卖方所在地银行提交给买方进行托收。

（3）直接付款。买方收到卖方装运单据后 7 天内，以电汇或航邮向卖方支付货款。

10. 单据

（1）海运。全套洁净海运提单，标明“运费付讫”或“运费预付”，做成空白背书并加注目的港________公司。

（2）空运。空运提单副本一份，标明“运费付讫”或“运费预付”，寄交买方。

（3）航邮。航邮收据副本一份，寄交买主。

（4）发票一式五份。标明合同号和货运唛头

（5）由厂商出具的装箱清单一式两份。

（6）厂商出具的质量和数量保证书。

（7）货物装运后立即用电报信件通知买方；此外，货发10天内，卖方将上述单据航邮寄两份，一份直接寄买方，另一份直接寄目的港________公司。

11. 装运

（1）FOB条款：

①卖方于采购合同规定的装运日期前30天，用电报或信件将合同号、品名、数量、价值、毛重、装箱尺码和货抵装运港日期通知买方，以便买方租船订舱。

②买方船运代理________公司，负责办理租船订舱事宜。

③租船公司或其代理（班轮代理），在预订船达装运港10天之前，即将船名、预订装货日期、合同号等通知卖方以便卖方安排装运。要求卖方与船方代理保持密切联系。当需要更换运载船舶或需要提前、推迟抵达时，买方或其船方代理应及时通知卖方；若船在买方通知日后30天内尚未抵达，则第30天后仓储费和保险费由买方承担。

④若载运船舶如期抵达装运港，卖方因备货未妥而影响装船，则空舱费和滞期费均由卖方承担。

⑤货物越过船舷并从吊钩卸下之前，一切费用和风险由卖方承担；货物越过船舷并从吊钩卸下后，一切费用和风险属买方。

（2）CIF条款：

①在装运期内，卖方负责将货物从装运港装运至目的港。不允许转船。

②货物经航邮空运时，卖方于本合同第5条规定的交货日期前30天，以电报或信件把交货预订期、合同号、品名、发票金额等通知买方。货物交办发运后，卖方即刻以电报或信件将合同号、品名、发票金额、交办日期通知买方，以便买方及时投保。

12. 装运通知

货物全部装船后，卖方应将合同号、品名、数量、发票金额、毛重、船名和起航日期等立即以电报或信件通知买方。若因卖方通知不及时致使买方不能及时投保，卖方则承担全部损失。

13. 质量保证

卖方保证：所供货物，系由最好的材料兼以高超工艺制成；商标为新的和未经使用的，且质量和规格符合本合同所作说明；自货到目的港起 12 个月为质量保证期。

14. 索赔

自货到目的港起 90 天内，经发现货物质量、规格、数量与合同规定不符，除那些应由保险公司或船方承担的部分外，买方可凭________商检局出具的商检证书，要求更换或索赔。

卖方担保货到目的港起 12 个月内，使用过程中由于材料质量低劣和工艺不佳而出现的损坏，买方立即以书面形式通知卖方并出具________商检局出具的商检证书，提出索赔。商检证书乃索赔之依据。按买方索赔要求，卖方有责任立即查明货物之缺陷，全部或部分更换货物或根据缺陷情况将货物作降价处理。

15. 不可抗力

在货物制造和装运过程中，由于发生不可抗力致使延期交货或不能交货，卖方概不负责。卖方于不可抗力事件发生后，即刻通知买方并在事故发生 14 天内，以航空邮件将事故发生所在地当局签发的证书寄交买方作为证据。同时，卖方仍有责任采取必要措施以尽快交货。不可抗力事件发生后超过 10 个星期而合同尚未履行完毕，买方有权撤销合同。

16. 合同延期和罚款

除本合同第 15 条所述不可抗力原因，卖方若不能按合同规定如期交货，按照卖方确认的条款支付罚金。买方若同意延期交货，付款银行相应减少议定的支付金额，但罚款不得超过迟交货物金额的 5%。卖方若逾期 10 个星期仍不能交货，买方有权撤销合同，但卖方仍应如期支付上述罚金。

17. 仲裁

凡涉及本合同或因执行本合同而发生的一切争执，可通过友好协商解决；如果协商不能解决，可提交________仲裁委员会根据《仲裁法则》进行仲裁。仲裁将在________进行，仲裁裁决是最终结果，对对方都有约束力。仲裁费用由败诉方承担。仲裁也可以通过双方均能接受的第三方进行。

18. 附加条款

本合同一式两份，经双方签字，各执一份，谨此声明。

买方：________ 卖方：________

原材料/零部件采购合同

兹由买方________公司和卖方________公司于________年____月____日签订合同，双方同意买卖有关商品并遵守如下各项条件：

1. 商品

商品代号：____________________

说明：____

备注：____

2. 原产地

原产地：____

生产厂商：____

3. 质量

（1）卖方应按买方认可的产品供货。未经买方事先书面同意，不得对产品本身或生产场地作任何改变。

（2）卖方应严格按照经买方认可的，体现于相应的图纸、菲林、样本、CAD软件及品质协议等当中的质量和技术规格要求生产并供应货品；如有任何改变，买方负责知会卖方更新有关图纸或菲林等，卖方严格跟进相关的变化。

（3）卖方应不断改进其产品和服务质量，配合买方不断提高各自的质量体系，达到质量目标。

（4）买方提出的任何质量投诉，卖方应立即采取措施予以改进，并在24小时内反馈给买方。

（5）卖方应主动、积极地参加买方发起的质量改进活动，如质量免检申请等，以共同进步。

（6）卖方应保证所有生产或供应的产品均符合有关环保法规要求。

4. 订单安排

（1）买方向卖方发出订单（PO）采购货品，卖方应严格按时间和数量交货。实际购销的货品数量由买卖双方定期依据实际收货数量核对确定。

（2）卖方对采购商提供的订单应在24工作小时内予以确认，并通过传真或电子邮件反馈给买方。

（3）卖方要不断改进其企划表现，确保100%的供应可靠性，缩短供应中间时间，提高供货或订单的灵活性，配合买方一道通过引入计算机系统等不断提高自身企划系统质量。

（4）卖方应主动、积极地参加买方发起的有关企划改进活动，如JIT（即时供应）等，以共同进步。

5. 价格及付款

（1）买卖双方均应不断改进，通过提高质量与效率来降低成本及价格，并让利给用户。双方确认努力保持这种降低成本的趋势，每年至少降低一次价格。

（2）买卖双方同意在本合同第5.（4）款和8.（2）款所明确的交货与付款条件下遵循以下价格：

货品代码	单价	币种	数量范围	总计

（3）任何价格变化须经双方同意，确定生效日期，有关的订单或销售通知（如有的话），应与双方同意的最新的价格一致。

（4）付款条件：在收到卖方开具的正本发票后____天内用电汇或信汇的方式付款。此条件等同于____天结算。

6. 支持与合作

（1）买卖双方确认依照采购商的采购方针，通过共同努力，发展目前的________（商业型、优先型、合作伙伴型）关系。

（2）卖方确认配合买方通过执行由买方发起的供应商考核、供应商质量体系审核及供应商改进会议等形式不断进步，达到有关质量、企划及价格等目标。

（3）买方每季度评估一次供应商的表现，更新其供应商名册及供应商关系，如卖方表现不符合要求，买方要反馈给卖方督促其改进。

（4）为发展新业务，买方鼓励合作伙伴型供应商介入买方的产品开发过程，卖方不得因此合作而收取费用。

（5）如买方提供了有关的设备、工具、测试仪器、模具等给卖方，卖方应妥善保管，正确使用及维护，如有严重损坏应在24小时内用传真或电子邮件正式知会买方，并经买方同意后立即采取正确措施予以修复。

7. 包装

（1）所有商品应按标准或买方认可的包装规格，用强度足够的卡通箍、塑料袋或桶、瓶等容器包装，适应长途海运、空运或汽车运输等运输方式以及气候变化的要求，并做到防潮、防霉。

（2）包装说明：

货品代码	每件数量	包装方法

（3）交运货品时应随货提供一份完整的装箱单或发货票，订单号、货品代码及数量应清楚地标注在每件货品的外包装及必需的内包装上。

8. 发运及交货

（1）所有货品发运应严格符合买方发出的订单中所列要求。

（2）交货条款：______________________

（3）卖方必须在装船完毕后24小时内，以电报或传真向买方通知货物名称、数量、毛重、船名航班号及起运日期、预计到达时间等。

（4）对于工厂交货的情况，买方应通过订单提前知会卖方提货时间等，卖方按要求做好发货准备。

（5）对于买方提供的需循环使用的包装、运输材料、工具或设备等，卖方应予以妥善保管，正确使用与维修。

9. 保险

（1）在FOB或C&F条件下，货品装运后由买方投保。

（2）在CIF条件下，由卖方出资按110%发票金额投保。

10. 检验

（1）卖方应随货或提前将有关的出货检验报告或证明提供给买方备查。

（2）买方按双方同意的质量、技术规格、订货及包装要求等进行收货并做来货检验。

（3）若来料不符合要求并确定退货，退货需按要求由卖方运走或买方退出；本地货品一周内，国外货品一个月内退定。

（4）若来料不符合要求，但使用紧急而确定挑选，则卖方应立即组织挑选或由买方直接组织挑选，因此发生的费用由卖方承担。

11. 索赔

（1）除应由保险公司或船运公司承担的赔偿外，对任何涉及质量、技术规格或数量等方面不符合经双方同意的有关条款要求的情况，买方有权索赔。因此而发生的费用如检验、退货运输、补货费用、保险、仓储、装卸等费用应由卖方负担。

（2）一旦不符合要求的情况发生，买方要书面通知卖方，卖方有责任立即采取改进行动，防止问题再次发生。

12. 不可抗力

（1）若卖方因不可抗力，包括罢工、火灾、水灾、政府行动禁令或其他任何不可合理控制的情况，不能按商定要求按时供货，卖方应事先两天知会买方，并在事发后14天内邮寄当地政府签发的事发证明给买方。

（2）即使不可抗力事件发生，卖方仍有责任采取一切可能措施恢复供货。若卖方在事发后两周内仍不能履行合同责任，买方有权撤销合同。

13. 违约或取消会员

（1）若卖方未能履行合同所规定的任一重要条款，如无合理解释，买方有权终止合同或拒收货品。

（2）若买方撤销合同或订单，而其理由超出卖方能接受的范围，卖方有权要求买方赔偿因此而发生的损失。

14. 纷争解决

（1）本合同双方当事人在履行合同时发生的一切争议均可通过友好协商解决；如不能解决，双方当事人可选择仲裁或法院诉讼方式解决。

（2）双方选择仲裁时，应另行达成仲裁协议并确定仲裁机构。

（3）如果选择诉讼，应按法律的规定确定受理案件的诉讼法规。

15. 其他

（1）未经允许，任何一方不得将对方的商业秘密或其他情报以口头、书面、出示或其他任何方式借用、转让或泄露给第三方。对于外包及分包产品，如有必要，双方可另立知识产权协议。

（2）本合同一式两份，由双方在原件上签字，各执一份。

买方：　　　　　　　　卖方：

日期：　　　　　　　　日期：

普通产品采购合同

合同编号：

出卖人：　　　　签订地点：

买受人：　　　　签订时间：____年____月____日

名称	品种	产地	商标	计量单位	数量	单价	金额	交（提）货时间及数量			
								合计			
合计人民币金额（大写）：											

第一条　名称、数量、价款及交（提）货时间

第二条　质量标准：________________________________

第三条　包装标准、包装物的供应和回收及费用负担

____

第四条　合理损耗标准及计算方法

____

____

第五条　产品所有权

产品所有权自________起转移，但买受人未履行支付价款义务的，产品属于________所有。

第六条　交（提）货方式和地点

____

第七条　运输方式和运输费用负担

____

____

第八条　检验标准、方法、地点及期限

____

____

第九条 检验单位、方法、地点、标准及费用负担

____

____

第十条 结算方式、时间及地点

____

第十一条 担保方式（也可另立担保合同）

____

第十二条 本合同解除的条件

____

第十三条 违约责任

____

第十四条 合同争议的解决方式

本合同在履行过程中发生的争议，由双方当事人协商解决，也可由当地工商行政管理部门调解；协商或调解不成的，按下列第____种方式解决：

（1）提交______________仲裁委员会仲裁；

（2）依法向人民法院起诉。

第十五条 生效日期

本合同自______________生效。

第十六条 其他约定事项

____

出卖人：________ 买受人：________

代　表：________ 代　表：________

附录二　国外采购合同

第一条　货物基本信息。

货物名称：

品质：

尺寸：依________年____月____日提供给买方的样品为准

数量：

单价及总金额：

包装：

装运码头：

第二条　________年____月____日前装运，但以接受的信用证于________年____月底前开到卖方为条件；容许分批装运及转运。

第三条　卖方负责装船事宜并通知买方。如买方自己选择装船时间而未通知卖方，则所增费用及风险由买方承担。

第四条　货物越过船舷栏杆，风险移由买方负担。

第五条　凭一流银行的不可撤销的信用状付款。信用状以卖方为受益人，并按照货物金额的100%开具。

第六条　卖方应投保水险、水渍险并加保遗失盗窃险及兵险，保险金额按发票金额的110%投保，并规定如有索赔应在________以美金支付。

第七条　货物须经独立公证行检验，公证行出具的品质及数量检验证明书应为最后认定标准。

第八条　运到出口地码头为止的内陆运费及交货时品质检验、丈量过磅及计数费用皆由卖方负担。

第九条　装货港码头使用费、装货费、驳船费及船内装舱工人工资应由卖方负担。

第十条　运费、保险费、币值等的异动：

1. 兹同意本契约内所列价格全是以目前国际货币基金牌价汇率、人民币________元兑换美金 1 元为准。倘若这项汇率在押汇时有任何异动，则价格应根据这项异动比照调整及清偿，卖方的人民币不因此而减少。

2. 契约中所列价格全是以目前运费率及兵险和水险保险费率为准。装运时运费率及保险费率若有增加，归由买方负担。

3. 交货前如原料及组成配件的成本上升幅过度大，卖方保留调整契约中所列价格的权利。

4. 运费、保险费由卖方负担。

第十一条 对于货物、包件、原料和履行契约有关活动所征税或规费，如由原产地国征收，归由卖方负担，如由目的国征收，则由买方负担。

第十二条 出口报关费用及出口税由卖方负担。

第十三条 到达目的港装卸船费（包括驳船及码头使用费），如和运费并付或符给 CIFLanded 条件，由卖方负担，否则由买方负担。

第十四条 出口签证、保险单由卖方付费办理；清洁提单（装运提单）、商业发票由卖方提供；产地证明书、领事签证由卖方协办，买方付费。

第十五条 由发货方签发的、进口国或通过第三国所需证件由卖方协助申领，买方付费。

第十六条 如卖方提供的提单为备运提单，应加批 On Board 字样；卖方须提供货物公认形式的包装（应为外销包装）。

第十七条 对所装货物如有索赔事情发生，则请求索赔的通知必须于货物抵达卸货港后即刻以书面形式提交卖方，并且必须给卖方调查的机会。倘若运送船只到达卸货港后二十一天内没有提供这项预先的书面通知或提供调查机会，则索赔不予受理。在任何情况下，卖方对于使用货物引起的损害或间接的损害的均不负责。

第十八条 因战争、封锁、暴动、民变、骚动、动员、罢工、天灾、恶劣天气等卖方无法控制的原因，而致货物的全部或一部分未能装运，未装运部分的合同应取消。然而，在装运期限截止前，如货物业已经备好，但因前述原因而未能装运，则买方应于接到卖方请求时，以修改信用状方式延长装运期限。

第十九条 有关本合同买卖双方间所引起的任何纠纷、争议，可付诸仲裁。

第二十条 本合同的成立、发挥效力、解释以及履行均受法律约束。

第二十一条 本契约一式两份，双方当事人各执一份。

卖　　方：	买　　方：
公司名称：	公司名称：
公司地址：	公司地址：
负 责 人：	负 责 人：
住　　址：	住　　址：
身 份 证：	身 份 证：
统一编号：	统一编号：

附录三　供应商审核调查问卷

供应商名称：____________

地址：________________

电话：________　传真：________　电子邮件：________

厂长（总经理）：__________　业务联系人：__________

一、基本状况

1. 公司成立时间：____________

注册资本：____________

公司性质：____________

股东（合伙人）情况：________________

2. 工厂占地面积________ m^2，建筑面积________ m^2，厂房自有/租赁（选择）。

3. 员工总数________人，其中直接生产工人________人，各类专业技术人员________人，高级职称________人，中级职称________人，初级职称________人。

4. 工厂（公司）组织架构图如下（或附件）：

5. 正常工作________天/周，生产班次________，各班时间________，办公时间________。

6.

主要产品	产量（前年）	产量（去年）	产量（今年）	平均出口比例（%）

7. 工厂设计产量__________；现有产量__________。

8.

主要客户	主要产品	年供应量	交货周期（天）	所占比例（%）

9.

主要供应商	供应产品（零部件）	年供应量	供应发货周期（天）

二、质量体系

1. 质量方针/政策：

____

2. 质量代表及职位：

____

3. 质量管理体系架构图如下（或附件）：

4. 是否通过 ISO9000 认证：________

若是，附证书。若否，计划何时？________

是否获其他质量体系认证？________

若是，附证书。

5. 今年的质量目标主要有：

____

6. 来料检验标准按________标准执行，主要指标有：________

7. 过程质量目标为：________________________

8. 是否用项目组合管理？________是否用统计图表？________

9. 交货质量执行的标准为：________________________

主要缺陷 AQL（或________）：________

10. 有否质量实验室？________

若有，主要设备及检测项目有：________________________

11. 产品及认证通过：□中国电工产品认证委员会　□美国保险实验所标准　□加拿大标准协会　□DVE　□BSI　其他________

三、生产计划及物料管理

1. 企划部门、生产部门、采购部门、销售部门的关系与架构为（或附件）：

____

2. 相关人员数：生产计划________人，物料管制________人，客户服务（订单送货安排）________人。

3. 接单、安排生产、交货的主要流程（或附件）：

____

4. 交货时间（周期）：打板（样）________天，第一份订单交货周期________天，正常业务交货周期________天，在制品库存________天。

5. 原材料采购周期________天，原材料库存________天；本地原材料采购周期________天，占________%；进口原材料采购周期________，占________%。

6. 有否最小生产批量？________若有，为多少？________

7. 可接受的订单变化范围为________%，确认订单需要时间________小时（天）。

8. 有否采用 MRP（物料需求计划）或 ERP（企业资源计划）等系统？________

若有，列出名称及应用范围：________________________________

四、生产技术、工艺水平及工程能力

1. 开发、工程（工艺）部门的功能、架构（或附件）：

____

2. 产品研发________人，工艺（程）________人，过程工程师________人，其他工程技术人员________人。

3. 自己设计的主要产品：________________________________

工具、模具：________________________________

4. 主要设计制作的设备（或其他）：________________________

5. 产品的开发周期：________________________________

6. 有否客户参与产品或工艺开发？如何参与？

____

7. 有否供应商参与产品或工艺开发？如何参与？

____

8. 主要设计软件及功能：

____

9. 主要生产设备（或附件）：

____

10. 设备利用率________，设备故障率________，生产效率________。

11. 模具制造维修主要设备设施有：________________

12. 技术人员年流失率________%，职员年流失率________%，工人年流失率________%。

五、环境管理

1. 有无环境管理方针政策？________

如有，是什么？________________

2. 有无环境管理者代表？________

若有，系何人？________________

3. 是否通过 ISO14001 认证？________

若有，附证书。若否，计划何时？

____

4. 今年的主要环境管理目标为：________________

5. 产品设计和工厂建设是否进行环境影响评估？

若有，简单介绍：

____

6. 生产的产品或工艺过程是否使用重金属？如有，含量多少？如何控制？

____

7. 产品交货及生产过程中包装材料是否循环使用？如是，如何使用？

____

综合该供应商的基本情况调查，初步意见为：

□优秀　□良好　□一般　□停止

评审人：________　日期________：核定人：________

采购员：________　采购经理：________

附录四 采购招标管理文案

招标邀请书

××公司：

我单位拟利用世界银行/亚洲开发银行贷款××万美元用于××项目的建设，项目预计××××年开始执行。根据世界银行/亚洲开发银行《采购指南》的规定，有一部分贷款要通过国际竞争性招标或有限国际竞争性招标形式来采购。为完成上述采购任务，根据我国有关政策的规定，现寻求招标采购代理公司。

现就有关事宜函告如下：

1. 凡经商务部批准，并经财政部确认的有资格承担世界银行/亚洲开发银行贷款项目国际招标采购业务的公司均可参加竞争。

2. 项目简介。

3. 采购内容简介。

4. 各参加竞争的招标代理机构应按照《代理申请书》的格式报送申请书。

申请书的提交截止日期为：××××年××月××日。

业主单位名称

（公章）

日期

抄报：财政部

投标申请书

××（业主名称）：

贵单位关于《××项目寻求招标代理机构的委托邀请书》收悉，我公司愿意参加此项目招标代理机构的竞争。根据财政部、国家发展与改革委员会制定的《世界银行和亚洲开发银行/日本国际协力银行贷款项目国际招标代理机构委托指南》的规定，现将公司的代理申请书提交给贵单位，供评审。

1. 公司简况。

2. 收费水平（按合同价的百分比）。

3. 代理费的付款时间和方式。

4. 近两年承担类似招标业务的业绩。

5. 负责此项招标业务人员自身资格、能力和业绩。

6. 工作计划拟投入的业务量。

7. 目前承担的工作量。

8. 根据项目特点，其他需要考虑的因素。

招标代理机构名称

（公章）

总经理或副总经理签字

日期

抄报：财政部

设备采购招标书

一、投标须知

（一）定义

1. 项目法人：招标设备工程项目法人名称。

2. 招标人：在招标过程中，项目法人称为招标人。即招标设备工程项目法人名称。

3. 招标代理机构：具有相应的招标资质，受项目法人委托，在招标过程中负有相应责任的单位。即招标代理机构名称。

4. 潜在投标人：指有意参加投标的企事业单位和其他社会经济组织。

5. 投标人：经过审查符合本次招标所规定的相应资质要求，参加投标竞争的潜在投标人。

6. 预中标人：经过评标而选定的进行合同谈判的投标人。

7. 中标人：最终被授予合同的投标人。

8. 项目招标领导小组：由招标人、招标代理机构及有关单位按一定的程序和要求而组建的机构，负责领导招标工作。

9. 评标委员会：在项目招标领导小组的领导下，由聘请的专家和有关单位人员组成，负责具体评标工作。

10. 需方：招标设备工程项目法人名称。即项目法人，在招标阶段称为招标人，在签订和执行合同阶段称为需方。为便于招标文件及附件直接转化为经济合同，在招标文件第二、三卷中称招标人为需方。

11. 供方：在招、投标阶段称为投标人，在中标以后签订和执行合同阶段称为供方。为便于招标文件及附件直接转化为经济合同，在招标文件第二、三卷中称投标人为供方。

12. 工程设计单位：负责本次招标设备工程项目设计的单位。即工程设计单位名称。

（二）工程概况及招标范围

1. 工程概况。（略）

2. 招标文件由第一卷《招标须知》、第二卷《合同条款》、第三卷《技术规范》组成，招标设备的技术要求详见第三卷《技术规范》。

（三）交货期

合同生效后____个月内交货。

（四）投标与开标

1. 投标时间：

2. 投标地点：

3. 开标时间：

4. 开标地点：

5. 验证投标法人委托书、投标保证金等投标文件是否齐全。

6. 投标文件正本保存备查，评标都用副本。

7. 采用分段开标形式：第一步，开技术标，经过澄清后，投标人在规定的时间内可进行必要的修改补充；第二步，开商务报价标。

（五）投标人资质

合格的投标人应具有圆满履行合同的能力，应符合下列条件：

1. 具有独立订立合同的权利。

2. 在专业技术、设备设施、人员组织、业绩经验等方面具有相应的资格和能力。

3. 具有完善的质量保证体系。

4. 具有设计、制造与招标相同或相近设备至少一台（套）、两年以上运行良好的经验，在安装调试运行中未发生重大的设备质量问题或已采取有效的改进措施；主机设备有相应业绩厂商的技术合作或技术支持。

5. 具有良好的银行资信和商业信誉，没有处于被责令停业或财产被接管、冻结以及破产状态。

（六）投标文件

1. 投标资格文件。

2. 投标人承诺函。

3. 投标人法定代表人授权书。

4. 投标人资格、资信证明文件。

5. 关于投标人资格的声明函。

6. 企业法人营业执照。

7. 生产许可证、有关鉴定材料。

8. 工厂简介（包括组织机构、生产能力、设备、厂房、人员等）。

9. 质量保证体系简介及其质量认证证明。

10. 近三年资产负债表、损益表及反映经营状况（包括销售额）的材料。

11. 银行资信证明。

12. 业绩及目前正在执行合同情况（包括完成情况和出现的重要质量问题及改进措施）的资料。

13. 近三年经济行为受到起诉情况的资料。

14. 其他文件和资料。

二、合同条款

1. 定义。

2. 合同标的。

3. 供货范围。

4. 合同价款。

5. 付款。

6. 交货与运输。

7. 包装与标记。

8. 技术服务与联络。

9. 质量监督与检验。

10. 安装、调试、试运行和验收。

11. 保证与索赔。

12. 税费。

13. 配套与外购。

14. 合同的变更、修改和终止。

15. 不可抗力。

16. 合同解除。

17. 合同的生效。

18. 其他。

19. 附件。

（1）附件一：供货范围；

（2）附件二：价格表；

（3）附件三：差异表；

（4）附件四：履约保函；

（5）附件五：分包与外购。

三、技术规范

（一）投标文件的范围

投标人对文件所作的一切有效补充、修改，均被视为投标文件不可分割的部分。

（二）投标文件的编制

1. 一般要求。投标人应严格按照招标文件要求编制投标文件，逐项逐条回答招标文件的问题，顺序和编号应与招标文件一致；可以增加说明或描述性文字；投标文件对招标文件未提出异议的，均被视为接受和同意；招标文件与投标文件有差异之处，无论多么微小，均应汇总说明。

2. 投标文件的语言。投标文件应用中文编写；若其中有其他语言的书面材料，则应附有中文译文，并以中文译文为准；度量衡采用国家法定单位制（国家单位制）。

3. 投标有效期。投标有效期应为投标截止日期后180天；若遇特殊情况，招标代理机构和招标人可于招标有效期之前要求招标人延长有效期，但延长期一般不超过3个月。投标人应以书面答复表示同意，并相应延长投标保函有效期，此时投标人不能对投标文件进行任何修改；投标人若不同意延长投标有效期，则应以书面形式给予明确答复，此时投标人被视为自动退出投标，投标保证金予以全额退还。如延长期超过3个月，招标人应对投标人因延长投标保函有效期所发生的费用进行适当补偿。

（三）投标保证金

1. 投标保证金金额为本次投标设备总金额的1%。投标保证金可以以投标人开户银行出具支票或银行汇票的形式交付。

2. 发生以下情况之一者，投标保证金将予以没收：

（1）投标人在投标有效期内撤回投标；

（2）投标人在投标截止日期后对投标文件作实质性修改；

（3）投标人被通知预中标后，拒绝按预中标状态签订合同，即不按预中标时的技术方案、供货范围和价格等签订合同；

（4）投标人不接受招标文件的规定。

3. 落标的投标人的投标保证金，将在《落标通知书》发出后予以退还。

4. 投标人可提出补充建议或说明，提出比招标文件的要求更为合理的建议方案，列于附件中，同时应说明对技术条件、价格、运行、维护、检修、安装等方面的影响。

5. 如各投标人提出的问题很多，则可召开标前会议。招标预备会一般在投标截止日期7天前召开；投标预备会上投标人需解释和澄清的问题应在招标文件发出后5天内提出。

（四）投标文件的份数和签署

1. 投标文件一式十八份（二正十六副），包括价格表（表中项目都要填写）及报价说明，一式六份。

2. 投标文件正本的每一页均应由投标人代表签名；报价表均由投标人代表签名并加盖公章。

（五）投标（商务）报价

1. 投标人应严格按照报价表的格式认真填写价格表和各种分项价格表。

2. 投标人的报价为闭口价，即中标后合同有效期内价格固定不变。

3. 若单价和总价有差异，则以单价为准，并对总价进行修正；若数字和文字表示的金额之间有差异，以文字金额为准，并对数字作相应修正。

4. 投标报价应注明有效期，有效期应与投标有效期一致。

（六）投标文件的递交

1. 投标文件的密封与标记。

（1）投标文件的每份正本、副本均应用信封分别密封；信封上注明项目名称、投标人地址、“正本”、“副本”及“不准提前启封”字样；信封上应加盖投标人公章。

（2）投标保函。投标保证金应用信封单独密封，封面上注明“银行保函”、“投标保证金”和“保密”字样。

（3）投标文件澄清后提交的分项价格部分应用信封单独密封，封面上注明“分项价格”和“保密”字样。

2. 投标截止日期。

投标文件应于投标截止日期以前送达指定地点；一切迟到的投标文

件都将被拒绝。

3. 投标文件的补充、修改和撤回。

（1）投标截止日期前，投标人可以书面形式向招标代理机构对业已递交的投标文件做出补充或修改，相应部分以最后的补充和修改为准。该书面材料应密封，由投标人代表签字并加盖公章。

（2）投标人不得在投标有效期撤回投标文件，否则其投标保证金将予以没收。

4. 无效投标。

发生下列情况之一者，视为无效投标：

（1）投标文件未密封或技术文件未按规定加盖公章并签字；

（2）投标文件中无投标保证金；

（3）投标文件未按规定格式、内容填写或投标文件内容与招标文件内容存在严重背离；

（4）投标文件中有两个以上的报价，且未明确哪个报价有效；

（5）其他不符合招标文件要求的投标。

（七）开标

1. 从投标截止日期到授予合同为止，有关投标文件的审查、澄清、评议以及有关授予合同意向等一切情况都不得透露给投标人或与上述工作无关的单位和个人。

2. 参与评标人员应严格遵守国家有关保密的法律、法规和规定，严格自律，并接受上级主管部门和有关部门的监督。

3. 投标人申报的关于资质、业绩等文件和材料必须真实准确，不得弄虚作假。

4. 投标人不得串通作弊，压低标价，致使定标困难或无法定标。

5. 投标人不得采用不正当手段妨碍、排挤其他投标人，破坏公平竞争。

6. 投标人不得以任何形式打听评标机密，不得以任何形式干扰评标或授标工作。